教育部人文社会科学重点研究基地重大项目"教育政策形成、实施和评价机制的国际比较研究"（课题编号：2009JJD880004）

世界主要国家教育政策形成、实施与评价机制研究

肖　甦　等◎著

人民出版社

总　序

在党的十八届五中全会上，习近平同志系统论述了创新、协调、绿色、开放、共享"五大发展理念"，强调实现创新发展、协调发展、绿色发展、开放发展、共享发展。牢固树立并切实贯彻这"五大发展理念"，是"十三五"乃至更长时期我国社会主义事业的发展思路、发展方式和发展着力点，是全面建成小康社会的行动指南、实现"两个一百年"奋斗目标的思想指引，也为我国的教育未来发展指出了方向。为了贯彻落实党的十八届五中全会关于"开放发展"的精神，2016 年 4 月，中共中央办公厅、国务院办公厅印发了《关于做好新时期教育对外开放工作的若干意见》（以下简称《意见》），要求坚持扩大开放，做强中国教育，推进人文交流，不断提升我国教育质量、国家软实力和国际影响力，为实现"两个一百年"奋斗目标和中华民族伟大复兴的中国梦提供有力支撑。《意见》对做好新时期教育对外开放工作进行了重点部署，要求加快留学事业发展，提高留学教育质量；鼓励高等学校和职业院校配合企业走出去，稳妥推进境外办学；拓展有关国际组织的教育合作空间，积极参与全球教育治理；发挥教育援助在"南南合作"中的重要作用，加大对发展中国家尤其是最不发达国家的支持力度；实施"一带一路"教育行动，促进沿线国家教育合作等。

为了配合国家发展的整体战略，教育部人文社会科学重点研究基地北京师范大学国际与比较教育研究院选择"扩大教育开放与国家发展"作为"十三五"乃至更长时期的主攻方向，强调新形势下通过教育的开放发展来服务于国家发展的研究目标，围绕国际教育援助、全球教育治理、海外办学、来华留学和"一带一路"教育行动等领域，分析我国推行教育开放的现状及其效果，梳理并分析当前世界各国扩大本国教育开放、参与国际教育市场竞争与合作的政策措施，总结国际社会扩大教育开放的经验教训，探索为推进我国国家与社会发展而应采取的扩大教育开放战略的政策、措施与机制。该研究方向一方面探索教育开放在服务于国家发展的背景下所能采取的因应措施，通过梳理世界各国通过教育开放推动本国社会发展的经验，提出我国扩大教育对外开放的政策建议，更好地服务于国家发展的现实战略；另一方面能够在理念上加深人们对于教育开放与国家发展的关系的认识，总结教育开放在服务国家与推动社会发展中的规律与模式，同时推动国际教育和发展教育研究，拓展比较教育学科的研究领域。

"教育与国家发展"是基地长期的主要研究方向，而"扩大教育开放与国家发展"是基地基于比较教育学科特色和世界教育的改革与发展趋势，根据我国教育乃至社会经济发展战略的需要而在"十三五"甚至更长时期设立的主攻方向。为了开展研究，我们立足新时期教育对外开放工作中具有全局意义、战略意义的核心问题、热点和难点问题，设立了"一带一路"沿线不同类型国家教育制度与政策研究、国际教育援助发展态势与中国的战略选择研究、中国参与全球教育治理战略研究、中国高校海外办学战略研究、扩大来华留学政策研究五个项目，试图从不同方面对目前我国教育开放与国家发展的现状、存在问题和原因，教育开放与国家发展理论，世界各国（或国际性组织）推进教育开放、促进国家发展的经验，对新形势下我国扩大教育开放、促进国家发展的政策与措施等问题，进行系统深入的研究，从整体上把握扩大教育开放与国家发展的关系。

经过五年的研究，基地项目取得了丰硕的成果。现在呈现给大家的这套丛书，就是基地"十三五"课题规划成果之一。顾明远先生主持的"'一带一路'不同类型国家教育制度与政策研究"的系列成果，以"'一带一路'不同类型国家教育制度与政策研究"丛书的形式单独出版,基地其他相关课题研究成果则以"扩大教育开放与国家发展丛书"的形式出版。2020 年 6 月,《教育部等八部门关于加快和扩大新时代教育对外开放的意见》正式印发,要求坚持教育对外开放不动摇,主动加强同世界各国的互鉴、互容、互通,形成更全方位、更宽领域、更多层次、更加主动的教育对外开放局面;并以"内外统筹、提质增效、主动引领、有序开放"为工作方针对新时代教育对外开放进行了重点部署。我们深知,加快和扩大新时代教育对外开放是新时代教育改革开放的时代命题,也是需要不断深化的研究课题。我们研究团队将不忘初心,牢记使命,再接再厉,砥砺前行,不断探索教育对外开放中的新问题、新思路、新方法。现在我们把团队研究的阶段性成果奉献给大家,敬请大家批评指正。在丛书出版过程中,人民出版社王萍女士付出了大量的心血,再次谨致以衷心的感谢。

北京师范大学国际与比较教育研究院

王英杰

2020 年 9 月

目　录

第一章　教育政策的内涵、特征及功能

第一节　教育政策的内涵

对于教育政策这个词语，我们并不陌生，如果有人问起，教育政策是什么？恐怕大家都能随口说出"免费师范生""九年义务教育""高校经费改革"等诸如此类的一些具体政策。但是要从逻辑角度，为教育政策下一个精确的定义却是很难的一件事情。

一、政策的概念与内涵

教育政策，一看便知是个偏正短语，即关于教育之政策。那么，政策是什么？在中国古代，并无"政策"一词，"政"与"策"是意义不同的两个词。《礼记·哀公问》载："公曰：'敢问何谓为政？'孔子对曰：'政者，正也。君为正，则百姓从政矣。'"政，即行正道。《孙子·虚实》载："故策之而知得失之计。"策，即谋划、谋略。简言之，政策即管理的谋略。现在中国所用的"政策"一词是由西方经日本而传入的。在西方，政策的概念可以追溯到古希腊和文艺复兴时期的政治理论中。最初，政策、政治、行政的概念并没有区分。第二次世界大战之后，政策的概念被重视并从其他类似概念中区分出来，英语的政策"policy"即从政治"politics"中派生出来。因而，政策的概念从一出现就带有公共政策的含义，指政府的一种有目标的行为。

　　经过不断的发展，政策的外延被扩大，人们开始对政策和公共政策进行区分。卡尔·弗雷德里希（Carl Friedrich）认为，政策是"在某一特定的环境下，个人、团体或政府利用时机、克服障碍，以实现某个既定目标的有计划的活动过程"①。与此相对应，公共政策是指国家、政府等公共权威机构为处理公共事务进行的有目的的活动过程。可见，广义的政策包含公共政策、企业政策和个人政策等。与此类似，詹姆斯·安德森（James Anderson）也认为，政策主体分为官方主体和非官方主体。② 但从狭义上理解，政策即等同于公共政策。依常用性来讲，狭义的政策概念应用更广，学者们通常将政策与公共政策不加区分地通用。

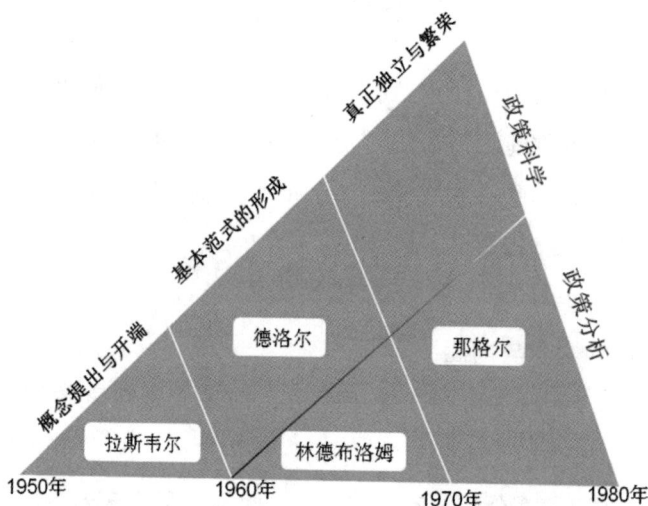

图 1–1　政策研究的发展历程

　　政策的研究自 20 世纪 50 年代出现以来，经历了两条研究路线、三个阶段的发展历程（如图 1–1）。政策研究的两条发展路线包括：其一，政策科学路线，即研究主要关注的是政策的相关知识，实证性地回答是什么的问题；其二，政策分析路线，即运用量化的方法分析政策，具有很强的应

---

① Carl J. Friedrich, *Man and His Government*, New York: McGraw Hill, 1963.p.79.

② 刘复兴：《教育政策的价值分析》，教育科学出版社 2004 年版，第 29 页。

用性。政策研究的两条路线由政策科学为主，随着政策分析异军突起，发展到两条路线合而为一，政策研究既是具有理论性的一门科学，又是带有应用性的一套技术。

政策研究发展的三个阶段为：(1) 政策科学的诞生阶段。1950 年，美国著名政治学家拉斯韦尔（Harold Lasswell）与卡普兰（Abraham Kaplan）合著《权力和社会：政治研究的框架》一书，首次明确提出"政策科学"的概念。1951 年，拉斯韦尔与勒纳（Daniel Lerner）合作出版《政策科学：范围和方法的最近进展》一书，介绍了政策科学的基本范畴和方法，标志着政策科学的诞生。(2) 政策科学基本范式的形成阶段。20 世纪 60—70 年代，以色列旅美学者德罗尔（Yehezhel Dror）发表政策科学三部曲：《重新审查公共政策制定过程》(1968)、《政策科学探索》(1971)、《政策科学的构想》(1971)，对现代政策科学的性质和内容做了新的概括。他所提出的理论形成了政策科学研究的基本范式，标志着政策科学的发展进入了崭新的阶段。(3) 政策科学的独立与繁荣阶段。20 世纪 50 年代末，林德布洛姆（Charles lindblom）首次提出政策分析的概念，政策研究的兴趣逐渐从政策科学体系转移到更具应用性的政策分析。随后，那格尔（Stuart Nagel）发表《政策研究和社会科学》(1975)、《政策评价》(1982)、主编《政策科学百科全书》(1983)、《当代公共政策分析》(1984) 等，真正确定了政策科学（政策分析）的独立地位。

从政策科学的发展历程可以看出，政策科学具有实证性和规范性、理论性和应用性、自然性和人文性等双重特征。也就是说，研究教育政策，既要关心教育政策的形成、实施的客观过程，也要分析政策的合理性；既要关注政策本身制定与实施评价的技术，也要考虑价值观等对政策过程的影响；既要回答教育政策的对象、内容、方法的理论问题，也要思考如"什么样的教育政策是一项好的教育政策"这样的实践问题。

关于公共政策（public policy）的概念，学者们众说纷纭，比较有代表性的国外学者的看法包括：(1) 政策即法律。伍德罗·威尔逊（Woodrow Wilson）认为，公共政策是由政治家即具有立法权者制定的，而且由行政人员执行的法律和法规。（2）政策即政府的决策。托马斯·戴伊（Thomas Dye）认为，凡是政府决定做的或者不做的事情就是公共政策。那格尔认为，公共政策就是政府为解决各种各样的问题所作出的决定。（3）政策是价值的权威性分配。戴维·伊斯顿（David Easton）认为，公共政策是对全社会的价值做权威性的分配。（4）罗伯特·艾斯顿（Robert Eyestone）认为，公共政策就是政府机构与其周围环境之间的关系。（5）政策即计划。拉斯韦尔与卡普兰认为，公共政策是一种具有目标、价值与策略的大型计划。（6）政策是有目的的活动过程。詹姆斯·安德森（James Anderson）认为，政策是某一个人或者某些人为处理问题或相关事务的有目的的活动过程。公共政策是由政府机关或政府官员制定的政策。

国内学者的主要看法包括：台湾学者张世贤认为，政策是政府选择作为或不作为的行为。台湾学者伍启元认为，公共政策是政府所采取的对公、私行为的指引。孙光认为，政策是国家和政党为了实现一定的总目标而确定的行为准则，表现为对人们的利益进行分配调节的政治措施和复杂过程。王福生认为，政策可以解释为人们为实现某一目标而确定的行为准则和谋略。张金马认为，党和政府用以规范、引导有关机构团体和个人行为的准则或指南。陈振明认为，政策是国家机关、政党及其他政策团体在特定时期为实现或服务于一定社会政治、经济、文化目标所采取的政治行为或规定的行为准则，它是一系列谋略、法令、措施、办法、方法和条例的总称。

综上，公共政策的概念分为以下几类：（1）文本论，如认为公共政策是一系列的法律法规、认为政策是大型计划等。（2）行为论，如认为政策是政府选择作为或不作为的行为，公共政策是政府的决策，认为政策是行为准则等。（3）过程论，将公共政策看成一种有目的有计划的活动过程。如安德森、弗里德里希、孙光等。（4）系统论，认为公共政策是有政策主体、政策客体以及政策环境共同构成的一个系统。如艾斯顿的看法。

由此，公共政策的内涵包括：（1）公共政策是政府的政策，是政府制定的行为准则，这些准则首先体现了政府的政治行为，是政府活动的产物。（2）公共政策的本质是利益的分配，既包括物质利益的分配，也包括精神利益的分配。（3）公共政策的目的是为了解决问题，即公共政策是基于一定的公共社会问题产生的，为解决问题而存在。（4）公共政策是一个动态的过程。（5）公共政策是有时间与空间限制的。

从政策的内涵可以发现，政策不仅仅是一系列静态文本的组合，而且是决策、文本、行为的结合体。因此，教育政策的研究不能独立地对政策的文本进行分析和解释，还要对政策的决策、政策的执行等进行研究，并且需要将其有机地结合起来。政策不仅仅是政府部门与目标群体之间的事，它往往受到政策环境中许多人、事、物的影响。因此，教育政策的研究不能仅考虑教育问题本身、还要关注社会环境内的一切相关因素。

二、教育政策的概念与内涵

卢乃桂认为，对于教育政策这个概念可以有两种基本不同的理解：一种是从教育社会学或者教育政治学的角度来理解，认为教育本身就是一种社会控制手段，一项基本的国家政策。另一种是从公共政策的角度来理解，把教育作为政策的内容，把教育政策作为公共政策中的一类。① 现在我国学者比较认同的是第二种解释，认为教育政策与政策之间是种特殊与一般的关系。美国教育政策问题专家彼得森（P.E.Peterson）也认为"教育政策的制订与其他政策相比并没有更多自由。并没有令人折服的理由根据说明教育政策有如此显著的特征和区别，以至于对它们的研究需要特殊的分析，特别的概念，或者特殊的方法。"② 因而我国现有的教育政策概念大都是从公共政策定义中演绎而来的；还有少部分是采用列举的方式，将教育政策看成是各种文件的总称。

我国学者关于教育政策的概念主要包括：萧宗六认为，教育政策是国家和政党为实现教育目标而制定的行政准则。叶澜认为，教育政策是政府

---

① 卢乃桂、柯政：《教育政策研究的类别、特征和启示》，《比较教育研究》2007年第2期。
② 张新平：《教育政策概念的规范化探讨》，《湖北大学学报》（哲学社会科学版）1999年第1期。

或政党规定的有关教育的方针、政策。张焕庭认为，教育政策指党和政府在一定历史时期为教育工作制定的基本要求和行为准则。袁振国在《教育政策学》中指出，教育政策是一个政党或国家为实现一定时期的教育任务而制定的行为准则。吴志宏认为，教育政策是政府在一定时期为实现一定教育目的而制定的关于教育事务的行动准则。成有信认为，教育政策是负有教育的法律或行政责任的组织及团体为了实现一定时期的教育目标和任务而规定的行动准则。孙绵涛认为，教育政策是一种有目的、有组织的动态发展过程，是政党政府等政治实体在一定历史时期，为实现一定的教育目标和任务而协调教育的内外关系所规定的行动依据和准则。张新平认为，教育政策是有关教育的政治措施，是有关教育的权力和利益的具体体现。刘复兴主张应从现象形态、本体形态、过程特点和特殊性质四个视角来全面认识和理解教育政策的含义。在现象形态上，教育政策是教育领域政治措施组成的政策文本及其总和；在本体形态上，教育政策是关于教育利益的分配；在过程方面，教育政策是一个动态连续的主动选择的过程；在特殊性质方面，教育政策在活动过程和利益分配方面具有不同于一般公共政策的特殊性。

西方学者关于教育政策的概念并不多见。克鲁斯克（Earl Kruschke）与杰克逊（Byron Jackson）认为，教育政策是指"与人们获取知识和职业技能的过程有关的政府法规和程序"①。弗朗西斯·福勒（Frances C. Fowler）认为，教育政策是特定的政治制度处理教育问题的动态的和价值高度涉入的过程，包括政府公开表达的意图和官方措施，以及政府一贯的外在行为和内在模式。②综合以上所述，可见其中的关键词包括："党和政府"明确了教育政策的制定主体；"行为准则"指出了教育政策的管理本质；"利益分配"指出了教育政策的政治本质。"一定历史时期"体现了

---

① ［美］E.R.克鲁斯克、B.M.杰克逊：《公共政策词典》，上海远东出版社1992年版，第97页。

② ［美］弗朗西斯·福勒：《教育政策学导论》，许庆豫译，江苏教育出版社2007年版，"前言"，第141—142页。

教育政策的时效性；"教育任务""有目的""目标"，强调了教育政策的目的性；"动态过程"强调了教育政策的动态性。

通过对公共政策的分析，对已有概念的借鉴，尝试定义教育政策如下：教育政策是党和政府为解决教育领域问题而有目的地采取措施进行教育利益重新分配的动态过程。由此，教育政策的内涵如下：（1）教育政策的制定主体是党和政府机构。（2）教育政策蕴含着教育利益的重新分配。（3）教育政策与政策问题的依存性。教育政策是基于政策问题产生的，为解决教育问题而存在的，如果教育问题得到良好的解决而已经不复存在，那么教育政策也就因完成了它的使命而得以终结。（4）教育政策的动态过程性。教育政策的动态过程表现在两方面：第一，教育政策是决策、文本和行为的结合体。英国教育政策社会学研究者鲍尔（Stephen Ball）指出，政策不是某个物件，而是过程与结果；政策是文本，也是话语。不能将教育政策从静态的视角定义为"政治系统的产出"，教育政策以文本为呈现方式，但不局限于文本的表达。第二，教育政策是一个由形成、实施、评价构成的不断循环的动态过程（如图1–2）。教育政策的过程不是线性发展的，制定、实施、评价不是严格先后的步骤模式，政策在实施过程不断发现问题，往往会造成重新返回政策的制定；从形成到评价的过程亦不能表示一个教育政策完整的生命周期，它可能包含多个这样往复循环的过程。

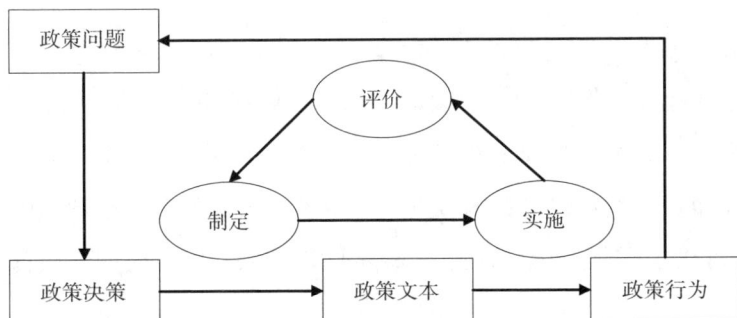

图1–2　政策动态图

以上是从理论上来讲教育政策的内涵，为了定义的明确和研究的方便，下面厘清教育政策概念的外延。

教育政策是个集合名词。教育政策的概念外延可大可小，它既可以是集合名词，统称所有教育领域的政策，用以区分经济政策、文化政策等。同时，它也可以单指某一项具体的教育政策，如大学扩招政策，这个政策可能包含一个或一系列的政策文本。

教育政策的现象形态是政策文本，政策文本是教育政策的重要而独特的组成部分。那么通常党和政府发布的哪类文本是政策文本呢？教育政策的表现形式有很多，既包括政策文本，亦包括政策意向。政策文本指法律、法规、决议、决定、命令、知识、通知、意见、条例等等以文本形式存在的政策；政策意向包括国家领导人、政府职能部门领导的报告、谈话、讲话等以口头形式存在的政策。教育政策文本可有四种主要形式：立法性政策，指经由立法程序正式颁布的法律以及政策文本，如《中华人民共和国义务教育法》《中华人民共和国学位条例》等；行政性政策，指未经正规立法程序但具有相当约束力的政府规定，也就是常说的"行政法规"，如《中华人民共和国义务教育法实施细则》《中华人民共和国民办教育促进法实施条例》等；执行性政策，指在普遍约束力上低于第二类但更具操作性的一些政府规定，如《普通高等学校学生管理规定》《学生伤害事故处理办法》等；司法性政策，指司法系统发布的一些解释或判例，它们构成了某些情况下具有指引性的行动方针或原则，可视为某种政策的文本形式。①

教育政策与教育方针的关系。教育方针是"国家和政党在一定历史阶段提出的教育工作发展的总方向，是教育基本政策的总概括。"② 从内容上看，教育方针主要是规定教育的性质、目的以及实现教育目的的基本途径。相比而言，教育政策的内容则广泛得多。教育方针一旦形成就具有了比一般教育政策更鲜明的原则性、稳定性。在某一历史时期，教育方针只

---

① 陈涛：《中国青少年社会政策：文本内容分析》，《青年研究》2003 年第 5 期。
② 《中国大百科全书》（教育卷），中国大百科全书出版社 1985 年版，第 159 页。

有一个，而教育政策却有较大的变通性和灵活性。而且，在现实复杂的教育工作中，可以同时存在多个教育政策。教育政策通常是以一种体系的形式予以表达和发挥作用的。从主体上看，制定教育方针的主体级别高，一般是由政党和国家的最高领导机关承担这一责任。而制定教育政策的主体级别差异较大，既可以是中央级的领导机关，也可以是地方权力机构和政府部门。

教育政策的分类。根据不同的分类标准，教育政策具有多种分类方式。其中比较有意义的如，教育政策可以按强制程度分为强制性政策、半强制性政策、非强制性政策。强制性政策如《中华人民共和国教育法》等立法性政策，半强制性政策包括《中小学校长培训规定》等行政规章，非强制性政策包括《国务院关于大力发展职业技术教育的决定》等。按政策的内容范畴和影响范围可以分为大型政策、中型政策、小型政策。大型政策包括涵盖各级各类教育的《教育中长期发展规划纲要》，中型政策如民办教育的指导政策《中华人民共和国民办教育促进法》，小型政策包括《中小学幼儿园安全管理办法》等。从教育管理方面根据教育政策的内容来划分，教育政策可以分为教育体制政策、教育经费政策、教育人员政策和教育质量政策四大类别。除此之外，按政策的有效时间可以分为长期政策、中期政策和短期政策；按制定主体的权力等级可以分为中央政策、地方政策和基层政策。教育政策的分类常常不是绝对的，如强制性政策与半强制性政策、中型政策与小型政策的分界线不是完全明确的，教育质量政策与教育经费政策常常是结合在一起的。因此，教育政策的分类通常根据具体的研究问题和研究需要而定。

第二节　教育政策的特征

教育政策属于公共政策的组成部分，因而教育政策具有公共政策的一般特征，包括目的性、阶段性、权威性、动态性等。与此同时，教育比起其他政策领域，又具有一定的特殊性，因而教育政策又具有不同于一般公共政策的个性特征。

一、教育政策的一般特征

政策具有政治性特征、管理学特征、哲学特征、经济学特征，教育政策的一般特征同样表现为以下几方面：

1. 教育政策的价值取向性。政策的政治学特征即表现为政策的价值倾向性，政策的本质即价值的权威性分配，政策是统治者为了表达自己的政治意向追逐自己的利益的载体。因此，教育政策具有价值选择性。教育政策实际上也是政府对社会教育资源的权威性分配过程。教育政策的目标设定、价值分配方式都体现了国家统治者的主观意志和愿望，具有鲜明的价值取向。譬如教育政策是追求精英主义还是追求平均主义，是以效率还是以公平为主要诉求等等。绝对的公平是不存在的，教育资源的分配过程中，总是有人得益有人受损的。

2. 教育政策的目标性。政策的管理学特性即表现为政策的目的——手段性。政策是为了达成一定目的而采取的一系列计划和方法。政策的手段性表现为政策的可执行性，教育政策都具有可依据的操作性，明确告知目标群体应该怎样做，因此，往往如教育法这种宏观的教育政策都会出台一系列的解释或子政策。政策的目的性表现为政策与问题是不可分割的，每一项政策都是由问题而生，为解决问题而定。正如有的学者所说"社会问题是构成政策本质的元素形式，是政策科学理论体系的逻辑起点。"[1] 每一项教育政策的发布都是针对特定的教育问题而进行的，教育政策具有明确的目的指向性，是为解决教育问题而存在的。如为解决教育经费不足的问题，我国采取非义务教育阶段学生适当分担教育成本的政策；西部等欠发达地区师资匮乏，我国采取了免费师范生的教育政策。

3. 教育政策的理论实践结合性。政策的哲学特性表现为理论与实践的联系性，即政策是沟通理论与实践的桥梁。因此，教育政策不仅限于政

---

① 刘斌、王春福：《政策科学研究》，人民出版社 2000 年版，第 33 页。

策的文本，它是一个动态的过程，是一个包含政策的决策、实施、评估和修改的过程；是一个不断解决在教育实践活动中出现的问题的过程；是一个不断对运行的政策进行补充和修正的过程。同时，教育政策还具有整体关联性。教育政策要解决的问题是复杂的。尽管某一政策是针对特定问题提出的，但这些问题总是与其他问题网结为一整体，相互关联、相互影响。政府不可能通过某一项或几项政策对教育领域实行一劳永逸的管理。因而政策的出台，往往是与许多配套的类型不一的政策一起，组成政策系统，共同发挥作用。

4. 教育政策的市场性。政策的经济学特性体现为政策的市场性，国家出台教育政策是为了更好地满足全社会人们的利益，为了改善教育环境，增加教育资源，改善教育资源的配置，使每个人都能得到满意的教育。因此，效率同样是教育政策所追求的，每个人希望接受最好的教育，教育政策的制定也必须遵循市场的特征，不能独立于市场之外以及不遵循市场的规律做决定。

二、教育政策的个性特征

相对而言，教育系统是公众接触较多且比较熟悉的领域，也是与每个人的利益息息相关的领域。比起医疗系统、经济领域，教育是具有最多利益相关者的领域；比起国家国防机构、政治系统，教育领域具有开放性和可接近性。基于这两点，公众对教育决策有强烈的评论欲望，对于教育管理有一种亲自参与的需求。因此，教育政策具有以下不同于一般政策特征的个性特征：

1. 教育政策的公平诉求更强。教育是公共部门，准公共产品，投入与产出的比例不高，回报效果慢。因此，教育政策虽然不能脱离市场的作用，但它更多地需要政府和国家的力量。政策的诉求一般包括效率和公平，而教育政策具有更强的公平诉求性。教育政策不同于其他一般政策，它的目的之一是保护受教育者在教育方面的权利和利益；教育也是一个备受关注的领域，因为教育面对的是人的发展问题，它关系到每个公民的切身利益。现代国家制定教育政策，往往需要考虑大多数人的益处，致力于保障教育的公平。

2. 教育政策的强制性较弱。政策是公共权力机关意志的体现。政策一旦制定，同样具有权威性和强制性，起到规范和约束人们行为的作用。而且，它的规范作用既要依靠社会舆论来维持，更要通过国家的强制力量来监督执行。然而，一方面教育领域不同于政治、经济领域有明显的权利、利益纷争；另一方面，教育领域的权力相当分散。如有学者所说的那样，教育管理系统是一个松散的组织机构体系，教育领域中的权力不像层级节制的军队组织、政府部门那样相对集中，因此，教育政策在实施过程中的强制监督力量较弱，这也造成了教育政策本身的强制性不足。如，义务教育法规定接受教育既是权利也是义务，可是我们却很少见到不愿接受教育者受到处罚。教育涉及的是自己的利益和社会的利益，很少会直接损害到他人的利益，因此《教育法》比起《物权法》，强制力较弱，比起经济政策、交通政策等，教育政策的强制性较弱。

3. 教育政策目标的多元性。与一国经济政策和社会政策相比，教育政策往往被赋予多种发展目标。首先，人们相信，教育是非生产性的领域，教育政策本身反映了"政治的""经济的""文化和意识形态的"等多种结构形式的要求。① 鲍尔在分析英国教育政策时指出，对英国教育政策制定而言，"政治的"因素占据了突出位置，"经济的"因素作为一个大的背景提供条件和制约；而"意识形态的"是一种舞台灯光，焦点对准星，而幕后的活动都处于黑暗的阴影下。② 其次，不同社会群体对教育政策也有不同的需求。戴伊指出，一些涉及公众利益的重大教育政策，甚至会引起社会全员参与讨论；这种情况下，教育政策往往会被人们赋予多种需求和发展目标。例如，在美国，"人们期待学校去完成许多事：解决种族冲突并建立融合的社会；激发爱国主义思想与良好的公民意识；对生活贫困

---

① 包海芹：《教育政策的特点分析》，《教育学术月刊》2011 年第 1 期。

② ［英］斯蒂芬·鲍尔：《政治与教育政策制定——政策社会学探索》，王玉秋等译，华东师范大学出版社 2003 年版，第 11—12 页。

的孩童提供价值感、希望感与认同感……通过学校营养午餐与牛奶计划，消弭营养不良及饥饿；对抗滥用毒品并对孩童进行性教育……换言之，几乎所有的社会问题，皆反映在人们对于学校的需求上面"①。

4. 教育政策的不确定性因素多。由于教育环境的复杂性，教育领域的开放性，教育政策的不确定性影响因素太多。例如，比起车辆限行等交通政策来讲，中小学取消奥数班等教育政策更难推行。首先，教育环境相对复杂，一定时空条件下的每个人面临的教育环境都不一样，不会出现像"北京市居民普遍认同北京交通拥堵"这样的共同感受。其次，教育政策形成过程与其他公共政策相比，具有更高的开放性和参与性。美国的小学和中学教育政策的制定和执行，是在一个明显与中学后教育系统不相干的体系中进行的。不同的地方行政人员和地方行政委员会，不同的州政府机构及不同的立法委员会掌管着这两个领域（中小学教育和中学后教育）。由此可见，教育政策的不确定性因素太多，制定一个科学合理、运行良好的教育政策是很困难的一件事情。

第三节　教育政策的功能

所谓教育政策的功能，就是教育政策在管理教育事务过程中所发挥的作用。它通过政策的地位、结构、影响力与结果表现出来。教育政策的功能表现为教育政策对环境中的人、事、物的作用。教育政策的目的是为了解决教育问题，改善教育环境，政策与环境间的作用是双向的。教育政策的功能可以归纳为：教育政策对教育利益相关者的思想和行为的导向功能；教育政策对教育事件的控制功能；教育政策对教育资源的分配功能；教育政策通过对人、事、物的作用而对教育环境产生的调节功能。

---

① ［美］托马斯·R. 戴伊：《公共政策新论》，（台北）韦伯文化事业出版社 1999 年版，第 204 页。

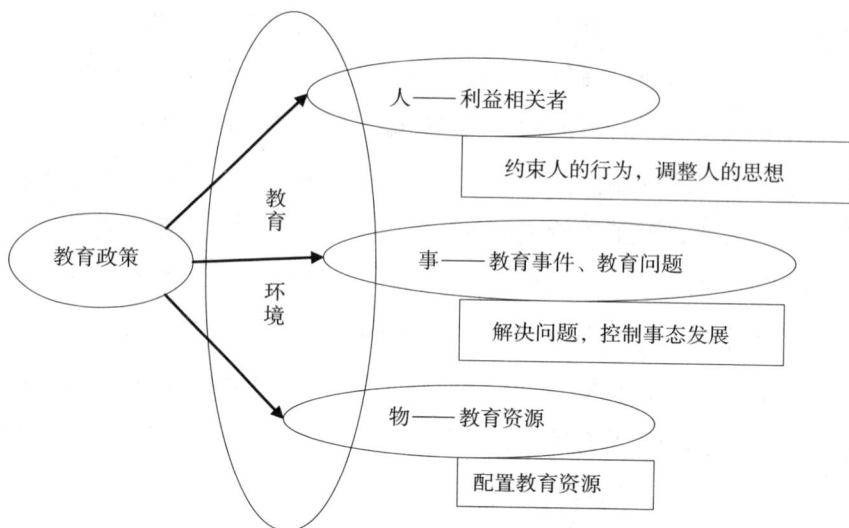

图 1-3 教育政策的作用方式示意图

一、教育政策对教育事件利益相关者的导向功能

政策作为规范公众行为的社会准则，其对公众行为具有重要的引导作用。教育政策同样对人们的教育行为和教育活动的发展方向具有引导功能。这种引导作用既包括行为的引导，也包括观念的引导。教育政策的导向功能按作用形式可以分为直接引导功能和间接引导功能，按作用结果可以分为正向引导功能和负向引导功能。首先最直接地，它告诉人们要以什么为标准，应该做哪些事和不该做哪些事。通过鼓励需要提倡的行为、限制违背政策意愿的行为来达到对人们行为的约束作用，从而间接地影响人的思想，促使人们的思想向引导的方向转变。如，政府出台实施九年义务教育，免除学杂费。一方面，通过免除学杂费来鼓励家长送子女上学的行为；另一方面，通过教育的义务性来限制家长不让孩子读书的行为。由此，此政策显然会对学生上学接受教育产生正向的引导作用。

二、教育政策对教育资源的分配功能

教育政策具有分配、优化教育资源配置的功能。教育资源，尤其是优质教育资源作为一种重要而稀缺的社会资源，它的分配对实现社会公平

与发展显然具有重要意义。每一项具体的教育政策，都有一个"谁受益"的问题。通常情况下，下列三种利益群体和个体，容易从政策中获得利益：（1）与政府主观偏好一致或基本一致者；（2）最能代表社会生产力发展方向者；（3）普遍获益的社会多数者。为了兼顾教育资源利用的效率与公平，教育政策的分配功能不可或缺。为了提高教育资源利用的效率，我国出台了一系列民办教育促进政策；为了增进教育资源利用的公平，我国出台了就近入学政策、少数民族教育优惠政策等促进教育资源分配与再分配的教育政策。

三、教育政策对教育活动的调控功能

制定教育政策的重要依据和重要目的就是解决教育问题。教育政策必然具有规范教育活动，调节教育环境的功能。教育政策的规范作用在于，对教育过程中的个人或群体的教育行为或教育活动进行限制与约束，以实现对整个社会教育活动的控制。对教育活动的规范往往是通过制约、禁止政策对象行为来实现的。这种制约主要表现为两个方面：规定使政策对象不能、不愿也不敢超出规范，这是积极性管制功能；使政策对象发生违反规范的行为时，受到相应的惩罚，这是政策的消极性管制功能。如，我国的教育法规定，九年义务教育既是权利也是义务，由此任何损害儿童接受义务教育的行为都是受到禁止的。教育政策对环境的调节作用表现为，对教育发展过程中的各种失衡状态的制约和调节。如面对基础教育的发展顺序问题，政府制定了优先发展义务教育的政策。

由此，教育政策的功能概括为一句话就是，解决教育问题，改善教育环境，促进教育发展。

第二章 教育政策形成、实施和评价机制概论

公共政策分析，一般把政策过程分为政策形成、政策实施和政策评价三个有机联系而不可分割的阶段。逻辑使然，教育政策作为公共政策的一种，其过程也可以被分为形成、实施和评价三个阶段。教育政策过程的每个阶段，都由主体、程序、方法和标准等诸多要素共同构成，这些要素相互联系、相互协调并遵循一定的方式来运行和活动，形成特定的机制。

第一节 教育政策形成机制

教育政策形成机制也即教育政策制定或教育政策决策机制。教育政策决策在整个教育政策过程中有着至关重要的前提性地位。教育政策决策一般要历经政策问题界定、政策议程建立、政策方案形成和政策方案的合法化等几个步骤。

一、教育政策决策的含义与功能

决策是主体为解决一定问题或达到一定目标而作出的思考、判断等主动行为。政策决策不像单纯的决策那样个人化，它是"人类出现不同群体或阶级差异时的决策，是某一社会群体对其他群体，或某一阶级对其他

阶级的政治行为。其基本目的是维护这一群体或阶级的统治与利益"①。政策决策带有明显的政治、阶级和价值倾向。当政策决策涵盖了足够大的社会范围，牵涉大多数人的利益时，它便演化成了公共政策决策。所谓公共政策决策，就是"有关组织和个人为解决公共政策问题而设计政策目标、拟订政策措施、起草和论证公共政策方案的运筹构思、出谋划策的活动。与一般决策不同，公共政策决策具有三个特点：（1）公共政策决策以政府为主导。（2）公共政策决策的后果是公众关注的焦点。（3）公共政策决策追求公民共识的可行性。"② 教育作为培养人的活动，尤其在现代公民社会，几乎事关每个社会个体的利益，教育政策决策显然属于公共政策决策的范畴。所以，教育政策决策，即有关组织和个人为解决教育或教育政策问题而设计教育政策目标、拟订教育政策措施、起草和论证教育政策方案的运筹构思、出谋划策的活动。它同样具备公共政策决策的所有特点。教育政策决策作为一种活动过程，恰恰是某项教育政策从无到有的形成过程，而且这个过程自始至终贯穿着一套机制。所以，我们可以将教育政策决策称之为教育政策形成机制。

教育政策决策或教育政策形成，在教育政策形成、实施和评价整个教育政策过程中，作为过程的开端，处于至关重要的前提性地位，就像我们常说的"有法可依"是"依法治教"的前提一样。没有教育政策决策活动，具体的教育政策便无从形成。失去了实施对象，教育政策实施显然无从谈起。即使有教育政策决策活动，如果活动过程不完善、不科学、不合理、不合法等等，都无法称之为成功的教育政策决策。存有致命缺陷的教育政策文本，由于没有对诸多教育利益攸关主体的利益进行合情、合理、合法、科学的协调分配和制度安排，其实施过程必然会遭遇重重阻碍和抵制，无法取得理想的实施效果，也无法通过教育政策评价的多道关口。另外，"教育政策决策还为教育政策的实施在行为方向、调节范围、行为方式以及评

---

① 王晓辉：《比较教育政策》江苏教育出版社 2009 年版，第 1 页。
② 李湘茜：《我国公共政策决策中的公民参与方式分析》，西北大学硕士学位论文，2006 年，第 7 页。

价标准等方面预设了目标前提，使得实施过程能够在一个规范或受控制的环境中有序地进行。"① 从这个意义上说，成功的教育政策决策不仅为下一步的教育政策实施绘制了对象性蓝本，而且为其提供了指向标和路线图。

二、教育政策决策的一般程序

教育政策制定是实现教育政策目标的一个重要环节，国内外学者对政策制定的程序或步骤没有一个统一而明确的说法。有的将其分为三个阶段，如王晓辉教授将其概括为"理论设计、实验论证、普及推广三个阶段"②；而有的学者将其划分为四个阶段，即"情报活动、设计活动、抉择活动、审查活动"③；等等。本文倾向于采用美国教育政策学者弗朗西斯·福勒所做的四个阶段的划分，即认为教育决策包括教育政策问题界定、教育政策议程建立、教育政策方案形成、教育政策合法化并最终采纳四个大的阶段。与福勒不同的是，我们在某些大的阶段下又做了相对细致的小步骤划分。

（一）教育政策问题界定

"教育问题即教育系统内部或教育系统与社会其他系统之间的不协调状态，这一状态的存在影响了教育系统的正常运转与功能发挥而有必要加以消除。"④ 在特定的时间内，每个社会的教育问题总是或多或少地存在，但其中只有一些教育问题能引起政府的足够重视，被确认为公共性的教育政策问题。教育问题要想成为教育决策部门所考虑的对象，必须具备足够的政治支持，并且处理这些问题的成本应在政府的可承受范围之内。

一个国家教育政策问题的发生，总是以国内及国际的政治、经济、科技和文化等因素为宏观背景。由于教育政策问题属于公共政策问题的范

---

① 祁型雨：《利益表达与整合——关于教育政策的决策模式研究》，华中师范大学博士学位论文，2003年，第60—61页。

② 王晓辉：《教育政治与决策》，山西教育出版社1992年版，第12页。

③ 张肖仁：《管理·管理学与管理哲学》，云南人民出版社1987年版，第123页。

④ 袁振国：《教育政策学》，江苏教育出版社1996年版，第18页。

畴，所以它往往牵涉社会大多数人的利益，并且其中充斥着利益和价值倾向的冲突。某个教育政策问题的发生、解决往往与经费、人事、经济制度有着千丝万缕的联系。所以，我们认为教育政策问题具有相互依赖性。旧政策的不当也有可能成为新政策问题发生的原因，是谓教育政策问题所具备的历史性。

在教育政策问题界定这一大的阶段下，还可以划分为两个小的步骤，即教育问题的发现和教育政策问题的厘清。教育问题的发现，即教育决策机构通过关注公众所关注的教育热点或焦点、把握教育领域的研究成果与结论、了解国际教育发展的动向和趋势等，以察觉教育系统内部或教育系统与其他社会系统之间的不协调状态。教育政策问题的厘清，即教育决策部门在对教育问题有了初步体认的基础上，对其进行一定的筛选和过滤，把其中较为重要的教育问题纳入教育政策问题的范畴内。

(二) 教育政策议程建立

教育问题被纳入教育政策问题范畴之内，并不意味着它一定能进入教育政策议程。教育政策问题无论得到多么富有智慧的界定，也无法全部被纳入政策议程之中，只有被界定的政策问题能够进入政府官员以及与这些官员联系密切的政府之外的人士的视野之中，使其在任何时间内都会特别谨慎地关注这一问题，教育政策问题才算是进入了政策议程。弗朗西斯·福勒认为，"政策议程的'容量'极为有限"。因为，"一项新的政策问题条目进入政策议程，原有政策议程中就要减去一项。"① 只有教育政策问题以一定的形式，经过一定的渠道纳入政策机构的行动计划之中，它才可能成为政策内容，并得到解决或处理。

按照弗朗西斯·福勒的观点，教育政策议程，广义上，包括综合性的和政府性的两种。首先，综合性的教育政策议程，包括三种具体的教育政策议程，分别为专业性政策议程、传媒性政策议程和公众性政策议程。

① [美] 弗朗西斯·C.福勒：《教育政策学导论》，许庆豫译，江苏教育出版社2007年版，第168页。

专业性政策议程的主要内容是那些不同利益团体、教育政策网络、教育协会和学术水平精深的教育专业工作者们讨论的问题；传媒性政策议程，主要关注的则是那些编辑们和我们这个信息时代的信息产业领域的决策者们希望受到重视的问题；公众性政策议程的主要内容则是普通公众关注的问题。其次，政府性政策议程主要指政府官员在特定的时期认真对待、认真讨论或已经列为政府部门将会采取措施来解决的问题。

我们认为，据上述观点，将很难划清教育政策问题界定和教育政策议程之间的界限。因为综合性的教育政策议程所包含的三种具体的教育政策议程与我们前面所阐述的教育政策问题的界定存有诸多重合与混淆之嫌，所以，我们更倾向于采用狭义的观点，即教育政策议程就是政府性政策议程，或说教育政策议程"就是将教育政策问题纳入政策机构的行动计划的过程"①。

如前所述，教育政策议程就是将教育政策问题纳入教育政策机构的行动计划的过程。事实上，这种纳入过程就是一种对特定的教育政策问题进行仔细研究的过程，包括分析教育政策问题发生的背景、背景的变更与教育现实或现状之间有何种冲突和矛盾、问题所涉及的利益相关者有哪些，以及组织专家学者开展调查研究、广泛收集资料，听取专家学者及社会各界代表和普通民众的意见和建议。最后，有关专家对各个研究结论做进一步审核和补充、完善，以期使结论更加客观公正，并最终形成向决策者提供的政策建议报告。

（三）教育政策方案形成

教育政策建议报告的形成和提交，只是标志着某些特定的教育政策问题被纳入了教育政策议程，并代表这些教育政策问题最终能成为教育政策内容。教育政策问题进入政府政策议程相当困难，脱离政府政策议程却相当简单，也即政府政策议程具有明显的不稳定性。只有那些能够真正留在政府政策议程之中，并经过教育政策形成过程的教育政策问题才能最终

---

① 袁振国：《教育政策学》，江苏教育出版社1996年版，第33页。

成为教育政策内容。

教育政策方案的形成过程，包括教育政策目标的确立，教育政策信息的收集，教育政策规划或方案的设计、评估与择优以及可行性论证等。

教育政策目标的确立，是指教育决策人物根据客观需要和现实情况来确立教育政策目标，它需要决策人物运用各种研究方法，结合上述教育政策建议报告，对教育政策问题的性质、特点和范围作出周全分析，并以此作为确立政策目标的根据。目标要具有针对性和可行性等特点。

教育政策目标确立后，教育决策人物就要大胆、创新而又富于智慧和远见地寻求和创立解决教育政策问题、实现教育政策目标的各种方案。教育政策方案的制定，要讲求整体性、科学性、创新性、原则性与灵活性相结合、民主性以及细致性等原则。各种教育政策方案制定出来之后，接下来就要对各个方案进行甄选，以选出或综合出最优化方案。这种甄选的过程需要运用定性和定量相结合的方法，对各种方案进行可行性论证，包括政治、经济、技术、文化、伦理、制度等多方面的可行性。理论上的最佳方案选择出来之后，对于特别重大的教育政策方案，还有必要选择具有典型性条件的试点对象进行试验，并评估试行中的执行情况，以对方案做进一步调整、补充、完善。

（四）教育政策的合法化和最终采纳

教育政策方案甄选出来并确定后，并不意味着马上可以付诸实施，因为它还需经过一定的政府程序和渠道，转变为正式的教育政策之后才能出台并付诸实施。也就是说，教育政策方案还要通过政策合法化的过程，上升为教育法律或取得合法性地位，才能被有关政策执行部门接受并列入日常工作程序之中。

"所谓教育政策合法化，是指法定主体为使教育政策方案获得合法性地位而依照法定权限和程序所实施的一系列审查、通过、批准、签署和颁布教育政策的行为过程。"[①] 教育政策合法化包括两个方面的内容，一是教

---

① 黄明东：《教育政策与法律》，武汉大学出版社 2007 年版，第 120 页。

育政策上升为法律，一是教育政策取得合法性地位。

教育政策上升为法律，即教育政策的法律化，"它是指一定的国家机关依据法定职能，按照法定程序，将经过实践检验，成熟、稳定，已长期调整社会关系的教育政策上升为国家法律的过程。"① 教育政策法律化是教育政策合法化的一个重要方面，只有那些对整个教育事业影响重大，具有长期稳定性并取得成功的教育政策才能上升为教育法律。而且，教育政策法律化不仅包括教育法律的制定，也包括认可、补充、修改、废止教育法律的活动。从此意义上讲，教育政策法律化不仅限于教育政策制定过程，而且已延伸至教育政策执行范畴之内。因为，能够实现法律化的教育政策，往往是已经经过检验并证明是成熟、稳定的教育政策。

严格意义上讲，有权将教育政策法律化的国家机关就是享有立法权的立法机关。享有行政职能和委托立法权的行政机关和部分司法机关，虽然也可以制定教育规范、条例、决定、通知等，但这些都不属于严格意义上的教育法律，而只是教育行政法规。这就牵涉到教育政策合法化的另一个方面，即教育政策只是取得合法性地位。许多教育政策并不具备法律化的资格或条件，而且一个国家没必要也不可能把大大小小的教育政策全部进行法律化。但是，为了使教育政策得到公众的认可从而减小执行中的困难和阻力，一定的国家机关尤其是行政机关及部分司法机关必须经过一定的步骤、采取相应的措施使这些教育政策取得合法性地位。这主要包括两方面的工作，一是检验教育政策形成程序的合法性，一是检验教育政策内容的合法性。所谓合法性，即程序和内容都不能与已有的法律法规相冲突和抵制。

需强调指出，教育政策法律化的过程当然也是其取得合法性地位的过程，但教育政策取得合法性地位并不意味着它一定上升为了法律。不管教育政策只是单纯地取得合法性地位，还是它进一步上升为了法律，两者都属于教育政策合法化的范畴，是教育政策合法化的两个方面。教育政策

---

① 袁振国：《教育政策学》，江苏教育出版社 1996 年版，第 118 页。

的合法化意味着教育政策执行机构对教育政策的最终采纳，教育政策制定的整个过程至此画上了暂时的句号。

三、教育政策决策的主要理论模式

"模式就是模型，是事物本质性、规律性的标准样本。"[1] 模式有实物模式和理论模式之分。教育政策分析中运用的模式一般为理论模式。"所谓理论模式或者概念模式，指的是一组概念或命题按照其相互间的本质联系被组织在一起，从而形成的一个逻辑结构严整的网络或框架。理论模式是在合理假设的基础上，经过删减真实系统或实在系统的非本质因素并凸显其本质性因素，抽象而成的一种逻辑系统。"[2]

袁振国教授认为，"教育政策制定模式是对政策制定的程序和步骤的概括。"[3] 诚然，教育政策制定模式是对政策制定的程序和步骤中所牵涉的各种因素之间关系的概括和归纳。所以，我们认为，教育政策制定模式，是对贯穿于教育政策制定的程序和步骤之中、对政策制定产生重要影响的各种因素之间相互作用而形成的动态的组织结构的抽象、概括和归纳。于是，从不同影响因素在教育政策制定的不同程序和步骤中的具体关系情况出发，我们可以概括和归纳出多种不同的教育决策模式。

如，从各类决策人物在教育政策制定过程中所发挥作用的相互关系来看，中外学者普遍达成共识的教育决策模式有四种，即精英模式、团体模式、制度模式和系统模式；从教育决策整个过程中教育利益的协调和分配情况来看，教育决策模式有两种，即个人利益模式和团体利益模式；从政府决策者在确立教育政策目标、制定和甄选政策方案过程中的行为倾向和方式来看，教育决策模式有三种，即理性模式、渐进模式和综合模式。

对于这些模式的内涵，公共政策及教育政策学者们多有研究，并且仁者见仁、智者见智，此处不再展开阐释。需要指出的是，许多教育决策

---

[1]　毕正宇：《教育政策执行模式研究》，华中师范大学博士学位论文，2006年，第60页。

[2]　宁骚主编：《公共政策学》，高等教育出版社2003年版，第276页。

[3]　袁振国：《教育政策学》，江苏教育出版社1996年版，第66页。

模式都有其理论渊源，而且各有其说服力和遭人诟病之处。我们只有在认真和深入地分析和掌握一国教育决策过程的基础上，才能判断和归纳出其教育决策模式，并对其作出利弊分析，以去其糟粕、取其精华、以资借鉴。

第二节　教育政策实施机制

教育政策执行是一种将教育政策从观念形态转变为现实形态的过程，在整个教育政策过程中扮演着枢纽性地位，发挥着极其重要的功能。教育政策执行分为多个步骤和阶段，但是在执行过程中有时会出现失真现象。

一、教育政策执行的含义与功能

国内学者多数认为政策执行等同于政策实施，不过是同一事物的两种不同称谓而已。国外学者往往认为政策实施比政策执行的外延要小，政策实施只是政策执行的一部分。我们倾向于采用国内学者的观点，不再对政策执行和政策实施做概念上的区分，认为两者是等同的。

政策执行是一种程序化的、动态的、系统的活动过程，是将政策从观念形态转变为现实形态的过程。据此，教育政策执行即一种程序化的、动态的、系统的活动过程，是将教育政策从观念形态转变为现实形态的过程。我们比较赞同如下界定："教育政策执行是指各级教育行政机构及其行政人员依据国家制定的教育政策，协调与其他相关政府部门及有关的社会利益集团的关系以争取得到它们的支持，以便因地制宜制定相应的实施政策，并督促下级教育行政部门和各级各类学校加以有效实施，以有效落实国家制定的教育政策的一种动态的过程。"[①] 因为此种界定较为完整地包含了教育政策执行主体、教育政策执行过程以及教育政策执行目的三个重要方面或要素，有助于人们对教育政策执行概念的整体性理解和把握。

---

① 毕正宇：《教育政策执行模式研究》，华中师范大学博士学位论文，2006 年，第 32 页。

教育政策执行在整个教育政策过程中占据枢纽性地位，起到关键性作用。首先，教育政策执行过程或程序是否有效，将直接决定教育政策能否成功地由观念形态转变为现实形态。有学者指出，"一项失败的教育政策固然可能导因于政策设计的失败，但更多的失败原因系来自于执行本身出现了问题，例如执行标准不够清晰，执行者之操守不够清廉等；因此，政策执行是政策过程的枢纽，公共政策的成功或失败，端赖于政策执行是否彻底。"[1] 其次，教育政策执行是检验教育决策科学、合理与否的唯一途径和必由之路。教育政策执行的实质是教育政策执行主体与其他诸多教育利益主体在互动的过程中，按照教育决策事先的设计，将教育利益进行再分配的过程。期间难免遇到利益冲突和矛盾，遭遇执行困难和阻力，因为事先设计很可能会和现实情形有一定出入和差距。必要时，教育决策主体应当根据教育政策执行主体所反馈的信息，对教育决策不合理的设计进行修正和完善。因此，教育政策执行在很大程度上有利于决策主体及时发现政策设计的问题，对其进行修正并使其进一步合理化、完善化。另外，一项教育政策的执行过程不论好坏、不论是否达到教育政策事先所设计的目标的要求，都会对教育现状和事实造成一定的客观影响。目前的教育现状和事实，就是过去一系列教育政策实际发挥影响所形成的结果。新的教育政策的制定和执行，要以前一项教育政策执行的事实和经验为基础，前一项教育政策执行的具体情况是制定后继教育政策的重要参考和依据。

二、教育政策执行的一般程序

袁振国博士曾对教育政策执行的逻辑顺序做过较为细致而完善的划分。此处，我们主要参照他在《教育政策学》一书中的观点，对教育政策执行的一般程序进行简要阐释。

教育政策执行可以划分为政策理解、制定执行计划、组织落实、政策宣传、政策和计划的具体实施、监督和检查、政策执行的调整、政策执

---

[1]　李允杰、丘昌泰：《政策执行与评估》，元照出版有限公司2003年版，第5页。

行总结、政策执行的巩固提高九个阶段。

政策理解，是政策执行者在接到贯彻执行某项教育政策或指令时首先要做的工作，不仅要理解政策的内容和细节，而且要对其形成认同和共识。此外，政策理解要伴随整个政策的执行过程，执行者要随时结合执行中遇到的新情况、新问题来进一步理解教育政策。制定执行计划，即为了有效地实施政策，必须在政策方案的基本原则和大致轮廓下，对总体目标进行分解和细化，制定出具体的执行工作计划，明确责任分工，合理安排人、财、物等资源，制定实施步骤，安排进度并规定期限等。组织落实，即指定或建立一定的执行机构并确保其具备良性运转机制，各负其责将既定的执行计划转化为具体的执行活动。政策宣传，即通过各种媒体和活动形式争取政策执行人员、目标群体和社会各方面对相关教育政策的理解、认同和支持，形成有利于相关教育政策执行的社会舆论环境。在这个过程中，切忌搞形式主义、夸大其词、宣传滞后等。政策和计划的具体实施，即组织落实阶段中指定的各执行机构按照执行计划的要求履行自身职责，积极采取更为具体的措施和行动，以保证政策目标的实现和计划的完成。该阶段是政策执行过程中最为现实的根本性环节。在此过程中，执行机构的领导要确保所属机构的工作习惯要适合新的工作职责要求，并要采取各种激励措施调动机构内部成员的积极性等等。监督和检查，即政策实施过程的保障环节，它的主要任务是督促执行机构以避免其拖延执行，及时发现执行问题并追究相关责任，以及检查现行政策及执行计划本身是否存在问题。政策执行的调整，即对监督和检查环节所发现的现行政策及执行计划本身所存在的问题及时调整，并对调整的部分进行认真的贯彻执行。

政策执行总结，一是在教育政策所规定的实现政策目标的期限内所做的阶段性工作总结；一是在教育政策所规定的实现政策目标的最后期限所做的终结性工作总结。不管哪种总结，都要做到从量和质两个方面对政策执行情况进行全面检查，并要对相关执行部门和人员的工作作出成绩评定，而且要从中总结出经验教训。政策执行的巩固提高，即教育政策所规定的政策目标基本实现后，并不意味着教育政策的执行取得了最好、最圆满的成果。只要教育政策未被终止，政策执行就应继续进行，以进一步发现和解决存在的各种问题，继续提高教育政策效益。这也是教育政策执行过程中的一个重要环节，政策执行人员应予以重视。

三、教育政策执行的失真现象

教育政策执行的失真现象即执行活动及结果偏离原定的政策目标。这种偏离有多种表现形式：有的教育政策只在执行过程中被宣传一通而未走向具体实施，即政策表面化；有的教育政策在执行中被附加了原本没有的内容，即政策扩大化；有的教育政策只有其中某些部分被贯彻执行而其余则被遗弃，即政策缺损；有的教育政策在执行中被换入表面上与原政策一致而实质上却与原政策迥异的内容，即政策替换；有的教育政策在执行中普遍存在问题，可能主要原因在于政策本身存在问题，即政策的结构性失真；有的教育政策由于不适应某类地区而难以在该类地区得以顺利贯彻执行，即政策的区域性失真；有的教育政策由于某执行组织的特性或缺点而无法得到有效执行，即政策的组织性失真。

诸多教育政策执行的失真现象导因于具有共性的原因。这种原因可以归为两大方面，一是教育政策本身的问题，二是教育政策执行者的问题。教育政策本身的问题如政策目标要求过高或过于笼统而不具体，没有对人、财、物等政策执行资源进行科学、合理、到位的安排，没有对执行中的不利因素或可能遇到的种种困难和问题进行充分考虑等等。政策执行者的问题，一方面是执行机构的问题，如层级或幅度不当；另一方面是执行人员的问题，如执行人员认识上存有缺陷、责任意识缺乏、知识和能力素质不高等。

只有对上述原因和其他可能导致政策执行失真现象发生的种种原因进行全面考察，并采取种种措施和努力，如加强政策本身制定的科学性、对执行人员进行专门的培训和教育等等，以防范政策执行活动及结果与政策目标的偏离，才能确保教育政策执行的最终效益。

四、教育政策执行的主要理论模式

根据政策本身的特点和性质，以及具体的社会、政治、经济、文化、制度等情况来选择恰当的政策执行模式，对有效地实施教育政策是至关重要的。

自 20 世纪 70 年代以来，政策研究者为了更深刻地揭示政策执行过程中的一些本质特性，逐步概括和归纳出多种不同的政策执行模式。这些不同的政策执行模式是研究者从不同的角度来审视政策执行这个研究对象而构建出来的。通过对政策执行影响因素的审视，政策学者构建出过程模式、系统模式和综合模式；通过对政策执行本质的审视，政策学者构建出互适模式和博弈模式；通过对政策执行阶段和过程的审视，政策学者构建出循环模式；等等。这些政策执行模式对研究教育政策执行模式具有很好的借鉴和启发意义。

对于这些政策执行模式的内涵，政策学者们也多有研究，此处不做详细阐释。值得注意的是，上述各种政策执行模式各有其利弊得失，而且各有其适用的特定环境。

第三节 教育政策评价机制

教育政策评价包括执行前评价、执行中评价和执行后评价三个不同环节和阶段。在整个教育政策评价中，执行前评价、执行中评价和执行后评价各有其地位、功能和作用。三个不同环节和阶段的教育政策评价，有着不同的评价参与者。教育政策评价，同一般的公共政策评价类似，要遵循一定的程序和步骤、采取合适的方法并参照一定的标准来进行。

一、教育政策评价的概念与功能

（一）教育政策评价的概念

根据弗朗西斯·福勒《教育政策学导论》一书中所引用的美国教育标准联合会的观点，评价是指"对某一客体的价值和优点进行系统的考查"①。我们认为，这句话隐含着一个被省略掉的主语，即"一定主体"。所以，完整地讲，评价应当是"一定主体对某一客体的价值和优点进行系统的考查"。我们不妨依据美国教育标准联合会对评价所做的这一界定来探讨教育政策评价的含义。首先，我们要确定教育政策评价的主体有哪些；其次，我们要廓清教育政策评价的客体；再次，我们要认清教育政策评价主体对教育政策评价客体进行系统考查和评价的内容；最后，主体对客体进行系统的考查和评价时，还需要依据一定的评价原则、标准、程序和方法。

在此基础上，我们给予教育政策评价如下界定："教育政策评价，即教育政策制定者、教育政策执行者、教育政策实施对象或专业的教育政策评价组织或机构等一定主体，依据一定的评价原则、标准、程序和方法，对教育政策方案的价值、优缺点、可行性和可能取得的结果等因素，对教育政策执行中的策略、困难和问题等情况，对教育政策执行后的教育效益、效率、效果等总体影响和结果，所进行的客观事实性的描述和主观价值性的判断。"

（二）教育政策评价的地位和功能

教育政策评价囊括着执行前评价、执行中评价和执行后评价三个阶段或部分，因此，教育政策评价的作用不仅在教育政策过程的开端有所体现，而且在教育政策的执行中和执行后也有所体现。

执行前评价，可以让我们更好地认识某一政策方案的不足和缺陷，并及时予以完善；可以让我们对各种不同的政策方案进行全面的分析并比较它们的优劣，从而选出最佳方案；还可以让我们对执行中可能遇到的困难做到未雨绸缪，并作出充分准备；等等。执行中评价，可以让我们及时了解执行中所遇到的问题并避免导致无可挽回的局面；可以让我们及时调整执行策略和方案以更好地实现政策方案的预期目标和效果；可以让我们

---

① ［美］弗朗西斯·C.福勒：《教育政策学导论》，许庆豫译，江苏教育出版社 2007 年版，第 279 页。

及时发现政策失误或执行活动的偏差并尽早采取补救措施；等等。如前所述，在政策执行结束阶段（注：更确切地说应该是政策执行暂告一段落，因为它往往并不意味着政策执行真的结束了）所最终形成的政策评价报告中，往往也会包括对政策文本和方案是否科学、合理的评价内容，而且也会包括对政策执行中所遇困难和问题、所需改进和完善之处的分析和评判。所以，执行后评价相对于执行前评价和执行中评价而言，在更大程度上体现了教育政策评价的整体功能。因为，它在一定程度上回溯性地涵盖了执行前评价和执行中评价的内容；同时，它也是我们对被评价政策作出相应处理的依据，或继续维持并执行被评价政策，或对其作出小范围的修改和调整，或对其作出大范围的修改和调整，或终结被评价政策。另外，执行后评价还可以"统一人们的认识，扫除贯彻执行政策的障碍，使政策得到有效的贯彻落实。"①

总体而言，教育政策评价是教育政策过程的一个重要组成部分，它对于审查、评判和选择新的政策方案，调控政策执行中的人、财、物、信息、时机等资源，决定维持、修正或终结某项政策等方面都具有十分重要的意义。

二、教育政策评价的参与者

教育政策评价的参与者，也即前文所谓的教育政策评价的主体，也就是由谁来参与教育政策评价。正如前文所述，政策评价主体在不同的国家背景、不同的政治环境、不同的政策评价具体情境中存有诸多差异，很难对其作出统一性的概括和界定。一般的政策评价如此，具体到教育政策评价也不例外。但不论怎样，教育政策评价的参与者也总会全部或部分地牵涉或包括教育政策制定者、教育政策执行者、教育政策实施对象或专业的教育政策评价机构或组织。

关于教育政策评价参与者的已有研究，多是从实然层面上来谈不同

---

① 袁振国：《教育政策学》，江苏教育出版社 1996 年版，第 235 页。

的参与者在教育政策评价的实际中所通常扮演的角色、地位以及发挥的作用和功能。所谓从实然层面上来谈，就是作者根据自己所经验、所感知的政策评价的一般实际来谈。

如吴志宏在《教育政策与教育法规》一书中就认为，"一般情况下，由两类人充当了教育政策评估者的角色：政策实施者和专业评估人员"①。作者的观点，是基于一定的政策评价的实然状况所做的判断，正如作者所引用的一段话："在实践中，政策的实施和评估经常由相同的主体来进行，也就是政府官员。他们一边行动一边观察，一边观察一边行动，把计划的执行与对结果的理解相结合，以便加强或改变计划的内容。工作的好坏基本上与分析无关，政策过程的参与者既是他们所实施计划的评估者，又是他们所评估计划的实施者。"② 但是，弗朗西斯·福勒在《教育政策学导论》一书中谈到教育政策评价的参与者时，却认为包括政策制定者、政策实施者、委托人和评价者四类。其中，"委托人"也就是所谓的政策实施对象，"评价者"也就是所谓的专业的政策评价机构或组织。无疑，弗朗西斯·福勒的观点，肯定也是根据自己所经验、所感知的教育政策评价的一般实际所提出的。

与已有研究不同，我们更倾向于从应然层面来探讨这个问题，也就是教育政策评价应该有哪些主体来参与才更为合理、民主和科学。我们认为，一个完整的教育政策评价的不同阶段，即执行前评价、执行中评价和执行后评价，其理想化的参与者及其组合形式应该有所不同。

执行前评价，更应该由教育政策制定者以及专业的教育政策评价机构或组织来参与。由于政策方案还未执行，所以政策执行者和政策实施对象尚未有太多的发言权。教育政策制定者对政策方案的出台过程，以及对其中的诸多细节最为了解；而专业的教育政策评价机构或组织，如高等院校的一些教育研究中心或其他教育科研机构，凭借其专业知识和理论视

---

① 吴志宏：《教育政策与教育法规》，华东师范大学出版社 2003 年版，第 131 页。
② 吴志宏：《教育政策与教育法规》，华东师范大学出版社 2003 年版，第 131—132 页。

野，能为教育政策制定者提供诸多建设性的意见和建议，以更好地修改、完善并最终择取更好的政策方案，并加以实施。

执行中评价，教育政策制定者、教育政策执行者、教育政策实施对象以及专业的教育政策评价机构或组织都应参与到其中。在这个评价阶段，教育政策执行者和教育政策实施对象最具发言权，因为他们对教育政策执行的实际情况和影响有着最为直观和深刻的认识和感受。教育政策制定者，应当依据执行者和实施对象的评价意见和建议，决定是否适时调整和修改政策方案，以更好地维持其实施进展并达到预期的政策效果。专业的教育政策评价机构或组织，应当负责收集、整理和分析能够表明政策实施影响的数据资料，以及教育政策制定者、执行者和实施对象的评价意见和建议，以为教育政策制定者和教育政策执行者建言献策。

执行后评价，更应该由教育政策实施对象以及专业的教育政策评价机构或组织来负责实施。这个阶段的评价主体，之所以要把教育政策制定者和教育政策执行者"排除"在外，是因为他们很难在这个阶段做到公正和客观。前两个评价阶段，目的分别在于择取最佳的政策方案和维持政策方案的持续执行。尽管其观点和决断不一定科学、准确，但政策制定者和执行者还是很可能保持其立场的公正、客观，因为他们也很想得到良好的政策实施结果。执行后评价阶段，和前两个阶段有着很大不同，因为这个时候政策执行已经暂告一段落，评价者要对政策实施结果作出事实性和价值性的评判。教育政策制定者和执行者出于维护其科学决策、有力执行的形象，以及掩盖政策执行中的某些不合理行为和现象等目的，将很难在这个阶段的政策评价中保持公正、客观的立场。"排除"之所以加引号，意味着，这里所谓的"排除"，并非真的拒绝教育政策制定者和执行者的任何参与，而是要避免他们对专业的教育政策评价机构或组织施加过多的干预或胁迫，规约他们在评价报告中的发言权。在执行后评价中，他们更需要发挥的只是授权、支持、配合和辅助的作用。当专业的教育政策评价机构或组织收集相关数据和信息时，政策制定者和执行者要主动、积极并尽可能提供准确、客观的资料，这样才能真正保证评价报告的公正、客观和准确。

三、教育政策评价的程序和步骤

教育政策评价只有遵循一定的程序和步骤，才能实现评价目的、取得预期的评价效果。教育政策评价分为三个相互关联的程序或步骤，即评价准备、评价实施和评价总结。

评价准备是教育政策评价工作的基础和起点，也是评价工作得以顺利进行和卓有成效的前提条件。充足的评价准备，可以确保评价工作有计划、有步骤地展开，避免评价工作的盲目性。评价准备主要包括以下几方面内容：确定评价对象、制定评价方案、挑选和培训评价人员、落实评价条件等等。由于资源的有限性，并非所有教育政策都能成为评价对象。一般而言，以下几类教育政策可以被确定为评价对象，即正在执行且比较成熟的教育政策、实施效果与环境变化之间有明显因果联系的教育政策、评价结论具有代表性且具有推广价值的教育政策、负面效应突出且普遍引起公众质疑的教育政策。制定评价方案是整个评价准备工作中极其重要的工作，完整的评价方案应包括五个因素，即评价主体、评价对象、评价目的、评价标准和评价方法。评价方案制定出来以后，就要精挑细选合适的评价人员并进行必要的培训，因为评价人员素质的高低、专业化程度、评价态度、敬业精神、评价立场等都会直接影响教育政策评价的质量。教育政策评价准备，除了要确定评价对象、制定完整的评价方案和挑选高素质的评价人员之外，还要落实场所、时间、经费、设备等必要的评价条件。

评价实施是整个教育政策评价过程中的关键环节，其主要任务是采集评价信息并统计分析评价信息。采集评价信息即利用各种社会调查手段，全面收集有关教育政策制定、执行等的第一手资料。收集资料的技术与方法有很多种，如观察法、查阅文献资料法、调查法、实验法等。收集资料的过程中要注意这些技术和方法的结合使用。统计分析评价信息，即采用多变量统计分析等方法，对所收集的分散、杂乱的原始数据进行整理、分类、统计、综合和分析，并得出初步的评价结论。

评价总结是教育政策评价的最后一个阶段，这一阶段包括两个方面的工作内容：一是撰写评价报告，二是总结评价工作。撰写评价报告有两点需要注意的事项：一是要简明扼要、提纲挈领地给出正式评价结论；二是要对整个评价工作进行说明并写好政策建议部分。总结评价工作，即对本次评价活动进行一番全面的回顾，肯定其中的优点，认识其中的缺欠和不足，总结经验，吸取教训，以更好地改进后续的教育政策评价。

四、教育政策评价的方法

评价方法对于教育政策评价具有十分重要的意义，一定程度上而言，教育政策评价的成功取决于评价方法的正确。评价方法的选择和使用，也是目前公共政策研究中最富于创造性和生命力的一个方面。教育政策评价的方法，和一般公共政策的评价方法并无本质区别。一般公共政策的评价方法虽然多种多样，但它们都是在"前后对比分析法"这个基本方法的指导下进行的。前后对比分析法，之所以被称为一般公共政策评价的基本方法，是因为它概括出了政策评价的基本特点和本质要求。政策评价的基本目的是为了确定政策实施的效果，而政策实施的效果则只有通过对政策执行前后的情况进行对比才能确定。

根据前后对比分析的基本方法，目前公共政策学术界比较公认的政策评价方法，主要有以下四种：简单"前—后"对比法、"投射—实施后"对比法、"有—无政策"对比法和"控制对象—实验对象"对比法。下面我们对这几种方法做一简要阐释。

简单"前—后"对比法，即将某地区实施某项教育政策之后的情况与其之前的情况进行对比，以此衡量某教育政策在该地区实施后的效果。该方法的优点是简单、方便、明了，缺点是很难断定前后对比的结果是某项教育政策所致还是社会环境中的其他因素所致。

"投射—实施后"对比法，即对某地区实施某项教育政策前的多方面因素和指标进行综合考察和分析，以此拟定该地区假若未实施某项教育政策的可能发展结果和状况，然后将这种拟定的结果和状况与该地区事实上已经实施完某项教育政策所取得的发展结果和状况进行对比，以此衡量该教育政策在该地区的实施效果。

"有—无政策"对比法，即首先对已经实施了某项教育政策的一个地区的前后状况进行对比并得出其变化结果，其次对从未实施该教育政策的另外一个地区的前后状况进行对比并得出其变化结果，然后对两个地区的变化结果进行对比，最终得出某项教育政策在前一个地区的实施效果。该方法的优点是，排除了非政策因素对变化结果的干扰，比较精确地测量出一项教育政策实施的真实效果，因而是一种测量教育政策净影响的主要方法。

"控制对象—实验对象"对比法，与"有—无政策"对比法非常相近。两者唯一的区别在于，"有—无政策"对比法对两个对比地区的选取带有事后性和随意性，而"控制对象—实验对象"对比法对两个对比地区的选取则带有事前性和确定性。简而言之，"控制对象—实验对象"对比法首先要选取两个初始状况大致均等的对象或地区，确定其中一个为实验对象，对其进行政策实验；确定另外一个为控制对象，保持原状态不变，不对其进行政策实验，而把它作为实验对象的参照物，然后将实验对象实施某项教育政策前后的变化情况与控制对象未实施某项教育政策的前后变化情况进行对比，以此确定某项教育政策的实施效果。

五、教育政策评价的标准

教育政策评价的标准如同公共政策的评价标准一样，众说纷纭，仁者见仁，智者见智。公共政策的评价标准，学界探讨最多的有五个，即生产力标准、效益标准、效率标准、公平标准和社会回应度。教育政策作为公共政策，对其进行评价理所当然也要参照这几大标准。生产力标准，即评价一项教育政策好或坏、正确或错误、进步或落后，关键是看它有无或者在多大程度上解放了生产力，促进了生产力的发展。效益标准，即考量一项教育政策实施后的实际效果，在多大程度上达到了其预定的政策目标。效率标准，即考量一项教育政策的投入量是多少、有无产出、产出多少、投入产出的比率是多少、有无其他一些最有效而成本又最小的途径和方法等这样一些问题。公平标准，即一项好的教育政策应该是努力实现教育公平、合理分配教育资源的政策，同时一项好的教育政策还必须兼顾公平与效率，只有建立在公平基础上的效率才是真正的效率。社会回应度，即某项教育政策实施后，其实施对象的特定教育需求得以满足的程度。一定程度上而言，只有社会回应度高的教育政策，即较好地满足了其实施对象特定教育需求的教育政策，才能算是好的教育政策。

第三章 英国教育政策的形成、实施及评价机制

由于特定的历史原因，广义上的英国，也就是大不列颠及北爱尔兰联合王国，其教育是由四个相互独立的教育体系构成的：除了高等教育是由英国商业创新与技能部（Department for Business，Innovation and Skills）统一管理外，英格兰、威尔士、苏格兰和北爱尔兰的基础教育和学前教育分别由英国教育部、威尔士教育办公室、苏格兰教育部和北爱尔兰教育部管理。四个教育体系都拥有各自不同的教育政策运行主体，通常来说，比较教育学者所关注的英国教育主要是指英格兰的教育体系，因而，在本章中，对英国教育政策运行模式的探讨也仅限于英格兰地区。

第一节 英国教育政策的运行主体及相互作用

英国的教育管理制度实行中央与地方相互协商与合作的方式，既不同于一般意义上的地方分权，也不是典型的中央统一管理，有学者直接将之界定为"伙伴关系"[1]。在英格兰，中央层面的教育管理主要是由教育部和商业创新与技能部共同承担的，地方层面的则主要由 152 个地方教育当局（Local Education Authorities，LEAs）承担[2]。在学校层面，高等教育机

---

[1] 王承绪：《英国教育》，吉林教育出版社 2000 年版，第 29—36 页。

[2] Wikipedia，"Local Education Authority"，2011 年 9 月 20 日，http：//en.wikipedia.org/wiki/Local_education_authority.html.

构和基础教育机构又分别由董事会和学校管理委员会为主体实施管理。下面分别从中央、地方、学校三个层面对英国教育管理的主体做一个概要性的分析。

一、中央教育行政管理主体

（一）中央教育行政管理的历史演变

英国的中央教育行政管理主体主要有教育部和教育标准局。历史上，教育部的名称几经变化，追溯至其最初的建立，应属 1839 年成立的枢密院教育委员会，这是英国历史上的第一个中央教育行政管理机构。该机构在后来的发展中设立了更专业的下属机构——教育署。直到 1899 年，教育署与当时的科学与艺术部合并，成立了教育委员会（Board of Education）。在 1944 年教育法案出台后，英国成立了真正意义上的教育部（Ministry of Education）以加强中央对教育的集中管理。

教育部的名称在之后又经历了数次变革：1964 年，为了突出教育与科学对社会发展的重要作用，教育部更名为教育与科学部（Department of Education and Science）。1992 年，英国政府将科学事务的管理从教育管理部门中剥离，教育主管部门的名称再次改回教育部（Department for Education）。1995 年，执政党保守党党内的改组导致了新的变革，教育部与当时的就业部合并，更名为教育与就业部（Department for Education and Employment），以突显政府对教育与就业联系的关注。2001 年，连任的新工党政府为了简化集中教育主管部门的工作领域，将就业事务转移到新成立的部门，而将教育主管机构命名为教育与技能部（Department for Education and Skills）。

最近几年，教育部的名称又发生了两次大的变革：2007 年，随着新工党党首的更换，教育部一分为二成为儿童学校与家庭部（Department for Children，Schools and Families）和创新大学与技能部（Department for Innovation，Universities and Skills），从而将基础教育（及幼儿保育）和高等教育的管理交由不同部门负责。2009 年卡梅伦联合政府上台后，中央教育管理机构再次作出重大调整：7月，创新大学与技能部和原商业企业与监督管理改革部（Dep-artment for Business，Enterprise and Regulatory Reform）合并成立新的商业创新与技能部（Department for Business，Innovation and Skills），负责包括高等教育和继续教育在内的众多公共事务；而负责基础教育及儿童事务的儿童学校与家庭部则于2010年5月被新的教育部（Department for Education）所取代。

（二）中央教育行政管理主体的组织架构和职责

教育部（DFE）的主体架构（行政主管团队），由一位教育大臣（Secreta-ry of State for Education）、三位司长（Minister of State）和两位副司长（Parliamentary Under-Secretary of State）构成。其中，三位司长分别负责学校司、儿童与家庭司以及继续教育与终身学习司；而学校司和儿童与家庭司另设有副司长职位。在这一行政主管队伍外，教育部还设置了管理委员会，支持和执行日常工作。

商业创新与技能部（Department for Business，Innovation and Skills）由于其承担职责的广泛性，拥有一个更加庞大的行政主管队伍。这支行政主管队伍由一名常务次官（Permanent Secretary），两位最高行政长官（Chief Executive）和六名部门主管（Director）组成。其中，两位最高行政长官分别负责英国贸易与投资（UK Trade & Investment）以及股东执行（Shareholder Executive）；六位部门主管则分别负责经济、策略与管理改进（Economics，Strategy and Better Regulation），市场架构（Market Frameworks），财政与贸易（Finance and Commercial），商业与技能（Business and Skills），立法与沟通（Legal，People and Communications）以及知识与创新（Knowledge and Innovation），高等教育的管理主要由负责知识与创新的部门主管负责。

二、地方教育行政管理主体——地方教育当局（LEAs）

地方教育当局（LEAs）创建于1902年，是英国地方教育行政管理的主体。从英国的地方行政体制来看，以英格兰和威尔士地区为例，该地区设有 47 个普通郡议会（County Councils）、36 个都市郡区（Metropolitan Districts）议会、33 个伦敦自治市镇（London Boroughs）议会和郡一级的夕利群岛（Isles of Scilly）议会。这些议会均为地方一级的行政机构，也是负责本地区有关教育事务的法定机构，即 LEAs。目前，在英格兰和威尔士地区共有 172 个 LEAs。①

根据《1902 年教育法》，LEAs 在创立之初拥有初等和中等教育的直接控制权。LEAs 在中央教育委员会（Board of Education）的领导下，关注本地区（英格兰和威尔士地区）的教育需求，并采取对地方来说必要的措施，对除初等教育以外的教育阶段提供经费或资助，促进各类教育之间的总体协调。LEAs 成立后与英国中央政府和学校之间形成了积极和建设性的伙伴关系，极大地促进了英国教育事业的发展。

《1988 年教育改革法》以及 90 年代以来又陆续公布的几项重要的教育立法，如 1992 年 3 月颁布的《继续和高等教育法》《1992 年教育法》和《1993 年教育法》对地方教育管理体制产生了很大的影响。这些立法虽不是专门针对教育管理体制改革的，但有不少内容由于涉及学校教育的改革而直接触及到了教育管理体制的基本架构，其他的各种措施和要求也或多或少地影响到了 LEAs 与中央政府以及学校之间的关系。

LEAs 从创立至今，经过了大权在握的辉煌期（1944—1988 年）以及日落西山的衰落期（1988 年至今），其职能从无所不包到有限的责任，这种地位和作用的变化反映出在不同阶段英国政府针对集权和分权的关系问题所做的一系列变革。尽管人们对于 LEAs 的褒贬不一，但是可以肯定的是 LEAs 确实在地方教育政策的实施、学校质量的改善以及促进地方教育整体水平的提高等方面发挥了关键作用。经过一系列的改革，LEAs 在失去某些权力的同时也保留或被赋予某些新的权限。

---

① Wikipedia，"Local Education Authority"，2010 年 10 月 24 日，http：//en.wikipedia.org/wiki/Local_education_authority.html.

三、学校教育行政管理主体

英国在学校一级的行政管理主体因学校所在的层级不同而有所差别。中小学校通常设置由校长、任课老师、家长代表、地方教育当局代表和当地社区人士等组成的管理委员会，负责制定学校宏观发展战略，监督学校改进计划的落实以及向家长汇报学校的各项进展等，教学管理、学校纪律、人事变动、校舍维护等具体事宜则主要由校长负责。

大学的行政管理主体是董事会、校务委员会和学术评议会。其中，董事会是学校最高权力机构，负责大学的全面事务；校务委员会是学校的执行机构，负责学校的财政安排、教学人员任命、学术评议会建议的批准等；学术评议会则负责学校的学术事务，包括受理学部委员会的报告和建议，推荐任命教学人员，批准课程及科研计划等。大学的最高行政领导是副校长，校长则只是荣誉职位。

第二节　英国 20 世纪末至 21 世纪初推行的重大教育政策与改革

鉴于英国政府的教育政策取向是随着执政党的更迭而不断发生变化，本节主要截取布莱尔领导的新工党政府执政的十年，即 1997 年到 2007 年的政策与改革作为研究对象。这十年间，围绕其"第三条道路"政治理念，新工党政府制定实施了一系列教育政策，使英国教育取得了巨大的发展。英国学界在回顾研究布莱尔政府的教育政策和改革措施时，甚至将之称为"布莱尔教育遗产"（Blair's Educational Legacy）[1]。

一、"第三条道路"政治理念及其影响下的英国教育政策取向

"第三条道路"是指这样一种政治理念：它区别于笃信自由市场的自

---

[1]　朱宇、邬大光：《"布莱尔教育遗产"：英国学界的讨论及其借鉴意义》，《比较教育研究》2010 年第 6 期。

由资本主义和倡导国家监管调控的民主社会主义，强调兼顾经济发展效率和社会公正，重视国家在实现这二者平衡中的巨大作用。① 总体上，"第三条道路"政治理念强调四个方面的平衡：政府调控与市场机制的平衡，经济发展与社会公正的平衡，社会福利与劳动责任的平衡以及国家利益与国际合作的平衡。② 布莱尔领导的新工党政府正是坚持以这样一种政治理念来治理英国的。围绕这一理念，新工党政府把教育作为任期内优先考虑的重点，一方面继承和延续前任保守党政府所积极推行的国家课程和优质教育；另一方面坚持和强调教育公平，力图通过"全纳教育"（Inclusive Education）实现"全纳社会"（Inclusive Society）。

　　布莱尔执政的十年间，英国政府出台了大量的教育政策，从中我们可以看到新工党政府的教育改革理念和教育政策取向。首先，新工党政府将教育公平作为实现社会公正的重要手段。不同于老工党所推崇的"福利国家"，新工党所追求的是"社会投资国家"，即减少直接的经济保障，而是尽可能多地投资人力资本。③ 基于这样的理念，英国政府出台了一系列意在促进教育平等的政策，对地区不平等、学校间不平等、家庭条件不平等等诸多方面都给予了关注；此外，对落后学生群体、残疾儿童、单亲家庭子女和被社会福利机构收养儿童等，也都有相关法案提供专门的保障。

　　第二，新工党政府注重教育与经济的联系，通过推动职业教育与普通教育的融合与衔接，确立多层次的职业教育，构建符合经济发展需要的新的学历层次等措施，使英国的教育更加契合国家的经济发展状况；同时，大力发展国际高等教育服务贸易，推动教育和学习软件出口市场，充分发挥教育的经济效益。

　　第三，以新公共管理理论为指导，新工党政府积极推动教育管理现代化。新公共管理理论是 20 世纪 80 年代开始兴起的行政改革指导思想，

---

① Wikipedia，"Third Way（Centrism）"，2011 年 8 月 16 日，http：//en.wikipedia.org/wiki/Third_Way_（centrism）#cite_note-BBC1-6.

② 区冰梅：《当前欧美"第三条道路"刍议》，《现代国际关系》1998 年第 12 期。

③ Mike Bottery，*Education，Policy and Ethics*，London：Continuum，2000，p.33.

主张在政府等公共部门中引入市场导向的高效率方法和机制。[①] 基于这一理论，新工党政府强化了中央对教育的领导，甚至对教师教育和校长培训都制定了统一的国家标准，这同其前任保守党政府形成了比较大的反差。

第四，新工党政府注重现代教育的两个重要发展方向——信息化和终身化。从任期伊始的调查报告，到启动国家学习信息系统建设计划，再到后来的一系列国家层面教育信息资源建设，新工党政府有力地推动了英国教育信息化的发展。在教育终身化方面，从绿皮书（和"白皮书"都是英国教育政策制定过程中的商议文件形式）《学习时代》（*The Learning Age*）到白皮书《走向成功的学习》（*Learning to Succeed*），再到法律文本《2000 年学习与技能法》（*Learning and Skills Act 2000*），新工党政府也推出了一系列系统的举措。

二、基础教育领域的重大政策与改革

布莱尔政府上任伊始，就在其第一份具有实质性意义的白皮书《卓越学校》（*Excellence in Schools*）中明确了未来教育政策亟待解决的两个重大问题：学生学业成就水平低下（Low Achievement）和日益严重的社会排斥（Social Exclusion）。针对这两个问题，布莱尔政府在其执政的十年间，在基础教育领域，推出了两个重大计划——"教育行动区"计划（Education Action Zones）（以下简称 EAZ 计划）和"卓越城市"计划（Excellence in Cities）（以下简称 EiC 计划），同时还推动了以绿皮书《每个孩子都重要》（*Every Child Matters*）（以下简称 ECM）为开端的一系列重大改革。

EAZ 计划以学生学业表现欠佳的教育薄弱地区作为改革的突破口，通过市场化的手段引入教育以外的资源和力量参与这些地区的教育改革，从而为这些地区的教育状况带来新的面貌。EiC 则把目标定位在城市中的

---

① Wikipedia，"New public management"，2011 年 8 月 17 日，http：//en.wikipedia.org/wiki/New_public_manage-ment.

内城区，采取更直接的手段，促进这些区域的地方教育当局和学校之间进行合作，解决学生学业不良问题。绿皮书 ECM 引发的系列政策力图通过对多部门权限与责任的整合，实现儿童的各方面协调发展。其中，以《2004 年儿童法》（*Children Act 2004*）为最具法律效力的政策文本，对这种部门间的整合提供了权威的指南。

三、学前教育领域的重大政策与改革

在学前教育领域，布莱尔政府的工作重心在于普及学前教育和提高学前教育质量两个方面。首先，1998 年的《国家儿童保育战略》（*The National Childcare Strategy*）将原来分属不同部门管理的幼儿教育和保育整合统一，为学前教育的普及奠定了制度基础。继而，同年颁布实施的"确保开端"计划（Sure Start）为所有儿童提供起点的公平作为目标，力图为所有幼儿提供优质的早期教育和养护。

在 2003 年绿皮书 ECM 颁布后（范围涵盖 0—19 岁婴幼儿和青少年），针对其中学前教育领域的规划，布莱尔政府又推出了"儿童保育十年战略"（A Ten-year Strategy for Childcare），对英国学前教育发展的宗旨、原则和核心目标等作出了明确规定。而后，2005 年开始实施的"早期奠基阶段"以建立一个连贯而统一的学前教育体系为目标，整合了早期的一系列政策，一方面改善处境不利于儿童的生活和教育，另一方面提高整个英国学前教育的质量。

四、高等教育领域的重大政策与改革

针对英国高等教育中的问题，布莱尔政府以 2003 年颁布的白皮书《高等教育的未来》（*The Future of Higher Education*）为开端，推动了一系列高等教育改革。经过议会的充分审议，这份白皮书中的绝大部分内容都写进了后来颁布的《2004 年高等教育法》（*Higher Education Act 2004*）中①。

---

① Geoffrey Walford，"Introduction：education and the Labour Government"，*Oxford Review of Education*，Vol.31，No.1，2005.

在这项由布莱尔政府颁布的最重要的高等教育政策中，"全纳"是一个核心词，一方面，通过提高中小学生学习主动性和确保入学机会公平以实现让所有有潜能有需求的人有机会进入高等教育；另一方面，通过扩大高等教育规模，增加高等教育层次类型，满足不同人群对高等教育的不同需求。

五、职业教育和终身教育领域的重大政策与改革

在职业教育领域，布莱尔政府的主要目标是使职业教育与普通中等教育实现融合。其中，2002 年出台的《14—19 岁：机会与卓越》(*14—19：Opportunity and Excellence*) 是其中最重要的改革指南，确立了发展多层次的职业教育与中等教育的改革方向。

面对学习时代的新需求与新挑战，布莱尔政府以《2000 年学习与技能法》(*Learning and Skill Act 2000*) 确立了终身教育领域的基本政策：成立从中央到地方的两级学习与技能委员会，设立成人学习督导制度，为所有公民提供继续教育和终身学习的机会。

第三节　英国教育政策的形成机制及其特点

一、英国教育政策的形成机制

纵观英国近年来重要教育政策的出台，可以看到，英国教育政策的形成是一个程序相对固定的过程。从政策问题的提出到最终以法案或白皮书等形式出台政策，英国教育政策形成的常规程序包括政策问题产生，组建专家委员会进行调研，形成专家咨询报告供社会讨论，收集相关意见修改咨询报告，出台白皮书作为最终的成型政策或进一步作为立法提案递交议会进行商讨。整个政策形成过程中，相关各方都充分参与其中，以团体决策的形式制定政策。

(一) 政策问题产生

英国政策问题的产生在宏观上主要有两种途径，一种是被动式，即

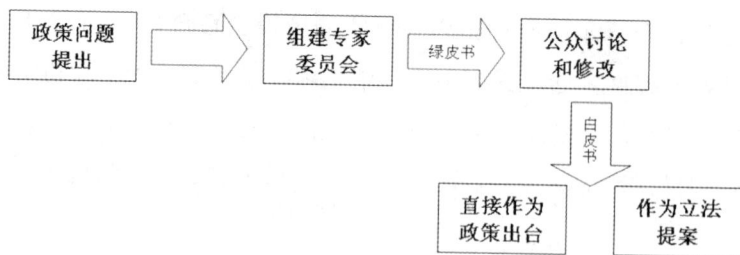

图 3-1　政策形成机制

由利益相关者发起，通过吸引社会的广泛关注，影响政府的决策，使相关问题进入政策制定者视野；另一种则是主动式，即由政策制定者基于国家教育发展状况，主动提出并具体化相关政策问题，使之进入政策制定的进程。前者的典型例子是英国高等教育双重体制的建立。20 世纪 60 年代，英国高等教育大众化的发展需要与传统大学能够提供的高等教育机会之间的矛盾逐渐凸显，经由利益相关者提出和社会广泛关注，英国教育政策的制定者们将高等教育双重体制的建设问题列入政策议题，并最终出台政策。而后者的典型例子是布莱尔政府执政后的英国将教育作为社会改革的突破口，主动寻找教育中存在的问题，制定相关政策，推动教育发展。在新工党政府执政的十年间，主动式的政策问题产生途径占据了多数。

以英国《2000 年学习与技能法》（*Learning and Skill Act 2000*）的制定为例。作为最早发展继续教育的国家之一，英国对继续教育的关注可谓历史悠久。进入 20 世纪 90 年代以后，在国际终身教育思潮逐渐兴起的背景下，基于经济发展和参与国际竞争的需要，英国政府对终身学习和建设学习型社会的关注越来越多，甚至一度以"终身学习关系到英国的前途和命运"这样的论断展示了英国政府对于继续教育的重视程度。学习型社会的建设进入政府日程之后，英国政府开始组织委派专家委员会展开相关的调研，并最终实现《学习与技能法》的诞生。这样一个政策问题形成的过程正是主动式途径。

（二）组建专家委员会进行调研

组建专家委员会是英国教育政策制定机制中比较有特色的环节。通常来说，对于进入政策制定者关注范围的政策问题，政府都会委任由相关专家组成的专门委员会，对政策问题展开详尽的调研。专家委员会的人员组成不仅仅局限于教育领域，也不仅仅局限于某个阶层，而是由从事不同领域、具有不同背景、代表不同群体的专家共同组成。这样的专家委员会可以在最大程度上保证教育政策咨询的全面性。专家委员会的调研持续时间长短不一，涉及的范围甚至会跨越国家。经过一段时间的充分调研后，专家委员会撰写咨询报告递交教育主管机构。

仍以《2000 年学习与技能法》的形成为例。在学习型社会建设进入英国政府的日程之后，英国政府委派迪尔英爵士领导成立了英国高等教育调查委员会。委员会经过 14 个月的详细调研，全面考察了欧洲和澳大利亚的高等教育状况，最终发表了题为《学习型社会中的高等教育》（*Higher Education in the Learning Society*）的咨询报告。该报告第一次在政府层面正式提出了建设"学习型社会"（Learning Society）的构想，并指出英国建设学习型社会的紧迫性和必要性。

（三）发布绿皮书推动公众讨论

对于专家委员会递交的报告，教育主管部门会组织内部讨论并对报告进行修改和调整，形成供公众讨论的书面文件，这种文件在英国通常是以"绿皮书"的形式发布。绿皮书发布之后，大众媒体还将进一步开展宣传和引导公众参与。其中，《泰晤士报教育副刊》等权威教育报刊通常会刊登绿皮书的内容或由其通讯员撰写通讯文章，从而提高公众对绿皮书的认知。绿皮书公布后，会有较长时间的社会辩论。这期间，政府相关部门会认真收集广泛的社会意见，同时对一些争论较多的问题及时作出回应。

在英国《2000 年学习与技能法》政策形成的过程中，基于迪尔英委员会的调研报告，英国教育与就业部（Department for Education and Employment，简称 DfEE，当时的中央教育主管部门）发表了题为《学习时代：新英国的复兴》（*The Learning Age：A Renaissance for a New Britain*）的绿皮书。该绿皮书提出了建立一个终身学习框架、建立个人学习账户、成立产业大学、进行资格改革等一系列建议和措施。绿皮书发表后，英国政府通过各种渠道鼓励民众积极发表意见，并广泛收集大众的反馈。

（四）形成政策文本

经过对公众意见的广泛征集，政府将会对绿皮书进行针对性的修改，并最终形成正式的文件。这样的文件通常是白皮书的形式。白皮书可以作为最终的政策文本直接进入政策实施环节，也可以作为带有详细立法建议的提案递交议会进行立法审核。在英国教育的发展中，一些比较重要的政策就是最终以白皮书的形式公布的。如2003年出台的《高等教育白皮书》就是英国政府为应对知识经济和全球化所制定的高等教育发展政策。

仍以《2000年学习与技能法》的制定过程为例。在《学习时代：新英国的复兴》绿皮书的基础上，英国政府根据征集到的意见和建议，对绿皮书的内容进行修改并形成了《学会成功：16岁后学习的新框架》白皮书。该白皮书确认了《学习时代》绿皮书所提出的几项基本原则，指出了当时存在的终身学习相关政策的不足，同时提出了进一步改革的原则。

如果最终的政策需要以法律文本的形式出台，政策形成就将进入立法讨论环节。在这一环节，政府通常将白皮书递交给下议院进行讨论。议会的立法讨论有严格的"三读"程序：将白皮书及相关材料发给议员，议员单独阅读阶段为"一读"；阅读后的由议员们针对主要原则进行讨论，是为"二读"；之后由常务委员会进行详细审查和修改，最后以简短的"三读"为立法把关。下院的讨论结果会提交上院进一步讨论修改，其后经由两院的互动反馈，定稿送交女王签署生效。

关于终身学习和学习型社会的构建，英国最终是以法律文本的形式确立了《学会成功》白皮书提出的改革方案，即《2000年学习与技能法》。通过这部法律，英国建立了学习与技能委员会（Learning and Skills Council，简称LSC），主要负责向英格兰地区的年轻人和成年人提供教育与培训，同时鼓励公司雇员集体或者个人参与培训等。这部法律还规定成立威尔士学习与技能委员会（National Council for Education and Training for Wales），负责威尔士地区的教育与培训事宜，其具体职责权限和LSC相同。在中央一级的委员会下，这部法律还同时规定成立地方学习与技能委员会。另外，成人学习督导制度也是由这部法律所确立的。

二、英国教育政策形成的特点

从总体上看，英国教育政策的形成过程大致有以下特点：

（一）政策形成注重以调查研究结果作为依据

英国教育政策的制定出台，往往都是以委任专家咨询委员会对相关政策问题进行调研作为开端的。越是重大的政策，调研的内容越细致，范围越广，时间跨度越大。因而在进行具体政策制定时，政府掌握着大量翔实的真实数据，从而使政策的科学性得到最大程度的保证。

（二）政策形成具有固定的程序

从上面的分析可以看到，英国教育政策的出台往往都要经历比较复杂又相对固定的过程。从政策问题形成，到成立专家委员会，再到形成绿皮书进行公众讨论，直至最后形成白皮书或进一步出台法律文本，各个环节紧密衔接，有条不紊。仅仅以行政命令作为强制执行依据的情况得到有效避免。

（三）政策形成注重多方意见

英国教育政策制定的复杂程序同时也反映了其制定过程的民主性。首先，最初的专家委员会在人员构成上是多阶层、多领域的，这一点在最大程度上排除了利益团体对调研过程的干扰。此外，在政策文本形成之前，政府会首先出台绿皮书，广泛征集民众意见，使大众的声音得到最大程度的照顾。

（四）形成的政策具有较强针对性

英国教育政策的制定大多以专家委员会的调研结果为依据，这一点有效地保证了政策与时代发展和教育体制本身相适应。纵观英国近年来的重大教育政策，每一个政策文本都有其中心议题，都是有针对性地就当时亟待解决问题给予应对方案。

第四节　英国教育政策的实施机制及其特点

一、英国教育政策的实施机制

教育政策的制定只是教育政策运行的奠基阶段，一项政策的施行最终能否达到预期目标，在多大程度上实现了预期效果，给社会带来多少积极效应，更大程度上决定于教育政策的实施阶段。在英国，中央与地方的合作伙伴关系决定了教育政策实施在整个英国教育政策运行过程中特别重要和格外复杂的地位。尤其是基础教育领域，地方教育当局根据当地特点和需要制定相应政策的巨大权限，使涉及基础教育的政策在政策目标分解和逐层可操作化阶段并非由上到下的贯彻执行，而是在地方教育当局与教育部相互博弈与协调中进行制定的过程；而另一方面，近年来逐渐强化中央控制力的英国教育，在几个重大教育政策的实施中都设立了专门的委员会，将代表中央教育管理机构的人员派驻到各个地方教育当局，从而保证教育政策能够统一而规范地实施。从布莱尔政府任期内（相对较新，更符合英国教育的现状，同时又具有较长的实施周期供我们分析探讨）推行的几项重大教育政策来看，英国教育政策的实施通常是以教育政策的发布与宣传，教育政策的目标分解与逐层可操作化，建立相关组织机构，确立政策资金安排，进行教育政策实验和全面实施教育政策等六个环节相互交叠构成的连续过程。下面对六个环节分别展开分析。

（一）教育政策的发布与宣传

当教育政策的运行进入实施阶段以后，第一步需要解决的，就是将政府的决策投放社会，尽可能提高公众对政策的认知度。这就涉及两个几乎同步展开的环节——政策文本的正式发布与政策信息的宣传。在英国，一项重大教育政策的推行，首先会在中央教育管理机构的官方网站上开辟专版用来发布政策文本，同时在官网的首页以醒目的标识或者照片向社会宣布政策的推出。其中，文本的发布是以结构清晰的标题大纲链接方式展现，并非直接的文本全文呈现，使公众可以直观获知政策的主要信息和基本内容。对于较大规模的政策，首相和中央教育管理机构的部长通常会联合发表宣言或者公开信，向社会宣布政策的出台。一些大型的政策项目，如卓越城市计划、教育行动区计划等，还会有醒目的标识推出，以引起全社会的关注。

在政策发布的同时，政策宣传也从多个渠道一并展开。首先，英国的主流大报如《卫报》（*The Guardian*）、《独立报》（*The Independent*）等都有教育专版，会在第一时间对政策的出台作出报道；其他的主流媒体如英国广播公司（BBC）等也会及时以新闻的形式发布。这些新闻报道中有媒体自动的关注，亦有政府信息官员的引导。通过这种实时的传播，可以在最短的时间内提高政策的普及范围。此外，政府机构有时会出资制作投放政策宣传广告，用市场化的方式确保公众对重大教育政策的了解与熟悉，对教育政策中重要信息的精确把握。另外，关于政策的公开信除了在官网上发布外也会在公众媒体中投放，政府首脑也会适时地发表关于政策目标和政策实施意义的演讲，以提高公众对政策的价值认同。

无论是在政策发布中还是在政策宣传中，英国政府都非常注重教育政策的呈现策略。一位新工党政府退休信息官员（Head of Information）就曾经用三个"R"概括工党的政策传递策略：修辞（Rhetoric）、重复（Repetition）和反证（Rebuttal）。[①]首先，新工党政府在政策用语上惯用商业标语式的语言，如"新工党，新英国"（New Labour，New Britain）。其次，重复在新工党的政策宣言中格外常见，这是引起公众注意的有效手段。最后，新工党政府的政策呈现中，预先对可能的反对意见进行攻击，以达到反证政策的目的。

在"卓越城市（EiC）"计划的发布和宣传中，中央教育管理机构的官方网站和媒体就进行了较好的协作，有效地向公众传递了政策的相关信息。EiC 计划是布莱尔执政时期英国政府在基础教育领域的旗舰政策，

---

① Bob Franklin，"Education，education and indoctrination！Packaging politics and the three 'Rs'"，*Journal of Education Policy*，No. 3（2004），p.256.

被看作是提高教育质量，推动全纳教育的重要举措。1999 年 3 月，EiC 计划正式颁布，英国教育与就业部（DfEE）随即在其官方网站上开辟了 Excellence in Cities 版块，发布了包括《内城行动计划》（*Action Plan for the Inner Cities*）、《改善内城教育系统》（*Improving the Education System in Inner Cities*）、《通过多样化实现卓越》（*Achieving Excellence Through*）等文件在内的计划实施文件（Original Launch Document）。时任首相布莱尔（Tony Blair）和时任 DfEE 部长布朗克（David Blunkett）共同发表的致辞和公开信也同时发布在这个专门的版块中。与此同时，英国《卫报》《泰晤士报》和 BBC 等主要媒体也都在新闻中实时播报了 EiC 政策出台的信息，此后又相继刊载了布莱尔首相和布朗克部长的公开信。

（二）教育政策的目标分解与逐层可操作化

最初出台的教育政策通常只提出一些比较宏观也比较抽象的政策目标，以及实现这些目标的总原则。在具体实施之前，需要对这些宏观抽象的政策目标进行分解，并逐层可操作化，使之能够直接指导实践。由于英国教育管理体制中，中央与地方保持着独特的"伙伴关系"，英国教育政策的目标分解与逐层可操作化环节并非由中央教育管理机构独立完成再自上而下逐层传达，而是在政策发布和宣传的同时推出一系列指导纲要，由地方教育当局根据这些指导纲要，或制定当地的具体目标，或由地方教育当局和中央教育管理机构共同协商确定具体目标。

在 EiC 计划中，最初的目标是改变城市中心学校（Urban Schools）普遍的低标准、低成就状况，构建多样化的灵活的城市教育体系，以满足不同程度水平学生的需要。根据这一目标，并结合实际状况，在政策颁布时，英国政府确立了 EiC 计划的四个核心主题——对每位学生的高期望、多样化的教育，学校间的协作网络以及将机会拓展到所有学校。在这四个核心主题下，EiC 计划又分成七个子项目：天才少年项目（the Gifted and Talented Strand），学习导师项目（Learning Mentors，LMs），学习支持单元项目（Learning Support Units，LSUs），城市学习中心项目（City Learning Centres，CLCs），EiC 教育行动区项目（结构上较小且相对更随意的教育行动区，是对 EAZs 计划的发展）（EiC Action Zones），特殊学校项目升级版（Expansion of the Existing Specialist Schools Programme）和灯塔学校项目升级版（Expansion of the Existing Beacon Schools Programme）。针对这七个子项目，当时的教育与就业部只制定了"初始指导纲要"（Initial guidance），分别对制定当地的总体实施计划和七个子项目的当地目标给予指导，而并未直接针对七个子项目制定统一的政策目标。参与 EiC 计划的地方教育当局在这些指导纲要的引导下，纷纷制定符合各地区实际情况的计划和目标；对于一些关键问题，各地方教育当局还在 DfEE 的组织下进行了商讨，并以题为 Implementing Excellence in Cities 的公开信赋予商讨成果以行政效力。

（三）建立相关组织机构

如果说公众对政策的认知、认可与认同是确保教育政策得到充分落实的思想保障，那么专门化、跨部门、高效能的组织机构建立则是确保教育政策实施顺利进行的组织保障。教育政策实施的前两个环节——教育政策的发布与宣传，目标的分解与逐层可操作化——作用在于为教育政策的实施奠定思想基础；接下来需要落实的环节——建立相关组织机构则是为教育政策的实施奠定组织基础。在英国特殊的教育行政管理体制下，中央教育管理机构直接以行政命令要求地方教育当局执行政策的情况并不多见，多数时候，需要设置专门的机构统筹协调二者在政策实施中的"伙伴关系"：中央层面，英国政府通常会在中央教育管理机构设立专门的司局，任命司长（Minister）作为整个政策实施的总负责人；或者在中央教育管理机构之外设立独立的专门委员会，由教育官员或相关专家担任总负责人。在地方层面，为了配合政策的落实，会在地方教育当局设立相关机构，甚至有时还会委派专职人员负责协调中央教育管理机构和地方教育当局在政策实施中的合作。

在 EiC 计划正式颁布后，教育与就业部（DfEE）很快任命了内城教育司长（Minister for Inner City Education），由她领导一个专门的机构监督协调 EiC 计划的实施。同时，在提供给地方教育当局的初始指导纲要中，DfEE 要求各地方教育当局协同辖区内的学校首先建立地方协作机构（Partnerships），负责协调当地对 EiC 计划的执行，同时由这个机构会同 DfEE 商讨制定当地的总体执行计划（Outline Plans）。从后面的政策实施情况来看，各地方协作机构在整个 EiC 计划的实施中发挥了巨大的作用。

（四）确立政策资金安排

教育政策的实施往往需要大量的资金投入，特别是针对教育质量改善、教学设施更新、教师队伍建设等方面的政策，对政策资金的需求是非常大的。而对于一项涉及机构众多、实施对象多样、辐射区域复杂的教育政策，巨额政策资金的具体分配是资金投入中最重要的问题。在英国的教育财政拨款制度下，教育资金的投入由中央和地方按比例共同承担。划定拨款数额后，英国中央教育管理机构往往从两个维度确定资金分配方式——所涉及各教育行动区的需要和所涉及教育领域（在教育政策中通常表现为子项目或子计划）的需求。资金分配至地方层面，各教育行动区又会根据辖区内学校的情况制定各个学校的具体分配数额。

以 EiC 计划为例，仅在其涉及部分内城区中等学校（Secondary Schools）的一期项目中，英国政府就投入了高达2.08亿英镑的资金[1]。这些经费首先以地方教育当局为单位进行了分配，在一期项目所辐射的 25 个地方教育当局中，除伦敦地区（the Corporation of London）的经费分配较少外，其余地方当局获得数量相当的经费。在划拨给各地方教育当局的经费中，EiC 计划还规定了七个子项目的分配。具体到学校层面的经费安排，主要由以 LEA 为主体的地方协作机构制定方案。辖区内各个学校获得的经费支持并不相同，通常以学生数量作为区分的主要依据。在对各个子项目的经费规定上，部分权限下放到了学校，例如对学习导师项目和学习支持单元项目的经费分配，地方协作机构并没有制定严格规定，而是允许学校根据学生情况自主决定对两种学生学业支持系统的取舍和权重。

---

[1]　阚阅：《促进教育均衡发展的新举措——英国"追求卓越的城市教育"计划评析》，《全球教育展望》2004 年第 9 期。

（五）教育政策实验和全面实施

一项涉及面广泛的教育政策在全面实施之前，往往需要在局部有代表性的地区先行开展政策实验，对政策目标和政策实施计划等进行检验和调试。通过政策实验对教育政策的可行性和合理性进行评估并修正政策目标是确保教育政策顺利实施的重要环节。追求渐进式改革的传统和相对比较保守稳健的国民性决定了英国在教育政策实施中特别重视政策实验，重大教育政策的实施通常都是从选定区域逐步推进到整个国家范围。

EiC 计划出台时就将最初三年的设计执行期分成了三期项目，第一期仅选择了 25 个地方教育当局和辖区内的中等学校参与项目，实施期间中央和地方教育管理部门以及相关研究机构对政策的实施做了监测和评价，出台了包括项目年度报告在内的一系列监督评价报告，为项目二期和三期的开展提供参考。从第二期开始，项目覆盖范围扩大到 57 个地方教育当局，政策对象也由仅限于中等学校拓展到包括小学在内，同时将关注地区扩大到内城和与内城相同的不利地区。

二、英国教育政策实施的特点

（一）教育政策的发布宣传重视与媒体协作

在教育政策宣传方面，英国的国家体制决定了其政府同媒体的互动机制具有鲜明的特点。执政党为了提高其政策的普及度和影响力，往往会制定专门的策略同媒体进行协作。这些协作一方面提高了英国政府在教育政策宣传方面的效力，另一方面也带来了一些诸如政策口号化——空洞却具有感染力之类的问题。

（二）地方教育管理机构在政策目标可操作化环节中扮演重要角色

如上所述，英国教育管理的突出特点是中央与地方的伙伴关系。尽管英国中央教育管理机构越来越倾向于强势管理，但其长期的地方分权管理历史决定了在一些重大教育政策的目标可操作环节中，地方教育管理机构仍然扮演了非常重要的角色。一项全国性的政策进入实施阶段之初，通常并没有严格的可操作化目标，而是由地方教育管理机构依据当地的特点针对性地制定可操作化目标。

（三）教育政策实施的组织保障有力

在英国重大教育政策的实施中，通常都会成立专门的机构负责政策的落实与各部门的协调。这一点或许是由英国"伙伴式"教育管理模式所决定的。辐射全国的政策需要中央与地方的协调，也需要教育管理机构中各个部门的协调，英国这种成立专门机构的方式对教育政策的落实具有非常重要的意义。

第五节　英国教育政策的评价机制及其特点

教育政策评价是整个教育政策运行中起监控作用的重要环节。一项教育政策在实施之后是否到达预期效果，政策运行的效率如何，是该适时调整还是及时终结，这些重要问题都需要教育政策评价来提供答案。英国拥有同其国家教育行政机构一样历史悠久的教育督导制度，这一点决定了当代英国在确保教育政策评价的组织机构完备性和评价过程科学性方面具备得天独厚的优势。

当然，需要说明的是，"教育督导"与教育政策评价是两个不同的概念。"教育督导"是指由处于一定权力地位的机构或者个人，依据一定的标准，"对一所学校或一项教育活动的价值作出判断"。[1] 教育督导是"一定的政府权力机构针对学校和教育活动行使监督与评价职能的制度，是政府向学校和其他教育活动实行问责的重要手段与工具"[2]。而教育政策评价，则是"对教育政策对象及其环境的发展变化以及构成其发展变化的诸种因素所进行的价值判断"[3]。显然，教育督导与教育政策评价所针对的对象是不同的，前者关注学校或者教育活动的表现，而这些表现可能是由多

---

① Christopher Winch, John Gingell, *Key Concepts in the Philosophy of Education*, London: Routledge, 1999, p.103.

② 王璐：《英国教育督导与评价》，高等教育出版社 2010 年版，第 56 页。

③ 袁振国：《教育政策学》，江苏教育出版社 2001 年版，第 230 页。

项政策共同作用所导致的；后者则关注某项具体教育政策所带来的政策对象及政策环境的变化以及这些变化发生的具体机制。另外，教育督导与教育政策评价的具体执行内容也不尽相同，前者在进行价值判断之外，一定包括问责；而问责并非后者的题中应有之义，多数情况下，教育政策评价环节的动作以评价报告出台为结束标志。

　　尽管有如上所述的种种不同，英国执行教育政策评价的主要机构却又恰恰是英国的教育督导机构。这些负责发布督导报告的机构也会在某项政策的实施期间针对性地提交政策评价报告。本节将从英国教育政策评价的组织基础、常规路径和特点三个方面分析英国教育政策评价的机制。

一、英国教育政策评价的组织基础

（一）教育标准局（Ofsted）

Ofsted 是 the Office for Standards in Education，Children's Services and Skills 的简称，确切的中文称谓是"教育、儿童服务与技能标准局"。其前身是 1992 年成立的教育标准局（Office for Standards in Education），基于称谓的便利，学者们大多延续了"教育标准局"这一名称。Ofsted 是根据《2006 年教育与督导法》（*Education and Inspections Act 2006*）的规定，于 2007 年改组成立的。该机构是向议会负责的非部级（Non-ministerial）政府机构，是执行教育督导的最主要的机构。教育标准局负责督导的职责范围涵盖所有涉及儿童和青少年的服务，以及提供给各个年龄段学习者的教育。按照教育标准局自己的表述，他们"每周要在全英格兰范围内执行上百次的督导（Inspections）和视察（Regulatory Visits），之后将督导和视察的结果出版并公布在其官方网站上"①。除了完成其常规的督导职责外，在重大教育政策的执行中，教育标准局还会针对性地出台一系列评价报告，执行其教育政策的评价职能。

---

① Ofsted，"About Us"，2011 年 9 月 29 日，http://www.ofsted.gov.uk/about-us.

（二）国家教育研究基金会（NFER）

国家教育研究基金会（The National Foundation for Educational Research）是英国最大的独立教育研究、评价和信息服务机构。作为一个通过政府注册的非营利机构，NFER 致力于提供对普通教育、职业培训和儿童服务的研究和评价服务。在近年来的重大教育政策评价中，NFER 都充当了非常重要的角色，出台了大量的相关研究和评价报告。除了独立的研究和评价项目外，NFER 还会与其他学术研究机构合作，共同承担对重大教育政策的评价工作。例如在对卓越城市计划（EiC）子计划——卓越群体（Excellence Clusters）计划的评价中，最终的评价报告就是由 NFER 和伦敦经济学院教育研究中心（The Centre for Educational Research at the London School of Economics）共同合作完成的。

二、英国教育政策评价的常规路径

（一）制定评价方案

政策评价是一项系统性工程，重大教育政策的评价程序和内容尤其复杂。在这样一项复杂的工作开展之前，需要进行充分而细致的准备。在英国，这一过程具体表现为政策评价方案的制定和出台。经过一些背景性的研究，通常由教育标准局拟定教育政策的评价方案。这些评价方案的内容包括评价目的、评价依据、评价内容、评价对象以及评价步骤等。

以"教育行动区计划"为例，在该项教育政策进入实施阶段以后，教育标准局即于 2000 年出台了《教育行动区评价框架》（*Framework for the Inspection of Education Action Zones*），作为指导整个评价过程的总体方案。方案确定了评价的目标是对教育行动区管理的有效性及计划中各项行动的效果进行评价，同时规定了评价的依据是《学校视导法》（*School Inspections Act 1996*），评价的对象是运行时间达到 18 个月的教育行动区。

（二）广泛收集信息

收集与分析信息是教育政策评价最重要的环节。在这一环节中，承担评价工作的相关机构将广泛收集与待评价政策息息相关的重要信息，诸如政策实施的背景、政策涉及人员机构的情况、政策指向的教育活动的表现等。在英国，因为有体系完备的督导制度，加之注重实地调研的教育研究机构，信息的收集是非常充分的。这些信息既有政策目标机构依据相关规定直接提供给评价承担机构的，也有承担政策评价工作的机构直接通过实地研究收集获得的。

在教育行动区计划中，行动区管理者须提供行动区的成立背景、计划、组织结构、人员、改革实践活动、与当地其他改革措施的联系、经费支出、取得的成效与障碍等方面的信息。与此同时，参与评价的督学还要参与行动区的活动，以便对行动区工作的全貌有一个整体的判断。这些实地的评价工作包括对行动区活动及其成效的文件进行考察，与行动区工作人员、行动论坛代表、地方教育局、其他主要机构的代表、教师和学校领导以及社会机构代表进行磋商。此外，这些督学还会向行动区内所有学校和与计划相关的机构发放问卷，对行动区制定的计划、计划实施情况、行动区的工作质量以及计划所取得的成效等广泛征求意见和建议。

（三）出台评价报告

信息的收集是为最终进行政策评价服务。通过充分的信息收集，政策的评价就有了基本的分析素材，参与政策评价的机构进而完成细致而全面的信息分析，最终得出评价结果，以政策评价报告的方式向社会公布。在分析和出台评价报告这一阶段，英国的两个主要政策评价机构——教育标准局和国家教育研究基金会分别有各自的优势和特点。教育标准局作为权威的督导机构，收集的信息全面，出台的报告具有指导性；而国家教育研究基金会则凭借其科研机构的班底，分析方式更加多样，分析流程更加科学系统，从而使其出台的评价报告更加有学术价值和前瞻性。

仍以教育行动区计划为例，在相关信息收集结束后，督学即对评估结果进行处理，将各行动区的数据信息进行整合，作出综合性的分析。最终，督学经过交流与讨论商议，出台评估报告，提交国务大臣，批准通过后以教育标准局的名义向社会发布。2003年教育标准局发布的《"教育行动区"和"卓越城市计划"：管理与影响》评价报告，就对"教育行动区计划"和"卓越城市计划"在行动区和学校两个层面所取得的效果进行了评价。同时，报告中还提出了进一步行动的建议，以使这些行动区能在日后的行动计划中有更大的改善。

三、英国教育政策评价的特点

（一）教育政策评价历史悠久，基础雄厚

如上文所述，英国拥有悠久的教育督导历史。从国家教育体系建立之初即伴随出现教育督导机构，经过长时间的发展和改善，如今的英国已经拥有非常完善的教育督导体系。这一督导体系在执行教育督导任务的同时，也为教育政策的评价提供了扎实的组织基础。加上相关研究机构的参与、中央教育主管部门的重视以及地方教育管理机构的配合，英国教育政策评价的组织基础异常雄厚。

（二）教育政策评价注重科学性和系统性

正是因为有雄厚的组织基础作为保障，英国的教育政策评价都是以全面系统的数据信息为依据实现的。通过收集和分析大量的相关数据，英国教育政策的评价工作科学而严谨。加之督导的规范化和程序化，教育政策评价工作并非个案式的突显，而是长期的坚持，这一点保证了教育政策评价工作的系统性。

第六节　英国教育政策的成效、问题与走向

布莱尔执政的十年（1997—2007 年）间，教育一直被放在一个优先的地位，多次强调政府工作的重点是"教育，教育，还是教育"。新工党政府的教育目标是"优质且公平"，教育被视为达到诸多社会理想，如社会公平、经济发展、良好的社会关系等的方式。

一、英国教育政策的成效

通过十年的教育改革，英国教育呈现出崭新的局面：一是教育民主

化，表现在地方政府和学校的自由度提高，通过实施 EAZ、EiC、EPA 等计划提高基础教育的平等性，通过扩大高等教育规模，提高中学和继续教育水平与入学率等措施促进高等教育平等，在各个教育阶段实施有利于处境不利学生群体的教育政策；二是教育的现代化，表现在"全国学习网""政府教师网""教育与通信技术局网站"等教育信息资源的建设，对教师的信息技术培训，中小学信息技术课程必修化，远程教育和网络教育的快速发展等；三是教育的终身化，提倡终身学习，促进继续教育的发展，建立服务于成人和职业群体的产业大学，投资建立个人学习账号等；四是教育的国际化，表现在重视留学生政策，发展国际高等教育服务贸易，推动高等教育课程的国际化，促进国家间多样化合作等。①

2007 年布莱尔卸任后，其教育政策由同为新工党的布朗政府延续，2010 年保守党与自由民主党组成联合政府，保守党人卡梅伦接任首相。虽然党派不同，但教育公平依然是英国教育政策的重要关注点，联合政府提出野心勃勃的计划，承诺要"取消"不同社会背景学生的学业成就差异，以促进社会流动性，增强社会公平。卡梅伦政府出台的政策的主要宗旨亦是"通过学校自主、竞争力和学校选择，保持和促进学校改进"②。这种政策倾向从保守党撒切尔夫人开始，由新工党领袖布莱尔继承，并在保守党人卡梅伦处得到延续。

二、英国教育政策的问题与走向

事实上，在英国教育政策的实际运行中，政策的初衷是一回事，政策实施的结果又是另一回事。对于当前卡梅伦政府实施的各项政策是否真的能缩小差距，进而取消差距，存在许多争论。例如，联合政府的一项政策规定，由英国教育标准局（Ofsted）评定的优质学校，如果愿意的

---

① 李娜：《英国布莱尔执政时期的重要教育政策研究》，华东师范大学硕士学位论文，2008 年。

② ［英］杰夫·维狄：《通过教育应对社会不公平——英格兰 2010 年以来的政策与展望》，丁道勇编译，《河北师范大学学报》（教育科学版）2013 年第 1 期。

话，可以自动获得"独立学校资格"，并支持富裕地区拥有更多的此类学校。同时，政策鼓励家长、教师、慈善机构等开设由公共资金支持的"自由学校"，这类学校拥有更多自主权，如有权决定教师的薪水标准，拥有较大的学校预算控制权，不必按照国家课程授课，可以自由地改变学期的长度。① 这样的政策是否真的能减小学业差距，还是适得其反？支持者认为这些政策将促进家长参与管理和教育质量的提高，小规模的自由学校和它的自由化课程对于学习困难以及残障学生来说非常有益；反对者则认为自由学习会在地方上造成混乱，并不是所有的家长都能有所参与，这只会让少部分人受益，却牺牲了大部分人的利益。②

　　另一个例子是关于高等教育的。联邦政府大大提高了大学的学费标准，2010 年联邦政府将大学的学费最高上限由 3290 英镑调至 9000 英镑，法案从 2012 年开始实施。尽管受到了非常大的争议和阻力，法案依然在国会上议院通过。随着高等教育的普及，教育经费已经成为政府的一项沉重负担，微薄的社会捐赠也难以弥补高等教育经费的空缺，只能依靠市场的力量，通过向学生收取高昂学费来缓解高校经费的紧张。联合政府在推行这一市场化改革的同时，也希望最大限度地体现公平原则，坚持"购买力不同，价格不同"的原则进行差异收费，对低收入家庭进行特别关照，例如家庭年收入在 22560 英镑以下的学生，每年可免交学费 1200 英镑③。同时改革辅以收入担保贷款，即家长或学生在接受高等教育之前或期间可以不支付学费，先贷款上学，由政府将学费支付给学校，学生毕业后具备一定还款能力后，再偿还贷款。尽管如此，还是有一部分学生和家庭不愿承担这样的债务，从而减弱了高等教育的入学意愿，降低了高等教育的参与水平。

---

① 杨光富：《卡梅伦政府教育新政：创建"自由学校"，确保教育公平》，《外国教育研究》2011 年第 2 期。

② 杨光富：《卡梅伦政府教育新政：创建"自由学校"，确保教育公平》，《外国教育研究》2011 年第 2 期。

③ 王正惠：《英国高等教育经费改革政策解读》，《国家教育行政学院学报》2011 年第 3 期。

　　尽管如此，能预测市场化的趋势依然是不会改变的。基础教育政策在英国往往更受关注。联合政府发布的两份报告对于预测英国基础教育政策走向有一定的价值。第一份报告是《菲尔德报告》(*Field Report*)，提出儿童 0—5 岁对未来发展的重要性，建议应特别关注早期教育，加大对这一阶段的投资。报告还提出对于处境不利的定义应该得到修正，经济条件不佳不是贫困的唯一表现，还应关注其他非金钱因素①。另一项报告《艾伦报告》(*Allen Report*) 亦强调了这一点，表示"父母做了什么，比父母是谁更加重要"②。根据这两份报告，教育政策也可以考虑从提高父母的教养技能等角度入手，而不是仅仅针对儿童来缩小学业成就差距，儿童经济社会背景在政策文本中也许会有所淡化。这些建议是对英国学界某一看法的回应，这种看法认为学校在缩小学生学业差距上并不是唯一重要的角色，社会必须明白学校能做什么，不能做什么，政策应该将家庭涵盖进来，"改进学校的努力必须与对处境不利家庭的支持相结合"③。

　　总的来说，英国教育政策依然会在公平与效率之间争取平衡，高等教育的市场化在所难免，政府资金将更多地流向基础教育，以获得更多的社会收益与经济收益。

---

① Field，F.，"The Foundation Years：Preventing Poor Children Becoming Poor Adults"，*The Report of the Independent Review on Poverty and Life Chances*，London：Cabinet Office，2010.

② Allen，G.，"Early Intervention：The Next Steps"，*An Independent Report to Her Majesty's Government*，London：Cabinet Office，2011.

③ Mortimore，P. and Whitty，G.，"Can School Improvement Overcome the Effects of Sisadvantage？"，in *Social Inequality：Can Schools Narrow the Gap？ Insight 2.Chester l British Educational Research Association*，Kerr，K. and West，M (*Eds*)．London：Institute of Education，1997.

第四章　法国教育政策的形成、实施及评价机制

法国位于欧洲西部，本土划分为 22 个大区、96 个省。历史上，法国的教会与国家争夺教育主权的斗争一直持续到 19 世纪 20 世纪初。第一次世界大战后，经过教育制度的多次重大改革，逐渐形成现行的比较适应其政治、经济发展需要，具有自己特点的、多样化的教育体制。

第一节　法国的教育行政管理体制

法国以免费原则、义务原则、世俗原则为基本教育政策。虽经历多次教育改革，法国教育系统的公共制、双轨制、集权制特色将长期不变[1]。法国现有学前教育、小学教育、中等教育、职业教育、高等教育、教师教育等各级各类教育形态共同组成了一个完整的教育体系。其基础教育体系由幼儿教育、小学教育、普通初中教育和高中教育构成。法律规定的义务教育年限是 6—16 岁，而在公立学校，免费教育可以持续到学生年满 18 周岁。高等教育由大学、大学校和短期高等教育机构三类机构实施。

从拿破仑称帝至今，法国一直实施中央集权制的教育行政管理模式。

---

① 　王晓辉主编：《比较教育政策》，江苏教育出版社 2009 年版，第 87 页。

虽然 1982 年 3 月的分权法明确规定了中央政府和地方政府在教育上的管理权限，地方干预教育的权力得以扩大和加强，但法国中央政府的权力仍然相对集中。当前，法国的教育管理体制可以概括为：纵向三级，即中央、学区、省；横向三个系统，即行政、督导、咨询部门。

法国的高等教育尤其是大学素有自治的传统。1968 年的《高等教育方向指导法》规定，大学在行政、财政和教学三方面拥有自主权，学区长不再兼任大学校长，这使大学自治有了更充分的法律依据。大学与政府之间采用合同制，而非政府直接干预大学，构建起大学与政府之间平等对话的机制。可以说，法国的高等教育基本上是一级管理体制，即中央（教育部）制定原则，特别是考试、文凭、学制、人事等方面的制度，分配经费，各学校具体执行，中间没有其他过渡层次。虽然不排除学区的协调和地区的投入与合作，但也仅此而已，学区对高等学校基本上没有领导和管理的职能。[1]

一、中央一级的教育管理机构

法国中央一级的教育管理机构主要包括中央教育行政机构、中央教育督导机构和中央教育咨询机构。

（一）中央教育行政机构

在拿破仑建立帝国大学后的 200 年中，法国的中央教育行政机关的称谓变化不下 10 次，先后被称为：公共教育与宗教事务部，公共教育部，公共教育与美术部，国民教育部，教育部，国民教育部，国民教育、科学研究和体育运动部，国民教育、高等教育、研究及职业融入部，国民教育、研究和技术部等，目前称为"国民教育、高等教育暨研究部"[2]（简称"教育部"）。教育部下附设负责各级教育的司和总督学局等机构。教育部的主要职责是：组织实施法国议会通过的教育法和政府关于教育的决定，

---

[1]　吴遵民编著：《教育政策国际比较》，上海教育出版社 2009 年版，第 130 页。

[2]　冯大鸣：《西方六国政府学校关系变革》，上海教育出版社 2011 年版，第 97 页。

以及由法国总统和总理签署的教育政令；制定和颁布有关教育的规定、条例和执行细则等；确定教育方针、政策和教育体制，制定国家的教育发展战略、发展规划和教学大纲；规定考试及学位和文凭制度，领导公立教育机构，监督和指导私立教育机构；确定和分配教师职位数，以及负责教师资格考试和教师的调动；负责教育经费的分配、发放和使用；检查和评估教育质量；开展国际的教育交流与合作等。①

（二）中央教育督导机构

法国教育督导机构分为中央、大学区和省三级。中央督导机构是教育部下设的总督导局，其基本任务是评估并报告国家教育系统的运行情况，在教育的重大问题上为教育部长提供咨询意见。中央一级的督学分为国民教育总督学、国民教育行政总督学和图书馆督学三类，职能各有不同，以前两者为主。国民教育总督学主要负责教学业务的督导，按学科编为14个组，分类开展督导工作；国民教育行政总督导主要负责教育行政管理方面的督导，也是分组开展督导工作，通常按照教育部直属机构、高等教育、大学区和省教育行政机构、学校的布局和设备、学校行政等分类编组。

（三）中央教育咨询机构

咨询机构在法国教育行政体系中扮演着一定的角色。中央层面的教育咨询机构主要有教育高级委员会、全国高等教育和科研委员会、全国课程委员会。

其中，地位最高、影响最大的是教育高级委员会，依据1989年的《法国教育指导法》建立，取代了之前的国民教育高级委员会和普通教育与技术教育委员会两个机构，统一行使全面的教育决策咨询职能。由教育部长或其代表担任主席，由教师、教师—研究人员、学校其他人员、学生家长、大学生、地方团体、校外协会以及教育、经济、社会和文化各界的有关人员代表组成，教师—研究人员的代表由他们在高等教育和科研委员

---

① 霍益萍：《法国教育督导制度》，人民教育出版社2000年版，第23页。

会的代表中选举产生，学校其他人员的代表，根据最有代表性的工会组织按职业选举结果的比例提出的建议，由教育部长指定。对基础教育影响最大的另一个中央咨询机构是全国课程委员会，负责就教学的总体设想、要达到的目标、课程与这些目标的一致性和课程与知识发展的适应性等一并事宜，向教育部长提出意见和建议，委员会成员由教育部长任命，均须是有能力的代表性人物。[①]

二、地方教育管理机构

法国地方教育行政是一个独立于地方政府行政系统之外的单独的行政体系。从理论上说，法国的地方教育行政机关只有大学区和省教育局两级，但实际上，在省教育局之下，还存在地方学区这个管理层级。[②]

（一）大学区

法国最大的地方教育行政单位是大学区，它与普通行政单位"地区"不是一致的，目前全国共设有 35 个大学区，其中 6 个位于法国本土，9 个位于法国的海外领地。[③] 大学区是教育部设在地方的直辖机构，其首长是总长，由教育部长提名，总统任命，代表中央在本学区内行使权力，负责落实中央的方针政策，执行部长的命令，向上级报告本学区的情况。自 1808 年确立学区以来，学区对基础教育的管理权限不断增加，尤其是在中等教育领域，具有绝对的权力。大学区的主要职责任务包括：配合地方政府制定辖区内学校教育事业的发展规划；分配中学教职人员和经费；监督检查公立学校的行政、财务和教学事务；监督合同制私立学校的教学情况；组织高中会考；负责中学入学注册和各级学校的学时分配；管理辖区内的高等学校等。[④]

---

① 吕达、周满生：《当代外国教育改革著名文献》（德国、法国卷），人民教育出版社 2004 年版，第 322 页。

② 冯大鸣：《西方六国政府学校关系变革》，上海教育出版社 2011 年版，第 99 页。

③ 冯大鸣：《西方六国政府学校关系变革》，上海教育出版社 2011 年版，第 99 页。

④ 霍益萍：《法国教育督导制度》，人民教育出版社 2000 年版，第 26 页。

（二）省教育局

大学区下的教育行政单位是省，省一级的教育行政机关是教育局，其首长是省教育局局长，由于绝大多数省的教育局长是由大学区督学担任，法国人即以"督学"相称。大学区督学，亦由教育部长提名，总统任命。省教育局侧重于管理初中及初中以下的事务，主要职能包括：管理省内幼儿教育、初等教育和中等教育；决定小学教师的任用和退休，管理教职人员；决定初中的教学组织和教学结构，受大学区委托，监管省内高中的运行；维护学校校舍和教学结构，保证学校生活的正常开展；监督省内合同制私立学校等。①

有的省下设几个分学区，只负责小学及幼儿园，是法国最基层的教育行政机构。学区督学在省里代表学区总长行使职权，掌管高等教育以外的全部教育行政。

总的来看，中央集权的教育行政管理模式，在加强法国政府对教育进行宏观管理、指导，促进法国教育的一体化方面起了很大作用，但它容易导致僵化、保守的官僚主义作风，影响地方乃至学校的办学主动性和积极性。

第二节　法国 20 世纪末至 21 世纪初
推行的重大教育政策与改革

要理解法国的教育改革政策，必须了解其教育政策的发展历史，因为法国的教育改革，尤其是基础教育改革，"更多的是一种新的东西对已存在的东西的叠加，人们期望已存在的东西逐步消亡，而不是简单、单纯地取消它"②。因此，本节将在介绍 20 世纪法国教育改革政策的基础上，对其面向 21 世纪的教育改革政策进行阐述。

---

① 霍益萍：《法国教育督导制度》，人民教育出版社 2000 年版，第 27 页。
② ［法］玛丽·杜里－柏拉、阿涅斯·冯·让丹：《学校社会学》，汪凌译，华东师范大学出版社 2001 年版，第 3 页。

1789 年的大革命以后，法国资产阶级夺取政权。为确立政权，教育改革也体现着两个方面的努力：一方面，打着人人有权接受教育的旗号，向宗教势力争取教育权；另一方面，又极力限制工人阶级的教育，防止工人阶级的进一步扩大。1881 年、1882 年，《费里法》的出台，确立了免费、义务、世俗的基本原则，大大推动了法国初等教育普及的进程。但是，中等教育和高等教育依然是资产阶级贵族的特权。法国的学校教育体制依然呈现为"双轨制"：学校的一轨是从母育学校到初等学校、高等小学或职业学校，面向社会贫困阶层的子弟；另一轨则是中学预备班、国立中学和市立中学、大学或高等技术学校，面向社会富裕阶层的子弟。20 世纪以来，在经济社会发展的推动下，围绕改革教育结构、提高教育质量等问题，法国政府颁布了一系列的教育改革政策。

20 世纪，法国在基础教育、高等教育以及教育管理领域进行了一系列的改革。在基础教育领域，1937 年的《统一学校法案》，1947 年"朗之万—瓦隆教育改革计划"，1959 年的《关于教育改革的总统令》《关于义务教育的通令》，1975 年的《法国学校体制现代化的建议》法令（又称为"哈比改革"）等改革政策，在延长义务教育年限，调整基础教育结构，推进学制体系的统一，促进职业技术教育，推动教育的民主化、现代化等方面起到重要作用。20 世纪 80 年代以后出台的《教育方向指导法》《课程宪章》等政策，在促进课程内容的科学性和合理性，保证和促进学生完成学业等方面进行了积极的尝试。在高等教育领域，1968 年的《高等教育指导法》（即《富尔法案》）、1984 年的新《高等教育法》（又译为《萨瓦里法》），赋予了大学自治权和自主权，推动了高等教育体制的完善。在教育管理领域，20 世纪 80 年代以后，法国开始实施分权政策，对中央和地方的教育管理职权进行重新划分，在 1983 年颁布的一系列法律中加强了教育的分权，地方对基础教育的管理和干预得以增强。

面向 21 世纪，法国在基础教育和高等教育领域出台了一系列的改革政策，简要概述如下。

一、基础教育改革政策

(一)《学校未来的导向与纲要法》

到 2005 年，法国 1989 年的教育指导法已经走过了 15 年的历程，但其规定的目标并未实现。法国社会发生的变化，要求重新界定面向 21 世纪教育的任务。《学校未来的导向与纲要法》在 2003—2004 年制定出后，又经过一年多的全国大讨论，经议会于 2005 年 3 月通过后，于 2005 年 4 月由共和国总统正式颁布。该法强调提供全民终身教育服务，加强共同生活的教育与训练，将欧洲意识融入学校教育，着眼于未来科技与经济的发展，培养富有竞争力的公民，从而确立了法国未来 15 年的教育发展方向。① 该法提出，要构建"必不可少的共同基础"，即义务教育至少应当保证每个学生获得共同基础的必要途径，共同基础是由知识和能力的整体构成，掌握共同基础对于学校成功、后续培训、构建个人和职业未来以及社会生活的成功都是必不可少的，包括：掌握法语；掌握数学基本知识；具备自由行使公民责任的人文与科学文化；至少会运用 1 门外语；掌握信息与通讯的常规技术等。② 《学校未来的导向与纲要法》的附加报告，全面阐述了该法的基本精神，即"为了一个更公正的学校：可信任的学校""为了一个更有效率的学校：高质量的学校"和"为了一个更开放的学校"。为了促进教育平等，《学校未来的导向与纲要法》的附加报告制定了以下措施：设立教育成功个人项目；增加奖学金奖励的学生数量；促进男女学生平等；改善残疾学生教育。该法还对教师的继续教育、学生通过考试得到文凭的比例和时间等问题做了规定。③

2006 年 7 月 11 日，法国教育部颁布了《关于知识与能力的共同基础》的法令，重申了《学校未来的导向与纲要法》的基本精神，并在其附件中对共同基础作出详细规定，把共同基础划分为 7 种能力，即掌握法语、实

---

① 张丹、范国睿：《更好定向　更多辅导　更多准备——法国新高中教育改革述评》，《全球教育展望》2011 年第 11 期。

② 王晓辉：《法国的"素质教育"：构建共同基础》，《中国民族教育》2006 年第 12 期。

③ 靳润成主编：《国际教育政策发展报告 2010》，天津人民出版社 2010 年版，第 288 页。

践一门外语、数学基础能力、科学与技术文化、掌握信息与通讯的常规技术、社会与公民能力、自主与创新能力。

（二）"面向 2010 年的新高中"课程改革

2009 年 6 月，萨科奇政府改组，新任教育部长吕克·沙戴尔（Luc Chatel）上任。2009 年 11 月，法国教育部公布了题为"面向 2010 年的新高中"改革方案。此次改革与 1999 年法国高中改革是一脉相承的。20 世纪末法国高中所面临的课业负担过重、不同专业与系列不平衡、学业失败严重等问题，并没有通过 1999 年的高中改革得到解决，这些问题也成为"面向 2010 年的新高中"课程改革的重要原因。此次改革的主要目的是构建使每个高中生都能成功的成功高中。2009 年 1 月，巴黎政治学院院长里夏尔·德古安（Richard Descoings）受命组建高中改革小组，负责提出高中改革建议，法国新一轮的高中改革正式启动。2009 年 1—5 月，高中改革小组奔赴 76 个省（全法 96 个省）的 80 所高中开展改革咨询活动，征求相关改革建议。2009 年 6 月，夏尔·德古安对整个咨询意见进行归纳和整理后发表了《关于高中改革的倡议》。此后，教育部召开一系列讨论会，同各团体和工会商讨改革建议，教育部长从 10 月中旬开始到全法高中走访，征求对改革的不同看法。2009 年 10 月 13 日，法国总统萨科奇发表讲话，表示对高中改革的支持。11 月 19 日，法国教育部公布了题为"面向 2010 年的新高中"的改革方案。[1] 改革试图通过采取增设探索性课程、个性化辅导、专科补习、加强外语学习、关注学生文化生活等措施，使学生得到更好的教育，从而让每一位高中生"更好定向"，"更多辅导"，"更多准备"，获得成功。2010 年 9 月 1 日起，教育部长吕克·沙戴尔在一片争议声中正式推行新一轮高中教育改革。

（三）教育优先区政策

设置"教育优先区"，是法国政府为缩小教育的地区差异，降低学业

---

[1] 王晓辉：《法国"面向 2010 年的新高中"的解析与思考》，《比较教育研究》2010 年第 6 期。

滞后生的比例，提高基础教育质量而制定的一项重要政策。从 1981 年开始，法国教育部开始建立"教育优先区"并制定了相应的实施计划，选择一些条件最差的地区作为"教育优先区"加以重点扶持。具体措施包括：减少教育优先区内每个教学班的学生数，为教育优先区内的学校配备更多的教师，以实现对学生的个别指导；在教育优先区内鼓励 2 岁儿童进入幼儿学校，使处境不利的儿童能够较早地接受正规学前教育，从而弥补家庭环境不利带来的不足，提高小学生的学业成功率，降低留级率；提高教育优先区内任教教师的工资待遇，主要是国家为教育优先区内的教师提供特别津贴。教育优先区的划分是临时的，一旦经过努力达到教育部规定的标准后即被取消。20 世纪 90 年代以来，基础教育的质量问题日益突出，法国政府将"教育优先区"作为基础教育改革的另一个"主轴"，通过给予弱势群体大力的教育扶持，以推进整个基础教育体系的民主化进程。[1]

二、高等教育改革政策

根据博洛尼亚进程所决定的框架，21 世纪的法国高等教育变革的政策导向主要集中在三个方面：推动学生流动，吸引世界各国先进的人力资源；加强对高等教育的监督和管理，提高高等教育质量；密切高等教育与经济部门的联系，提高高等教育毕业生的就业率，为社会经济发展提供合适的人力资源。[2] 同时，也进一步强化了法国大学自治。2002 年 4 月，法国教育部发布的第 482 号法令指出，法国新的高等教育结构是建立在 4 级学位之上的，分别是"中学会考证书"（Baccalauréat，相当于我国高中毕业证）、"学士学位"（Licence）、"硕士学位"（Master）和"博士学位"（Doctorat），即"LMD 学制"。"LMD 学制"是指从中学会考通过后开始算起，学士学位 3 年、硕士学位 5 年和博士学位 8 年的体制。同

---

① 朱华山：《传统与变革的抉择：细读法国教育》，辽宁人民出版社 2011 年版，第 73 页。
② 尹毓婷：《21 世纪法国高等教育改革研究》，《青年记者》2009 年第 8 期。

时，法国政府还在高等教育领域全面实施博洛尼亚进程所确定的学分转换系统。

为加强对高等教育的监督和管理，法国政府在 2006 年 11 月发布第 1334 号法令，建立高等教育质量评估机构。这一机构主要负责对研究高等教育机构、这些机构研究单位的活动、高等教育资格和项目，以及对研究机构成员进行评估的程序进行评估。随着高等教育质量评估机构在 2007 年开始正式运行，其他的一些相关机构如"国家研究评估委员会"和"科学、技术和教育任务小组"被相继取消。

为了进一步促进毕业生对劳动力市场的参与，法国政府从 1999 年开始，专门设立了职业性的学士学位，并在 2005—2006 年间制定了四项规定：通过发展"2+1"的课程促进高等教育的劳动力市场导向，增加企业的培训计划，加强与经济部门的合作；增强对高等教育与职业关系的评估；提高学生对于职业指导的信息和学习；在全法国境内均衡发展劳动力市场导向的项目。

上述高等教育改革政策的实施，也在一定程度上强化了法国大学的自治。2007 年 8 月 11 日法国教育部提出了《大学自治法》，规定五年之内，所有大学都取得预算和人力资源管理的自治权，也可以申请拥有学校的不动产。该项法律还修改了工作人员以及教师、研究人员的招聘程序，校长有权聘任教师。2008 年 7 月，法国教育部宣布了第一批准备实行自治的 20 所法国大学的名单，这些大学从 2009 年 1 月 1 日起拥有更多自主办学的权利。政府每年会给自治大学提供 25 万欧元资金，以帮助这些学校开展各项工作，并定期为自治大学的高级管理人才组织培训，采取相应措施帮助这些大学壮大高级管理人才队伍。

第三节　法国教育政策的形成机制及其特点

早在拿破仑建立帝国大学和大学区制的时候，就设立了一条行政管理原则：大家审议，一人决定。因此，中央政府和政治领导在法国教育决策中占据重要地位①，虽然不同时期的特点也不尽相同，但自上而下的教育政策形成机制贯穿其中，其教育政策主要是通过法律制定程序，以法律法规的形式出台。随着教育改革的不断推进、教育管理的逐步放权，中央政府和政治领导在教育政策的制定过程中，也逐渐注意适当调动社会各方面力量在教育政策制定中的参与度和积极性。

一、法国教育政策制定过程中的各方力量及其作用

法国教育政策制定过程中，主要受到中央政府和政治领导人、教育督学、教育咨询委员会、教师和学生等四方面力量的影响。

（一）中央政府和政治领导人

根据法国的行政管理体制，中央政府是重要的教育决策部门，法国议会通过的教育法，法国总统和总理签署的教育政令是其教育政策的主要表现形式。政治领导人的教育理念、性格特点等对教育政策的内容选择、制定推动都具有重大影响。正如法国人常说的那样，每位新走马上任的教育部长都有一番抱负，试图施展他们的宏图大志。自 1824 年法国任命第一位教育部长以来的近 200 年里，不乏由于政府更迭或政见不同而出现政策前后相左的局面。如：法国 20 世纪 60 年代，戴高乐教育改革政策主要是受其"在民主的基础上选拔精英"的教育理念影响，遵循其"扩大中等教育的规模，但要严格限制高等教育的入学标准"的改革思路。在此次改革中，戴高乐对教育政策的制定给予了强有力的推动。而 1981 年的萨瓦里改革中，萨瓦里虽然对几个专业委员会的改革报告给予了充分肯定，但是，由于其个人谨慎的品质和面临的复杂的教育形势，以及公众的压力，几个报告均未通过行政手段实施。

（二）教育督学

教育督导制度是法国国民教育制度的一个重要特色。通过教育督导来推动教育改革政策的制定和实施，是法国教育改革中的一项重要举措。

---

① 王晓辉主编：《比较教育政策》，江苏教育出版社 2009 年版，第 96 页。

教育督导对教育政策制定的影响，主要体现在中央一级总督学的咨询和建议功能上。

进入 20 世纪 80 年代，随着分权放权进一步推进，国家总督学对国家教育政策和全国教育质量的宏观监控职能也得到强化。法国政府为了完善教育督导在教育改革中的作用，颁布了一系列的法规和法令，来改革和完善法国的教育督导制度，强调国家总督学对教育制度运行中的宏观评价和调研的职能，特别是对改革方案的可行性研究及对当前形势与问题的调查，强调国家总督学为教育部长提供咨询和建议的职能。20 世纪 80 年代后，出现了一种新的督学形式，即每年对全国基础教育进行专题调研，调研的专题是法国基础教育改革中的热点、难点问题和涉及全局性的问题。自 1991 年起，总督学的调研报告必须递交总统，并由国家文献馆汇编成册，公开发行，使全社会都能了解法国基础教育改革的现状和问题。总督学每年的调研报告不仅帮助教育部长了解基础教育改革的实施情况，更为教育部的决策和法国政府调整教育政策提供了实践依据。法国国家行政总督导的工作重心也从 20 世纪 80 年代后转向基础教育的调研，调研的主题也大都涉及教育部所制定的基础教育改革的重点和热点问题。有些调研报告直接为法国教育部的基础教育政策改革提供了决策上的服务。[①]

这种职责的变化，拉近了总督学和教育部长之间的距离。如：2006 年 3 月被正式任命为法国首位汉语总督学的白乐桑（Bellassen）[②]，通过走访中小学，了解情况，监督开办汉语课程的中小学的教育质量，及时上报教育部并帮助教育部作出汉语教育教学的有关决策，帮助法国中小学的汉语教学工作取得了明显进步。

（三）教育咨询委员会

在 20 世纪末的教育改革中，法国开始设置各种教育咨询机构，其主要任务是根据教育发展的需要，对各自相关领域发生的问题进行客观评

---

① 单中惠主编：《外国素质教育政策研究》，山东教育出版社 2004 年版，第 210 页。
② 李帅军：《法国教育督导制度的现实状况与基本特色》，《外国中小学教育》2004 年第 9 期。

价，并提出意见和建议，以便为政府的教育决策提供咨询服务。如前所述，当前，法国中央层面的教育咨询机构主要有教育高级委员会、全国高等教育和科研委员会、全国课程委员会。在学区和省两级，也都设有相应的地区和地方性咨询机构。这些机构一般由同级教育行政部门负责人或其代表任主席，主要行使教育决策咨询职能，定期或不定期开会讨论问题，接受咨询，提出意见和建议，力求决策更为科学。但其咨询意见并不具备法定的约束力，咨询意见最终是否被采纳，必须由教育行政首长决定。

如，在 2005 年的《学校未来的导向与纲要法》出台以前，法国总理拉法兰于 2003 年 9 月 15 日组建了由教育部原评估与预测司司长克劳德·德洛担任主席的"学校未来全国讨论委员会"，并赋予该委员会两项使命：组织全国性的讨论，收集所有关于学校问题的意见和建议；为未来 15 年法国教育系统可能或期望的变革进行原则性描述，方便政府决策并准备一项新的指导法。[1] 委员会建立了自己的互联网网站，邀请 4 位专家针对法国教育问题撰写《对学校的初步诊断》报告并发表，并提出了 22 个问题供全国讨论。在组织、总结全国性的大讨论的基础上，学校未来全国讨论委员会于 2004 年 10 月向教育部提交了题为《为了全体学生成功》的最终报告，提出了一个核心概念，即"必不可少的共同基础"。《学校未来的导向与纲要法》基本采纳了学校未来全国讨论委员会关于构建"必不可少的共同基础"的建议。

（四）教师、学生等社会力量

在具有中央集权教育体制的法国，教师、学生等社会力量主要通过两种形式影响着教育政策的制定。一种是游行等强硬形式，一种是积极配合政策调查等软性形式。如 1968 年高等教育改革方案破天荒以无人反对的投票结果在议会中获得通过，也是五月风暴冲击的产物。[2] 而 1986 年

---

① 王晓辉：《法国的"素质教育"：构建共同基础》，《中国民族教育》2006 年第 12 期。
② 王晓辉主编：《比较教育政策》，江苏教育出版社 2009 年版，第 100 页。

《德瓦盖法案》，由于容许大学自己决定是否对申请注册的学生进行筛选，触及了大学的入学条件这一敏感问题，导致在议会讨论该法案时，爆发了学潮，大学生上街游行，要求撤销《德瓦盖法案》，德瓦盖被迫辞职，其法案也随之流产。20 世纪 90 年代以来，法国政府在教育政策制定过程中越来越重视发挥收集社会的信息，通过组织进行全国性的大谈论、召开专题研讨会、向学生和教师发放问卷等形式，为社会各界理解、参与教育政策的制定提供渠道。

如 1997 年 12 月底，为了实施新一轮的高中课程改革，法国教育部宣布进行一次题为"高中应当教授哪些知识"的大型咨询调查，为后来的法国高中课程改革提供依据。2009 年"面向 2010 年的新高中"的课程改革方案，也是在广泛征求各方面意见和建议的基础上形成的。正如法国教育部长吕克·沙戴尔在教育高级委员会的讲话中所强调的，"面向 2010 年的新高中"改革决定不是办公室的秘密决策，而是采纳了各方意见的成果。① 而 2003—2004 年，《学校未来的导向与纲要法》出台前，在学校未来全国讨论委员会的组织下，更是经历了一场法国历史上涉及面最广、参与人数最多的全国性公开大讨论，涉及社会各个方面所有与学校相关的人员，参与人员高达上百万人次，参与团体和协会 300 余个，讨论反映的意见和建议，由学校未来全国讨论委员会整理成文，报教育部。

二、法国教育政策制定的程序

(一) 通过教育评估发现教育问题

教育评估是发现教育问题的重要渠道。传统上的法国，国内教育评估是发现、反映教育问题的重要渠道，包括教育部"评估与预测司"组织开展的整体评估以及督学的评估。始建于 1987 的教育部"评估与预测司"，具有认识、评估、预测三项指导职能，即对学校状况进行信息统计，

---

① 王晓辉：《法国"面向 2010 年的新高中"的解析与思考》，《比较教育研究》2010 年第 6 期。

对教育进行评估，对教育发展进行预测。评估与预测司每年都会对整个教育系统开展整体评估，进行教育投资的收益评价，并将分析的综合结果作为政府决策的重要依据。历年实施的学生成绩评估，可以清楚地反映教育结果上的问题。正是从全国学生成绩的评估中看到了学校教育与系统中的问题，法国政府才采取了多项改革措施，以保证每个学生能掌握基础知识和基本能力。[①] 如前所述，督学的调研报告也是法国政府了解教育发展情况和问题的重要途径。

随着教育国际化的发展，特别是 2006 年以来，国际教育评估反映出的教育问题，也日益引起法国教育政策制定者的重视。如，法国在 2003 年、2006 年、2009 年 PISA 项目中排名的倒退，PISA 结果中所反映出的法国教育中教学责任缺失、教育公平性缺失等问题，已引起国内教育研究人员和教育政策制定者的关注。[②]

（二）针对教育问题组织开展调查研究

随着教育管理的逐渐放权，由政府或咨询委员会针对教育问题组织开展调查研究，形成研究报告，越来越成为法国教育政策制定前的一个准备环节。如：面对学业失败、无资格与无文凭青年和校园暴力等问题，法国总理拉法兰于 2003 年 9 月组建了由教育部评估与预测司原司长克劳德·德洛为主席的"学校未来的全国讨论委员会"。该委员会提交了题为《为了全体学生成功》的报告，提出了未来教育的宏伟目标。根据委员会提交的报告，政府起草了教育系统指导法案，后经议会通过于 2005 年 4 月 23 日正式颁布了《学校未来的导向与纲要法》。

（三）政府或议员提出立法创议，提交议会审议通过

法国是一个具有 200 年教育法制历史的国家。在具有中央集权教育

---

① 参见司林波、郑宏宇编著《教育问责制国际比较研究》，辽宁大学出版社 2010 年版，第 75 页。

② 参见 Dobbins, Michael、Martens, Kerstin, "Towards an Education Approach à la Finlandaise? French Education Policy After PISA", *Journal of Education Policy*, Vol.27 Issue 1, 2012.

体制的法国，教育政策主要以法律法规的形式出台。法国当代教育法规体系由宪法中有关教育的条款、单独的教育法律以及政令、部令和条例等构成，覆盖了整个教育领域，成为指导和约束所有教育行为的规范。法国的立法权归中央，由于政府作用的日益强化，当代大部分法律都是由政府创议的，有关教育的立法创议，亦大多由教育部长代表政府提出。① 法国教育立法的一般程序如同议会立法范围内其他事务的立法一样，包括以下基本环节：国民议会文化事务委员会初步审查；国民议会审议；参议院文化事务委员会初步审查；参议院审议；穿梭式审议；混合委员会审议；两院重新审议；国民议会最终审议；国家宪法委员会复核；共和国总统颁布。对某项法律的某项条款进行修改，也均以上述程序进行。

在中央集权教育体制典型的法国，教育法律法规的出台必须通过议会审议通过，而教育评估、调研只是为政府和政治领导的教育决策提供信息参考，并非制定教育政策的必要程序。

三、法国的教育政策形成机制的特点

(一) 自上而下的形成过程深受政治力量和领导人的影响

一方面，教育政策的提出受到政治领导人的思想理念的很大影响。纵观法国历史上的历次重大教育改革政策的出台，大都伴随着执政党的更迭而提出，体现着当时重要的政治领导人的教育思想，因此，许多教育改革也以政治领导人的名字命名。另一方面，教育政策制定过程中存在政治力量的博弈。法国议会的立法程序十分复杂、严格，许多法律草案或法律提案均需经过两院旷日持久的辩论，并被反复修改，在一定程度上体现了立法的慎重性和严肃性，当然也存在党派之争的政治色彩。

(二) 逐渐注意调动咨询委员会、学生、家长等各方力量

自 20 世纪初以来，法国教育当局在基础教育改革中越来越认识到教师在基础教育改革政策制定中的重要作用。因此，20 世纪后期，法国在

---

① 高如峰：《法国教育立法、执法、司法制度研究》，《外国教育研究》1997 年第 1 期。

基础教育改革政策制定过程中非常重视调动教师以及全社会力量的参与，尤其是 20 世纪 90 年代以后，法国基础教育改革政策的制定，尤其是课程改革政策，都会向教师、学生等广泛征求意见。如，从 1998 年秋季开始，法国国民教育部组织了一系列关于初等学校改革的讨论，参与讨论的有各教师协会和家长协会，各学区也围绕此主题举办研讨会，并采用问卷的方式对 5000 多所初等中学（以下简称"初中"）进行调查。在充分调查的基础上，法国教育改革指导委员会整理出一份综合报告，并于 1999 年 5 月举行了题为"2000 年的初中：为了所有人并为了每个人"的全国研讨会，为初中的改革提出了新的方向。①

（三）注重以法律条文的形式颁布

具有中央集权色彩的管理体制，决定了法国教育制度的发展进程主要是通过庞大的法律文本作为标志体现的。每 10—15 年由政府提出法案，并由议会通过成为法律，这些法律就成为法国学校导向的里程碑。立法是维护法国教育体系稳定、平衡发展的基本保障。②自 19 世纪初拿破仑颁布教育法典，构建起沿袭至今的法国国民教育体制框架以来，国家作为教育政策的主导者，在面对历史上的每一次变革诉求时，都本着坚持传统、合理革新的原则，通过严谨的立法程序和严格的执法过程，形成了一系列的教育法律法规。

第四节　法国教育政策的实施机制及其特点

法国教育政策主要是通过行政手段自上而下加以推进的。其中，教育部起到全面的推动作用；而政策的具体实施则是通过地方各级督学的上传下达得以开展的；随着法国教育管理的逐渐放权，学校在本身不大的自主空间内落实国家教育政策。

---

① 王晓辉：《法国展开初中改革大讨论》，《世界教育信息》1999 年第 11 期。
② 朱华山：《传统与变革的抉择：细读法国教育》，辽宁人民出版社 2011 年版，第 5 页。

一、教育政策实施主体及其作用

如前所述，组织实施法国议会通过的教育法和政府关于教育的决定，以及由法国总统和总理签署的教育政令，是教育部的一项重要职责。由于教育行政系统的垂直管理，法国中央政府对各级教育具有决定性的掌控权，这为教育政策的落实提供了强有力的行政保障。

（一）中央层面行政力量的强势推动

通过教育经费促进教育政策的落实，是法国教育部推动教育政策实施的重要手段。法国的教育经费一般由国家、省、地方三方面提供。其中，国家拨款是教育经费的主要来源。虽然法国政府鼓励全社会筹集教育经费，但在全社会教育投资总量中，中央和地方政府的教育投资占绝对优势。如：1996 年政府公共教育经费所占比例为 74.58%，其中财政预算内拨款只占 55.28%。① 1989 年，法国教育部长指出，教育经费的使用应遵循两个基本原则：一是为新的行动提供新的手段；二是努力改进资金的有效使用，避免对现有强项的过多投入。② 如，20 世纪 80 年代，在提高学校教学质量的基础教育改革中，法国政府给予教育经费上的大力支持。1989—1990 年，为了实施新的基础教育改革措施，法国政府投入了 60 亿法郎，其中包括扩大高中的招生数，以实现到 2000 年中学的招生人数新增 40 万的目标。③

（二）地方—学区教育督学、国民教育督学的上传下达

地方—学区督学和国民教育督学在保证法国国家基础教育改革政策的实施上具有很重要的上传下达的作用。1990 年颁布的《地区—学区督学和国民教育督学特别章程》对这两种督导组织的任务重新做了规定，协助学区长以保证国家、政府的教育法律和教育部长决定的教育政策在本学区的有效实施成为这两种教育督导组织的最主要的任务。这样，督学在制

---

① 中华人民共和国教育部发展规划司主编：《中国教育综合统计年鉴》，高等教育出版社 1998 年版。

② 吴遵民编著：《教育政策国际比较》，上海教育出版社 2009 年版，第 135 页。

③ 《法国教育部长提出教学改革的草案》，《世界教育信息》1989 年第 7 期。

定教育改革政策的教育部和实施这些教育改革政策的教师之间就构建了一座桥梁，这座桥梁在保证国家基础教育改革政策的实施上发挥了极大的促进作用。

法国小学的管理体制较为独特，小学不是一级法人实体，而是地方学区的派出机构，其本身几乎没有行政管理职能，学校在行政、经费、人事管理方面都没有自主权。除了教师聘用权理论上由国家保留之外，小学的一般常规管理工作都由地方学区组织实施。驻地方学区的国民教育督学（也称"小学教育督学"），就是学区内所有小学的领导人。国民教育督学代表国家与地方行政当局打交道，通过行使组织、指导、控制、评估、激励等职能，确保国家教育政策在所在地的贯彻落实，改进小学教育质量。①

（三）学校层面的初等教育政策落实——制定学校计划

在法国，虽然学校的自主权很小，但随着教育管理的逐渐放权，作为教育政策的具体实施单位，学校也在发挥着积极作用。制定学校计划的做法起源于 1989 年的《教育方向指导法》。学校计划是一种"实施国家目标和教学大纲的特殊方式"，反映本校结合自身条件和经济社会背景，落实国家规定的目标以及达到这些目标的战略部署的具体措施。对于国家而言，学校计划是用于指导、管理国家教育资源的一种方法；对于学校而言，学校计划是学校为达到国家规定的目标，根据本校的具体情况确定的一个子目标、方法和手段。②

（四）专业委员会的推进

如前所述，地方—学区教育督学、国民教育督学在基础教育政策的实施过程中发挥着重要的上传下达作用。而在高等教育领域，由于高等教育机构的自治权较大，法国政府越来越重视发挥专业委员会的政策推动作用。如：为了保证原有高等教育体制向新的欧洲统一体制平稳过渡，保证

---

① 冯大鸣：《西方六国政府学校关系变革》，上海教育出版社 2011 年版，第 101 页。
② 吴遵民编著：《教育政策国际比较》，上海教育出版社 2009 年版，第 130 页。

高等教育的质量，法国先后成立了三个监测委员会：职业学士监测委员会
（1999 年 11 月 17 日成立）、学士监测委员会（2002 年 4 月 23 日成立）和
硕士监测委员会（2002 年 4 月 25 日成立）。三个监测委员会的成员为高
等教育与研究全国委员会（CNESER）各成员组织的一名代表、学校和培
训领域的代表以及专家，其使命是检查 LED 体制框架中的教学所反映出
的问题，负责国家政策与学校政策之间的协调工作，研究制定相应的改进
措施。①

二、教育政策的实施方式

在法国，教育政策的主要实施方式是通过行政力量强力推动，实行
自上而下的教育行政结构，督学、教师都隶属于教育部，而非地方行政部
门，这为中央教育政策的强力实施提供了结构上的便利。但是，在法国，
由于政策的制定者、决策者、规划者与教育改革的实施者之间缺乏良好的
沟通，以及政府所制定出的教育改革政策也没有在政策的实施者中进行很
好的宣传和解释，往往会在一定程度上导致教育改革政策实施不力。如：
1975 年的"哈比教育改革"，其改革的意义在于真正促进法国普通教育的
民主化，彻底改变法国中等教育的性质，实行教育现代化。但由于教师的
问题，这一改革中所提出的有关初中阶段的一些改革政策并未真正得到
实现。

因此，法国在 20 世纪末的教育改革中逐渐注意采取开展改革试点、
加强政策解读等方式，加强政策制定者与实施者之间的沟通。如：1993
年，法国政府颁布重点在于减轻学生负担、加强法语和应用外语教学、降
低学校教育失败率的"学校新契约"，对中小学教育进行改革，1993—
1994 年度，改革方案在全国 367 所中学进行试点，1995—1996 年度，在
5128 所国立中学进行推广。21 世纪初，博洛尼亚进程下的高等教育改革
中，面对大学生的游行抗议，为了消除大学生对于改革的误解，教育部长

---

① 王晓辉：《博洛尼亚进程中的法国高等教育改革》，《中国高教研究》2006 年第 3 期。

费里于 2002 年 10 月 7 日发表了题为《高等教育的新展望》的长篇谈话，为推进改革的顺利进行做好政策解释。

三、教育政策实施机制的特点

（一）行政力量的推动强势有力

如上所述，在中央集权的教育管理体制下，行政力量的强有力推动是法国教育政策实施的重要保障，在此不再赘述。

（二）教育督学的专业指导深入实践

法国教育督导的初衷是通过专家指导教学实践，保证教学质量，所以督导工作的重点在于对教师的个别督导评价。深入教学实践的一对一的专业指导，是法国教育政策实施的专业保证。结合不同督学职位的特点，严格的督学录用程序，保障了督学队伍的专业性和高质性。这种专业性是其得到教育行政管理部门和基层学校的认可的重要基点，在很大程度上保障了法国教育督导的权威性。督学频繁地深入课堂督察并予以指导，作为令人信赖的治病专家，保证了教育政策在教学一线的贯彻落实。

第五节　法国教育政策的评价机制及其特点

由于法国教育政策的频繁更替，针对某项教育政策的专项评价机制尚不完善。在法国，对教育政策的评价主要是被涵盖在教育评估中进行的。法国教育部评估与预测司、教育督导部门具有对教育投资收益情况、教育质量进行评价的职能。由于上述两个部门主要是侧重于对基础教育的评估，所以是法国基础教育政策的重要评价机构。由于法国高等教育机构一直具有较高的自治权，对高等教育的评估主要是通过国家评估委员会等咨询机构开展。

一、教育部评估与预测司对教育系统的整体评估

教育评估既是对已经实施的教育政策的评价，也是对新的教育政策

的导向，对教育政策的形成和评价都起着重要作用。法国教育部于 1987
年设立评估与预测司，主要关注四个领域：学生成绩、教师与非教职人
员、教育政策和师资培训。1989 年 7 月，法国议会通过的《教育方向指
导法》中专设一章对教育评估进行规定，并要求每年的评估报告都必须公
布。该法明确规定了教育评估的范围与目标，即：评估适用于整个教育系
统，包括中小学、大学生、教职员工、教育机构、校外服务机构、中央行
政机构；评估的目标是通过检查国民教育目标的实施，通过使这些目标适
应其面对的不同公众和对整个教育系统的经常性调整来实现对教育系统的
改善。在基础教育领域，教育评估主要包括对学生成绩的评估和对学校的
评估两种。

　　对学生成绩的评估，可以分为终结性评估和诊断性评估（形成性评
估）。终结性评估就是传统的考试；诊断性评估是对学习过程中学生的学
习成绩进行评估，用于为学校和教师提供分析手段，改善教学质量。法国
从 1989 年开始对小学三年级、初中一年级全体学生的学习成绩进行评估。
从 1992 年开始，对 16 岁学生所学习的大多数科目进行测评。在 2003 年，
由于财政原因，加上教师已经能够充分利用各种资源来自己组织评价，对
8 岁和 11 岁学生的官方评价改为轮流进行。

　　对学生所进行的评价测验由教师和督学所组成的国家和地区工作小
组来进行设计。主要是依据国家课程教学大纲，设计测评题目，每年的题
目都不一样。教育行政部门负责对每个年龄段的学生的评价结果进行总
结、分析和预测。评估的工具由三个部分构成：学生测试手册、教师参考
手册和评估专用软件。评估测试共计 8 个单元，其中法语和数学各 4 个单
元，每个单元的测试时间为半天。通常同一单元的测试安排在同一时间，
以避免同学之间的交流。根据标准答案，每道题的评分都有 10 个等级，
由 1—9 和 0 分别依次表示由"表述清晰准确"至"根本没有回答"等 10
种不同水平的回答。[①] 为了更好地发挥评价在教学中的作用，鼓励教师充

---

① 　王晓辉：《法国教育评估初探》，《外国教育研究》2009 年第 5 期。

分利用评价来进行教学，法国教育部在教师自愿的基础上给教师提供了评价指标体系，教师可以充分利用评价结果改变自己的教学、调整或作出新的教学方案。①

对学校的评估，法国至今为止还没有一个官方的、统一的评估标准。为了满足家长和社会的需要，法国利用中央集权的优势，在国家层面上对教育机构（教师、学生、测验）的情况进行综合分析，教育当局每年都会公布 2500 所一流中学（16 岁至 18 岁学生）的排名情况。②

为建立公正的评价体系，法国在学校"增加值"方面进行了积极的探索。③ 法国教育管理部门制定的评估高中的三项指标是评价高中的重要依据，即：高中毕业会考合格率、高中毕业会考合格率、获得高中毕业会考文凭的学生占离校学生的比例。此三项指标仅仅是高中基本情况的直接反映，只有排除影响学校成功的外部因素才有可能体现高中的客观现实，即其"增加值"。具体来说，法国当年全国普通和技术高中毕业会考的平均成功率便是当年全国高中的"预期值"，而每所高中实际测算的指标值为"原始值"，通过将原始值同预期值相比较，便可以得到"增加值"。当原始值同预期值差距是正值时，说明该学校可以使本校学生比全国平均水平的高中学生获得更多的成功机遇。

二、教育督导的监督评价

法国教育督导的职能，"由最初的监察和领导，逐步过渡到监督和指导，最后发展到现在的检查、指导、联络和参谋，督导系统的功能不断调整和丰富"④。因此，考核并评估教师的教育教学工作，是各级各类督学的

---

① 张扬：《透视评价对法国学校教育政策的影响》，《河北师范大学学报》（教育科学版）2004 年第 3 期。

② 张扬：《透视评价对法国学校教育政策的影响》，《河北师范大学学报》（教育科学版）2004 年第 3 期。

③ 参见王晓辉《法国教育评估初探》，《外国教育研究》2009 年第 5 期。

④ 陶秀伟：《中法教育督导体制比较研究》，《沈阳师范大学学报》（社会科学版）2004 年第 3 期。

一项重要工作。法国教育督导最为显著的一个特征就是分工督导，具体到不同督导部门，又有所差别。

（一）国民教育总督导的督导方式

国民教育总督导的日常督导方式主要有以下三种：一是按专业将每位督学编入不同的学科组，在这些组内总督学全面开展对本学科的研究和建设，检查和保证本学科的教学质量。这种方式下，每个学科组每年的督导主题各不相同。二是根据每年教育专题调研的课题，以调研小组的方式，深入有关地区开展调研。这种方式是1989年以后新创的，随着总督学工作内容向整体教育质量方面的侧重及其政策咨询作用的加强，这种督导方式日益常用。专题调研的课题一般都是根据教育部的工作计划选取的教育热点问题，督导结束后向教育部提交调研报告，以作为政策制定的依据。三是担任学区通讯员的总督学按要求深入到某一学区，在地方督学的帮助下完成年度调研计划，同时要帮助制定所在学区督学的年度工作计划，指导和协调地方督学工作。这种督导方式也是1989年以后开始实施的。

（二）国家教育行政总督导的督导方式

国家教育行政总督导的督导方式分为三类，即日常督导、点上调研、专题研究。1984年以来，国家教育行政总督导的工作重心逐步转向调研。国家教育行政总督导一般根据教育部长的工作计划制定年度调研计划和课题。调研一般是由国家教育行政总督导独立完成，仅在少数情况下与其他督导部门合作完成。调研完毕要向教育部提交督导调研报告。

鉴于国民教育行政总督学工作地点的流动性和工作范围的广阔性，其领导集体主要是通过会议的形式传达工作计划、开展交流讨论。例如，国民教育行政总督导的领导集体每月举行两次例会；国民教育行政总督学每年举行2—3次全体会议。

（三）地方教育督导的督导方式

法国教育督导的许多细致工作主要是由地区—学区督学来完成的。坚持法国教育督导中督学、强调学科专业指导的传统，地区—学区督导和国民教育督学一般都是在自己的职责范围内深入学校和课堂，督察学校管理、学科教学、教师任用与培训等具体事务。这些督学平时各有分工，但在必要时则灵活编组，共同进行督导。近几年来，随着督学政策咨询角色的加强，地方督学也日益拿出更多的时间参与教育政策制定方面的会议等。

传统的学科评估使地区督学将自己定位于"唯一能推开教室门，查看教师站在学生面前解答他们问题的人"和"唯一能直接与教师和学生在学科方面有联系的人"①。随着法国教育管理体制的改革要求，地区督学在传达、推动教育政策方面起到越来越重要的桥梁作用，要求地区督学超越传统的单纯性学科评估，将官方法律条文与学校和教室中的实际情况相吻合，对整个教育体制进行监督和评估。

三、咨询机构对高等教育的评估

高等教育评估在法国的历史并不长。政府在赋予大学自主权的同时，必定通过评估等手段来宏观调控大学。法国高等教育评估不是仅仅对各个高校进行评估，而是通过分析各大学的情况，着重评价整个高校管理系统，也可以说，法国高等教育评估首先是对国家教育政策的评估。② 2007年以前，主要的评估工作是由国家评估委员会组织进行，包括高校自评和专家评估。随着高等教育的发展，按照博洛尼亚进程框架所确定的建立欧洲高等教育质量保障合作的要求，法国开始革新评估体制，并于2006年建立研究与高等教育评估署，负责对高校的评估。

（一）1984—2007 年：国家评估委员会

1984 年 1 月法国颁布的新的《高等教育法》（又译为《萨瓦里法》），决定创立高等教育预测与指导委员会、国家评估委员会等新的咨询机构。1985 年 2 月确定委员会的组织机构，同年 5 月经总统批准正式组建。国家评估委员会成员由全国大学委员会、全国科学研究委员会、法兰西学院

---

① 转引自霍益萍《法国教育督导制度》，人民教育出版社 2000 年版，第 58 页。
② 司林波、郑宏宇编著：《教育问责制国际比较研究》，辽宁大学出版社 2010 年版，第 78 页。

等机构提名，经部长委员会任命，任期 4 年，每两年更换其中半数成员。委员会下设总秘书处，负责协调评估工作，接收、分析和保存各类信息资料。委员会每年聘请的专家总数为 100—150 人，这些成员几乎辐射到与高等教育有关的社会各个方面。多元化的人员构成为高等教育不同利益主体在高等教育外部评估中发挥作用提供了可能，同时也保证了评估的公正性和合理性。

评估的主要指标有：学校声誉、师资质量与博士点的规模、学生情况、研究资助、论文著作统计与质量等。评估的目的不是简单对每个机构进行评估，而是成为高校领导人员用以落实教育政策、改进教学方法、研究和管理、提高教育质量的工具；同时，评估信息的公开，有助于国家、社会和其他提供经费支持的团体了解被评估机构的工作和发展情况。

一次评估的时间一般为 6—12 个月。应评估委员会的要求，大学校长要向委员会提交一份关于学校基本情况的资料，内容包括对本学校优势与不足的简要评价。2003 年底以来，评估委员会协同教育督导部门编制了大学自评参考书，便于大学依次组织和整理学校运行及其结果的资料。评估委员会接到资料以后，指派两名成员负责对这一学校进行评估，并负责撰写评估总结报告。他们将陪同委员会的总秘书和另一负责协调评估工作的特派员考察学校。在考察期间，会见大学校长及学校领导班子，会见各系主任，索取有关组织机构、运行机制和教学与科研的主要决策等方面的资料。

根据学校规模，评估委员会委派 15—30 名专家对学校进行 2—4 天的考察，并为评估委员会撰写考察报告，报告内容是保密的。之后，两名委员会成员在秘书处的协助下对该学校的总体情况和管理情况进行分析，按照评估的基本内容分门别类，概括出这一学校单位基本特点，并针对学校默写问题提出改革意见和建议。在评估报告公布之前，需对被评估学校进行一次回访，就评估意见与大学校长及有关领导进行面对面的讨论，修订稿需要评估委员会全体成员通过。

国家评估委员会也对某一类学校进行评估或某类学科进行评估。法国不依据评分结果对大学进行全国性排序，而是将评估内容分为若干项目，确定其优势和不足，划分为 A—E 五个等级。政府依据评估委员会的评估报告决定是否继续拨款，并将评估报告上网公布，供学生和家长查询。

法国教育评估的一个突出特点是对评估结果的后续跟踪调查。在评估报告公开发表 18 个月后，与被评估机构的管理工作组举行一次会谈或会晤，监测评估对评估机构的影响。2003 起，还启动了一个在评估完成 2—4 年后进行的后继跟踪程序，旨在改进评估工作，督促被评机构改进和提高管理质量。[①]

面对 21 世纪法国高等教育改革发展的需要，传统的国家评估委员会对高等学校的评估亦受到质疑。正如法国高教改革委员会主席雅克·阿达利在其报告《构建欧洲高等教育模式》中所指出的，"大学评估，当前由国家评估委员会执行，尽管评估比以前有了很大进步，但还是既不够迅速，又不够透明。通常评估之后无任何预算决策也无任何改革。它的成功目前仅在于帮助大学进行自身内部检查"[②]。该报告在建议加强大学自治的基础上，建议成立新的高等评估机构，定期对大学的每个系、每所学校、每个高等教育结构进行评估，并根据其业绩决定其经费预算。

（二）2007 年至今：研究与高等教育评估署[③]

随着博洛尼亚进程下法国高等教育改革的推进，为加强对高等教育的监督和管理，法国政府在 2006 年 4 月颁布《法国科研规划法》，建立研究与高等教育评估署（Agence d'évaluation de la recherche et de l'enseignement sup rieur，AERES，以下简称"评估署"）。该机构于 2007 年 3 月正式成立，整合了国家评估委员会（CNE）、科技与教育委员会

---

① 参见司林波、郑宏宇编著《教育问责制国际比较研究》，辽宁大学出版社 2010 年版，第 80 页。

② 国家教育发展研究中心组译：《发达国家教育改革的动向和趋势》（第七集），人民教育出版社 2004 年版，第 342 页。

③ 参见江小平《法国研究与高等教育评估机构简介》，《国外社会科学》2009 年第 3 期。

(MSTP)、全国科研评估委员会（CNER）等评估机构及其职能，负责全面评估法国的科研和高等教育，包括高校及其下属的科研和教学机构以及所有的研究机构、科学合作基金会和法国研究委员会的职能和活动。

评估署有 55 名专职人员，77 名科技界代表负责组建评估小组，有3200 人组成的专家库，内设理事会、分部和评估委员会三个部门。理事会也由 25 名国内外专家组成，其中外国专家 9 名，每届任期 4 年，每两年更新半数人员，与国家评估委员会相比更具有国际性和专业性。分部由三个部门构成：第一分部是负责评估大学机构的行政事务部；第二分部是负责评估科研单位的科研单位部；第三分部是负责教学和大学学位（学士、硕士和博士）资格评估的教学与文凭部。各分部的负责人均由政府任命。

评估署奉行独立、合法、透明、多元和重效率 5 项评估原则，以信任为基础。作为独立管理的权威评估机构，评估署依据法律和法规确定评估标准和评估方法。多元而"整合"的工作方法是其新颖之处，针对不同的被评估对象——大学、研究单位、大学课程等，采用不同的评估方法。

评估一般分为内部评估和外部评估两个阶段，其中外部评估是在内部评估的基础上进行的。评估过程可以分为筹备、实地调查和撰写报告三个阶段，评估机构与被评机构之间始终处于对话、合作、互动状态。评估日程与合同相对应，评估署按同一批次签订合同的大学和学区的顺序，依次进行评估。在具体的评估流程上，三个分部略有不同，由于本节主要是关于高等教育评估，在此主要介绍第一分部和第三分部的评估流程。

第一分部的工作流程分为三个阶段。第一阶段是筹备阶段，包括 6 项工作：（1）任命专家委员会负责人；（2）向被评估机构的负责人全面咨询该机构的情况；（3）致函专家，告知其使命；（4）与被评估机构签署合同，对方提供自评数据与资料，专家委员会起草调查方案；（5）召开会议，明确评估目标、作用和责任；（6）确定去被评估机构访谈的日期和访谈对象。第二阶段是调查阶段，实地调查被评机构，与机构负责人见面并采访实验室主任、行政部门负责人，以及教师和科研人员。第三阶段包括 5 项工作：(1) 专家提交调查材料；(2) 召开调查情况汇报分析会，撰写调查报告；(3) 经集体讨论后起草评估报告；(4) 将评估报告初稿交给被评估机构并征求其意见；(5) 撰写最终评估报告并附带反馈意见。最后，将评估报告交给被评估机构的负责人及其上级主管部门，同时刊登在评估署的网站上。

由于第三分部的工作主要是专家（根据他们的专业敏感性）评估某个大学的学士或硕士教育资格，所以与第一分部不同，不是通过实地视察，而是通过研究数据和文字资料进行评估。为此，专家们必须掌握一份相关大学的详情资料（自评报告），一张评语鉴定卡和一个评估报告的框架。另外，每位科技代表根据专家提供的数据和资料，撰写一份评语和一份将要在网上公布的评估报告。

评估署将评估报告和评分结果及时上网公布。大学生可以通过网络查询他们感兴趣的高校学士、硕士和博士学位资格评估报告。企业家、投资者在签约之前，也可以上网浏览相关大学研究单位的评估报告。

四、教育政策评价机制的特点

（一）中央政府在教育政策的评价中起着举足轻重的作用

如上所述，法国中央政府是教育政策评价的组织者。评估与预测司、督学、国家评估委员会以及研究与高等教育评估署，都是在中央政府的直接领导下组织开展教育评价活动的。即使是一向崇尚自治的高等教育领域，中央政府在教育政策评价中的影响也不容小觑。

（二）专业人员在教育政策评价中发挥着一定的作用

如前所述，法国一直遵循严格的督学录用程序，从而保障了督学队伍的专业性和高质性，这对于增进法国基础教育政策评价的专业性不无裨益。高等教育评价中日益扩大的专家阵容，也是其发挥专业人员作用的表现。

第六节 法国教育政策的问题与走向

在历史的考量和现实的挑战下，法国教育政策在制定、实施、评价等环节中的一些问题也不容忽视。法国教育政策还要在传统和现实双重因素的作用下，继续前行。

一、法国教育政策的问题

（一）教育政策过于受到政治意志的影响从而弱化了政策的连贯性

由于中央政府和政治领导人在法国教育政策的制定和实施过程中起着决定性作用，政党的更迭、领导人的更替，往往会对教育政策的制定和实施产生负面影响，使教育改革政策无法有效实施和延续。在法国历史上，除哈比、萨瓦里、若斯潘等少数教育部长在任期间有作出重大改革贡献并任期超过两年以上，其余任职均为短暂的一到两年。每任部长上任即推行新的教育改革措施，改革的准备期与执行期通常较为短暂。[①] 这使得法国教育政策在呈现出不同时期明显特征的同时，也在连续性上出现障碍。如在整个20世纪中，尤其是20世纪前半期以及二战后的初期，法国的教育部长更替较为频繁，甚至于有的教育部长担任的时间不到一年，最长的也只有六年多，导致某项基础教育改革政策往往还没有得到实施，负责制定此政策的教育部长就被替换，最终改革政策无法得到充分的实施。

（二）重政策制定，轻政策执行，导致政策效果不尽如人意

因为法国唯理主义的文化倾向，所以相对于"行动"，法国人对"行动前"和"行动后"的时刻更感兴趣。有的学者将法国看成一个"发表一些庄严、大胆和有远见的声明而实施起来却困难、动摇的国家"[②]，对法律的热衷及强烈的法律观念也是法国人所拥有的特质。这种民族特质也使得

---

① 张丹、范国睿：《更好定向 更多辅导 更多准备——法国新高中教育改革述评》，《全球教育展望》2011年第11期。

② [法] 菲利普·潘什梅尔：《法国》，漆竹生译，上海译文出版社1980年版，第176页。

法国在制定教育政策的过程中，对于各种法律条文非常热衷。同时，由于缺乏完善的评估体系，缺乏对上一任教育改革执行情况的有效评估与修正，因而许多教育改革政策或多或少具有理想主义色彩，抑或是一种纯粹的政治行为。口号倡导相对美化，但执行却多步履维艰。① 在法国，有的学者甚至认为，法国的大多数教育改革并没有产生任何重大的变迁。"虽然在观念上提出了改革的要求和目标，但现实中的保守主义仍然与这种激进的观点并存。"② 这无疑会影响教育改革政策的实效。

（三）自上而下的教育政策制定、实施机制，导致政策制定者与实施者的信息不对称，从而影响政策实施效果

法国基础教育改革政策的制定和实施呈现自上而下的特点，这种特点容易导致政策制定和实施中出现官僚主义倾向。由于教育政策往往由中央制定并加以推行，导致处于教育第一线的学校和教师往往处于一种被动的、被改革的状态。由于政策的制定者、决策者、规划者与教育改革的实施者之间缺乏良好的沟通，因而教育改革政策的实施及其有效性就受到一定的影响。

（四）政策制定、实施、评价主体的合一性，在一定程度上影响了政策评价结果的使用

如上所述，由于受政治因素影响较大，法国教育政策的连贯性较差，教育政策评价体系不够完善，也影响了教育评价结果的有效使用。加之其具有中央集权性质的教育行政管理模式，中央政府在教育政策的制定、实施、评价等环节均发挥着不可替代的主导作用，即使在一贯具有自治传统的法国高等教育领域，其评估活动的每一个环节也都离不开政府的参与，渗透着政府的意志和价值取向，而高校的自评活动更多的是配合政府行为，主体意识淡漠，作用十分有限。③ 这在一定程度上影响了评价结果的

---

① 张丹、范国睿：《更好定向　更多辅导　更多准备——法国新高中教育改革述评》，《全球教育展望》2011 年第 11 期。

② 瞿葆奎主编：《教育学文集·法国教育改革》，人民教育出版社 1994 年版，第 648 页。

③ 陈霁：《法国高等教育评估制度介评》，《中国高等医学教育》2007 年第 4 期。

客观性和有效性。

二、法国教育政策的走向

（一）在保持其集权性的前提下，适度分权，适当调动社会各方面的积极性

集权性是法国教育行政的重要特色，并将长期保持下去。虽然经过20世纪80年代的教育分权运动，地方干预教育的权力得以扩大和加强，但中央集权特点仍非常显著。虽然，20世纪以来的多次教育改革中，中央政府日益重视调动社会各方面的积极性，但是，集权前提下的适当分权，仍然是法国教育政策制定、实施、评价等过程中进一步探索的方向。

（二）在保持本国教育传统的前提下，考虑国际因素对教育政策的影响

在教育发展路径方面，历史上的法国被认为是一个更倾向于闭关自守的国家。随着教育国际化的发展，法国日益参与到国际政策的学习中，并且更倾向于政策制定过程中国际—国内两个层面的动态互动。[①] 在博洛尼亚进程下的高等教育改革，基础教育政策制定中对 PISA 等国际评估结果的考虑，都体现了这一发展趋势。

（三）在不平等的教育传统下，推进教育公平

双轨性是法国教育体系的另一特色，虽然经过历次重大教育改革，但是这一特色仍然存在。从外部来看，法国教育系统就是一个矛盾的共存体，一方面是根深蒂固的、政府承诺的平等原则，另一方面是事实上存在的精英特征。[②] 在不打破精英主义和双轨制的前提下，积极推进教育公平，是法国教育政策努力的方向。法国政府实施的通过集中指导和控制，为不同社会经济背景的学生提供同样的学习机会；扩大学前教育机会；开展"教育优先区"等都是这个方向的政策努力。

[①] Dobbins，Michael，Martens，Kerstin，"Towards an Education Approach à la Finlandaise? French Educati-on Policy After PISA"，*Journal of Education Policy*，Vol.27 Issue 1，2012.

[②] OECD，*PISA 2009 Results：What Students Know and How Can Do*，Paris：OECD，2010.

　　总之，在带有中央集权性质的教育行政管理模式下，法国教育政策在制定、实施、评价等环节形成了自身特点，这些特点也推动着法国教育改革的发展。当然，面对历史的考量和传统与现实的挑战，法国教育政策仍存在一些问题，目前仍在不断努力予以改进和完善。但总体来看，法国的经验和教训值得我们研究和反思，其发展动向亦值得关注与思考。

第五章 德国教育政策的形成、实施及评价机制

第一节 德国基本的教育体制与教育行政管理体制

德国是一个联邦制国家，由 16 个联邦州组成。根据德国宪法《基本法》的规定，各联邦州享有广泛的文化主权，可以自主决定本州的文教事务，联邦的权限被限定于一些特定的涉及全国的教育事务（如科研资助和教育补助等）。受这种联邦制结构的影响，德国各联邦州的教育制度虽然基本上相似，但是并不完全一样。这里介绍的德国基本教育制度是对各州情况的一种概括性描述。

一、德国的教育体制

德国的教育体制分为五个组成部分：学前教育、初等教育、中等教育、高等教育和继续教育。①

学前教育不属于义务教育，是否将孩子送入学前教育机构通常由父母自主决定。承担学前教育任务的机构主要是幼儿园，收留不同年龄的学龄前儿童，从几个月大到 6 岁不等。幼儿园的任务是对家庭的培养和教育

---

① KMK (Hrsg.), *Das Bildungswesen in der Bundesrepublik Deutschland 2010/2011*，Bonn：KMK，2011，p.25.

进行补充，完全以游戏的方式促进儿童的发展，而不是提前对儿童进行学校式教学。对于那些到了上学年龄、但尚不具备上学能力的儿童，各州设有学校幼儿园（Schulkindergärten）或者学前班（Vorklassen）。[1]

初等教育即小学教育，其任务是为所有的学生能够在初级中等教育学校继续接受教育而传授基础知识。小学致力于促进儿童个性化的多方面发展，激发他们的兴趣和能力，如想象力、主动性、独立性和社会化的合作精神，增强他们的学习兴趣。德国小学学制为 4 年，在柏林和布兰登堡州为 6 年。具有特殊教育需要的儿童，若不能够在普通的小学得到充分的培养，可选择进入不同类型的促进学校（Förderschulen）。在有些联邦州，促进学校也被称作特殊学校、促进中心或者残疾人学校。[2]

中等教育分为两个阶段，初级中等教育阶段（Sekundarbereich I）和高级中等教育阶段（Sekundarbereich II）。作为德国教育体制的一个特色，学生在小学毕业后进入初级中等教育阶段的不同类型的中学学习。目前，德国各州对中学类型的设置和命名不尽一致。大体上来说，人们可以区分四类学校：主体中学（Hauptschule）、实科中学（Realschule）、文法中学（Gymnasium）和总合中学（Gesamtschule）。高级中等教育阶段（Sekundarbereich II）包括从事普通教育的文法中学高级阶段（Gymnasiale Oberstufe，11—12/13 年级）以及属于职业教育的全日制职业教育和双元制职业培训。

德国高等教育体制由四种不同类型的高等教育机构组成：第一，综合性大学（Universitäten）及与其同等级的高校如科技高校/科技大学、高等师范学校和高等神学学校。综合性大学及与其同等级的高校构成了德国高等教育体制的主体，近三分之二的大学生在这类高校学习。第二，应用科学大学（University of Applied Sciences）。应用科学大学即高等专业学

---

[1]　KMK（Hrsg.），*Das Bildungswesen in der Bundesrepublik Deutschland 2010/2011*，Bonn：KMK，2011，p.26.

[2]　KMK（Hrsg.），*Das Bildungswesen in der Bundesrepublik Deutschland 2010/2011*，Bonn：KMK，2011，p.26.

院（Fachhochschulen，FH），是德国高等教育体制中的第二大类高等教育机构，近三分之一的大学生就读于此类高校。第三，高等艺术与音乐学院（Kunst-und Musikhochschulen），包括高等艺术学院和高等音乐学院两类学校。它们负责培养艺术和音乐领域的人才以及中小学校的艺术和音乐教师。第四，职业学院（Berufsakademien）。职业学院最初是在 1974 年作为改革试点在德国巴登—符滕堡州设立的，目标是培养技能型专门人才。[1]鉴于后两类高等教育机构在读学生人数占大学生总数的比例均不足 2%，所以，德国高等教育研究者泰西勒（U. Teichler）将德国的高等教育体系称作是一种由综合性大学和应用科学大学组成的"双类型高等教育体系"（two-type higher education system）。[2]

继续教育在强调终身学习的时代背景下已经发展成为教育体制中一个独立的领域。此外，非正式的学习在继续教育领域也越来越得到人们的重视。

二、德国教育行政管理体制

德国有关教育管理权限的划分受到联邦制结构的影响。根据《基本法》的规定，若非该法作出例外的规定，国家的权限和任务分别由各州享有和履行。具体到教育领域，若非《基本法》将立法的权限交给联邦，那么各州享有在学前教育、基础教育、高等教育、成人教育和继续教育等领域的立法权限，对这些领域的管理和监督均属于各州的事务。此外，各州还负责各州公务员（包括教师和大学教授）的工资和给养。各州通过自己的宪法（Landesverfassung）和其他法律对此作出细致的规范。[3]

（一）联邦的教育管理权限和机构

《基本法》对于联邦在教育领域的管理权限作出的规定，主要包括：

---

[1]　孙进：《德国高等教育机构的分类与办学定位》，《中国高教研究》2013 年第 1 期。

[2]　Ulrich Teichler, *Hochschulsystem und Hochschulpolitik*, Münster：Waxmann，2005，p.74.

[3]　KMK（Hrsg.），*Das Bildungswesen in der Bundesrepublik Deutschland 2009*，Bonn：KMK，2009，pp.32-33.

校外职业培训与继续教育；高等学校的招生和毕业证书（各州可以出台不同的规定）；培训资助；对科学研究、技术发展以及科研后备人才的资助；青少年救助；保护远程课程参加者；法律工作者的职业许可；医疗职业的职业许可；工作促进措施；就业市场研究和职业研究。联邦还享有在公务员身份权利和义务方面的立法权限，以及有关对外事务的立法权限。

除了上述权限之外，《基本法》还规定了联邦与各州合作的共同任务（Gemeinschaftsaufgaben）。按照该法 91b 条第 1 款的规定，联邦和各州在下列具有跨地区意义的事务方面进行合作，具体包括高校之外的科研设施和科研项目，高校的科研项目（相关的合作协定需要得到各州的赞同），高校的科研设施及大型设备。①

在联邦政府内负责管理教育事务的主要是"联邦教育与科研部"（Bundesministerium für Bildung und Forschung，BMBF）。隶属于联邦教育与科研部的"联邦职业教育研究所"（Bundesinstitut für Berufsbildung，BIBB）既是科研机构，也是教育管理机构，同时也是企业主、工会、联邦和各州之间的一个重要的协调机制。②

（二）各州的教育管理权限和机构

在联邦制的框架下，各州享有管理和监督本州教育与文化事务的主要权限，包括学前教育体制、基础教育体制、高等教育体制、科研资助（联邦与州的共同任务）、成人教育等。③

在各州内部，教育管理机构通常分为三个层级：最高层的管理机构是州政府层面的主管教育事务的部委（Landesministerium）；中层管理机构是行政专区（Regierungsbezirk）层面的主管教育事务的机构；下层管理机构是地方政府（县、乡镇）层面的教育管理机构，如各地的教育局

---

① KMK（Hrsg.），*Das Bildungswesen in der Bundesrepublik Deutschland 2009*，Bonn：KMK，2009，p.33.

② KMK（Hrsg.），*Das Bildungswesen in der Bundesrepublik Deutschland 2009*，Bonn：KMK，2009，pp.42-43.

③ Hans-Werner Fuchs，Lutz R. Reuter，*Bildungspolitik in Deutschland*，*Entwicklung*，*Probleme*，*Reformbedarf*，*Opladen*，*Leske＋Budrich*，2000，pp.39-40.

（Schulamt）。在小的联邦州或城邦州一般只存在一级教育管理机构，还有些州只存在两级教育管理机构。

（三）联邦与州以及州与州之间的协调和合作机制

作为一个联邦制国家，联邦与州以及州与州之间需要在其教育政策和文化政策方面进行协调和合作，以达到《基本法》所要求的在全国境内创设一致的生活条件。

在联邦制改革之前，联邦与州之间的一个重要的协调与合作机制是成立于1970年的"联邦—州教育规划和科研促进委员会"（BLK）。在联邦制改革之后，这一机构被新成立的"共同科学会议"（Gemeinsame Wissenschaftskonferenz，GWK）所取代。共同科学会议于2008年1月1日起开始工作。它由各州主管科研与资助的联邦以及各州的部长组成，负责商讨和协调同时涉及联邦和各州的科研资助、科研政策和科学体系的问题。它同时也负责协调德国与欧洲以及国际层面上的科研政策，目标是增强德国作为科研基地的国际竞争力。[①]

成立于1957年的科学委员会（Wissenschaftsrat，WR）也是联邦与各州之间的一个协调与合作机制，由联邦政府、州政府代表、科学家和公共领域的代表组成，其任务是向联邦政府和各州政府就以下事务提出建议：高校、科学与研究的内容与结构发展，对重要的跨地区科研设施（含大型设备）的共同资助。经过几十年的发展，科学委员会已经发展成为德国最重要的教育政策咨询机构，所提出的许多建议被联邦和各州政府采纳，在德国教育体制发展中发挥着重要的作用。此外，科学委员会还负责对私立大学进行机构认证。[②]

州与州之间最重要的合作与协调机制是成立于1948年的文教部长联席会议（Kultusministerkonferenz，KMK），其任务是处理跨地区的、具有

---

① GWK，"Allgemeines zur GWK"，2013年6月25日，http：//www.gwk-bonn.de/index.php？id＝252.

② KMK（Hrsg.），*Das Bildungswesen in der Bundesrepublik Deutschland 2009*，Bonn：KMK，2009，p.47.

重要意义的教育政策、高校和科研政策以及文化政策等方面的事务，旨在形成共同的意志和代表共同的关切。通过在这一框架下的合作和协调，各州教育体制和教育政策具有了更大的可比性和一致性。[①] 作为各州利益的一个代表机构，文教部长联席会议参与和联邦、欧盟、经合组织或联合国教科文组织的合作。[②]

第二节　德国 20 世纪末至 21 世纪初推行的
重大教育政策与改革

一、学前教育政策与改革

为了让孩子得到更好的早期教育和促进，为其未来的发展奠定好基础，同时，也为了让父母可以更好地将家庭和工作结合起来，德国政府近年来加大了对学前教育的扶持与发展。1992 年，德国修订了《儿童与青少年帮助法》，保证德国 3 岁以上、入学年龄以下的儿童都有权要求进入幼儿园。2008 年出台的《儿童促进法》（*Kinderförderungsgesetz*）进一步规定，如果父母双方都在工作，或正处在找工作的阶段或者正在接受教育，那么其 3 岁以下的孩子也有权要求获得托儿所的入学名额。而且从 2013 年 8 月 1 日开始，不论父母是否工作，所有 1 岁以上、3 岁以下的儿童均有权要求进入托儿所。

为了应对德国学生在 PISA（Programme for International Student Assessment）调查中表现出来的在阅读方面存在的问题，德国联邦教育与科研部（BMBF）与阅读基金会（Stiftung Lesen）共同实施启动了一项旨在促进儿童早期阅读的项目，即"启动阅读——阅读的三个里程碑"（Lesestart-Drei Meilensteine für das Lesen）。该项目的执行期从 2011 年至 2018 年，

[①] KMK（Hrsg.），*Das Bildungswesen in der Bundesrepublik Deutschland 2009*. Bonn：KMK，2009，p.44.

[②] KMK，Wir über uns，2013 年 6 月 25 日，http：//www.kmk.org/wir-ueber-uns/aufgaben-der-kmk.html.

联邦政府共计投入 2600 万欧元，这是全德国规模最大的促进儿童早期阅读的项目。^①"启动阅读"项目的核心内容是向儿童及其父母赠送三套"启动阅读套装"（Lesestart-Set），分别是在孩子 1 岁、3 岁和 6 岁时由不同的机构赠送。整个项目预计送出 450 万套启动阅读套装，50% 的适龄儿童都有机会获得。此外，各地的图书馆或社会机构还会举行配套的活动予以支持。^②

联邦教育与科研部实施"启动阅读"项目的主要目的在于通过向孩子及其父母免费赠送三份阅读套装来激发和鼓励父母为孩子朗读图书、讲故事，让阅读成为一种自然而然的家庭习惯。如果孩子在这样的环境下长大，就会从小熟悉并喜欢上阅读，语言能力就会得到更好的发展。此外，联邦教育与科研部通过"启动阅读"这一项目，将与促进儿童阅读能力发展相关的机构联合起来，引发社会公众对促进早期阅读的关注，形成一种影响广泛的社会运动。^③

二、基础教育政策与改革^④

进入 21 世纪之后，德国的基础教育进入了密集改革期。随着 TIMSS（Third International Mathematics and Science Study）和 PISA 等国际学生学习成绩测评结果的公布以及它们在德国公共舆论界所引发的强烈的反响，德国基础教育体制中一些问题开始进入了公众的视野，并引发了人们对此激烈的讨论，如：过早地在中学阶段实施对学生向不同类型中学的分流，

---

① BMBF，"Lesestart-Drei Meilensteine für das Lesen"，2013 年 6 月 22 日，http：//www.bmbf.de/press/3178.php.

② BKE，FAQs zu，"Lesestart-Drei Meilensteine für das Lesen"，http：//www.bke.de/content/application/explorer /public/newsletter/2012/newsletter-56/faqs-lesestart.pdf.

③ BKE，FAQs zu "Lesestart-Drei Meilensteine für das Lesen"，2013 年 6 月 22 日，http：//www.bke.de/content/appli-cation/explor-er/public/newsletter/2012/newsletter-56/faqs-lesestart.pdf.

④ 参见孙进《变革中的教育体制——新世纪德国普通中等教育改革》，《比较教育研究》2010 年第 7 期。

不同联邦州之间以及不同类型的中学之间教育水准的差异，学生社会出身（如移民背景等）对其学业成绩的显著影响，半日制学校教育的问题等等。德国学生在国际测评中的平庸表现以及公共舆论界对教育问题的关注给德国的教育决策者带来了前所未有的压力，成为德国新世纪一系列基础教育改革举措的直接诱因，其中主要的改革政策有：

（一）改革中等教育体制：由多轨制转向两轨制，由9年制转为8年制

对德国各州的学生 PISA 考试成绩的比较分析表明，萨克森州和图林根州出人意料地取得了很好的成绩，人们将这一成绩归功于那里实行的两轨制的中学教育体制。迫于公共舆论的压力，各联邦州近年来都已经开始在自己的内部对其中等教育体制与结构进行调整。调整主要表现在两个方面：一个是缩短文科中学的学制，将9年制的文科中学转变为8年制；另一方面的调整便是从现有的多轨制的中学教育体制（文科中学，实科中学，普通中学，总合中学＋X[1]）向两轨制（文科中学＋X）转型。[2]

（二）资助设立全日制中小学：由半日制学校转向全日制学校

在改革之前，德国的绝大多数学校都是半日制学校。各地各级学校授课的时间在 7：30 到 13：00/14：00 之间变化不等。[3] 除了半日制学校不符合当前的家庭结构这一问题之外，PISA 的研究结果表明，半日制学校不利于抵制教育不平等的社会现象。因为有些父母的受教育水平低，不能为自己的孩子提供高质量的家庭辅导，因此，社会出身（soziale Herkunft）不好的学生在学习中相应地处于劣势的地位。

鉴于以上这些问题，在"PISA 冲击"之后，德国的教育决策者将资助设立全日制幼儿园和中小学列为教育改革的中心任务之一。2003 年，德国联邦政府和各州政府签订了一个协议，决定实施一项命名为"未来

---

① "X"在这里代表其他居于此间的变体形式，形式多种多样。

② Hans-Werner Fuchs, "Strukturen und Strukturreform im allgemein bildenden Schulwesen der deutschen Bundesländer", *Die Deutsche Schule*, 2009, p.8.

③ KMK. *Das Bildungswesen in der Bundesrepublik Deutschland 2008*. Bonn：KMK，2009, p.93.

的教育和照管"的资助项目（Investitionsprogramm Zukunft Bildung und Betreuung，简称 IZBB）。按照协定，联邦政府在 2003—2009 年间，向各州提供 40 亿欧元用于全日制中小学及幼儿园的建立或扩建。① 截至 2006 年，已有 29% 的小学、28% 的普通中学、30% 的文科中学、3/4 的一体性总合中学和超过半数的特殊学校提供全日制教学和照管服务。②

（三）引入国家教育标准：由输入管理转向产出监控

为了解决国际学生测验所暴露出的德国在教育领域存在的问题，特别是教育水平不均衡的问题，同时也为了保证各地、各类学校教育水准的可比性及其所颁发的教育证书的等值性，德国决定引入国家教育标准（Nationale Bildungsstandards）。迄今，国家教育标准已经覆盖了整个基础教育阶段，从小学直到高中。

引入国家教育标准是德国由输入导向的教育调控转向产出导向的教育监控的一个重要举措。教育标准明确规定了学生在修完特定的年级时最低应该达到的能力水平，不仅可以为学生学习、教师教学、学校安排和教学活动组织提供一个明确的参照体系，而且便于通过对学生学习结果的测评检查教育活动的目标是否以及在多大的程度上得到了实现。通过比较不同的州以及不同的学校的教育效果，还可做到对教育体系的监控（Bildungsmonitoring）和对学校的评估（Schulevaluation）。③

三、高等教育政策与改革

德国在新世纪最重要的高等教育改革政策莫过于以下三项：第一，博洛尼亚进程（Bologna-Prozess）；第二，卓越计划（Exzellenzinitiative）；第三，高等教育协定 2020（Hochschulpakt 2020）。

---

① KMK. *Das Bildungswesen in der Bundesrepublik Deutschland 2008*. Bonn：KMK，2009，p.105.

② Autorengruppe Bildungsberichterstattung（Hrsg.），*Bildung in Deutschland 2008. Bielefeld*：W. Bertelsman-n Verlag，2009，p.71.

③ Bundesministerium für Bildung und Forschung（BMBF），*Zur Entwicklung nationaler Bildungsstandards*，Eine Expertise，Berlin，Bonn：BMBF，2007，p.10.

（一）博洛尼亚进程①

1999 年 6 月 19 日，包括德国在内的欧洲 29 个国家的教育部长在意大利博洛尼亚共同签署了《博洛尼亚宣言》，提出了到 2010 年建成"欧洲高等教育区"的计划。为了实现建成欧洲高等教育区的目标，德国对其学制和学位体系进行了深刻的变革。

经过近年来的努力，德国各类高等教育机构所开设的颁发新型学位的专业在 2011—2012 年冬季学期达到了 13000 门，占德国高校专业总数（15300）的 85%。② 从这里的统计数字可以看出，德国当前的学位教育体系正处在转型之中，形成了一种新型学位与传统学位并存的局面，而且以现在的发展情况来看，这种新型学制终将发展成为主流。

（二）卓越计划

"卓越计划"（Exzellenzinitiative）是一项旨在提高德国大学的尖端科研水平以及科研后备人才（博士生）培养水平的高等教育政策。卓越计划的主要内容是政府通过额外出资重点资助一批严格按照学术标准筛选出来的、高水平的大学科研机构及科研项目，提高其国际竞争力，使其达到世界一流大学的水平。就其运行程序而言，它可被视为是一项德国大学尖端科研机构的科学性竞赛，由科学委员会（WR）和德国科研协会（DFG）共同负责组织与实施。

（三）高等教育协定 2020③

为了应对 21 世纪知识经济社会的挑战，满足更多学生接受高等教育的需求，同时增强德国高校的科研实力与国家创新力，德国联邦政府与 16 个州政府于 2007 年 8 月 20 日签署了《高等教育协定 2020》

---

① 参见孙进《德国的博洛尼亚改革与高等教育学制与学位结构变迁》，《复旦教育论坛》2010 年第 5 期。

② BMBF, "Die Umsetzung der Bologna-Reformen in Deutschland", 2013 年 6 月 26 日，https://www.bmbf.de/de/72 22. php.

③ 参见孙进《〈高等教育协定 2020〉评述——德国面向 21 世纪的高等教育扩张政策》，《河北师范大学学报》（教育科学版）2012 年第 10 期。

(Hochschulpakt 2020)①。该协定计划在 2007 年至 2020 年由联邦政府和州政府共同出资让高校增加学习名额，改善教学条件，同时为高校现有的高水平科研项目——即已经获得德国科研协会（Deutsche Forschungsgemeinschaft，DFG）资助的科研项目——提供额外的项目经费，从而同时实现扩招和提升德国高校的教学质量与科研水平的发展目标。联邦政府为此投入 76.6 亿欧元（联邦资金），其余所需资金由各州支付。从共同科学会议（GWK）所公布的资料来看，《高等教育协定 2020》已经初步显现出积极的政策效果。②

第三节　德国教育政策的形成机制及其特点③

德国是一个联邦制的国家，由 16 个州组成，德国联邦和各州的立法权限根据《基本法》来确定。通常，联邦政府的立法权限在国防、外交、海关、邮政以及税收等涉及整个联邦利益的领域，而文化教育事业的立法和行政权限则划归各州，即各州享有所谓的"文化主权"。文化教育事务由各州自行立法和管理，实行地方分权的教育管理体制。因此，德国各州的教育管理体制多元化、特色化等特征十分显著，而联邦政府只对少数具有共性的教育问题进行协调、管理或立法。与德国这种联邦制结构相适应，德国在教育政策的制定方面，形成了联邦政府和地方政府两级决策立法管理体制。④

---

① 这里使用的是简称，协定的全称是《联邦及各州有关高等教育协定 2020 的行政协定》。

② GWK，"Der Hochschulpakt 2020：Zahlen und Fakten zu einem Erfolgsmodell"，2013 年 6 月 22 日，—bonn.de/fileadmin/Pressemitteilungen/pm2011-08.pdf.

③ 若非特意标出，本部分内容直接引自《教育政策入门》中的第六章"德国教育政策的制定与决策机制"（吴遵民：《教育政策入门》，上海教育出版社 2010 年版，第 92—102 页）。为了和本章其他部分使用的概念翻译保持一致，对文中的部分概念进行了修改。目前，国内有关这一方面的研究文章很少，这里所引用的文章中亦不乏有待商榷的内容，需要通过专门的研究来解答。有些明显不实之处或者在此期间已经发生改变的内容已经在引用时进行了修正。

④ 褚宏启主编：《教育政策学》，北京师范大学出版社 2011 年版，第 93 页。

一、德国教育政策制定机构

教育政策是指由"执政党和政府制定与颁布的用以指导、规范教育事业发展的一切价值标准与行为规范的总称。广义上教育政策不仅包括教育行政法规、教育行政规章，而且还包括了教育法律"[1]。通常来说，参与教育政策制定的主体包括官方与非官方两大类。这里没有篇幅对全部的主体进行分析，因此选择聚焦于核心的决策主体。

（一）德国联邦层面上的教育政策制定机构

联邦层面的教育政策制定机构主要有联邦总理及联邦政府、联邦议院、联邦参议院和联邦总统。他们在立法方面的关系是：联邦总理及联邦政府作为行政机构向立法机构联邦议院和联邦参议院提出法律草案由其表决。据统计，大约75%获得通过的法律都是出自政府方面的提议。[2] 联邦议院和联邦参议院均有权提出法律草案。从这二者的关系来看，联邦议院是最主要的立法机关，有些法律需要得到联邦参议院的批准，有些法律则不需要。德国联邦总统负责最终签署法律使之生效。此外，当涉及非法律类的教育政策时，联邦教育与科研部（BMBF）可以独立或者和各州政府合作以行政规定或者行政协定的形式出台教育政策（如卓越计划，高等教育协定 2020 等）。

除了这些机构之外，在联邦层面参与教育决策的主要机构还有：共同科学会议（GWK），文教部长联席会议（KMK），高校校长联席会议（HRK），科学委员会（WR），以及各社会群体（雇主，教师，父母，学生）在全国层面的代表机构（联合会）等。

（二）德国州层面上的教育政策制定机构

州层面的教育政策制定机构主要包括州议会和州政府，二者之间的关系是立法机关和行政机关的关系。州议会可以通过制定学校法对涉及教育体制的根本性问题作出规范。这些根本性的问题涉及教育目标，教育体

---

① 褚宏启主编：《教育政策学》，北京师范大学出版社 2011 年版，第 4 页。

② Hans-Joachim Lauth，Christian Wagner，*Politikwissenschaft*：*Eine Einführung. 7. überarbeitete Auflage*，Pa-derborn：Ferdinand Schöningh，2012，p.85.

制的组织结构，教育管理机构，学校类型，学校的设立和撤销，教师的身份和地位，毕业证书等。州政府及其隶属的行政管理机构通过颁布法律规章和行政规定将学校法中的目标和任务加以具体化和落实。有研究者指出，德国政府更多的是通过行政规定（而非法律）实现对教育事务的规范。这也是为了提高教育政策的效率，因为教育立法的时间长，而且一旦公布之后修改起来也比较烦琐和耗时。与此相比，通过行政规定规范教育发展更能够灵活地应对新出现的问题和发展趋势。①

二、德国教育政策制定过程

通常来说，教育政策的制定大体经过以下阶段：第一，分析教育政策问题并确定教育政策目标；第二，设计教育政策方案；第三，对教育政策方案进行可行性分析；第四，选择教育政策方案；第五，教育政策的合法化和公布实施。② 现实中的教育政策制定往往复杂得多，一是不一定遵循这里直线递进的步骤，而是充满了循环往复；二是不一定完整地走过每一步骤，也可能越过某一步骤，也可能中途夭折。

（一）联邦层面教育政策制定过程

教育法律的制定过程③ 包括：第一，提出教育法律议案，既可以由议会的党团或者议员群体提出，也可以由政府部门（主要是联邦教育与科研部）提出。第二，审议法律议案，联邦议会对法律议案进行审议，认为有问题的话可以要求作出修改。第三，表决与通过法律议案，如果法律议案被联邦议院表决通过，但是联邦参议院却不予以通过，那么，联邦参议院有权要求联邦议会修改。为了协调两个立法机构之间的分歧，也可以成立协调委员会进行斡旋直至达成妥协。第四，公布法律，通常由联邦总统签署和公布。德国的许多联邦法律都是这么制定的，涉及教育的比如《联邦

① Gerd F. Hepp, *Bildungspolitik in Deutschland. Eine Einführung*, Wiesbaden：VS Verlag für Sozialwissen-schaf-ten，2011，p.176.
② 袁振国主编：《教育政策学》，江苏教育出版社 2000 年版，第 181 页。
③ 袁振国主编：《教育政策学》，江苏教育出版社 2000 年版，第 234 页。

培训促进法》(BaFög) 和 2008 年已经失效的《高等学校总纲法》(HRG)。

非法律类教育政策（如行政法规和行政规定）的制定过程是：教育政策方案的提出，行政法规草案的审查，行政法规草案的批准，行政法规草案的颁布。在联邦层面，此类教育政策主要是由联邦教育与科研部制定或者牵头推动，不过，因为涉及各州的负责领域，所以大多数情况下需要和各州进行协调。德国文教部长联席会议（KMK）在此发挥着重要的作用。下面就以"高等教育协定 2020"为例，看看联邦层面教育政策出台的过程。

"高等教育协定 2020"这一政策的制定受到国际和国内两方面因素的影响。从国际方面来看，德国作为高科技立国的发达工业国家，面临着日趋激烈的国际竞争压力，要让德国在这一国际竞争中继续保持优势地位，就必须依靠高质量的高等教育不断提升其科技创新能力。[1] 从国内方面来看，德国的社会经济发展需要更多受过高等教育的高素质的专业人才，以摆脱国内就业市场上周期性出现的专业人才缺乏的问题。另外，受社会发展趋势以及人口结构的影响，德国高中毕业生中愿意参加高等教育的人数在不断增加。同时，德国各联邦州的文法中学（Gymnasium）的学制由以前的 9 年制改为现在的 8 年制，因此各州从 2007 年开始将相继出现一年有两届高中生同时毕业的情况。[2] 根据德国文教部长联席会议（KMK）的预测，有的州可能会在双届毕业生出现的年份多出 4 万名获得高校入学资格的毕业生。[3] 这无疑会给教学资源与入学名额现已紧张的高校带来额外的负担。如果没有相应的辅助措施，德国高校的教学质量势必将会恶化。

为了应对上述国内外的挑战，德国联邦政府与各州政府经过协商出台了《高等教育协定 2020》。与其他教育政策一样，此协定的出台也是多方利益相关者多次协商达成一致的结果。这一点从此项政策出台的历程可

---

[1]　Dagmar Klimpel, "Der Hochschulpakt 2020: Ein Ergebnis gesamtstaatlicher Verantwortung", *Zeitschrift fü-r Bildungsverwaltung*, 2007, p.16.

[2]　萨克森州和图林根州在两德统一时便实行了 8 年制文法中学。

[3]　Ulrich Trautwein, Marko Neumann, Das Gymnasium, In: Kai S. Cortina et al. (Hrsg.): *Das Bildungswe-sen in der Bundesrepublik Deutschland*, Reinbek bei Hamburg: Rowohlt, 2008, p.485.

以看出：

2005 年 10 月 14 日，德国文教部长联席会议（KMK）发表了"有关 2020 年以前高校新生、在校生和毕业生的发展预测"。根据其预测，到 2014 年，德国高校的学生人数将由 2005 年时的 198 万增加至 267 万，此后直至 2020 年将一直保持在这一规模之上①。这一预测引起了高校的普遍关注和担忧。

2005 年 11 月 23 日，德国高校校长联席会议（HRK）通过了名为《是机会，而非负担：有关〈高等教育协定 2020〉的建议》的决议。德国联邦教育与科研部（BMBF）部长及各州文教部长都对这一决议表示了欢迎。双方于 2006 年 1 月 25 日举行了首次会谈，表示争取在 2006 年年内议定《高等教育协定 2020》。2006 年 1 月 27 日，科学委员会（Wissenschaftsrat）根据就业市场以及人口发展的需要提出扩大德国高等教育体制的建议，并且强调指出各州之间以及各州与联邦之间有必要就此进行合作和协调。② 6 月 19 日，科学委员会发表了应对高校学生入学高峰期所需资金的测算。

在此期间，德国高校联合会（DHV）以及联邦议会的各政党——绿党（Grünen）、社会民主党（SPD）、基民盟（CDU）和基社盟（CSU）以及自由民主党（FDP）相继针对《高等教育协定 2020》提出了各自的政策主张和建议。2006 年 7 月 10 日，民间的高等教育决策咨询机构——高校发展中心（CHE）也提出了如何应对学生入学高峰的行动建议。2006 年 11 月 20 日，联邦教育与科研部部长及各州文教部长就高等教育协定的要点达成一致意见。2006 年 12 月 13 日，联邦总理以及各州州长批准了高等教育协定的要点。在此基础之上，联邦及州教育规划和科研资助委员

---

① HRK, "Im Brennpunkt: Hochschulpakt 2020", 2013 年 6 月 30 日, https://www.hrk.de/positionen/beschluss/detail/chance-nicht-last-empfehlungen-fuer-einen-hochschulpakt-2020-zur-bewaeltigung-des-zu-erwartenden-a/.

② 德国是一个联邦制国家，包括高等教育事业在内的文教事务均由各联邦州自主负责。特别是在 2006 年联邦制改革之后，联邦政府放弃了许多之前参与高等教育发展的任务（如高校设立、制订《高等学校总纲法》等）。正是在这一背景之下，科学委员会才特别强调联邦政府不要置身事外，要与各州政府共同应对挑战。

会（BLK）①负责起草并于 2007 年 4 月 24 日通过了《联邦及各州有关高等教育协定 2020 的行政协定（草案）》。2007 年 8 月 20 日，联邦总理与各州州长正式签署了《高等教育协定 2020》。②

（二）州层面教育政策制定的过程

在联邦州层面上的教育政策制定过程与上面描述的基本一致，不过在州层面上的立法机构只有一个，即州议会，另外主管教育事务的相应的是各州文教部。下面以柏林的学校结构改革为例描述州层面教育政策制定的过程。

因为受到 PISA 调查结果的冲击，有关学校结构改革的讨论已经在全国展开，许多州也已经将自己多轨制的中学体系转变为双轨制。柏林也是在这一背景下开始其学校结构改革的，目标也是改变原有的多轨制中学体制，特别是主体中学面临着不可维系的困境，每年选择上这类学校的学生比例已经降至 7%，而且没有任何改观。所以，改革的目标之一便是撤销此类中学。至于未来的学校应该是双轨制还是单轨制，不同的政党和利益团体有着不同的主张，人们就此进行了长期的公共讨论。

2009 年 2 月 10 日，当时柏林州的教育部长于尔根·措尔纳（Jürgen Zöllner）（社会民主党）提出了由其部门拟定的学校结构改革方案。③ 按照这一改革方案，从 2010—2011 学年开始，柏林便只有两类中学了，即：一体化中学和文法中学。其中一体化中学合并了主体中学、实科中学和总合中学。④ 从这一改革方案的提出，到最后通过议会的表决通过，各政党

---

① 受联邦制改革的影响，这一委员会已经于 2007 年 12 月 31 日被撤销。自 2008 年 1 月 1 日开始，该委员会在科学与研究资助领域的工作任务由"共同科学会议"（Gemeinsame Wissenschaftskonferenz, GWK）负责。

② HRK, "Im Brennpunkt: Hochschulpakt 2020", 2013 年 6 月 30 日，http://www.hrk.de/de/brennpunkte/3377.php.

③ Zweiwochendienst, "Zöllner stellt Schulstrukturreform vor", 2013 年 7 月 2 日，http://www.mutlu.de/presse/23708 68.html.

④ WIKIPEDIA, "Schulstrukturreform in Berlin", 2013 年 7 月 1 日，http://de.wikipedia.org/wiki/Schulstrukturreform_in_Berlin.

和利益团体的代表机构参与了对这一改革方案的讨论和修改。在小升初方面，父母还是拥有选择权。不过，当学校的名额供不应求时，学校可以按照自己的标准选出 60% 的学生，30% 的学生通过抽签决定，剩下 10% 的名额给予有特殊需要的人，如需要和其他兄弟姐妹在同一所中学学习的学生群体。

除了议会中的各政党之外，议会外的各利益团体的代表也积极参与政策讨论，发挥其影响作用。经过长期的公共讨论，柏林州议会在 2010 年 1 月 14 日通过了柏林学校结构的学校法改革。社会民主党和左派党赞同，绿党 /90 联盟（Bündnis 90/Die Grünen）弃权，基民盟（CDU）和社会民主党反对。① 柏林学校结构改革的政策最终以法律的形式得到合法化。

三、德国教育政策制定的特点

有关教育政策的制定模式，人们通常认为有以下三种：自上而下、自下而上以及自上而下与自下而上相结合。② 上述的"高等教育协定 2020"便是自下而上提出的，而柏林学校结构改革政策则是自上而下提出的，但在制定的过程中，上面的政府机构与下面各个利益团体的代表机构则是在互动之中不断协调和修改政策方案，以争取获得最大限度的支持和认可。总的来看，德国教育政策制定有以下三个突出的特点：

第一，教育政策制定的制度化。从教育政策制定的范围与权限来说，联邦政府和州政府的教育决策范围和决策权限均有明确的法律规定，为双方在教育行政管理中的分工与合作提供法律依据和保障。从教育政策制定与决策的程序来看，具有规范化的特点。③

第二，教育政策制定的民主化。德国教育政策制定的民主化主要体现在除了执政党和反对党的参与和博弈之外，经济界、父母、学生、工

①　WIKIPEDIA，"Schulstrukturreform in Berlin"，2013 年 7 月 1 日，http：//de.wikipedia. org/wiki/Schulstrukturreform _ in_Berlin.

②　褚宏启主编：《教育政策学》，北京师范大学出版社 2011 年版，第 13 页。

③　吴遵民：《教育政策入门》，上海教育出版社 2010 年版，第 101 页。

会、教师、校长等利益团体的代表机构也被纳入决策或咨询的过程之中。此外，在有关政策的公开讨论中，教育研究机构和教育咨询机构、社会知名人士以及媒体也能发挥影响，表达自己的见解。这种广泛的民主参与赋予政策坚实的民意基础，也便于获得利益相关方的认同和支持，有利于政策最终得到落实。①

第三，德国联邦政府和州政府通常都是联合执政政府，另外议会中均有多个反对党。每个政党都有自己的价值取向，如社会民主党和左派党更加看重社会公平，照顾社会中下层的利益，因此，不愿意在择校方面采用精英化的筛选机制。而基民盟和自由民主党则比较保守，偏重维护社会中上层家庭的利益，主张按照成绩原则择优录取，对学生进行分化。不同政党改革方案之间的碰撞和妥协有助于改革方案最终可以照顾到各个群体的利益，但是另一方面也会将政策制定的过程延长。另外，当利益难以协调时，执政党便谋求通过获得议会多数支持将其教育政策合法化，而不再顾及反对党的意见。

第四节　德国教育政策的实施机制及其特点

在教育政策制定之后，就进入了政策实施阶段。教育政策实施是指教育政策的实施主体根据教育政策的目标，通过一定的方式配置教育政策资源，将教育政策方案转化为现实的动态过程。②

一、德国教育政策的实施主体

教育政策的实施主体是指执行教育政策的机构和人员，不仅包括各级各类教育行政管理部门（如联邦层面的联邦教育与科研部及其附属机构，各州文教部、行政专区的教育厅、地方教育局）及其相关部门（如各

---

① 吴遵民：《教育政策入门》，上海教育出版社 2010 年版，第 101 页。
② 褚宏启主编：《教育政策学》，北京师范大学出版社 2011 年版，第 199 页。

级财政部门，青少年救助部门），也包括实施教育活动的各级各类教育机构及其成员（如大学、中学、小学校长、教师）以及社会和经济界的合作伙伴（如参与职业教育或双元制学习的企业及作为其利益代表的行会、联合会等）。①

通常来说，各项教育政策都会指定具体的执行者，教育政策不同，其实施主体相应地也会有所不同。② 有时为了协调和指导某项教育政策的实施，还会专门设立相关的组织机构。例如，博洛尼亚改革的实施者主要是联邦政府、州政府和高校，他们分别在各自的权限范围内落实这一改革。不过，为了更好地推进这一改革，协调联邦与州的工作，人们专门成立了一个名为"推进博洛尼亚进程"的联邦与各州工作小组，小组成员除了联邦政府和州政府的代表之外，还包括高校校长联席会议（HRK），德意志学术交流中心（DAAD）以及认证委员会（Akkreditierungsrat）的代表。此外，全国学生会自由联合会（Freier Zusammenschluss von StudentInnenschaften，FZS），德国雇主联合会全国总会（Bundesvereinigung der Deutschen Arbeitgeberverbände，BDA），德国教育与科研工会（GEW）以及德国大学生服务处（Deutsches Studentenwerk）也有代表参加这一小组。③

教育政策的实施主体处于不同的层面，因此也就有不同层面的教育政策实施活动。通常来说，层次越往上，实施活动越侧重于宏观；层次越往下，实施活动越偏重于微观，倾向于具体化。④ 例如，在上面提到的德国联邦教育与科研部（BMBF）与阅读基金会（Stiftung Lesen）共同实施启动的儿童早期阅读项目——"启动阅读——阅读的三个里程碑"（Lesestart – Drei Meilensteine für das Lesen）中，政策实施主体除了这两个

---

① 褚宏启主编：《教育政策学》，北京师范大学出版社 2011 年版，第 199 页。

② 袁振国主编：《教育政策学》，江苏教育出版社 2000 年版，第 219 页。

③ BMBF，"Organisation und Aufbau der Bologn-Prozesses"，2013 年 7 月 3 日，http://www.bmbf.de/de/13195.php.

④ 袁振国主编：《教育政策学》，江苏教育出版社 2000 年版，第 308 页。

负责确定政策目标和内容并提供资助的机构之外，还包括具体落实这一政策的机构和人员，包括儿科医生、各地的图书馆以及小学。"启动阅读"项目于 2011 年初启动，执行期为 2011 年至 2018 年。从 2011 年 11 月至 2013 年 11 月，儿科医生负责将第一套启动阅读套装交给来诊所做第六次例行检查的 1 岁孩子的父母。在与父母面对面的交谈中，儿科医生向父母说明给孩子读书和讲故事的重要性。从 2013 年 11 月至 2015 年 11 月，各地的图书馆负责将第二套启动阅读套装交给前来访问的 3 岁儿童及其父母。在 2016 年、2017 年和 2018 年小学开学之后，各地小学负责将第三套启动阅读套装交给德国小学的所有的一年级学生（6 岁的学生）。①

二、德国教育政策的实施过程

教育政策实施是一个十分复杂的、动态的过程。不同的教育政策，其实施过程也会相应地有所不同。大体上来看，教育政策的实施分为三个阶段：准备阶段，实施阶段和总结阶段。②

（一）准备阶段

准备阶段包括理解政策、制定执行计划、完成物质和组织准备等环节。理解政策是实施政策的基础，任何政策的实施，都需要建立在执行机构和人员正确理解政策的基础之上。③ 理解政策不仅是为了了解政策目标和内容，而且还要由此形成对教育政策的认同和共识。制定执行计划是为了将政策进一步具体化，编制出具体的工作计划、明确任务的范围、具体的实施步骤等。这是政策实施中的一个重要步骤。物质资源是实施教育政策的经济基础，这是在启动政策前需要加以明确的问题。组织安排一方面要明确各个执行组织的职责和权限，实现合理分工；另一方面要确立各执

---

① BKE, FAQs zu "Lesestart – Drei Meilensteine für das Lesen"，2013 年 6 月 22 日，http：//www.bke.de/content/ application/explorer/public/newsletter/2012/newsletter-56/faqs-lesestart.pdf.

② 褚宏启主编：《教育政策学》，北京师范大学出版社 2011 年版，第 201 页。

③ 褚宏启主编：《教育政策学》，北京师范大学出版社 2011 年版，第 201 页。

行机构之间的协调、沟通机制。[1]

在德国，这些准备工作通常通过正式的政策文本的签署得以完成。例如联邦和各州签订的有关"高等教育协定 2020"的行政协议，这是联邦与各州经过多次协商之后达成的共识。协定除了对政策的目标、内容和实施时间作出规定之外，还有明确的资助计划，同时明确了共同科学会议（GWK）作为组织协调机构，并赋予其和德国科研协会（DFG）共同承担政策监测的任务。在柏林学校结构改革中，政府通过了《初级中学规章》对于改革的内容作出细致入微的安排，针对每一类中学都作出全面的规范和安排。另外，柏林政府与社会合作伙伴都签订了明确的协议，明确双方的责任和任务。这无疑都为政策落实打下了坚实的基础，做好了充分的准备。

（二）实施阶段

实施阶段包括政策宣传、政策具体落实等环节。政策宣传旨在向目标群体介绍政策的目标、内容、要求以及政策的必要性、合法性、合理性和意义等，以取得他们对政策的理解、认同和支持，减少对政策的误解和抵触行为，形成有利于政策执行的社会舆论环境。[2] 作为民选政府，德国在政策实施中非常重视目标群体的支持和认同，因此，在宣传政策方面投入非常大的精力。除了在政策制定阶段咨询目标群体（如学生及其父母）的意见之外，在政策制定完成之后以及在政策实施的过程中也重视宣传工作的开展。例如，为了宣传柏林学校结构改革，文教部门印制了许多宣传册，其中有一个宣传册被形象地命名为《教育行车时刻表》，用行程时刻表的方式直观地向父母说明每一阶段他们应该做的事情（如按时为子女在下一级学校报名等），供父母参考。

政策的具体落实是指由执行计划指定的各级各类执行机构按照政策要求和计划赋予自己的职责，积极采取更为具体的措施和行动，以保证政

---

[1]　袁振国主编：《教育政策学》，江苏教育出版社 2000 年版，第 308 页。

[2]　袁振国主编：《教育政策学》，江苏教育出版社 2000 年版，第 312 页。

策目标的实现和计划的完成。① 这是政策实施的核心环节。《高等教育协定 2020》的实施有以下五个步骤：第一，联邦政府根据所签订的行政协定向各州政府预先拨款。第二，各州政府负责采取相应的政策措施，落实所约定的政策目标。例如，为了在本州落实《高等教育协定 2020》，巴符州专门出台了自己的"高校 2012"项目（Hochschule 2012），既包括提供的资助也包括资助的高校和专业等。第三，州政府向"共同科学会议"（GWK）定期（每年 10 月 31 日）汇报落实的情况，共同科学会议负责汇总各州的情况，形成一个总报告，并在每一阶段结束时，完成该阶段的总结报告。第四，联邦政府根据各州落实的情况最终确定追加拨款或收回拨款的数额。第五，联邦政府和州政府根据前一阶段实施的情况和新时期的要求商定下一阶段的工作目标和任务。

（三）总结阶段

总结阶段包括政策实施的监测、政策实施的调整等环节。政策实施监测是对政策执行情况的总结和分析。德国的各项政策均十分重视这一环节。例如，前面提到的《高等教育协定 2020》中明确规定各州政府须定期（每年 10 月 31 日）向"共同科学会议"（GWK）汇报本州落实的情况，共同科学会议负责汇总各州的情况，形成一个总报告，并在每一阶段结束时，完成该阶段的总结报告。为了对政策实施情况进行更好的监测，有关部门往往会委托专门的研究机构进行跟踪调查。因为这一环节与政策评估关系密切，因此，下节再对此进行详细分析，这里暂且略过。

政策实施的调整是根据执行中出现的问题以及新出现的问题和局势对政策实施计划作出调整。这是每一项政策在实施中都可能会遇到的问题。还以《高等教育协定 2020》为例，在这一政策进入第二个执行阶段（2011—2015）之后，社会形势发生了改变。根据德国文教部长联席会议（KMK）完成的预测，在这一阶段，高校入学人数比预期多出了 30 万人。因此联邦政府和各州政府总共需要额外提供 62.5 万个入学名额，几乎是

---

① 袁振国主编：《教育政策学》，江苏教育出版社 2000 年版，第 314 页。

2009 年签订协定时预测数目的 2 倍。这也就意味着联邦政府和各州政府需要投入比预期更多的资金。联邦政府在 2013 年 6 月 13 日决定将给第二阶段（2011—2015）的资助增加到 70 亿欧元，比原计划多出 22 亿欧元。各州政府也需要增加投入完成配套措施。另外，在第二阶段，高校每录取一名新生所获得的资助额与第一阶段（2007—2010）相比亦有所增加，由 22000 欧元增加到 26000 欧元。资助额度的增加主要是为了让高校聘用更多的教师，以便在学生数量增加的情况下依然能够保证教育质量。这也是根据对执行情况的分析作出的政策调整。①

三、德国教育政策的实施特点

总的来看，德国教育政策的实施表现出以下两个特点：

第一，政策实施由政府部门主导、社会利益群体多元参与。德国的学校从小学到高校都是国家机构，接受政府的资助。私立学校数目很少，而且也接受政府的监管和资助。与此相应地，教育政策基本上都是由政府资助并负责组织实施的。由于德国的各个社会群体都形成了自己成熟的利益代表机构，如雇主联合会，教育与科研工会，学生联合会，父母联合会等等，他们既参与政策的制定，也参与政策的实施。一方面，这些利益代表机构有参与的愿望和要求；另一方面，政府主导部门也希望这些利益代表机构的参与，以获取其支持，保证政策可以得到更好的落实。

第二，德国教育政策的实施具有制度化和科学性的特征。一方面，德国注重以签订正式协定的方式来规范政策实施主体或参与各方的任务和权限，对各方具有更好的约束力。另一方面，政策实施具有科学决策的特征。这一点也以《高等教育协定 2020》为例加以说明，因为这一协定的执行期限是 2007 年至 2020 年。考虑到对未来发展进行长期预测的不准确性，联邦政府和各州政府决定分三个阶段来执行这一协定，这样便于根据

---

① BMBF，"Hochschulpakt 2020 für zusätzliche Studienplätze"，2013 年 7 月 3 日，http：//www.bmbf.de/de/6142.php。

前一个阶段的政策执行情况和新的发展阶段所面临的问题采取有针对性的措施。另外，协定同时确立了对政策落实情况进行定期监测和评估的机制。各州政府每年10月31日需向"共同科学会议"汇报当年落实规划的情况，它负责汇总各州的情况，形成一个总报告，并在每一阶段结束时负责完成该阶段的总结报告。德国科研协会（DFG）负责在每个阶段中期对科研项目资助的情况进行评估，并将评估结果呈交给共同科学会议。联邦政府与各州政府根据政策落实的具体情况，调整下一阶段的工作目标和任务，这种做法符合当前国际上提倡的"基于实证的教育政策"（Evidenzbasierte Bildungspol-itik）。①

第五节　德国教育政策的评价机制及其特点

教育政策评价是评估主体依据一定的标准和程序，对教育政策的实施效果进行监测和评价的一种活动。② 教育政策评价是教育政策过程中一个重要的组成部分。它是制定新的教育政策的必要前提，是合理配置教育政策资源的基础，是调控政策执行过程的有力工具，是决定教育政策持续、修正或终结的重要依据，并具有激励、敦促之功效。③

一、德国教育政策评价的主体与形式

教育政策评价的主体和形式具有多元性，根据具体政策的变化而变化。

（一）正式评估与非正式评估

从评估活动的组织形式上看，教育政策评估可以分为正式评估与非正式评估。正式评估就是由专门的评估机构和确定的评估人员拟定出完整

---

① BMBF（Hrsg.），*Wissen für Handeln-Forschungsstrategien für eine evidenzbasierte Bildungspolitik*. Bonn，Berlin：BMBF，2008.

② 褚宏启主编：《教育政策学》，北京师范大学出版社2011年版，第219页。

③ 袁振国主编：《教育政策学》，江苏教育出版社2000年版，第314页。

的评估方案，严格按照所规定的程序和内容进行的评估。非正式评估就是对评估者、评估形式、评估内容不作明确规定，对评估结果也没有严格的要求，人们只是根据自己所掌握的情况进行评估（如领导考察后的评说）。①

德国教育政策采用的评估形式主要是正式评估，通常由高校或高校之外的科研机构负责实施。这方面的例子如有：联邦教育与科研部的"启动阅读"项目。在整个项目执行期间，有独立的研究机构负责对这一项目进行跟踪调查，以检验参与这一项目的孩子——即启动阅读的孩子——是否真的在阅读方面表现更佳，参与的父母们在多大的程度上更多地给孩子朗读以及支持孩子自己阅读。主持跟踪调查的研究机构是柏林的 InterVal 有限公司。该机构受联邦教育与科研部的委托与"科隆大学的德国语言与文学第二研究所"（Institut für Deutsche Sprache und Literatur II der Universität Köln）以及"汉堡—埃盆多夫大学医学院的儿童与青少年精神病学流行病与评估工作小组"（AG Kinder-und Jugendpsychiatrische Epidemiologie und Evaluation am Universitätsklinikum Hamburg-Eppendorf）一起合作来实施学术跟踪调查。②

（二）内部评估与外部评估

按照评估主体的身份来区分，教育政策评估可以分为内部评估和外部评估。内部评估是由教育政策执行机构及其人员或者是由教育管理机构内部的专职评估人员实施的评估。外部评估是由教育系统以外的评估人员所进行的评估，包括受委托进行的评估和不受委托进行的评估。③

德国教育政策评价的形式既有内部评估也有外部评估。内部评估方面的例子有《高等教育协定 2020》。在这里，各州政府和德国科研协会

---

① 褚宏启主编：《教育政策学》，北京师范大学出版社 2011 年版，第 221 页。

② BKE，FAQs zu，"Lesestart – Drei Meilensteine für das Lesen"，2013 年 6 月 22 日，http：//www.bke.de/content/ application/explorer/public/newsletter/2012/newsletter-56/faqs-lesestart.pdf.

③ 褚宏启主编：《教育政策学》，北京师范大学出版社 2011 年版，第 222 页。

（DFG）分别对自己方面的政策落实情况进行分析和总结，然后向"共同科学会议"汇报。另外，德国联邦和各州都在政府机构内部设有专门的研究机构，面向各个专业部门服务。在联邦层面，这些机构被称作"联邦部门研究机构"（Ressortforschungseinrichtungen），隶属各个部委，其任务是为各部委的政策制订、实施与评估服务，提供"基于科研、贴近实践的政策咨询"①。目前，联邦政府一共有40个这样的机构，例如联邦内政部（BMI）的"联邦人口研究所"，联邦就业和社会部（BMAS）的"就业市场与职业研究所"。② 隶属于联邦教育与科研部的"联邦职业教育研究所"（Bundesinstitut für Berufsbildung，BIBB）负责撰写联邦职业教育报告，也承担着对职业教育政策进行评估的责任。各州也设有（Landesinstitut）承担教育政策咨询和评估的任务，例如巴符州的"州立学校发展研究所"（Das Landesinstitut für Schulentwicklung），汉堡的"州立教师教育与学校发展研究所"（Landesinstitut für Lehrerbildung und Schulentwicklung）。

具体到外部评估，则既有受委托进行的评估，也有不受委托进行的评估。前者指教育政策的制定机构委托高校或校外科研机构所进行的评估。例如上述的"启动阅读"项目的评估，再比如"柏林学校结构改革"，柏林教育部长委托马普教育研究所（Max-Planck-Institut für Bildungsforschung）、波茨坦大学教育学系（Universität Potsdam）以及基尔大学自然科学与数学教学法研究所（Institut für die Pädagogik der Naturwissenschaft und Mathematik）负责对这项改革展开长期性的跟踪调查和评估。2013年6月10日，研究者公布了中期评估报告——"柏林研究"（BERLIN-Studie）的核心调查结果。调查结果表明，学生父母和教师在此期间已经接受了新的学校结构和升学招生的标准，96%的学生进入了父

---

① Konsortium Bundesbericht wissenschaftlicher Nachwuchs（Hrsg.），Bundesbericht Wissenschaftlicher Nachwuchs 2013, Statistische Daten und Forschungsbefunde zu Promovierenden und Promovierten in Deutschland. Bielefeld: WBV, 2013, p.121.

② Wissenschaftsrat, "Empfehlungen zur Profilierung der Einrichtungen mit Ressortforschungsaufgaben", 2013 年 6 月 10 日, http://www.wissenschaftsrat.de/download/archiv/10295-10.pdf.

母选择的理想学校就读，即使没有进入理想学校的学生父母也对所分配到的学校感到满意。[①] 这无疑是对这项改革政策的积极肯定，为政策的继续推行提供了合法性。

不受委托的研究大多是由高校的科研人员（包括博士生）基于自己个人的科研兴趣对相关政策进行研究和评价。这类评估与受委托的评估相比，更能够保持客观中立性，没有得出有利于委托人的评估结论的压力。

（三）预评估、执行评估和后果评估

从评估所处的阶段来看，教育政策评估可以分为预评估、执行评估和后果评估。所谓预评估是在教育政策执行之前进行的评估。因为政策还没有得到实施，政策效果还没有显现，这种评估更多的是一种预测，起到防患于未然的作用。例如，德国在引入教育标准之前，德国联邦教育与科研部曾委托以克里姆（Eckhard Klieme）为首的专家小组对这项政策计划进行了评估和鉴定。2007 年，该专家小组发表了《发展国家教育标准——专家鉴定意见》，在这份 228 页的评估报告中，专家小组详细分析了国家教育标准的内容设计、发展和测试、实施国家教育标准的前提和政策影响、发展的前景等。[②] 这份报告为该政策的实施奠定了基础。

执行评估是在教育政策执行过程中进行的评估。它侧重于对教育政策执行过程和执行机构的行为活动进行评价，检查政策实施的进展情况。上述对柏林学校结构改革以及启动阅读项目的评估均属于执行评估。

后果评估就是在政策落实以后进行的评估，因为此时政策已经完成，评估的是政策的影响效果，所以也称作影响评估。[③] 德国此类的评估并不多，更多的是对长期性政策的分阶段评估。就各个阶段来说，这些评估是后果评估，就整个政策执行期而言，则又可以列为执行评估。例如，共同科学会议在《高等教育协定 2020》第一阶段（2007—2010）完成之后，

[①]　Berlin, "Schulreform", http://www.berlin.de/sen/bildung/bildungspolitik/schulreform/.

[②]　Eckhart Klieme et al, "Zur Entwicklung nationaler Bildungsstandards", 2013 年 7 月 5 日，http://www.bmbf.de/pub/ zur_entwicklung_nationaler_bildungsstandards.pdf. 2013-7-5.

[③]　褚宏启主编：《教育政策学》，北京师范大学出版社 2011 年版，第 223 页。

于 2012 年公布了对这一阶段的政策实施情况的评估。后果评估或者说影响评估面临的一个主要的问题是：教育政策的效果和影响不易确定，教育政策活动涉及面广、参与者多，影响涉及社会的方方面面，既有预期的影响，也有非预期的影响，既有短期的影响，也有长期的影响。另外，教育政策实施与环境改变之间的因果关系不易确定。因为教育系统是社会大系统中的一个子系统，与其他社会系统存在着复杂的关联。某种社会情形的改变，除了受到教育政策的影响之外，还可能受到其他社会环境因素的影响。[①] 这可能也是德国缺少此类评估的一个原因所在。

除了上面提到的教育政策评估主体之外，如联邦与州政府内部的教育研究机构、高校以及高校之外的科研机构，还有一些私营机构也逐渐开始参与对教育政策的咨询与评估。如基保姆（Kienbaum）和麦肯锡（McKinsey）等战略咨询公司，特别是当涉及重大的战略调整时，有些州政府机构倾向于委托这类机构完成改革政策的设计与预评估，例如北威州文教部委托麦肯锡公司对该州学校组织的评估。[②]

二、德国教育政策评价的特点

德国教育政策评价表现出以下两个方面的特点：第一，德国教育政策评估是每一项政策文本中规定的内容，这也意味着教育政策评估已然常态化和制度化。从评估形式上来看，以正式评估、执行评估和外部评估为主。

第二，除了对每一项政策实施针对性强的专项评估之外，德国重视实施总体性的全面评估，并建立起一个科学的基于实证的教育监测体系。受 PISA 冲击的影响，德国在进入 21 世纪之后采取了一系列的改革举措。为了了解这些改革政策的效果，德国文教部长联席会议（KMK）于 2006 年通过了有关实施全面的教育监测的决议，决议全称为"文教部长联席

---

① 褚宏启主编：《教育政策学》，北京师范大学出版社 2011 年版，第 221 页。
② Gerd F. Hepp. *Bildungspolitik in Deutschland. Eine Einführung*，Wiesbaden：VS Verlag für Sozialwissenschaften，2011，p.102.

会议关于教育监测的总策略"（Gesamtstrategie der Kultusministerkonferenz zum Bildungsmonitoring）。教育监测不仅关注教育体制中学校结构以及教学内容方面的目标要求，同时也关注具体的学校工作进程和课程进展，并根据事先确定好的、在学习过程结束时应该达到的"国家教育标准"来评定教学效果。教育监测的目的是找出问题及其原因，以便采取合适的措施加以改进。德国教育检测体系包括以下程序和工具：（1）参加国际学生学业成就调查（如国际学生评价项目 PISA），掌握长期的教育发展趋势以了解本国／本州在国际比较中的位置。（2）就是否达到国家教育标准进行全州统一测验。（3）与国家教育标准相结合进行比较考核（Vergleichsarbeit），既包括对学生学习成绩的比较考核，也包括对学校组织工作绩效的比较考核，以便促进州内以及州与州之间的教育质量的均质化。（4）联邦和各州负责共同发布教育发展报告，向社会公众说明教育发展的状况。① 德国由此达到了"基于实证的教育政策"（Evidenzbasierte Bildungspolitik）的要求。

第六节　德国教育政策的成效、问题与走向

如上所述，德国在进入 21 世纪之后进入了教育改革密集期，随着一系列教育问题（学前教育机构急需扩建，中小学生在国际测试中成绩平庸，学生的学业成就受到家庭出身的影响大，主体中学日趋边缘化，高校学习位置供不应求）的展现并引起公众的关注和不满，德国联邦政府和各州政府也在积极地不断制定旨在解决这些问题的教育政策。要想让这些教育政策达到自己的政策目标，就离不开科学合理的教育政策制定、实施与评价机制。

从以上分析可以看出，德国教育政策的制定、实施和评价表现出科

---

① KMK（Hrsg.），*Das Bildungswesen in der Bundesrepublik Deutschland 2009*，Bonn：KMK，2010，pp.252-257.

学性和制度化的特征。这就为德国教育政策取得积极的成效打下了坚实的基础。从当前发表的评估报告来看，德国近年来一系列教育政策的实施取得了积极的效果，但是也仍然存在着一些需要继续努力解决的问题。下面按照第二节介绍近年来主要的教育政策和改革时所涉及的领域——即学前教育、基础教育和高等教育逐一进行分析。当然，这里既不可能对所有的领域也不可能对每个领域中的所有政策的成效进行分析，而是聚焦于上面提到的或其他具有代表性的政策。

一、学前教育政策的成效、问题与走向

正如前文所介绍，德国 2008 年出台的《儿童促进法》对儿童的入学名额做出了承诺和保证。这一承诺也确定了德国学前教育几年来的工作重点。自作出这一承诺之后，德国各级政府一直在努力扩建托儿所 / 幼儿园的供应。2011 年，德国学前教育机构数量增加到 47900 个，与 2006 年相比增长了 6%。2011 年，学前教育机构为 3 岁以下的儿童所提供的学习名额增加到 517100 个，与 2006 年相比，增长了 230200 个。[1]

尽管学前教育取得了极大的发展，不过，依其发展状况来看，要在全国各地同时实现这一承诺仍是一项很大的挑战，因为许多地方、特别是在大城市既缺少资金和合适的办学场地，也缺少合格的保育员。根据德国青少年研究所之前的预测，在 2011 年至 2013 年间，政府尚需增设 262100 个位置，方能在 2013 年兑现承诺。为此，学前教育机构需要增加大约 36000 个全职的工作岗位，考虑到许多人选择半职工作，所以，大约需要 45000 人。而每年从专业学校毕业的保育员大约为 2 万人，而且这些毕业生不一定都会选择在学前教育机构工作。加上每年还有不少现任的保育员离职或退休，因此，不可避免地将会产生一个不小的保育人员缺口。[2] 要

①　Autorengruppe Bildungsberichterstattung，*Bildung in Deutschland 2012*，Bielefeld：WBV，2012，p.52.

②　Thomas Rauschenbach，Matthias Schilling，*Zu wenig Fachkräfte für unter Dreijährige*，In：DJI Impulse，2012，p.11.

想兑现承诺，德国各州政府须考虑将离职的保育员重新争取回来，让半天工作的保育员转为全职工作，同时提高保育员的工资水平，提高这个职业的吸引力。

德国学前教育政策在新世纪第二个十年的工作重点和发展方向还有：（1）检查、保证并进一步发展学前教育机构的工作质量，特别是提升针对 3 岁以下儿童的教育活动的质量；（2）通过总结和评估各州的经验，进一步发展学前教育的教育规划（约束力、内容以及结构等）；（3）进一步提高由单个保育员所提供的日间照管服务（Kindertagespflege）在学前教育机构中的比例；（4）优化从学前教育机构向小学的过渡和衔接，特别要注重保证教育机会均等，促进社会融合；（5）加强所有参与教育活动的机构与地点之间的合作，发展在内容上相互衔接的教育方案；（6）要求高等学校所开设的儿童早期教育专业赋予学生按照各州教育计划开展工作的能力。①

二、基础教育政策的成效、问题与走向

德国在基础教育领域所采取的一系列改革政策，如将现有的多轨制中等教育结构改为两轨制，资助全日制中小学的设立；将 9 年制文法中学改为 8 年制文法中学（G8），通过引入国家教育标准在教育调控上由输入管理转为产出监控，都是为了解决 PISA 测试所揭示出来的德国教育所存在的问题，提高教育质量。从近年来的 PISA 调查结果来看，德国中学生的测试成绩自 2000 年后一直呈上升的趋势，在国际中的排名也整体上有了很大的提升（2009 年在阅读和自然科学方面出现微弱的反弹）（见表5-1）。这无疑是对上述政策的一种肯定，即使人们不能将这一结果百分之百地归功于上述政策。

---

① KMK，*Das Bildungswesen in der Bundesrepublik Deutschland 2009*，Bonn：KMK，2010，p.77.

表 5-1 德国学生在 PISA 测试中的得分及其发展变化

得分均值											
数学				阅读				自然科学			
2000	2003	2006	2009	2000	2003	2006	2009	2000	2003	2006	2009
490 (20)	503 (16)	504 (14)	513 (10)	484 (21)	491 (18)	495 (14)	497 (16)	487 (20)	502 (15)	516 (8)	520 (9)

资料来源：WIKIPEDIA，"PISA-Studien"，2013 年 7 月 4 日，https://de.wikipedia.org/wiki/PISA-Studien.

　　虽然德国学生的学习成绩有了很大的改善，不过，关于 PISA 和 TIMSS 等国际学生学习成绩测试的研究结果也一再表明：不同地区、不同类型学校、特别是不同社会阶层的学生在考试中的成绩存在着很大的差异，表明德国在上述维度上存在着发展不均衡的问题。例如，PISA 2006 对 15 岁中学生的调查结果表明了学生的学习成绩和社会出身之间存在着正相关关系。就阅读成绩而言，来自社会上层家庭的学生的成绩高出来自社会下层家庭的孩子的成绩达 83 分。[1] 在 PISA 2009 年的调查中，这一差距有所减小，但是仍然高达 75 分（=534 分—459 分）。[2] 由此可见，社会出身在德国对学生的教育成绩具有决定性的影响。人们虽然不能因此认为是德国的学校教育生成了社会阶层之间的教育不公平[3]，但是至少有一点是无可争议的，即：德国学校没能有效地平衡家庭资源所造成的教育起点的不均衡，而实质上再生产了社会的不均衡和不公平。

　　此外，随着移民的增多，移民子女成为德国教育体制中一个新的弱势群体。在小学阶段，德国学生与具有移民背景的学生之间的成绩差异便

---

[1] Isabell van Ackeren，Klaus Klemm，*Entstehung，Struktur und Steuerung des deutschen Schulsystems. 2. Auflage*，Wiesbaden：VS Verlag für Sozialwissenschaften，2011，p.90.

[2] Eckhard Klieme et al.（Hrsg.），*PISA 2009：Bilanz nach einem Jahrzehnt*，Münster：Waxmann，2010，p.246.

[3] 有许多研究者指出，造成社会差异和不平等的原因并非是学校，而是学校之外的因素，例如父母的教育期待和知识资源及其为子女提供的学习和发展的环境等。

已显现出来。IGLU 2000 年和 2003 年的调查结果都表明，具有移民背景的小学四年级学生在阅读方面的成绩要比德国学生差很多。IGLU 2006 的调查结果再度表明，就阅读理解能力而言，德国学生的学习成绩要比具有移民背景的学生高出 48 分。[①] 即便考虑到社会出身的影响，即在两组学生来自同一社会阶层的情况下，德国学生的成绩仍然高出具有移民背景的孩子 27 分。[②]

在进入中学阶段以后，具有移民背景的学生在能力发展方面继续处于劣势。PISA 2006 年的调查结果表明，德国学生在自然科学方面的成就高出有移民背景的学生达 73 分。[③]PISA 2009 年的调查结果也表明，德国学生在阅读方面的成绩比具有移民背景的学生高出 44 分（＝514 分—470 分）。[④] 这说明，德国学校在融合具有移民背景的学生方面并不成功。

鉴于这些问题的存在，未来的基础教育政策的重点仍然是尽力消除社会出身对学习成绩的影响，努力为社会各阶层的儿童创造公平的机会，同时加大对移民子女的扶持。例如，引入小学入学诊断，以更好地了解每一个孩子的特点和问题；通过引入社会教育学及特殊教育学对学生进行个性化的辅导。对于学习方面遇到困难的学生，学校以小班为单位进行课外补习。此外，针对具有移民背景的学生，如果他们在德语方面存在不足，可提供语言上的帮助（如德语辅导班，双语课程），以便于让他们可以公平地学习各门课程。

---

① Wilfried Bos u.a., "IGLU 2006", *Lesekompetenzen von Grundschulkindern in Deutschland im internationalen Vergleich*, Münster：Waxmann, 2007, p.265.

② Heike Solga, Rosine Dombrowski, "Soziale Ungleichheiten in schulischer und außerschulischer Bildung", *Stand der Forschung und Forschungsbedarf*, Düsseldorf：Hans-Böckler-Stiftung, 2009, p.16.

③ Manfred Prenzel u.a.（Hrsg.）, "PISA 2006", *Die Ergebnisse der dritten internationalen Vergleichsstudie*, Münster：Waxmann, 2007, p.329.

④ Eckhard Klieme et al.（Hrsg.）, "PISA 2009", *Bilanz nach einem Jahrzehnt*, Münster：Waxmann, 2010, p.212.

三、高等教育政策的成效、问题与走向

上述三项高等教育政策——博洛尼亚改革、卓越计划和高等教育协定 2020——均取得了积极的效果，这一点在介绍这些政策时已经作出了说明，这里不再重复。

与此同时，这些改革政策也存在一定的问题。例如，博洛尼亚改革的目的之一就是，使完成大学第一阶段学习（本科学习）的学生具备工作能力。然而，从不同的针对毕业生的调查问卷可以看出，大多数本科毕业生还是选择继续留在高校。在综合性大学，现在本科毕业生中约有三分之一的人选择继续接受教育，尤其是硕士教育，并且大多数人在本科毕业后直接开始硕士阶段的学习。在应用科学大学的毕业生中，有约一半的学生直接进入研究生阶段学习[1]，这就令博洛尼亚改革的目标打了折扣。与此同时，随着大量本科毕业生选择继续读硕士，硕士学习名额在有些学校变得紧缺，因此，有不少学生抱怨他们无法获得硕士入学名额。这些问题被媒体放大之后，致使博洛尼亚改革受到批评。

卓越计划的实施给大学提供了更多的科研资金，提高了少数大学的国际声望，这无疑都是此项政策的积极成效。不过，卓越计划的实施也打破了德国大学"均质性"的传统，预计将会加大德国高校的垂直分化。因为在选择出 11 所卓越的大学之后，所有没有获选的大学则不得不面对自己自动被归入"非卓越大学"或者二流大学的现实。[2] 这一点在德国已经引发了人们的担忧和批评。[3]

旨在扩招的《高等教育协定 2020》固然取得了积极的效果，并被视为是一项成功的政策。不过，随着更多学生的涌入，大学的学习条件也受

[1] Autorengruppe Bildungsberichterstattung, *Bildung in Deutschland 2012*, Bielefeld：WBV, 2012, p.136.

[2] Analyse & kritik, "Die Konstruktion einer 'Elite'：Hintergründe der Exzellenzinitiative an deutschen Ho-chschulen vom 16.11.2007", 2013 年 7 月 5 日, http：//www.akweb.de/ak_s/ak522/22.htm.

[3] Richard Münch, "Die akademische Elite", *Zur sozialen Konstruktion wissenschaftlicher Exzellenz*, Frankf-urt, Main：Suhrkamp, 2007, p.374.

到了很大的挑战。在有些综合性大学出现了学生数量众多的"巨型专业"。调查表明，约有 40% 的学生认为德国大学的学习条件存在着问题。因此，如何在录取更多学生的同时保证大学的就读条件不发生恶化，成为这项政策在未来的一个工作重点。

　　总之，以上三项高等教育政策均取得了积极的成效，但仍然存在的问题也要求教育决策者和执行者在未来采取进一步的措施完成对现有教育政策的改革。

第六章 俄罗斯教育政策的形成、实施及评价机制

俄罗斯是世界上的教育强国，在苏联时期，教育领域所取得的成绩令人瞩目。苏联解体之后，俄罗斯的教育发展受政治、经济的影响也发生了变化，在经历了最初的动荡和无序之后，逐渐走上良性发展的道路。在俄罗斯教育改革与发展中，教育政策起到了重要的导向作用。进入21世纪，俄罗斯教育政策的形成、实施和评价机制已初具规模，其形成采用自上而下的路径，具有渐进性和延续性；其实施过程通常遵循先小范围实验后大面积推广、原则性和灵活性相统一、联邦中央和地方主体共同承担费用等原则展开；其评价采用目标达成模式，以官方评价为主导。虽然俄罗斯教育政策的形成、实施及评价机制还存在利益团体参与少、执行低效、评价机制不完整等问题，但俄罗斯政府一直努力促使其向科学、民主和高效发展。

第一节 俄罗斯基本教育体系与教育行政管理体制

苏联解体之后，俄罗斯于1992年颁布的《俄罗斯联邦教育法》确定了俄罗斯新的国民教育体系，有继承也有创新。在教育行政管理体制方面以比较大的调整构建起联邦与地方相结合的三级管理体制。

一、俄罗斯国民教育体系概述

苏联时期的国民教育体系包括：学前、普通中等、中等职业、中等专业、高等和校外教育。1992 年俄罗斯颁行《俄罗斯联邦教育法》（以下简称《联邦教育法》），重新划分国民教育体系，首次明确规定俄罗斯教育体系由普通教育和职业教育两部分构成，分别实施普通教育大纲和职业教育大纲。

普通教育阶段包括初等教育、基础教育和中等（完全）教育三部分。凡未能掌握前一阶段教育大纲的学生，不得升入普通教育的下一阶段学习。职业教育阶段包括初等、中等、高等职业教育和大学后职业教育。法律制定者基于终身教育的理念，强调中等（完全）教育之前的阶段是为受教育者获得基本知识教育的阶段，而中等（完全）教育之后的所有教育活动都是为受教育者获得职业所进行的教育，所以统称为职业教育阶段，于是，俄罗斯传统意义上的高等教育就变成其职业教育阶段中的高等职业教育。这样，俄罗斯国民教育体系与苏联时期国民教育体系的划分大相径庭，其基本结构如图 6–1 所示。

目前，俄罗斯的教育机构主要有：学前教育机构；普通教育机构（初等普通、基础普通、中等（完全）普通教育机构）；初等职业、中等职业、高等职业、大学后职业教育机构；成人补充教育机构；为有发育偏差的受教育者而设的特殊（矫正）教育机构；为孤儿及失去家长（法定监护人）监护的儿童而设的教育机构；儿童补充教育机构；实施教育过程的其他教育机构。

俄罗斯国家保证公民接受普及性的、免费性的学前、初等普通、基础普通、中等（完全）普通和初等职业教育。公民通过竞试在国立和市立学校免费接受国家教育标准范围内的中等职业、高等职业和大学后职业教育。其中义务教育年限为 9 年，即基础教育阶段为义务教育阶段。学生家长（合法代理人）有保证其子女接受基础普通教育的义务。

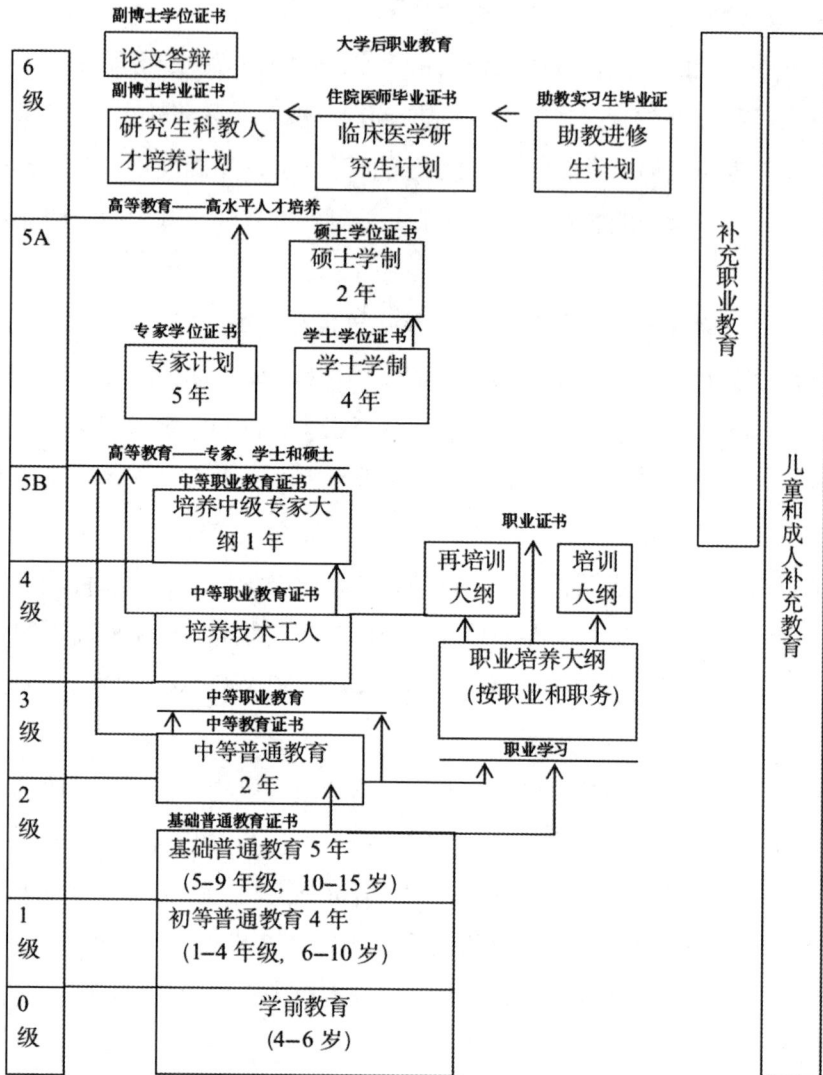

图 6-1 俄罗斯学制图

资料来源：Федеральный закон от 29 декабря 2012 г. N 273-ФЗ "*Об образовании в Российской Федерации*"，2020 年 4 月 22 日，见 https://rg.ru/2012/12/30/obrazovanie-dok.html。

二、俄罗斯教育行政管理体制

1992 年《联邦教育法》首先确定教育的分权性和国家—社会的管理原则，并建立联邦中央、联邦主体、地方自治机构和教育机构的三级管理体制。

（一）管理机构及其职能

1992 年 3 月俄罗斯教育部和俄罗斯联邦科学、高等学校和技术政策部两个部门正式成立，实施全国的教育管理。1996 年 8 月俄罗斯新政府改组职能机构，成立俄罗斯联邦普通和职业教育部取代上述两部，对全国的普通中等教育和职业教育实行垂直管理。2004 年 3 月，普京连任总统后，对联邦的最高职能机关再次进行重组，成立俄罗斯联邦教育科学部，作为联邦政府在教育领域的最高执行机构。科学教育部由四个署组成："联邦科学与创新署""联邦教育署""联邦知识产权、专利及商标署"和"联邦教育与科学监督署"。联邦教育署对各级各类教育实行联邦中央、联邦主体、地方三级管理。

俄罗斯联邦教育行政管理机构职能划分体现了教育行政决策、执行、监督领域权力的相互监督与制衡。督察署的独立运行使教育督察工作更公正、更有效，有助于吸引更多的社会力量参与对教育活动的监督，促使教育决策部门和执行部门更加有效地工作。①

（二）财政拨款管理

1992 年《联邦教育法》颁布之后，俄罗斯政府首次在教育法律文本中明确规定政府每年应该拨出不低于国民收入 10% 的资金用于教育发展。但是该规定具有很明显的理想主义色彩，定在以后的实践中从来没有得以真正实现。

2004 年修订后的《联邦教育法》删除了将国民收入的 10% 的资金投入教育的规定。但确定了联邦中央和地方共同分担教育拨款的财政制度，具体为：隶属于联邦的国立教育机构的财政拨款，由联邦负担；各主体所辖教育机构、市立教育机构的财政拨款，由联邦和各主体负担。与联邦法律相配合，各主体进行权力和实施对象的划分，确定联邦和地区教育权力机关的权限。在各级政府通过划拨资金保障教育财政拨款的基础上，法律才赋予其权限。这样，权限就等于不同级政府的支出承

---

① 时月芹：《俄罗斯教育行政管理体制的变革》，《大学研究与评价》2008 年第 9 期。

诺。^① 在此之后，俄罗斯国家教育经费的筹措主要通过国家拨款和地方拨款共同承担，同时通过扩大教育付费和教育机构多渠道筹措经费等方式增加地方乃至教育机构的办学经费。

（三）教育机构内部管理

《联邦教育法》规定：国立和市立教育机构的管理按一长制和自治原则建立。通过考核的教育机构主任、校长、大学校长或其他领导人（行政长官）对教育机构直接管理。联邦直属国立教育机构领导人的地位由俄罗斯联邦政府确定。俄罗斯高等院校以校长负责和集体领导相结合为原则，大学校长不允许任命，只可以通过集体选举产生。高校的集体领导机构是学术委员会，学校章程确定学校委员会和学校领导的职权和范围。非国立教育机构的领导，直接由创办者确定，或者由其筹组的监督委员会受创办者的委托予以确定。

第二节　俄罗斯自 21 世纪以来颁行的重大教育政策

俄罗斯一直以来都重视教育政策体系的建设，持续性颁行的各种综合类、普教类及高教类政策十分丰富，本研究谨就 2000 年普京就任总统之后的重大教育政策及改革进行重点阐述。

一、新世纪重大纲领性教育政策

俄罗斯的教育发展历来有教育改革法律先行的传统。普京就任总统后，俄罗斯政府一如既往地坚持教育优先发展的方针，在教育发展的过程中弘扬教育的普及性、基础性、公平性和连续性。加强俄罗斯教育政策建设。2000 年和 2005 年分别颁布了《2000—2005 年联邦教育发展纲要》和《2006—2010 联邦教育发展目标纲要》。两个文件从现实存在的教育问

---

① Вероника Спасская, "Формирование законодательных основ контроля и оценки качества образования", народное образование, No.1 (2009), p.13.

题出发，总体上勾勒俄罗斯进入 21 世纪前十年的教育发展蓝图，及时指导俄罗斯的教育发展。

2002 年 2 月俄罗斯联邦政府通过了《2010 年前俄罗斯教育现代化构想》（以下简称《构想》）。此《构想》是俄罗斯 21 世纪初教育领域的重要文件，对俄罗斯制订现在和未来的国家教育政策具有十分重要的意义。《构想》充分论证并阐述了教育在俄罗斯社会经济发展中的重要地位和作用，再次强调教育应该成为国家和社会的优先发展战略，并确定教育现代化为俄罗斯今后教育发展的总体目标。《构想》整个文件分为三大部分：教育在俄罗斯社会发展中的作用；教育政策的优先方面；教育政策实施的基本方向、阶段和措施。《构想》最后指出，实现教育现代化的构想包括以下 5 个关键部分：普及基础教育、保证公民接受教育的权利、全面提高各级各类学校的教育质量、提高国家教育管理的效益以及增加教育财政预算并完善发展教育的经济组织。

2005 年俄罗斯总统普京签署颁布《国民教育优先发展方案》。该方案旨在提高教育质量，其内容主要包括以下几个方面的内容：促进教育领域创新；为中小学安装互联网网络；支持天才青年；为军事组织进行初等职业教育培训；组建国家大学和商务学校网；为课堂教学提供额外的补助；奖励优秀教师；为农村地区配备校车；为被资助地区的学校配备教学设备；支持发展国民教育中的优胜学校；实施现代教育技术；创办世界级水平的国民大学和商务院校；提高中小学德育工作水平；发展军队职业教育体系。

2008 年 11 月俄罗斯联邦政府批准《教育与创新经济的发展：2009—2012 年推进现代教育模式》国家纲要。纲要的目的在于推行现代教育模式，提高优质教育的普及性，适应创新经济的发展，满足每个公民和社会的现代需求。纲要明确了最近四年俄罗斯教育发展的模式构想，并对教育系统的未来变化进行规划。其中包括：教育系统将实行新的组织—经济机制；加大公众参与管理和监督教育质量的力度；加强与世界互动，定期参加国际比较研究，增加教育服务的进出口；保证各级教育系统和公民自我教育过程中获得教育资源；确保在教育过程中有效利用信息和通信技术软件；实质性提高劳动力市场上技能教师、生产教学能手和教师的竞争能力。该纲要的颁布为俄罗斯教育的进一步发展指明了方向，不但为今后几年推进教育现代化改革的进程确定具体的时间表，而且对具体时间框架下各级各类教育拟达到的各项目标、详细责任人、经费来源保障等都作出比较详细的描述，对该计划推行的管理机制和效果评估也有相应的规定。

2012 年 11 月，总理梅德韦杰夫正式签署《2013—2020 年教育发展国家纲要》。该纲要的目的在于确保俄罗斯教育质量能够适应居民不断变化的教育需求，适应俄罗斯社会和经济未来的发展，提高青年政策的实施效率，促进国家创新发展。纲要的主要任务是：建构灵活、社会问责的不间断教育体系，发展其人力资源潜力，保障俄罗斯社会经济发展的现实与未来需求；发展基础设施和组织—经济机制，最大限度确保孩子们接受学前、普通和补充教育的机会平等；在学前、普通及儿童补充教育体系中，教育大纲的实施将在教学效果和学生社会化效果方面达到现代化质量；在公开、客观、透明、社会参与等原则基础上，构建现代教育质量评价体系；确保青年人自我实现和社会化的有效机制，发展青年人的潜力。

在国家纲要中还包括次级纲要和联邦目标纲要：《职业教育发展》《学前、普通及儿童补充教育的发展》《教育质量评价体系及教育信息公开透明机制的发展》《2011—2015 年教育发展联邦目标纲要》等等。

二、普通教育领域的重大教改政策

为减轻考生学习压力和经济压力，努力消除高校招生的腐败现象，建立统一的监督、评价体系，俄罗斯在 2001 年出台《关于试行国家统一考试的决定》，确定国家统一考试既是中学毕业会考，同时也是大学入学考试。考试以笔试为主，通过五分制与百分制间的转换对学生的成绩进行评价。全国统一考试科目以普通教育标准为准，包括数学、俄语、文学、物理、化学、生物、地理、俄罗斯历史、社会常识、外语等。2002 年开始全国统考的科目确定为 8 个，分必考和选考两个方面。其中必考为数学和俄语，选考科目为英语、物理、生物和历史等。考试题共有选择题、简答题和详答题三大类，其中考试题难易程度不等。2009 年，俄罗斯联邦政府发布命令，俄罗斯全境开始全面实施国家统一考试。

为适应市场对人才需求的变化，满足学生不同的学习兴趣和择业倾向，适应劳动力市场的现实需求，2002 年 7 月俄联邦教育部颁布《普通教育高年级阶段侧重性专业教学构想》。该文件规定，在普通教育的高年级阶段开始实施侧重性专业教学。在课程设置方面，侧重性教学一般设有 1—2 门课程，其类型包括普通教育基础课程、侧重性专业课程和选修课程，所占的比例分别是 50%；30% 和 20%。[①] 普通教育基础课程是所有高中学生必修的课程。普通教育基础课程包括数学、历史、俄语、外语、体育，以及社会学科整合课程（人文、社会—经济和其他相关侧重性专业）和自然科学整合课程（自然—数学、工艺学和其他相关侧重性专业）。普通教育的侧重性专业课程是一种提高课程，决定每一门具体的侧重性教学方向。选修课程——对于选择这类课程的学生来说是必修的（选定后必须听课），是普通教育高年级阶段侧重性专业教学的组成部分。

经过社会各界讨论，《我们的新学校》国家教育倡议经总统签字于 2010 年 2 月正式开始生效。该倡议成为俄罗斯近期普通教育现代化发展的重要指导性文件。俄罗斯政府在《我们的新学校》国家教育倡议中确定了俄罗斯普通教育的发展方向，并具体制定了更新普通学校的教育手段与机制。倡议主要包括以下六个方面的内容：1. 向新教育标准过渡：新教育标准包括必修部分和选修部分；年级越高，选择性越大；对学生的课外活动、学习小组、运动队以及各类创作活动作出规定。2. 发展天才儿童支持体系：俄罗斯将构建能够广泛查寻、支持和追踪天才儿童的系统。首先，为高年级学生提供进入函授、全日制—函授和远程学校中学习的机会。其次，发展学生竞赛和奥林匹克竞赛体系，举行补充教育的实践活动。3. 提高教师队伍素质：推行精神及物质奖励体系支持教师，吸引年轻有才华的

[①] Константин Сумнительный，"Профиль спасения"，Народное образование，No.1 (2006)，p.133.

人从事教师职业。学校的校长和教师至少每五年进行一次提高技能的培训。吸引未接受过基础师范教育的人才来学校工作。4. 更新学校的基础设施。更新学校楼房的建筑设计标准，建筑标准、卫生条例和饮食标准，更新对学生的医疗服务，保障学校安全。5. 保持和加强学生身体健康：为学生提供热乎、平衡的膳食，能够进行现代体检的医疗服务，引入新体育课程标准。6. 扩大学校自治：从 2010 年开始，国民教育优先发展竞赛中获胜的学校及改为自治机构的学校拥有一定独立性，这些学校可以用工作成果的公开信息来代替工作总结报告；将从立法上保障国立和私立普通教育机构的平等。

三、高等教育领域重大教改政策

俄罗斯自 20 世纪 90 年代开始进行高等教育结构改革。1996 年俄罗斯颁行《联邦高等及大学后职业教育法》，具体将高等职业教育阶段明确分为三个层次：第一层次为"不完全高等职业教育"，学制 3 年左右，毕业获得高等专科教育证书，不授予学位。第二层次为"基础高等职业教育"，学制 4 年，毕业后授予学士学位。第三层次为"完全高等职业教育"，它又细分成两种形式：一种是在基础高等职业教育层次上继续学习 1 年的毕业者，可获得高等教育相应专业的专家（如某学科的工程师等等）资格学历证书；二是受过基础高等职业教育的毕业生再进入硕士培养阶段继续深造，学制 2 年，毕业后授予硕士学位。副博士学位教育为 3 年，通过副博士资格考试合格，撰写论文并通过答辩者可获得相应学科的"副博士学位"。申请攻读博士学位者必须具有副博士学位，学制为脱产学习 3 年。2007 年 5 月，俄罗斯国家杜马通过法律文件正式确定高等教育实施两级教育结构。2007 年 9 月俄罗斯全面实行新的体制，即把原来的 5—6 年的文凭专家体制拆解为学士＋硕士的两级高教体制。随着 2013 年新版《联邦教育法》的颁布，原有高教法随之失效。

1992 年《联邦教育法》确定了高校地位需经过认可、评定和鉴定三个步骤，从而为俄罗斯高校认证体系奠定了法律基础。1999 年 12 月，俄联邦政府批准《高等学校实施国家认证条例》，条例规定，各类高校每隔五年必须进行一次国家认证，以获得国家地位。2001 年 7 月联邦教育部又颁布《高等学校国家认证文件审批程序》，进一步规范认证程序。认可是认证的第一步，认证机构确定高校是否具备开展教育活动的条件，是否符合国家和地方要求。第二步是评定，主要由国家认证机构依据国家教育标准对高校培养内容、水平和人才培养质量进行评价。第三步是国家鉴定，国家鉴定是鉴定委员会对高校实施外部鉴定，并作出鉴定结论，只有通过国家鉴定的高校方有权向学生颁发国家式样的毕业证书。上述三个步骤是个连续的过程，没有通过认可，就不能进行评定，没有通过评定就不能进行国家鉴定，三个环节，环环相扣。整个体系的构建有利于监督高校的教学质量和办学实力，对整个高等教育质量的提升起到了非常重要的促进作用。

普京总统于 2005 年 9 月签署《国家教育优先发展规划》，在此文件指导下，自 2006 年起，俄罗斯政府开始着手创建联邦大学。联邦大学的创建旨在创建世界一流大学，促进高等教育地区均衡发展。俄罗斯政府首先赋予将组建的大学以自治教育机构地位，再与俄罗斯联邦管辖之下的其他教育机构进行合并。2007 年南方联邦大学和西伯利亚联邦大学完成组合。依照此方式，俄罗斯政府在随后的几年内又创建了北方联邦大学、喀山联邦大学等 7 所联邦大学。

新组建的联邦大学肩负着创建世界一流大学、拉动地区经济发展的特殊使命，同时也具有特殊的地位。它拥有自主地位和特殊权力，其创建由国家总统决定，学校的校长由联邦政府选举产生，每届任期 5 年。此外，联邦大学可以创建具有自己特色的教育大纲，不必遵循国家标准。联邦大学的组建为俄罗斯高等教育的发展带来新的活力，强强联合、优势互补，不但改善了地区高等教育发展不均的问题，而且为创建世界一流大学奠定了基础。俄罗斯政府计划到 2020 年，以现有大学为基础在全国范围内共组建 10 所联邦大学。① 但事实上，在 2014 年这个目标就已经实现，

---

① Создание федеральных университетов：законодательный аспект，2010 年 2 月 30 日，http：//www.garant.ru/act···/interview/.

截至 2014 年俄罗斯已拥有 10 所联邦大学，分别是西伯利亚联邦大学、北高加索联邦大学、远东联邦大学、喀山（伏尔加）联邦大学、克里米亚维尔纳茨基联邦大学、罗蒙诺索夫北方联邦大学、东北联邦大学、康德波罗的海联邦大学、乌拉尔联邦大学和南联邦大学。①

第三节　俄罗斯教育政策的形成机制及其特点

教育立法和教育政策是国民教育正常运行的保障，是教育系统制度化、科学化的表现。俄罗斯国民教育的构建和发展通过法律、法规以及政策先行，操作落实在后的一贯程序来体现国家对教育发展的掌控和引领。俄罗斯正处于社会转型时期，随着政治和经济的变革，教育领域也要随之变化，才能适应社会经济不断发展的需要。随着社会环境的改变，教育政策不断调整，及时引领教育事业发展和改革。苏联解体后，俄罗斯联邦仍十分重视教育领域政策的制定与实施，以配合政治和经济改革。虽然整个 90 年代俄罗斯政局动荡，经济滑坡，贯彻政策的难度很大，但是各种教育政策文件仍不断出台。尽管有些政策文本无法执行或没有按期兑现，但至少能表现出国家对教育的重视和期望。

一、教育政策的内涵

从政策理论的角度看，俄罗斯教育政策是教育领域内各主体间利益博弈的阵地。一方面，各主体之间为教育资源以及政策中的利益相互斗争，另一方面各方力量在角逐中又不会消失。② 从政策载体的角度看，俄罗斯教育政策从种类上分，有法令法规、纲要、条例、构想、决议、建议等。国家为发展教育所制定的各类宏观的、纲领性的、综合的、阶段性、发展纲

---

① Федеральные университеты в России，2020 年 4 月 22 日，https：//www.ucheba.ru/article/1053.

② Образовательная политика，2012 年 10 月 12 日，http：//www.ite.ane.ru/index.php/ru/education-policy.

要性等教育文献，对教育发展方向具有引领、约束和指导的效力与作用。

俄罗斯联邦宪法（1993年12月）第七十六条规定：（1）就俄罗斯联邦管辖对象通过在俄罗斯联邦全境具有直接效力的联邦宪法法律和联邦法律；（2）就俄罗斯联邦和俄罗斯联邦主体共同管辖的对象颁布联邦法律以及根据联邦法律通过的俄罗斯联邦主体的法律以及其他法规；（3）联邦法律不得与联邦宪法法律相抵触；（4）在俄罗斯联邦管辖之外和俄罗斯联邦与俄罗斯联邦主体共同管辖之外，共和国、边疆区、州、联邦直辖市、自治州和民族自治区自行实施包括通过法律和其他法规在内的法律调节。①

俄罗斯教育政策的形成同样也是分别包括联邦中央、联邦主体和地方三个层级，地方一级政策的制定不能与联邦主体一级政策相抵触。同样，联邦主体一级的政策不得与联邦中央一级的政策相抵触，各级政策法规的制定不得与联邦宪法相抵触。

二、教育政策行为主体

俄罗斯教育政策行为主体主要包括官方政策行为主体和非官方行为主体。官方主体包括立法机关和行政机关。非官方主体由教师团体、社会团体和公民等与教育相关的利益主体组成，体现了教育民主管理的特性。

（一）官方政策行为主体

俄罗斯联邦教育政策主要通过国家立法机关、政府行政机关以及教育科学部等机构制定，联邦主体及地方教育政策由相关主体和地方行政机构制定。其中联邦教育法律法规以及重要的国家纲要都必须经联邦杜马、联邦委员会审读、表决，再经总统签署才能正式生效。

1. 立法机关

（1）联邦杜马。国家杜马主要进行提案的初步审议和正式审议通过工作。在初步审议阶段，提案由杜马委员会送交国家杜马负责该草案的一个常设委员会进行初步审议。如高等教育法案须提交杜马委员会下设的教

---

① 《Конституция РФ》，2009年10月10日，http://www.constitution.ru/.

育、科学和文化委员会进行初步审议。初审后将草案提交国家杜马全院会议进行三读审议。一读时，听取提案主体和责任委员会的报告，然后听取各议员团、杜马代表、总统全权代表、联邦政府和联邦主体的代表以及其他人的意见和建议。一读通过后，提出的草案修正意见由杜马专门委员会负责概括和研究来自各方的修正意见，将赞成和反对的修正案提交杜马二读审议。二读审议中杜马委员会逐章逐条审议，然后听取各方意见，表决通过后，对草案进行再次修改补充。最后提交国家杜马进行三读表决，杜马全体代表一半以上赞成，被视为国家杜马通过。杜马通过的法律在 5 日内提交联邦委员会审议。①

（2）联邦委员会。联邦委员会负责审议表决工作。杜马提交的法案，如果联邦委员会成员总数的半数以上成员投票赞成，或者联邦委员会在 14 日内未作审议，则被视为获联邦委员会赞成。当联邦委员会否决提案时，两院建立调解委员会消除分歧，随后国家杜马对提案进行复审。在国家杜马不同意联邦委员会决定的情况下，如果杜马再次表决时有不少于国家杜马代表总数三分之二的代表投票赞成，则提案被视为通过。②

2. 行政机关

（1）联邦政府及总统。苏联解体后，俄罗斯构建起联邦政府、联邦会议和法院三权分立的国家权力系统，联邦政府有权同联邦会议及法院合议国家重要的政策决定。因此，联邦政府对教育政策的形成施加直接或间接的影响。

国家杜马通过、并经联邦委员会赞成的联邦提案应在 5 日内送交俄罗斯联邦总统签署和颁布。联邦总统在收到联邦法律之时起的 14 日内签署提案。如果总统在 14 日内驳回，国家杜马和联邦委员会可根据俄罗斯联邦宪法所规定的程序重新审议该提案。如在重新审议时，联邦法律未加修改地获联邦委员会成员总数和国家杜马代表总数各不少于三分之二的多数票的

---

① Законодательный процесс，2011 年 9 月 8 日，http：//www.bibliotekar.ru/konstitucionnoe-pravo-5/79.htm.

② Закон о дательная власть，2011 年 9 月 8 日，http：//be5.biz/pravo/k001/15.htm.

赞成，在正式公布之日起的第 10 日，联邦提案在俄罗斯全境同时生效。①

（2）教育科学部。《教育法》将联邦权力机构和教育行政管理机构的管理权限主要限定于宏观层面，联邦教育与科学部是联邦层面教育行政管理的中心环节，承担着教育行政管理领域大部分的管理职能。教育科学部在教育、科学、科技、创新活动领域制定有关政策，并给予规范化的、法律上的协调。该部执行联邦宪法以及联邦总统和联邦政府法令，独立进行法律调节，并草拟各级各类教育、科学、科技、创新活动等领域的草案提交给联邦政府。教育科学部参与教育政策法规的实施，并参与各级各类国家级标准、程序、指标等框架性内容的研究与构建，致力于维护俄罗斯联邦文化、教育空间的统一性。

（3）联邦主体行政管理机构及教育行政管理机构。联邦主体行政管理机构贯彻、执行联邦教育政策，制定并实施与联邦教育政策一致的政策及相关法令。联邦主体教育行政管理机构的组织结构和具体职能划分由联邦主体法规确定。因此，这些机构的名称和组织结构有着很大的不同，如州、边疆区、共和国下属的教育局、教育委员会、国民教育管委会、共和国教育部等。就其职权划分与机构设立而言，不同地区之间的差异性也很大。有些地区的科学与职业教育管理局和普通教育管理局各自独立，有些地区的初等教育管理机构是独立设置的。这些教育管理机构参与本地区教育政策的制定及具体实施工作。

（4）市行政管理机关及教育行政管理机关。市行政管理机关管理、监督地方（市）教育行政管理机构和学校的工作，贯彻国家、联邦主体的教育政策。市级教育行政管理机构主要任务包括实施联邦中央、联邦主体的教育政策，参与制定及实施市教育政策。

（二）非官方政策行为主体

《联邦教育法》第一章总则中规定，俄罗斯国家教育政策制定的原则

---

① Полномочия Президента Российской Федерации，2009 年 5 月 6 日，http：//state.rin.ru/cgi-bin/main.pl？ id＝283&r＝224.

为教育管理的民主性质和国家—社会性质。因此，国家赋予教育团体、社会组织以及公民参与教育政策的制定及教育的管理权利。

1.教师协会等教师组织。全俄教师协会、教师互助会等是教师自愿组成的独立的非商业性质的教育组织——创建的目的旨在为教育领域服务。该组织致力于维护教师的权益，同时为教师的专业发展提供机会。教师们一起关注国家教育发展，交流教育教学经验，并为国家教育政策的制定提供意见和建议。

2.相关教育团体。在俄罗斯教育政策形成的过程中，相关的教育团体会通过进言、讨论、发表文章、评论等方式表达其团体对教育政策的利益要求，发出代表本团体利益的声音。例如爱富利卡教育政策研究所，运输通讯职业教育中心、"生命之源"基金会、商务培训中心等非商业性质的教育团体会协助教育权力机关、地方自治机关制定教育政策。

3.公民。依据俄罗斯联邦宪法及联邦教育法的规定，俄罗斯公民有权参与教育政策的制定。例如，2011年1月1日，俄罗斯政府将新一版的《联邦教育法》草案公布在专门网站上，开始进行社会讨论，广泛征集公众的意见和建议。俄罗斯联邦总统梅德韦杰夫亲自委托俄罗斯联邦教育部组织新法案的社会讨论。每个公民都可以提出自己的建议，通过书信、网络或者作为代表直接参与该草案的讨论。经过一年多的网上讨论，新版《联邦教育法》于2013年9月1日正式生效。

这些社会组织主要是为教育政策的形成提供意见及建议，这些非官方组织的参与体现了俄罗斯教育管理民主、国家—社会共管的原则，但也有学者指出，这些机构在政策的形成乃至实施的实践中，并不具有决定的权力，并没有真正维护政策主体（客体）教育过程参与者的根本利益，而是站在其组建部门——国家和市行政机关的立场上，那么可想而知，也就失去了客观中立。① 政策利益者之间的博弈，在俄罗斯几乎就缺失了。

---

① Что Институт технологий образования вкладывает в понятие образовательной политики и как инт-ерпретирует этот термин？，2012年6月9日，http：//www.ite.ane.ru/index. php/ru/education-policy.

三、教育政策形成机制——《我们的新学校》政策的形成过程

俄罗斯教育政策的产生通常由国家杜马授权其下属教育行政机构（如教育与科学委员会）和有关部门（如教育与科学部、民族事务部、联邦政权其他执行机关、俄联邦主体的政权执行机关、地方自治机关、俄罗斯科学院、俄罗斯教育科学院、国家级的其他部门科学院、科研机构和社会团体）协同做好提案的准备工作，起草所需的教育政策条文内容。然后在教育专家和法律专家合作下提出政策草案，提交立法机关等待审核和通过。联邦主体教育政策形成程序大致也是如此，提交议案，然后由共和国或州议会审议表决，最后由共和国总统或议会主席签署公布。本研究以《我们的新学校》国家教育倡议的制定过程为例，说明教育政策的形成机制。

2009 年 3 月，俄罗斯教育科学部讨论通过国民教育倡议方案——《我们的新学校》，该教育政策的草案确定后向社会发布。2009 年一年中，社会各界对《我们的新学校》国家教育倡议方案进行了大范围地、普遍地和专业地讨论，有上万名教师、家长、学生以及社会代表参加了讨论，最后确定了俄罗斯随后几年普通教育发展的主要方向。① 2010 年 1 月 19 日时任教育部长福尔先科在总统会议上向与会人员阐述了 2010 年实现《我们的新学校》所倡议的普通教育现代化发展的首要计划：在 2010 年将完全实现 2001 年通过的俄罗斯教育现代化构想。《我们的新学校》国家教育倡议保障教育现代化构想基本方向的连续性。②

随后，该项方案再次征求社会各界意见，组织教育专家又进行修订补充，形成方案草案交由杜马委员会下设的教育、科学和文化委员会进行初步审议，之后经杜马三读审议，国家杜马第一次召开议会听证会，83

---

① Национальная образовательная инициатива "Наша новая школа", 2011 年 9 月 8 日, http://минобрнауки.рф/.

② Материалы к выступлению Министра образования и науки Российской Федерации Андрея Фурсен-ко на Совете при Президенте России по реализации приоритетных национальных проектов 19 января 2010 года, 2012 年 5 月 6 日, http://window.edu.ru/window/news? p_news_id=29991.

个联邦主体的立法机构参加了听证会。① 2010 年 2 月 4 日俄罗斯总统梅德韦杰夫正式签署"我们的新学校"国家教育倡议。

四、教育政策形成机制的特点

(一) 自上而下的形成路径

俄罗斯教育政策形成采用自上而下的路径。国家教育政策的制定依据社会全面发展的需要进行统一的规划，主要由政府主导。从上述的《我们的新学校》国家教育倡议的制定过程可以看出，该方案的提出主要是配合国家创新体系构建思想，并由教育科学部牵头提出，虽经历了公开征集社会民意环节，但社会各界利益全体并没有作为利益集团向教育政策的制定者施加压力，更没有西方所谓的利益博弈，更多的是起到沟通信息、建言献策的作用。

(二) 政策形成的价值取向紧密结合社会主流价值观

教育是社会大系统中的一个子系统，教育发展和改革与社会的政治经济紧密相连，俄罗斯教育政策的形成与社会环境联系紧密。不同的社会时期，在教育政策上都有不同的价值取向的体现。俄罗斯转型初期，社会政治不稳定，经济状况糟糕，自由主义思潮成为社会主流，政府放弃对教育的主要领导权，教育领域奉行解中心主义和去集权化原则，这一时期的教育政策也表现出自由、私有化的思潮。如 1992 年 7 月颁布的《联邦教育法》，初步确立联邦中央、联邦主体、地方自治机构和学校三级教育管理体制。该法第一次以法律形式明文确定教育机构办学体制多元化。1994 年 9 月叶利钦签署《关于教育领域非国有化、非垄断化法》。该政策大大促进了非国立教育机构风起云涌的发展势头，大量的国有和市属教育机构被私有化。

2000 年普京执政后，俄罗斯政治开始稳定，经济复苏，"俄罗斯新思

---

① Александр Дегтярев：работать будем в интересах образования и общества，2013 年 6 月 6 日，http://www.komitet8.km.duma.gov.ru/site.xp/053048124053049057.html.

想"成为俄罗斯意识形态中的主流，20 世纪 90 年代初的自由主义思想被彻底摒弃。在此思想主导下，俄罗斯政府开始恢复国家对教育的责任，加强中央集权领导，构建国家统一空间。2001 年政府开始在联邦境内试行国家统一考试政策，中学毕业考试和高校招生考试合二为一，建立统一的评价系统，加强了教育质量的监督和规范。尽管国内对国家统一考试政策也有微词，但俄罗斯政府仍强力推行，2009 年之后，国家统一考试在全联邦全面实施。该教育政策顺应了当时国家加强中央集权的时代趋势，为俄罗斯教育统一空间的构建以及集权式宏观管理起到重要的作用。

（三）政策的形成具有渐进性和延续性

俄罗斯教育政策的形成注重政策与政策之间的延续性，进而形成系列政策群。有些教育政策出台之后，随着教育政策的实施和社会发展需要，政府为持续深化教育政策的实施，不断形成相关的教育政策补充，甚至有些教育政策群的形成历时长达十几年，从而保持了政策方向的渐进性和延续性。

侧重性学科教学开始于 20 世纪 80 年代末，当时是苏联普通学校的第三阶段（高中）试行的区别化教学形式之一。1934 年苏联共产党中央委员会和苏联人民委员会通过了《关于苏联初等和中等学校的结构》的决议，规定了统一的教学计划和统一的教学大纲。但是全苏范围内实行的统一学校制度后来出现了严重的问题：在统一的中学与高度专业化的高等学校之间缺乏衔接性，这使教育学者开始关注中学高年级教学的专业区别化问题。1957 年教育科学院发起了分为三个方向的区别化教学的实验，这三个方向是：物理—数学和技术，生物—农业，社会—经济和人文。为了进一步完善中等普通教育学校的工作，1966 年根据学生的兴趣对教育内容的区别化采取了两种形式：一是在 8—10 年级开设选修课，二是设立深入学习某些科目的学校，这些形式不断发展并一直保持到现在。

苏联解体之后，为实现教育现代化，满足学生个性化和社会化的要求，俄罗斯政府在 2002 年 7 月颁布《侧重性教学构想》，构想规定在普通学校的高年级开始实施侧重性教学，并规定先在部分地区开始试验，2005

年开始在有条件的学校实施这一改革。有关侧重性教学这项教育政策开始于 20 世纪的 30、40 年代,这阶段是侧重于教学政策的雏形。到 21 世纪初,侧重性教学政策正式出台。相关教育政策的延续性历时几十年,特色明显。

第四节　俄罗斯教育政策的实施机制及其特点

在俄罗斯教育政策的实施过程中,政府和教育行政机关发挥着重要的作用。本节从组织机构、资金保障、配套措施以及具体实施机制等几个方面,对"科教一体化政策"进行剖析,用以说明教育政策的实施机制及其特点。

一、教育政策实施的主要相关利益主体

在教育政策的实施过程中,相关利益主体大致可以划分为官方和非官方两类,官方利益主体主要包括教育科学部、联邦教育署、教育科学监督署以及地方教育行政机构。联邦教育署主要任务是执行教育政策,履行知识教育、品德教育、青年政策领域的执法职能。联邦教育与科学领域督察署履行教育、科学领域的检查和监督职能,执行监督教育政策的实施情况,检查和监督。

非官方主体则主要包括教育政策的具体执行者——教师、学生、家长、相关教育社会团体等。教师、学生、家长是教育政策实施的直接相关利益主体,他们除了执行教育政策外,对教育政策的意见及建议一方面通过一些特定途径反映给教育行政机关,另一方面通过发表文章或评论在社会上形成舆论,在一定程度上影响教育政策的实施。而相关教育社会团体在教育政策实施过程中,发挥辅助作用,如协助教育行政部门进行教育政策实施效果的社会调查,为政府部门提供建议等。

二、教育政策实施机制——"科教一体化"政策的实施

1996 年 6 月首个"高等教育与基础科学一体化"即《国家支持高等

教育与基础科学一体化》文件由俄联邦总统批准颁布，至此揭开了俄罗斯科学教育一体化政策运作的开端。在首个文件中，俄罗斯联邦政府确定了"高等学校、俄罗斯科学院、各部门科学院、俄罗斯联邦国家科学中心，协同进行基础科学研究"的方针。文件指出，为了保证协同研究的实施，高校要构建信息基地、配备研究的试验—试验基地和仪器设备，这些资源供高校和科研人员、教学人员免费使用。

（一）组织机构

俄罗斯政府不但给予"一体化"政策以立法上的有力支持，在国家机构的行政管理上也给予完整充分的保障。国家行政机关对政策活动起到积极推动作用，其有效性直接影响到政策执行效果。因此俄罗斯政府为推行"科学教育一体化"政策改组、设置相应的机构来管理和推行政策。

1. 宏观管理机构——教育科学部的职能

为进一步促进"科教一体化"政策的实施，优化机构职能、有效发挥行政机关作用，2004 年，俄罗斯联邦政府对其最高职能机关进行重组，成立俄罗斯联邦教育科学部。该部门对教育、科技政策的制定、推行、终结等肩负职责，并维持和发展政策的内容。作为联邦执政机关，该部统管教育、科学、科技创新活动等领域。谨就高等教育而言，十分有助于克服长期以来存在的教育和科学分离现象，促进科学教育生产一体化，真正地把高等学校办成教育和科学中心。

俄罗斯将科学和教育事业的管理划归到同一行政部门，可以避免科学和教育之间信息传递的迟缓、割裂，有利于政府对科学和教育事业的发展作出统一的规划，使科学教育事业协调发展。决策组织规范、科学的管理是教育政策有效实施的保障，俄罗斯联邦教育科学部的成立在行政管理上以及政策的监督上为"科学教育一体化"的实施在宏观上提供组织保障。

2. 微观组织机构——高等教育与基础科学一体化促进中心的建立

根据 2001 年 10 月 16 日《关于组织对"2002—2006 年俄罗斯科学与高等教育一体化"联邦专项纲要的管理》的政策文件，俄罗斯政府决定设立"高等学校与基础科学一体化促进中心"。这一国家机构由俄罗斯联邦教育部和俄罗斯联邦教育科学院共同组建，主要负责：组织策划开展竞争，收集、分析、总结各项计划，为竞争的开展提供技术保障，公布竞争结果；鉴定各项计划及工作成果；为纲要执行者们提供咨询，收集有关各项计划完成进程的信息；审查纲要执行者们的总结报告；为纲要的管理活动提供技术上的保障等等。

这一机构的设置对"科学教育一体化"政策转化为执行活动起到重要作用。"一体化促进中心"能够及时提供政策执行的相关信息，指导、推动政策有步骤、合理地进行。"一体化促进中心"成为"科学教育一体化"政策的协调和管理机构，在微观层面上对政策的实施提供保障。

（二）实施资金

为支持此项计划，联邦财政拨款总计 16.88 亿卢布（按 2001 年价格计算），并把财政支持分为三个部分，其中：联邦预算资金 11.88 亿卢布；联邦各主体预算资金 2.5 亿卢布；预算外来源资金 2.5 亿卢布。这些财政拨款在以后的文件中被确切地分配到每个部门。[①]

"科学教育一体化"政策具体运作开始于 1998 年实施的《基础科学研究与高等教育》计划，此计划财政拨款由两部分构成，由俄罗斯联邦教育科学部和美国公民科研发展基金会承担，此计划最初也是由二者倡导发起，拨款资金 50% 由俄罗斯方面承担（其中 25% 为联邦资金，25% 为地方资金），50% 由美国政府通过基金会拨款。之后，美方拨款资金下降到 30%，俄罗斯联邦和地方的资金投入分别提高到 35%。计划实施后，俄罗斯一共创建 16 个"科学教育中心"，每个中心 5 年的财政拨款约为 1500 万美元，1998—2005 年共计拨款 22600 万美元，其中美方支付 51.6%，俄联邦负担 28.1%，其余的 20.3% 由地方筹措。[②]"科学教育中心"模式的运作

① Офедеральной целевой программе，"Интеграция науки и высшего образования России 2002-2006год-ы"，2004 年 10 月 10 日，www.ed.gov.ru.

② И.Г.Дежина. Интеграция науки и образования，"оценка работа научно-образовательных центр-ов в ведущих российских универеитетах"，вестник высшей школы，No.7（2008）2008，pp.21-23.

取得一定成效，2005 年教育科学部作出决定，在公平竞争的基础上，依照《基础科学研究与高等教育》计划的模式在高校内创建教学—科研中心，中心的财政拨款由俄方独立承担，拨款的依据之一是高校对本校工作的规划和策略方针。从 2006 年起，俄罗斯政府取消财政拨款政策，政府拨款开始转向支持科研项目，各中心通过竞争取得项目获得拨款。这一措施推动高校创建教学—科研中心，也促使高校更加积极地寻找稳定发展的道路。

（三）配套措施

科教一体化政策颁布之后，后续又颁布"科教一体化发展纲要"等一系列配套措施。随着"一体化"方针的确定，俄罗斯联邦政府又颁布了"2002—2006 年俄罗斯科学与高等教育一体化"联邦专项纲要，在此文件中确定了具体的任务。文件指出：为了发展俄罗斯的科学技术潜力和人才干部潜力，使之适应市场经济，形成后工业社会的新思维，要保证科学组织、高等学校、创新机构的同事们协同参与培养高技能人才干部及进行科学研究；把有才华的青年吸引到科学研究、高等教育、创新活动中来；在科学研究、高等学校、创新活动领域统一的信息基地的基础上，发展科研和教学过程中的信息工艺技术；发展服务于科学研究和高等教育领域的统一试验—实验基地及仪器设备基地。①

2007 年 11 月，俄罗斯政府颁布《有关教育科学一体化问题俄罗斯联邦个别法令的修改》。在此法案中，俄罗斯政府对"一体化"的有关条令进行了修改，其中，"一体化"的适用范围从高等职业教育与科学的"一体化"，扩大到高等教育及大学后教育与科学的"一体化"，并且赋予了高等职业教育及大学后职业教育与科学"一体化"的多种形式。2008 年 3 月《教育与创新经济的发展：2009—2012 年推行的现代教育模式》国家纲要颁布，纲要对"一体化"提出新的要求是，创建 5 个以上世界水平的科教中心，实现教育与科研的一体化，为国家创新方案承担人才培养及科

---

① О федеральной целевой программе，Интеграция науки и высшего образования России 2002-2006го-ды，2004 年 10 月 10 日，http：//www.ed.gov.ru.

研攻关的任务。纲要还提出，要在产学研一体化的基础上，发展创新纲要以解决创新经济的人才和科研任务。该纲要的颁布为"一体化"政策确定了进一步的发展趋势。

从 1996 年"高等教育与基础科学一体化"文件的颁布到 2008 年的"教育与创新经济的发展"国家纲要等多个文件，不断完善科教一体化纲要，不同时代赋予了崭新的内涵和意义，使科教一体化纲要成为不断完善的政策体系。

（四）政策的具体实施

"科学教育一体化"政策的具体措施是在高等院校建立实际运作机制和体系。俄联邦教育部、工业与科技部和俄罗斯科学院负责对该政策的实施过程进行监督。1998 年俄罗斯政府开始实施《基础科学研究与高等教育》计划，其主要目的是通过校内建设科学教育中心，支持高校科学研究。科学教育中心工作主要由三部分组成：教育、科研活动、发展与国外组织机构的科研教育合作。此后在《基础科学研究与高等教育》计划创建的 16 个科学教育中心的基础上，俄罗斯政府在高校内部创建了 154 个教学—科研中心，中心的模式与以往的科学教育中心大同小异，只是在规模和拨款方式上有所不同。每个中心都有确定的研究方向，与之相应地还有其特有的策略，并以此来开展工作。中心的首要任务是稳固三个组成部分，每一个部分原本都有实力，纲要的目的就是要促进中心每一部分的发展，从而带动中心整体实力的增强。各个中心都有自己的科研选题，依据这个选题来确定规模，组织最佳的科研团队。一般情况下，中心大概一半的拨款金额用于购买设备，20% 的金额用于支付工资，30% 用来资助青年学者和研究生进行科学研究。据统计，在中心工作的青年人和大学生的比例要比年龄大的研究人员比例高，教学—科研中心的工作人员与大学生研究生的比例接近 1：1。①

---

① И.Г.Дежина，"Интеграция науки и образования：оценка работа научно-образовательных центров в-ведущих российских университетах"，вестник высшей школы，No.7（2008），pp.21-23.

教学—科研中心具有行政、教育、科研三种职能。行政职能主要是组织中心的教育和科研工作，积极推进教育面向服务市场，支持科研活动，并负责与企业联系，协助完成教育、科研在实际工作中出现的问题，承担起科研成果转化为生产力的重任。教育职能主要是培养大学生、研究生。学生的培养要符合国家有关的教育标准，并要适应市场及实践生产部门的需求，对教师进行再培训，提高其教育教学技能。科研职能主要是吸引高校的教师、科研人员以及科研机构的研究人员和企业的科研人员进行科学研究，完成科学实践工作，举行各种讨论会和国际学术会议，交流科研经验，不断完善和发展科学研究的方法及物质基础。

三、教育政策实施机制的特点

通过对具体教育政策实施过程的总结，本研究认为俄罗斯教育政策实施主要有以下几个特点：

（一）先小范围试验后大面积推广

俄罗斯教育政策的实施基本遵循先小范围试验，待成熟后大面积推广的原则，如国家统一考试等政策。

自 2001 年开始实施国家统一考试试验之后，每年参加试验的地区和人数都在不断增加。2001 年参加国家统一考试实验的俄联邦主体有 5 个，2005 年有 78 个，2007 年有 82 个俄联邦主体申请参加国家统一考试试验，考生人数为 1145240 人。[1] 2008 年参加全国统一考试的考生为 1063829 人。[2]2009 年俄罗斯教育部最新规定，十一年级的所有毕业生都将参加两门国家统一考试必考科目——俄语和数学。此外，考生可以根据所要报考的高校和专业自主选择其他的 11 门国家统一考试科目。自 2009 年之后，

---

① 　Заседание коллегии Министрества образования и науки Российской Федерации по вопросу «Об ит-огах проведения эксперимента по введению единого государственного экзамена в 2006 году и задачах на 2007 год», 2008 年 5 月 18 日，http：//www1.ege.edu. ru/content/view/239/115/.

② 　国家教育统计，2010 年 5 月 18 日，http：//stat.edu.ru/.

俄罗斯境内的中学毕业生必须都要参加国家统一考试才能获得中学毕业文凭，升入相应的大学。

国家统一考试从 2001 年开始试验起，经过为期 10 年左右的调整，改革政策趋于完善，越来越被俄罗斯的各地考生及其家长所接受和认同。随着社会的发展和政策的成熟，该政策的实施也从最初的 5 个联邦，逐渐扩大试验的范围，最后覆盖俄罗斯联邦全境。

（二）坚持原则性与灵活性相统一

俄罗斯教育政策在实施的过程中，政府对政策的实施具有一定的原则性，但具体过程中并不缺少灵活性，是本着统一要求与具体情况相结合的方针灵活实施，例如高等教育结构改革政策。俄罗斯政府颁布改革法令之后，并没有对高校进行硬性的规定，而是给予高校充分的自主权，根据自身条件，自行决定推行学士、硕士学位颁授制度的时间表。俄罗斯部分高校开始尝试向多级高等教育机构过渡后，由于俄联邦对多级高教结构并没有非常明确的规定，因此，大多数的高校没有实质性举动。特别是工科技术类的学士学位，拥有学士学位的毕业生几乎就没有社会需求。因此在很多高校，工科技术类学士的培养阶段被很多学生当成了进入文凭专家和硕士阶段的过渡。例如：在托姆斯科工业大学，95% 的学士毕业没有离开学校，而是在学校继续接受文凭专家和硕士阶段的教育。[1]

该项政策的实施中，俄罗斯政府采取了灵活的措施，赋予各高校一定自主权，各校根据的实际情况安排实施该项政策的时间期限，既对政策的实施提出了统一要求，同时也弹性地发挥高校的自主权。

（三）联邦主体和联邦中央共同承担经费

俄罗斯教育经费一直是由联邦和地区共同分担。同样，教育政策实施所需的资金也坚持联邦和地区共同分担的原则，联邦政府预算拨出一部分经费用于政策的实施，而其余部分由各地区自己承担。如在实施《国民

---

[1] Ю.Похолков，"Бакалавр-инженер：реальность и перспективы для России"，Высшее образование в Р-оссии，No.9（2004），p.4.

教育优先发展方案》政策中，2011 年在克拉斯诺亚尔斯克区用于政策实施的资金达到 26.687 亿卢布，其中地区预算为 12.343 亿卢布，占总资金的 46%，其余部分由联邦预算提供。2012 年第一季度马库什边区实施该教育政策过程中资金投入达到 34.8 万卢布，其中地区预算投入为 4.5 万卢布，联邦预算为 30.3 万卢布。[1]2016—2020 年联邦目标计划"俄语"中针对第一个项目"完善规则和条件，以使俄语作为俄罗斯联邦的官方语言和俄罗斯人民的民族间交流语言全面发挥作用"，联邦预算总投入为 21.35 亿卢布，从 2016—2020 年分别为 3.66、3.79、4.38、4.65、4.87 亿卢布，各联邦主体的预算投入分别为 0.80、1.10、1.14、1.18、1.19 亿卢布。针对第二个项目"改善独联体成员国加强和扩大俄语，俄语文化和教育空间的条件"联邦投入分别为 1.618、1.723、1.851、1.972、2.115 亿卢布，各联邦主体分别承担 0.079、0.082、0.088、0.094、0.101 亿卢布的费用。[2]

第五节　俄罗斯教育政策的评价机制及其特点

俄罗斯的教育政策评价机制还在持续建设中，并没有形成西方国家的社会中介团体对教育的评价体系，还没有自觉的、有组织的、完善的评价机制，目前主要是通过联邦政府、教育科学部的总结报告或工作报告，地区的总结评价报告，以及教育机构的总结报告等方式和途径对所实施的

---

① Итоги реализации приоритетного национального проекта «Образование» за 1 квартал 2011 года，2012 年 6 月 9 日，http：//www.krskstate.ru/nacprojects/obrazov/itogs/0/id/6909.

② Постановление Правительства РФ от 20 мая 2015 г. N 481 "О федеральной целевой программе 'Русский язык' на 2016-2020 годы"，2020 年 4 月 22 日，https：//geostart.ru/doc/read/24658/6? q=5.+%D0%9F%D1%80%D0%BE%D0%B2%D0%B5%D0%B4%D0%B5%D0%BD%D0%B8%D0%B5+%D0%BA%D1%80%D1%83%D0%BF%D0%BD%D1%8B%D1%85+%D1%81%D0%BE%D1%86%D0%B8%D0%B0%D0%BB%D1%8C%D0%BD%D0%BE+%D0%B7%D0%BD%D0%B0%D1%87%D0%B8%D0%BC%D1%8B%D1%85+%D0%BC%D0%B5%D1%80%D0%BE%D0%BF%D1%80%D0%B8%D1%8F%D1%82.

教育政策进行评价。

一、教育政策评价机构

（一）官方评价机构

由于俄罗斯还没有形成独立的教育政策评价体系，因此对教育政策的评价机构主要由教育政策的参与者代为完成。实施教育政策评价的机构主要有联邦政府、教育科学部、地区政府、地区教育部或教育管理权力机构。首先各地区权力机构和教育管理部门根据本地区某教育政策的实施情况进行总结，评价该政策的实施是否达到预定目标。之后，各地区将评价报告上交联邦政府或教育科学部。最后，在总结和汇总各地区的评价报告的基础上，联邦政府或教育科学部再汇总发布综合报告，评价某教育政策的总体实施情况和实施效果。

（二）非官方评价机构

俄罗斯尚未建立专门的非官方教育政策评价机构，但已经出现类似的政策评价组织。例如，建制独立的纲要与政策评价研究所。该所于2004年在莫斯科由莫斯科大学和圣彼得堡大学的专家团队创建，其目的主要是推动先进评价方法在俄罗斯的应用，评价的客体涉及国家纲要、国家行政措施以及国家政策实施的效果、效能和政治影响。该研究所主要服务范围包括：进行财政经济评估；教育、科学技术领域组织效能评估；进行法律活动的效能追踪和评价；法律关系调节作用的评价；社会团体的教育、社会纲要及方案的评价。据该所公开的网站资料显示，该所并未对俄罗斯联邦的某项教育政策进行过实施效果的评价。

二、教育政策评价机制——《国民教育优先发展方案》的评价

本研究以《国民教育优先发展方案》教育政策的评价为例，阐述俄罗斯教育政策评价机制的运作过程。对于该政策的实施，俄罗斯政府及教育科学部没有专门的、总结性评价报告，只有阶段性的总结报告或政府、教育科学部工作报告中提及该方案的实施情况。该方案从2005年颁布实

施之后，在 2007 年和 2008 年多见其总结、评价。2009 年之后，该方案虽持续实施，但在俄罗斯政府和教育科学部的年度总结报告中，也少有对该方案实施的评价，更多的是计划和展望。

《国民教育优先发展方案》于 2005 年由俄罗斯政府颁布。在该政策实施一年多之后，2007 年 3 月教育科学部发表该政策实施的阶段性总结。报告指出，2006 年联邦财政预算在教育上的投资达到了 2120 亿卢布。[①]报告还针对《方案》中提及的教育领域创新、为中小学安装互联网络、支持天才青年等方面的实施情况进行了总结。在支持发展国民教育中的优胜学校方面，有 3000 所创新学校和 1 万名优秀教师得到了国家支持，每个学校获得了 100 万卢布的资助，每个教师获得了 10 万卢布的奖励。有 5350 名奥林匹克国际竞赛的优胜者分别获得 3—6 万卢布不等的奖金。在实施现代教育技术方面，在学校中安置了 5113 个大型教学设备，1.8 万所中小学安装了互联网网络，农村地区配置了 1769 台校车。在支持创新型大学方面，确定 17 所实施创新纲要的高等教育机构，财政拨款总额为 100 亿卢布，创新纲要完成的期限为 2006—2007 年。之后又确定了实施创新纲要的 40 个候补学校，（第二批）拨款金额为 200 亿卢布。创建首批联邦大学——南方联邦大学和西伯利亚联邦大学，其创建所需的联邦财政拨款（2006）达到 20 亿卢布。在圣彼得堡创建的商务学校，2006 年拨款达到 5 亿卢布。[②]

2008 年 12 月，梅德韦杰夫总统在俄罗斯总统工作会议上就该政策实施问题作出总结。总统在克里姆林宫指出，《国民教育优先发展方案》实施进展顺利，该方案在国家发展中实现了其实质性的作用，并证明了其效果。该方案帮助 1.5 万所学校改善了教学条件，提高了 600 万儿童的受教育质量。在俄罗斯所有的学校建立了因特网，许多学校购置了新的教学设备和新校车，学校的餐饮服务也得到了完善，最终这些都促进了教育质量

① В 2006 году расходы федерального бюджета на образование составили 212 миллиардов рублей，2011 年 9 月 8 日，http://www.rost.ru/news/2007/04/021543_8573.shtml.

② Итоги реализации в 2006 году，2011 年 9 月 8 日，http://ru.wikipedia.org/wiki.

的提高，奖励班主任、优秀教师和天才儿童体系也成为提高教育质量的有益因素。在国民教育优先发展框架下，联邦研究型大学也开始创建，这些举措让大学担负起科学研究的重任，也为高等教育提出了新的任务。实施国民教育优先发展方案的过程中，国家共支持 57 所大学，9000 所创新中小学，246 所初等和中等职业技术学校。奖励 3 万名优秀教师，1.6 万名杰出青年，有 80 万名教育工作者在每月奖励班主任活动中受益。超过 5.2 万所俄罗斯中小学建构因特网，安装教学设备 5.48 万套，购置了 9800 辆农村校车。在该框架下，创建了两所联邦大学：西伯利亚和南方联邦大学，在莫斯科和圣彼得堡还创建了两所贸易经济学校。2006—2008 年间，实施该方案共计支出联邦财政预算 1235 亿卢布。在该次会议上，教育科学部部长福尔先科也指出，在 2009 年，俄罗斯会扩大方案实施的范围，将创新作为工作重点。①

为了方便民众了解该政策的实施情况和相关信息，俄罗斯专门设立了网站，及时总结该方案的实施情况。伏尔加河地区、远东地区、西伯利亚地区、西北地区、中央区、乌拉尔区、南部地区都总结本地区的方案实施情况，并将该情况汇总为联邦全境的实施情况。总结过程中，各地区和联邦中央多注重目标是否达成的评价，从方案的几个方面列举若干数字，而对该政策的社会效应、政策的成本效益，政策参与者的利益诉求等问题的评价都显得十分空洞。

三、教育政策评价机制的特点

俄罗斯教育政策评价体系虽然没有正式形成，但教育政策的评价工作依然在进行，并且具有自身的鲜明特点，主要包括以下几点：

（一）采用目标达成评价模式

目前，俄罗斯教育政策评估仍采用传统的目标达成评价模式，该评

---

① Национальные проекты будут реализованы в полном объеме "несмотря на мировой кризис"，2011 年 9 月 8 日，http://www.rost.ru/themes/2008/12/241812_15921.shtml.

价模式关注评价结果，以预定的政策项目作为评价的标准，评价的主要任务是判断是否实现预定的政策目标。例如，在《我们的新学校》教育政策中，该政策的预定目标为六个方面：向新教育标准过渡；发展天才儿童支持体系；提高教师队伍素质；更新学校的基础设施；保持和加强学生身体健康；扩大学校自治。2011年联邦政府发布的《2010年国家教育倡议"我们的新学校"实施综合报告》就政策的总指标及上述六个目标的实现作出了总结和评价，报告在每项内容中又有具体的指标参数，确保能够对政策的目标作出准确的评价。如下表所示：

表6-1　《2010年国家教育倡议"我们的新学校"实施综合报告》节选

2	向新教育标准过渡	
提供数据的普通教育机构占普通教育机构总数的比例		99%
2.1	中小学生使用新教育标准的比例	3.6%
2.1.1	其中一年级学生使用新课标的比例	12.8%
2.2	一个学生一周获得财政预算拨款的平均课时数	5.7小时
2.3	一个学生一周获得预算外拨款的平均课时数	1.49小时
2.4	能够使用新设备进行实践活动的学生比例	14.9%
2.5	普通教育机构中接受技能培训的教学和工作人员比例	17%
2.5.3	实施教学和管理人员培训的普通教育机构占教育机构总数的比例	26.3%

资料来源：Сводный доклад о реализации национальной образовательной инициативы "*Наша новая школа*" в 2010 году，2012年9月9日，http: //pedsovet.org/content/view/15620/265/.

（二）以官方权力机构和教育管理机构为主导

在整个教育评价过程中，起主导作用的为联邦政府、教育科学部以及地区政府权力机构及教育管理部门。尽管有教育政策的直接执行者——教育机构、教师及学生、家长、教育社会团体等通过民意测验、调查访谈等途径参与教育政策的评价，权力机构接受对政策评价的各种声音。但相比之下，真正能够在评价中起到影响的参与者并不广泛。非官方的评价机构尚未成熟，整个评价体系中缺乏来自社会的独立、客观的评价。

第六节　俄罗斯教育政策的成效、问题与走向

俄罗斯各时期颁布各类教育政策及时指导、引领教育改革与发展。多年来，俄罗斯颁行大量的教育政策，数量可谓庞大。各类教育政策是国家政策在教育领域的具体表现，及时在教育领域表达国家的意志，为教育发展提供指导思想和发展保障，教育政策对于俄罗斯教育的发展，社会的稳定及国家的强盛都起到至关重要的作用。但是，俄罗斯教育政策在实施的过程中，很多流于形式或者被大打折扣，导致教育政策未能达到其应有的效果。俄罗斯政府已经意识到这些问题，努力完善教育政策的运行机制，使之不断走向科学和高效。

一、教育政策过程中存在的问题

（一）政策形成中利益团体参与较少

在教育政策形成的过程中，始终是政府权力机关和教育行政管理机构在唱主角，并发挥着不可替代的主导作用。其他的政策参与者如教育机构和教师学生等虽有权参与，但作用微乎其微，没有对政策的形成构成压力。而在西方国家教育政策形成中常见的财团和在野党等利益团体，在俄罗斯教育政策的形成中完全看不到，更没有多方利益团体的博弈以及对政策形成的影响。因此，有学者指出，国家教育政策在俄罗斯严格地来说不是政策，而是国家对教育领域的某种影响，在俄罗斯没有独立的教育政策，只有"国家教育政策"。而在其他国家中没有"国家教育政策"，因为，教育独立于国家。在俄罗斯没有任何利益团体、杠杆和主体加入到教育的管理和教育政策的形成中。① 这一学者尖锐的观点一针见血，指出了在俄罗斯教育政策形成的过程中，利益团体的参与几乎没有。虽然其言辞有

---

① Что Институт технологий образования вкладывает в понятие образовательной политики и как инт-ерпретирует этот термин? , 2012 年 6 月 9 日，http：//www.ite.ane.ru/index. php/ru/education-policy.

些犀利，但也未尝不是俄罗斯教育政策形成的现实。

（二）教育政策执行低效

俄罗斯教育政策在执行的过程中，往往是名不符实，或被大打折扣。造成政策执行低效的原因很多，有些是因为教育政策文件的目标过高而不切实际，有些是执行的过程中缺少相对应的保障措施等。而目前俄罗斯教育政策执行低效最重要的原因在于教育行政管理的不协调。俄罗斯的教育管理体制为联邦中央、联邦主体、地方三级垂直管理。从纵向的角度来讲，联邦中央、联邦主体和地方的权力分配如果出现问题，那么政策的上传下达就会"失真"。同时，这种按线性原则建构的管理体系，也显现出刚性强而横向协调弱的弊端。也就是说，横向上教育管理机构与其在同一地区和市级的行政机关之间缺少协调和良好的协作关系，从而影响教育政策的执行力度。

（三）缺乏完整的评价机制

政策评价是政策运行中不可缺少的重要一环，政策评价对政策的效益、效率、效果以及价值进行判断，因此意义深远。一方面，社会及其公民只有通过政策评价才能清楚地看到该项教育政策是否取得了预期的效果，该政策是成功还是失败；另一方面，政策形成的参与者也会总结经验教训，对政策的继续、调整或者终结作出判断。俄罗斯的教育政策评价机制目前并没有建立起来，这主要表现为：第一，目前俄罗斯没有独立的政策评价机构。只有独立的评价机构才能作出中立客观的评价结果，而俄罗斯的政策评价与政策形成的参与者几乎重叠，让个人评价个人的活动效果，必定会因个人价值判断和情感因素影响评价结果。第二，评价参与者单一。俄罗斯教育政策的评价参与者中起关键作用的只有政府权力机构及教育管理机构，社会团体及政策执行主体的参与没有对此产生直接影响，因此，评价难免不够全面。第三，评价方式单一。俄罗斯教育政策的评价方式只有目标达成模式，单纯追求预期目标是否达成，对于其他效果，如投入成本、效益及社会影响的评价基本没有。

二、教育政策的走向

(一) 政策形成过程逐渐公开、民主

梅德韦杰夫就任总统之后，俄罗斯各项事业进入稳步发展阶段，教育领域也呈现新的面貌。社会民众对教育诉求越来越高，政府在制定教育政策的时候，更加注重贯彻民主、国家—社会共同参与教育管理的原则。因此，政府在教育政策制定时会注重拓宽社会各界参与的途径，增强参与者的影响。

教育科学部一方面扩大政策活动者的参与，另一方面及时通报政策的形成过程。2010 年 2 月颁布的教育政策《我们的新学校》在形成正式文件之前，其草案在社会公开征求民众意见达一年之久。2012 年末颁布的新一版《教育法》草案于 2011 年 1 月 1 日公布在专门网站上，开始全社会参与的讨论，以便广泛征集公众的意见和建议。梅德韦杰夫总统曾亲自委托俄罗斯联邦教育部组织新法案的社会讨论。网上超过 5500 多人在教育法案修订的相关论坛上进行了注册，发表了超过 1 万条评论和建议。相关委员会收到了 60 万份公民意见和 4 万份团体意见。① 俄罗斯教育政策过程逐渐趋向公开和民主，社会团体、教师等非官方参与者逐渐加大对政策形成的影响。

(二) 扩展教育政策的评价模式

目前，俄罗斯教育政策的评价模式主要是采用目标达成模式，该评价模式比较单一，只关注预定目标是否能够完成。而一项教育政策是否成功，还取决于其他多项指标，因此，单一地使用目标达成模式势必不能科学、客观地评价教育政策。

随着时代的发展和政策科学的不断进步，教育政策评估方式也更加丰富和科学。俄罗斯政府越来越重视教育政策的执行与评价，从上述教育政策《国民教育优先发展方案》的评价过程来看，自政策实施之后，联邦

---

① Правила поступления в вузы изменятся, 2013 年 1 月 10 日, http://www.vedu.ru/news7790.

政府每一年都组织对该政策进行地区评价，并在此基础上进行联邦政府的评价，每个评价报告书都详细、认真地对政策的各个目标进行评价，由此可见政府是在不断加大对教育政策的评价力度。而为全面、客观地评价教育政策的效果与功能，俄罗斯政府必将采用更多种政策评价模式。

第七章　日本教育政策的形成、实施及评价机制

第一节　日本的教育行政管理体制

近代日本教育制度始于《学制》（1871 年），它的实施推动了日本教育体系从封建教育向以个人主义、实学主义等为基础的近代学校教育体系转变。伴随近代教育制度的确立，游离于政府支持与管制之外的私立教育体系也萌芽发展，在日本教育发展过程中发挥了不可忽视的作用。二战结束后，日本进行了广泛的民主化改革，在教育领域推行了美国式改革，确立了"六三三四"单线型教育制度、教育行政管理制度的基本框架并发展沿用至今。

《教育基本法》（1947 年）第 16 条规定，教育行政必须在国家与地方间的分工协作下、公正且适当地展开；国家层面的教育行政管理要本着促进教育机会均等、提高教育水平的目的，综合制定并实施相应教育政策；地方层面的教育行政管理则需本着振兴地方教育的目的，制定并实施符合本地实情的教育政策；为保证教育顺利、持续地展开，国家和地方要采取必要的财政措施。日本教育行政采取中央（文部科学省，下文简称"文科省"）与地方（教育委员会）分级管理体制。

一、中央教育行政管理体制

《国家行政组织法》和《文部科学省设置法》规定，内阁决定文科省

主要官员的任免。这在一定程度上会影响教育政策的形成，但却不能动摇文科省作为核心教育行政机构的地位。在 2001 年行政改革① 中，原文部省和科学技术厅合并为文科省，下设一厅（文化厅）七局以及日本学士院、国立教育政策研究所等附属机构（如图 7–1），负责全国性教育政策

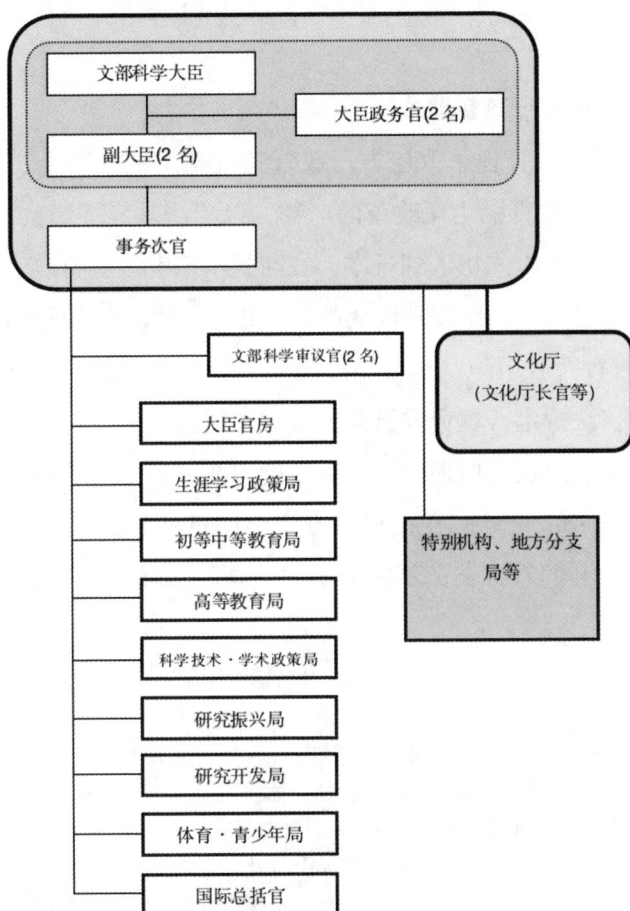

图 7–1 文部科学省组织体系图

资料来源：改编自文部科学省主页「組織図各局の紹介」。

---

① 1998 年《中央省厅等改革基本法》出台，以法律形式推进行政改革；2001 年行政改革付诸实施，原 1 府 22 省厅的行政体制重组为 1 府 12 省厅。此次大部制中央行政改革的主要目的在于消除纵向分割之弊、加强内阁机能、减少减轻事务性工作及相似事业投入、提高行政效率等。

的制定、实施以及国家教育经费的分配。文科省由六类部门组成，即总务性、文化事务、教育事务、科技事务、体育青少年和特别附设部门，其中教育事务部门直接参与教育政策的制定与实施。《地方教育行政组织及运营法》（1956 年；第四十八条）赋予了文科省对地方教育行政进行必要的指导、建议或援助的权力，允许其在必要情况下提出改正要求、发出指示和通知。

二、地方教育行政管理体制

地方教育行政管理采取地方行政首脑统辖下的教育委员会制度。教育委员会是战后教育民主化改革的产物，以美国教育委员会制度为原型、以断裂式制度变迁方式植入到日本。在与日本旧有教育行政管理体制融合的过程中，教育委员会制度几经变革①，更有相关论者主张废除该制度②。

《地方教育行政组织及运营法》确立了日本地方教育行政管理体制的基本框架。该法规定，教育委员会划分为都道府县和市町村两个级别，原则上由 5 名委员组成，但根据情况可变更为 3 名以上或 6 名以上。地方行政首脑（知事或市长等）在征得地方议会同意的基础上有权任命教育委员；但半数以上的教育委员不能属于同一党派。教育委员会采取协议制，

---

① 1948 年在美国教育使节团的建议下日本政府颁布了《教育委员会法》，并依此在地方教育行政中设置了教育委员会。但好景不长，教育委员会制度实施不久便遭到了强烈反对，1956 年《教育委员会法》以消除公选制和协议制弊病为由被废止，代之以主张任命制的《地方教育行政组织及运营法》，加强了地方行政首脑对教育行政管理的影响。80 年代中期临时教育审议会对教育委员会制度进行了比较全面的讨论并提出相应的改革建议。进入到 90 年代，伴随日本分权化行政改革的不断推进，教育委员会制度也受到关注。1998 年中央教育审议会发表政策咨询报告《今后的地方教育行政》，2000 年《地方教育行政组织及运营法》的修改使得教育委员会的职权在一定程度上扩大。2002 年由内阁直属的咨询机构"教育改革国民会议"进一步提出了教育委员会改革的建议，并实现了对法律的修改，促进教育委员构成多样化及监护人参与等。2006 年的《经济财政运营及构造改革基本方针》中也提出需要尽早对教育委员会进行改革，但由于种种原因该提议并没有带来法律及制度上的大变化。

② 例如，新藤宗幸（2002）认为教育委员会虽然在制度上独立于地方行政但没有独立的预算权、人事权，从而使之成为代表文部科学省上传下达的象征性机构，在某种意义上是有损于地方自治体的综合行政管理，因而主张废除。

其委员虽然由地方行政首脑任命，但实际是一种独立于地方行政首脑的行政委员会。2000 年以后，为反映本地教育需求教育委员的任命需要综合考虑年龄、性别、职业，且必须涵盖监护人。实际上，教育委员中除了教育专家外还有多名来自当地的"外行（layman）"，形成了外行控制与专家参与相结合的地方教育行政体制。

　　教育委员会的职务权限包括：辖区学校的设立、管理及停办；学校及教育机构的财产管理；教育委员会与学校及教育机构教职员的任免及其他人事业务；学龄儿童的入学、转学及退学；学校的组织编制、课程、学习指导、职业指导等；教科书；校舍及教学器材；校长、教师及其他相关职

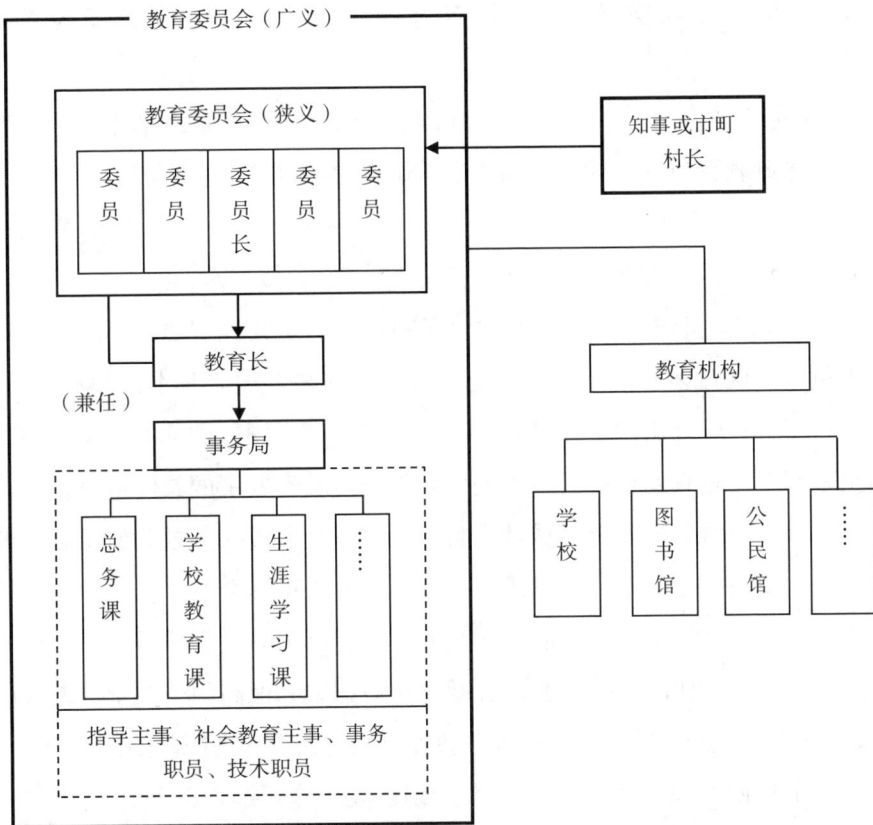

图 7-2　教育委员制度示意图

资料来源：改编自文部科学省主页「教育委員会について」。

员的培训；校长、教师及其他相关职员和学生的保健、安全及福利；学校及教育机构的环境卫生；学校午餐；青少年教育、女性教育及公民馆等；体育运动；文化财产的保护；UNESCO 活动；教育类法人；调查及基础统计等。

除教育委员会外，地方行政首脑对教育行政也有一定影响。地方行政首脑的权限包括大学相关事务（主要是公立大学）、私立学校相关事务、教育资产的获得与处理、教育相关业务的契约、教育预算的执行。2002年《地方教育行政组织及运营法》的修改使得地方行政首脑在教育行政领域的权限增大，为促进其发挥领导力提供了法律基础。

第二节　日本自 21 世纪以来颁行的重大教育政策与改革

20 世纪 90 年代末日本开始掀起以高等教育为中心议题的第三次教育改革，基础教育也受到相应政策的影响，随之不断变革。

一、总体性教育政策与改革

进入到 21 世纪，世界各国掀起了制定中长期教育规划的热潮，日本也不例外。经过多年酝酿，民主党政权下的《教育振兴基本计划》（2008年 7 月 1 日）姗姗出炉。该计划再次提出"教育立国"的基本理念，明确指出未来十年教育发展的总体方向以及近五年教育发展的具体策略。

未来十年教育发展要达成两大目标：第一，通过义务教育使所有儿童具有自立及在社会上生存的基础；第二，培养支持社会发展、领导国际社会人才。换言之，义务教育阶段就是要达到提高公共教育质量、举社会全体之力培养下一代的目标；非义务教育阶段则要确保高中、大学等教育质量，兼顾知识创新型人才的培养、提高研究水平、促进国际化等战略目标。除上述两个发展目标外，基本计划还要求今后教育政策的制定与实施要进一步重视 PDCA 过程（即 Plan-Do-Check-Action），提高教育的效率和效果。基于此，该计划进一步提出了近五年的具体发展策略，包括 4

个基本发展方向 20 个具体措施。其中四个基本发展方向为：(1) 举社会全体力量提高教育水平；(2) 尊重个性的同时提高能力，培养学生作为个人、作为社会成员应有的基础素质；(3) 培养兼具教养与专业性、富于知性的人才，支持社会发展；(4) 确保儿童安全、安心，创建高质量的教育环境。基本计划又在明确每个方向的具体措施的基础上，圈定了部分重点措施。总的来说，教育振兴基本计划是在全球化背景下对日本教育未来发展做的一个总体性规划。

二、基础教育阶段教育政策与改革

近年来日本主要推行了义务教育结构改革、修改学习指导要领、公立高中无偿化、教师资格证更新制等改革措施。

2005 年中教审向文科省提出的报告——《开创新时代的义务教育》——推动了义务教育的全面改革。该报告建议，义务教育结构改革要在四个方面体现：明确义务教育使命并改善教育内容、提高教师质量、学校与教育委员会改革、教育财政改革。义务教育结构改革中显示出较强的地方分权倾向，反映了地方分权改革对教育领域的渗透。随着义务教育结构改革的推进，2007 年文科省重启全国统一学力调查并在一定范围内公开调查结果。

在基础教育内容方面，学习指导要领的修改成为改革的焦点之一。此次修改绕过了"余裕教育"和"填鸭教育"的争论，转而强调教育要能培养学生"生存能力"、强调教会学生基本知识和技能以及培养思考力、判断力和表现力，增加了小学、初中的课时数、压缩了"综合学习"的课时并在一定程度上复活了先前被删减掉的内容。小学和初中阶段的学习指导要领于 2008 年公示，次年公示了高中和特别支援学校的名单，并从 2011 年起分批逐步地全面实施。

在教师质量保证方面，针对教师知识结构老化、质量下滑等问题，教师资格证更新制于 2006 年被提入政策议程，2007 年写入《教职员免许法》并于 2009 年付诸实施。简单地说，教师资格证更新制主要目的在于保证教师质量、定期更新教师知识技能，以适应迅速变化的社会、赢得社会的尊重和信赖。此外，文科省还特别指出实施更新制并不是为了排挤不合格教师。教师资格证更新的培训由大学及文科省指定的其他机构和都道府县一级教育委员会等承担，培训课程包括两个方面：教育发展最新进展和"学科指导·学生指导"等相关内容。

2009 年日本政权更迭也推动了部分教育政策的出台和施行，公立高中教育无偿化便是其中之一。新制度实施后，公立高中学生原则上不再向学校缴纳学费，而是由国库将与学费相应的经费拨付给都道府县；对于就读于私立高中的学生，国家给予相应额度的补助，但需要提出申请并提交相应资料，且补助流向有所不同（国库→都道府县→私立学校）；国立高中则由国家财政直接拨付。

三、高等教育阶段教育政策与改革

90 年代末日本掀起的高等教育改革，主要包括国立大学法人化、《私立学校法》的修改及大学教育改革等内容。

从 90 年代初期大学自我评价制度实施开始到 2004 年大学认证评价制度的确立，日本高等教育质量保证体系的确立走过了一段漫长的道路。质量保证体系确立的同时，国立法人化也进入到实施层面。法人化后，国立大学不再是政府机构的营造物或延伸，而是转换为具有独立法人资格、具有更多自主性的国立大学法人；但获得更大自主权的同时也意味着责任的增大，国立大学法人同其他学校法人一样需要对社会履行更大的说明责任（accountability）、接受评价、确保财政来源等。法人化改革的同时，私立高等教育领域的改革也在推进。2004 年文科省修改了《私立学校法》，明确规定了学校法人理事会制度、限定了理事长的代表权，为学校法人治理的改善提供法律依据；同时为促进学校法人更好地履行说明责任，此次修改还要求学校法人公开财务信息。

在大学教育改革方面，文科省近年出台了一系列有关于质量保证、国际化和专业人才培养的政策措施以支援大学教育改革，如较早的 COE

项目、GP 项目，现行的 GCOE 项目、高水平医疗人才的培养事业和"职业研究生院"等。中教审报告《学士课程教育的构建》（2008）提出了大学教育改革的三大方针，即学位授予方针、教育课程的编制与实施方针、招生方针，并提出实施和加强 GPA、FD、质量保证体系等建议。文科省2007 年修改了《大学设置基准》，反思 90 年代初放松管制（即"大纲化"）的措施，显示出趋于收紧的改革方向。2008 年日本政府出台中长期教育发展规划《教育振兴基本计划》，提出培养德才兼备的知识型人才，让人才为社会发展作出贡献。2013 年、2018 年日本政府先后出台了《第二期教育振兴基本计划》《第三期教育振兴基本计划》，始终强调人才的创造性和挑战精神等。2019 年中央教育审议会在报告《面向 2040 年高等教育总体规划》中认为未来人才要具备横跨文理的普遍性知识、通用技能，符合时代要求、积极支援社会并具备逻辑思考能力和改善社会的资质等。为提升高等教育服务社会经济发展的能力，日本不断加强应用型人才的培养，先后创设了"专门职大学院"和"专门职大学"。

第三节　日本教育政策的形成机制及其特点

教育向来是政治性比较强的政策领域，也是各种意识形态相互竞争的场域。教育政策如何形成、形成过程中受到哪些因素的影响也是教育政策研究中的重要内容。

一、教育政策形成机制的更迭

1993 年伴随日本执政党的更迭，俗称"55 年体制"（即冷战格局）的政治体制走向解体，以此为契机日本政界掀起了一场"政治改革"，加速了教育政策形成机制的变革。以 55 年体制解体为分界线，日本教育政策形成机制可以分为两个发展阶段，即 55 年体制下的精英主义模式及其后的政治主导下的多元主义模式。在 55 年体制下，自民党文教族议员以及文部省官僚等形成教育政策决定中的下位政府（sub-government）（ショッパ，2005），并与以日教组为代表的压力团体形成二元对立的构图。

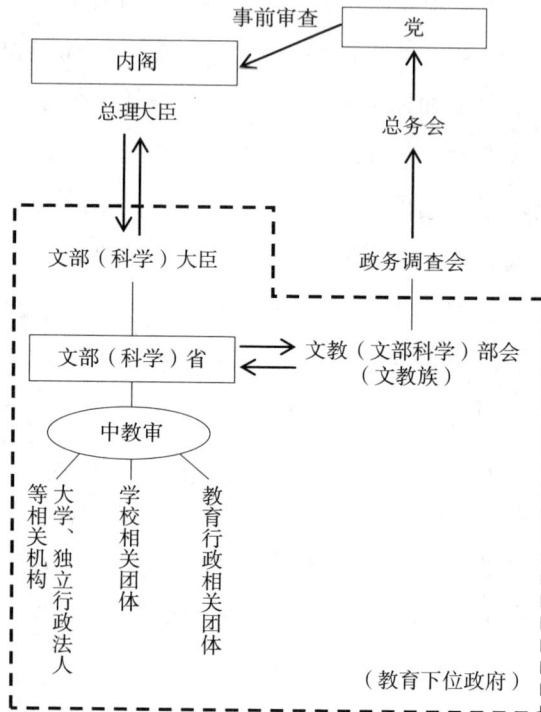

图 7-3　自民党政权的教育政策决定与主要行为主体

资料来源：参见小川正人『教育改革のゆくえ——国から地方へ』，筑摩書房 2010 年，第 23 页。

在上述教育政策的形成机制中，文部省虽然是主要政策的行为主体之一，但处于主导地位的却是自民党文教族。在具体政策沟通过程中，文部省往往会坚持"中立性"，对于不赞成的政策采取协商、抗争的策略，注重专家意见。根据《国家行政组织法》第 8 条规定附设于文部省的中央教育审议会，便是为了收集一线教育专家意见、为教育政策形成提供咨询的法定机构，从而也确立了日本自下而上的教育政策形成模式。

90 年代中后期开始日本教育政策形成体制逐渐向多元主义模式转变。2001 年强力推行结构改革的小泉内阁登场，将 90 年代初的"政治改革"进一步明确为"政治主导"，实行以首相官邸为主导的、自上而下的政策形成路径，加强执政党与行政机构之间的凝聚力。2009 年政权再次更迭，但政治主导的特性并没有被削弱反而得到加强。民主党政权废除了非法定的审议会，代之以法定性的阁僚委员会——各省厅的"政务三役"①，使之掌握主导权，推动政府、执政党政策决定的一元化。尽管政治主导下的多元主义模式逐渐崭露头角，但并不代表旧有模式被完全消解。

二、教育政策行为主体（actor）

（一）官方政策行为主体

1. 内阁总理府及其他省厅

在实行三权分立的日本，内阁是与国会、法院并列的合议制机构，对教育政策等具有直接或间接的影响。《内阁府设置法》规定，内阁可以设置审议会或咨询机构，对重大政策进行讨论，例如经济财政咨询会议。该咨询机构连续数年出台咨询报告（即"骨太方针"），为政府提供政策咨询服务，并将教育改革视为国家整体经济改革的一部分。

虽然文科省在制度上处于教育主管部门的地位，但在实际政策形成过程中，财务省、厚生劳动省等其他政府部门也可能影响特定政策的形成。由于教育政策基本属于消费性政策，在编制预算的过程中，文科省除了要通过各种调查、审议等明确所需预算的额度，也还必须同财务省交涉协商，确保相关政策顺利获得预算支持。②

2. 文部科学省

作为教育主管部门的文科省除负责管理教育业务外，在教育政策形成中也发挥着重要作用。在55年体制下，文部省担负着形成政策议案的主要职责，2001年小泉内阁改革后文科省的这一职责有所削弱，但仍不可忽视。

---

① 政务三役是指由内阁任命的各府省的大臣、副大臣和政务官的总称。民主党上台后，力图推进由政治家主导的行政体制，努力摆脱自民党体制下的官僚政治。

② 文部科学省的预算编制分为三个步骤：（1）编制概算要求；（2）在财务省查定基础上编制政府预算草案；（3）国会审议；在财务省查定过程中，文科省可与之磋商，争取尽量多的预算。

文科省内部除设置与各类教育政策相对应的行政部门外，还设有各类审议会，专门对特定教育政策进行讨论、提供政策咨询。其中，中央教育审议会属于总揽性机构，下设五个分科会，即"教育制度分科会""终身学习分科会""初等、中等教育分科会""大学分科会"和"体育青少年分科会"。审议会及分科会主要由活跃在教育、研究一线的专业人员组成，特定政策的讨论中也可能临时增加相关领域的专业人员，例如会计专业人员等。

3. 执政党

日本实行多党民主制，执政党对教育政策的形成也发挥着不可忽视的影响。各个党派在竞选之时都会提出一套遵循本政党原则和理念的政策，并以此在竞选中游说以赢得更多的支持和选票，教育政策正是其中非常重要的一部分。各党派内部一般会有专门负责本政党政策制定的委员会或调查会，但由于各党派执政经验的差异，委员会或调查会的完善程度参差不齐。以执政时间较长的自民党为例，其内部设有政务调查会，其下按照国家行政部门又分别设置了多个部会，例如法务部会、财务金融部会、文部科学部会等。由政务调查会提出的政策得到执政党内部总务会的承认后，即可进入执政党的政策体系，从而可能进一步上升为国家政策。政务调查会和文部科学部会除了发挥制定执政党教育政策的功能之外，还在某种程度上扮演着协调文科省与执政党政策的角色。[1]

4. 地方教育行政人员

除了文科省等中央层面的政策行为主体外，地方教育行政人员也可能影响特定教育政策的形成。地方教育行政人员（例如教育长）可以进入到中央审议会[2]，直接参与政策形成过程；或者，结成非官方组织[3]，通过调

---

① 这一功能在自民党文教部会上体现得特别突出，甚至出现党派高于行政的情况。

② 例如，第六期中央教育审议会（2011 年）的 30 名委员中就包括县教育委员会教育长、市教育委员会教育长、小学校长、知事、市长、町长等地方教育行政人员。

③ 例如，全国都道府县教育委员会连合会、都道府县教育长协议会、全国市町村教育委员会连合会等。

查报告、意见书等影响文科省的政策决定。

（二）民间政策行为主体

1. 在野党

55 年体制下的教育政策形成是一个相对"封闭"的过程（小川，2005），从政策议案提交到国会审议之前，日本的在野党基本上被排除在政策形成过程之外（ショッパ，2005）。换句话说，在自民党执政的 55 年体制下，在野党主要是通过国会审议参与教育政策形成——通过强调民主、反对一党独裁进而争取民意来阻碍执政党。但由于没有参与此前的政策形成过程，在野党即便是对国会上提出的政策有异议，影响也十分有限。

2. 财经界团体

日本财经界在教育政策形成，尤其是高等教育政策的形成过程中也拥有较大影响力。通常情况下财经界几大团体——日本经济团体连合会① （简称"经团连"）、经济同友会、日本商工会议所（简称"日商"）——通过调查报告、政策建议等，利用财经界与政界之间有形无形的联系对教育政策施加影响。其中，经团连明确地将教育问题视为劳动力问题，并基于此表明财经界对教育问题的见解，且其他团体也基本认同。文科省等往往迫于种种压力不得不在教育政策形成过程中考虑经团连的政策建议和要求。

3. 日教组等教职员组织

日教组的全称为日本教职员组合，是战后成立、覆盖日本全国范围的教职员组合（类似于我国的工会）的联合体，倡导教育民主化和研究自由、主张建设热爱和平与自由的民主国家。日教组可以说是日本最大②、

---

① 日本经济团体连合会于 2002 年由经济团体连合会（经团连）和日本经营者团体连盟（日经连）合并而成。合并前的经团连是统和各业界团体的上位组织，主要是代表经济界表明各种意见和政策诉求，处理向自民党提供政治资金的问题；日经连是经营者的组织，主要处理劳资问题；同友会是以经营者个人名义加盟的组织，受业界的束缚较少，多是提出一些改革性政策建议；日商则是中小企团体的中央机关。

② 除了日教组之外，80 年代末 90 年代初从日教组分裂出全日本教职员组合（2008 年的加入率为 6.4%），与比较重视劳资关系的日教组相比，全教组相对重视与学生密切相关的教育问题，因而赢得较多家长的支持。

群众基础最广泛的教职员组织，在政府的打压下其规模虽不断萎缩①，但依然具有一定的影响力。在二元对立的 55 年体制下，日教组是对抗文部省的主要压力团体之一，每年春季日教组都会定期组织和平游行（通常称为"春斗"），抗议政府政策、表达政策诉求。55 年体制解体后，90 年代中期开始日教组与政府趋于"和解"、建立新型合作关系以解决教育问题。除了日教组外，1991 年从日教组分离出来的全日本教职员组合也对教育政策产生影响，但因其规模较小，所以影响力有限。

4. 相关教育团体

在日本教育政策的形成过程中，一些相关教育团体和组织也会通过发表声明、意见书等方式表达其所代表的利益集团的政策诉求，往往会出现一些异样的声音，在舆论上形成对文科省等的压力。例如，日本 PTA 全国协议会、日本私立大学协会、日本私立大学连盟、国立大学协会等等。以国立大学协会为例，2006 年政府出台骨太方针、提出削减高等教育经费，国立大学协会则针对政府预算案提出意见书、发表联合声明等加以抵制。当然，教育相关团体并不单单以反对者的身份参与政策生成，在某些特定情况下教育相关团体的政策诉求也可能成为政策得以实施。

三、教育政策形成机制：教育振兴基本计划的制定过程

基于上文，本部分以《教育振兴基本计划》为例说明当前日本教育政策的形成机制。

（一）教育改革国民会议的设立与政策议程的提出

日本行政体制的特点之一是通过《国家行政组织法》确立政策咨询机构的法定地位，但日本政界向来有设立非法定性咨询机构的惯例。这

---

① 文部省从 1958 年开始实行日教组加入率的相关调查，结果显示日教组加入率呈现明显的下降趋势，由 1958 年的 86.3% 下降到 2009 年的 27.1%。其间，日教组内部还发生分裂、独立的问题，出现多个新生组织，其中最大的是全日本教职员组合。政府的打压加上内部的分裂使得日教组往日的光辉不再，其影响力也明显减小。

类咨询机构通过首相或大臣的裁定后，召集相关领域专家讨论政策议题，例如中曾根内阁的"临时教育审议会"、安倍内阁的"教育再生会议"、福田内阁的"教育再生恳谈会"等。非法定性咨询机构没有提交审议报告的义务，但通常情况下并无异于法定性咨询机构，会提出相关审议报告。

20世纪90年代后期开始日本教育改革悄然升温，政界也将教育改革视为施政纲领的重要组成部分。小渊首相提出设立"教育改革国民会议"（2000年3月27日），对当时社会状况下的教育改革进行全面、彻底的讨论。小渊首相认为高质量人才的培养是教育的重要目标，是实现"教育立国"的重要手段，并明确指出希望通过该会议将教育改革的讨论推广到全体国民。于是，教育改革国民会议在存续期间委托多名专家征集意见，先后4次到地方听取建议。经过十几次的研究讨论，2000年岁末《教育改革国民会议报告书：改变教育的17条建议》出台，描述了所预期的教育改革，具体阐述了教育改革建议，提出制定教育振兴基本计划，并指出应在教育基本法中体现教育振兴基本计划。

该报告公布后受到了日教组、全教组等压力团体的抵抗以及媒体等的广泛批判，甚至在最初一段时间里遭到了文部省的冷遇。这一点从文科省在该报告公布近一年后（2001年11月）才正式进入具体措施的讨论、审议可以窥见一斑。

（二）中央教育审议会的报告与政策方案的形成

2000年末教育改革国民会议——内阁附设的非法定性政策咨询机构——发布最终报告后不久，文科省制定了《教育新生计划》（2001年1月25日）。计划明确指出制定教育振兴基本计划及修改《教育基本法》的必要性，并将二者视为一个相互不可或缺的政策组合，提出了具体的政策咨询日程。

2001年末，文部科学大臣远山敦子按照《教育新生计划》的建议向政策咨询机构——中央教育审议会——发出咨询要求，就教育振兴基本计划和教育基本法的修改两方面内容征求意见。政策咨询的理由遵循了教育改革国民会议报告的观点，且用较长的篇幅进一步具体说明了修改《教育基本法》的必要性。其后，中教审专门成立了审议会总会直属的"基本问题部会"，专门服务于该政策咨询。经过近一年的研究讨论，中教审公布了中期咨询报告《与新时代相符的教育基本法和教育振兴基本计划》（2002 年 11 月 14 日），具体阐述《教育基本法》的修改问题。该报告公布后，文科省为广泛征求国民对教育改革的意见和建议，公开募集教育改革意见发言人，先后在东京、福冈、福岛、京都、秋田举办了"中央教育审议会日"活动。同时，基本问题部会也积极听取教育、经济、劳动等相关团体的意见，为政策咨询报告的正式出台做准备。

经过一年多的研究讨论，2003 年 3 月中教审的咨询报告正式出台。该报告明确了修改《教育基本法》的必要性以及修改的基本理念和原则，并进一步详细地指出了《教育基本法》相关具体款项的修改意见，例如调整法律条文中教育理念相关款项、增加家庭教育相关款项等。此外，报告第三章专门讨论了教育振兴基本计划的相关问题，指出该计划应当以《教育基本法》为法律根据。换言之，要制定教育振兴基本计划首先必须解决法律依据问题，否则基本计划的后续实施难以保证。

（三）教育基本法的修改与政策合法化

中教审报告《符合新时代要求的教育基本法与教育振兴基本计划》（2003 年 3 月 20 日）出台后，执政党迅速成立了教育基本法修改协议会（原文为"与党教育基本法に関する協議会"，2003 年 5 月 12 日），教育基本法的修改问题正式进入到法律修改阶段。该协议会还设有教育基本法修改讨论会（2003 年 6 月 12 日），讨论法案修改的具体细节问题。经过前后 10 次协议会和 70 次讨论会，该协议会于 2006 年春提出教育基本法修改的具体方案，并提交给执政党官员；政府内阁通过该方案后，向第164 次国会提出。2006 年末，经过第 164 次国会和第 165 次临时国会的讨论和审议，教育基本法修正案正式得到国会认可并颁布实施。此次是日本战后首次修改教育基本法，修改幅度较大，为教育振兴基本计划的制定奠定了法律基础、提供了法律依据。①

　　以《教育基本法》为后盾，教育振兴基本计划的制定逐渐走向成熟。2007 年 2 月文科大臣向中教审发出政策咨询邀请后，中教审设置了直属的"教育振兴基本计划特别部会"，展开具体讨论。特别部会前后共组织了 14 次讨论，讨论过程向社会公开，允许新闻媒体进入会场并规定每次会议结束后必须公开议事录。特别部会第一次会议提出了制定教育振兴基本计划的日程表，计划在 2007 年年内提交教育振兴基本计划草案、通过内阁决议、向国会提交报告。特别部会的具体讨论以 2003 年报告为基础，先后就有关问题征求特别部会成员的意见、建议并加以讨论，实施现场办公，向相关社会团体及个人广泛征求意见。② 第 6 次讨论会总结、讨论了前 5 次会议的主要意见；第 7 次讨论会则提出了"基本方针"论点备忘录，形成了教育振兴基本计划的雏形。

　　但鉴于教育问题涉及多个政府部门，中教审也不得不考量其他相关部门的政策动向。因此，基本计划的讨论、制定并没能按照预期顺利进行。原计划在 2007 年年内通过内阁决议的教育振兴基本计划草案，受到《行政改革促进法》（2006 年 6 月 2 日）、《骨太方针 2006》等旨在削减财政支出的法案方针的阻碍（市川昭午，2009，P228），直到 2008 年夏才正式通过内阁决议，拖后了至少半年。《骨太方针 2007》在预算问题上依然坚持经费削减方针，并争取最大限度的削减。同时，经济财政咨询会议的民间议员以及财务省不断显示出缩减教育经费的意向。不久，文科省在 2008 年度预算要求中提出增加基础性经费，但财务省的财政制度审议会

---

① 新《教育基本法》第十七条（教育振興基本計画）规定：政府は、教育の振興に関する施策の総合的かつ計画的な推進を図るため、教育の振興に関する施策についての基本的な方針及び構ずべき施策その他必要な事項について、基本的な計画を定め、これを国会に報告するとともに、公表しなければならない。

② 在特别部会第 10 次会议上，34 个初等教育、高等教育、教育行政等相关教育团体以及经济团体陈述了各自对教育振兴计划的建议和质疑，同时还收到 21 个团体的书面意见。此外，几乎是在第 10 次会议前后，特别部会还实施了网上意见征询（2007 年 11月 12 日—12 月 11 日），共收到 670 条政策意见。

则认为增加教育投入并不能解决公共教育的可信赖性问题，而是应从改善教育结构上探寻解决策略。至此，文科省与财务省的预算交涉陷入僵局，也影响了基本计划的制定进程。实际上，文科省希望通过依法制定的教育振兴基本计划来确保未来教育发展的稳定性及发展所需经费，因而主张在基本计划中加入明确的数字性目标，但这恰与财务省、总务省所推行的经费缩减的改革方向相悖。

另外，为保证基本计划草案能顺利出台，特别部会需要事前与相关政府部门沟通、征得其对草案的认可。因此，是否在教育振兴基本计划中体现具体财政措施以及教育发展的具体目标等，实际上成了基本计划支持者（自民党文教制度调查会、文部科学部会的文教族议员、文科省等）与财务省等相关政府部门之间争论的焦点。这一点可从特别部会第 13 次讨论会提出的基本计划报告草案中窥见一斑：尽管安西祐一郎等中教审大学分科会议员联名提出数字化目标的建议，但草案中"教育投资方向"一栏仍是空白。此后，文科省虽然进入了《教育振兴基本计划》草案的事前协议阶段，但仍未能与财务省等达成统一意见。无奈之下，文科省作出让步，在最后一次讨论会上提出的《教育振兴基本计划》草案中隐去了数字性目标，而此前安西祐一郎等联名提出的要求也只是被列为参考资料之一。

中教审在特别部会最后一次讨论会（2008 年 4 月 18 日）上正式向文科大臣提交了教育振兴基本计划的咨询报告，但马上就遭到了媒体的猛烈批判，自民党也表示出强烈不满，要求政府在基本计划中增加数字性目标、加大教育投入等（4 月 23 日"关于教育振兴基本计划的决议"）。国公私立大学团体也在此后的中教审大学分科会的听证会（2008 年 5 月 13 日）上再次要求明确教育投入的数字性目标。鉴于各方的强烈要求，文科省也明确了要求扩大教育投入的方针，再次形成了文科省与财务省、总务省之间的对立局面。于是，为了确保 2008 年实施《教育振兴基本计划》，在日本首相的指示下官房长官、文科大臣、财务大臣、总务大臣进行了四方磋商，促使基本计划通过了内阁决议。至此，《教育振兴基本计划》获得了合法身份，正式进入到具体实施阶段。

四、教育政策形成机制的特点

上文以《教育振兴基本计划》为例，说明了日本教育政策的形成机制，其特点可以概括为以下几点：

（一）自下而上的形成路径

教育政策形成过程中比较重视教育一线和基层（即各类学校及教育委员会等）的意见和建议。在政策形成过程中，这些行为主体主要是通过提供实际需求的相关信息、提出政策要求，进入合法化的政策过程。从《教育振兴基本计划》形成过程来看，最初是由教育行政部门以外的政府部门通过非正式咨询机构提出，注意听取专家及地方基层的建议；在具体方案的形成过程中，中教审注意平衡特别部会的人员构成，在具体讨论过程中多次组织现场办公、网上意见征询、广泛听取意见和建议。但这种形成路径也存在一个潜在的缺陷，即参与到政策提议的个人及团体的代表性问题。如对教育一线和基层的意见和建议的把握出现偏颇，则有可能对政策的生成产生不利影响。

（二）议事过程相对公开

《中央教育审议会运营规则》规定，除特殊情况外审议会的会议要公开进行。《关于中央教育审议会会议公开的规则》则进一步具体规定了审议会公开的手续、注意事项等。例如，新闻媒体可以申请旁听审议会，会上资料可以全部或部分公开，会后必须形成议事录并公布。比照上述相关规定观察基本计划的形成过程，不难发现其前后14次议事录均形成文字材料并公布，会上所用资料也在一定程度上公开，议事过程相对比较公开。但必须注意的是，政策形成过程的公开、透明是有限度的。例如，从中教审提出咨询报告后到基本计划草案正式通过内阁决议期间，文科大臣与财务大臣以及四省厅大臣的磋商过程等并不公开。

（三）受其他省厅牵制

尽管教育政策十分重要，但作为教育主管部门的文科省并不具备财权，且教育问题涉及范围较广，教育政策的制定往往受到其他政府部门的影响和牵制。纵观文科省的各类教育政策可以发现，其政策大致可划分为内发型政策和外发型政策两种，即政策议程的提出是来自于文科省内部还是来自于执政党及其他政府部门等，无论是哪种类型的教育政策，其制定过程中需要通过各种方式征得横向或纵向的"共鸣"。也正是在获得共鸣的环节上，教育政策尤其是外发型政策往往受到其他政府部门的影响和牵制，从而为特定意识形态向教育领域渗透提供便利。例如，中教审在公布基本计划的咨询报告前要与财务省交涉；在咨询报告通过内阁决议的过程中，相关政府部门各方也进行了磋商。最后，文科省完败，基本计划中没有出现具体的数字目标。这一点正是教育政策受其他省厅牵制的突出表现。

（四）政策生成周期长

与第一个和第三个特点相联系，正是由于日本教育政策自下而上的形成路径以及在形成过程中受到其他政府部门的影响和牵制，教育政策的形成周期相对较长。在日本，一项教育政策从政策问题的发现到政策议程的提出，再到具体政策方案的形成、获得共鸣、得到认可往往需要经历较长的周期。例如，《教育振兴基本计划》这一构想早在2000年教育改革国民会议的报告中就已经被提出来，但直到2007年才正式进入具体的政策制定阶段，2008年才通过内阁决议。

（五）参与主体广泛

与其他类型的政策不同，教育政策往往涉及意识形态、政治、财政等问题，其形成过程的参与主体往往比较多样。除传统意义上的教育行政主管部门——文科省以外，执政党、其他政府部门、教师团体、经济团体、PTA、各种相关教育协会甚至社会知名人士，都有可能以某种形式参与到教育政策的形成过程中。且这些参与主体之间可能会在特定教育政策上形成共识，从而形成某种显性或隐性的合作关系，共同争取其所期望的教育政策的最终生成。例如，在基本计划的形成过程中，自民党和国公私立大学团体都要求政府加大教育投入、设定数字性目标，在某种意义上达成了共识，并进一步影响了文科省的政策取向。只是，文科省终究没有财权，只能以退让告终。

（六）政治主导增强

在 55 年体制下，政策的生成呈现"铁三角"的样式，即以族议员、官僚、利益集团为中心、官僚主导下的政策形成样式，形成了教育下位政府，难以见到首相和内阁主导下的政策形成。90 年代中期以后，伴随行政改革不断深入，文科省内部的政策调整功能逐渐得到重视和加强，政策决定权也相应地上升到大臣层面，逐渐向政治主导（"首相—内阁"）下的教育政策生成模式转变，同时自民党文教族的政治势力相对减弱。例如，在基本计划通过内阁决议的过程中，首相出面调解、协调各方利益关系、促进其通过决议，这一点正是政策生成过程中政治主导增强的体现。

第四节　日本教育政策的实施机制及其特点

在日本中央集权与地方分权相结合的教育行政管理体制下，地方教育行政管理部门及具体项目实施者等拥有较大自主权，尤其是 90 年代后期分权化改革以来，地方教育委员会的自主权逐渐扩大；同时，也正是由于地方教育委员会等具有较大自主权，文科省制定的政策往往在地方实施时受挫，更有极端者则诉诸法律、解决争端。本节将以 2007 年开始实施的全国性学力调查为例，具体分析、阐明日本教育政策实施的机制及特点。

一、教育政策实施的背景：学力下降与学力调查

全国性学力调查的历史可以追溯到战后教育改革时期，迄今为止大致可以划分为三个阶段，即 1946—1954 年，1956—1966 年，1981—2005 年（荒井，2008，P7-8）。各阶段的学力调查特色迥异，例如，1946—1954 年的学力调查主要是为了比较客观地检验战后新教育改革的成果，以非官方机构研究者和文部省为实施主体，调查规模较小、研究性

色彩浓重；相比之下，1956 年开始的"全国学力调查"则由文部省主持，面向中小学生、采取全国性抽样调查的方式。该阶段学力调查旨在通过直接的行政管理建立和改善学习指导要领及其他教育条件，但由于其实施过程中掺杂了政治因素，遭到了日教组的强烈反对。另外，学力调查结果所引起的学校间过度竞争以及学力调查的形式化等问题，进一步将该阶段的全国学力调查推向终结的边缘。80 年代后学力调查改头换面，以"教育课程实施状况调查"的形式再次登场并持续到 2005 年。该阶段学力调查旨在服务于学习指导要领的修订，因而并非每年、全面地实施，而是采取抽样调查的方式，且抽样率较低。① 也正是由于第三阶段的学力调查存在片面性，地方教育委员会、各地区的校长会等为了解学生状况纷纷自主实施地方性、小范围的学力调查。据调查显示，2007 年实行全国性学力调查之前，72% 的都道府县和政令指定都市② 已实施地方性学力调查（文科省，2007），39.1% 的市、区和 25.2% 的市区町村已实施学力调查（青木，2006，P144）。

另一方面，20 世纪 80 年代兴起、90 年代深入实施的"余裕教育"，逐渐显现出负面效应，社会对其所带来的学力下滑问题批判声不断。文科省在社会的批判声中转而强调坚实学力的重要性；此外，日本学生在 PISSA2003 和 TIMSS2003 中的欠佳表现也发挥了推波助澜的作用。鉴于日本学生在这两个国际能力测试中的表现，当时的文科大臣中山成彬承认日本学生的学力确实有所下降，并指出要调整政策、强调了全国性学力调查的必要性。随后，文科省推出了应对国际能力测试的措施，明确指出要

---

① 例如，1993 年度，文部省只对小学 5、6 年级的国语（日语）、算数进行了抽样调查，抽样率仅为 1%；1995 年仅对初中生进行了抽样调查，抽样率为 1%；2005 年仅对高中 3 年级学生进行了抽样调查，抽样率为 13%。1981—2005 年之间的学力调查还可以对应学习指导要领的修改继续划分为三个阶段，即检验 1977—1978 年度的修改后实施效果、1989 年度的修改后实施效果、1998—1999 年度的修改后实施效果。

② 日本在行政区划上共分为 47 个都道府县，此外，还设有 19 个政令制定都市（截至 2011 年）。所谓政令指定都市一般指人口在 50 万以上、规模较大、具有相对独立的行政能力的城市，除了在特定行政领域外通常被认为与都道府县具有同等地位。

在 2005 年秋季之前由中教审总结提出全国性学力调查的实施内容和方法（户泽，2009）。同时，《骨太方针 2005》也指出应尽快研究讨论全国性学力调查的实施方法等相关问题。于是，中教审提出咨询报告《开创新时代的义务教育》（2005 年 10 月），将全国性学力调查与学校评价体系并列，定位为检验义务教育结构改革成果的具体措施。至此，融入竞争性因素的、全国性学力调查重新登场，进入实施阶段。

二、教育政策实施的主要相关利益主体

教育政策实施过程中的相关利益主体大致可以划分为官方和非官方两类，前者对应日本教育行政体制，又可进一步分为以文科省为代表的中央教育行政组织和以教育委员会为代表的地方教育行政组织；后者主要包括教育政策的具体执行者——教师、学生、家长等、相关教育组织和团体——日教组、PTA 协议会、国立教育政策研究所等。与教育政策形成过程中的行为主体不同，一旦教育政策进入到具体实施阶段，各个党派、其他省厅、经济组织和团体的影响相对减弱，外围性、支援性组织的参与相对有所增强。

从新一轮全国性学力调查的实施过程来看，文科省及其附设的中教审等政策支持机构主要是提供制度性准备，确定实施方针、制定实施纲要，为教育政策的具体执行提供方向性指引和基本框架。此外，为保证教育政策的顺利实施，文科省还担负着制定教育预算、争取预算拨付的职能。

相比之下，地方教育行政组织的核心——地方教育委员会则主要负责将文科省的政策方针转化、落实到地方教育行政中。在这个过程中，各级地方教育委员会未必会完全依照文科省的要求执行，而是拥有一定的自主权，例如，是否参加全国性学力调查的问题；以何种形式公布调查结果等。地方教育委员会可以在政策允许的范围内，根据本地情况生成地方性教育政策。因而，即便是同一项教育政策，在不同地区可能会以迥异的形式实施，使得教育政策实施的结果呈现多样化的状态。

　　除了中央和地方教育行政部门外，教师、学生及家长便是最为直接地参与到教育政策实施中的相关利益主体，其意见往往是通过特定组织反映出来，形成社会舆论，从而影响教育政策的具体实施。在全国性学力调查的实施过程中，学生家长的意见构成了相关争论之一，在某种程度上推动学力调查的调整。

　　另外，教育相关组织和团体也在教育政策的具体实施中发挥辅助性作用。就全国学力调查来说，其绝大部分的调查结果分析以及调查的具体实施工作都是由独立于教育行政部门的国立教育政策研究所及民间机构承担，基于调查结果开发学校改善策略等的工作则由大学、研究机构等承担。

三、教育政策的具体实施：全国性学力调查的展开

（一）实施体制与财政准备

　　决定实施全国性学力调查的方针后，文科省将实施的具体日期定为2007年，于是，成立了文科省主导的"全国性学力调查实施方法专家讨论会"（2005年11月），讨论调查的具体设计、实施、结果处理等相关问题，并公布了报告《全国性学力调查的具体实施方法等》（2006年4月25日）。以该报告为基础形成的《"2007年度全国性学力学习状况调查"实施要领》对调查目的、名称、对象、内容、方法、实施体制、结果、预调查、注意事项等相关问题进行了细致规定。调查采取各级分工协作的实施体制（图7-4），除文科省和各级地方教育委员会外，部分调查业务可以通过文科省委托给民间机构①，例如调查问卷的发放、回收、评分等。

　　政策的实施离不开财政支持。在上述制度性准备的同时，文科省和国立教育政策研究所也在积极设定、申请预算。通过与财务省协商，最终

---

① 例如，2006年7月公布的调查业务委托招标审查结果显示，共有6个民间机构（企业或学校法人）投标，最终经过书面和听证会两层评审确定了2个企业（株式会社ベネッセコーポレーション〈小学〉、株式会社エヌ・ティ・ティ・データ〈初中〉）承办委托业务。

```
┌─────────────────────┐   发送实施要领、调查实施指南;    ┌──────────────────┐
│  文部科学省          │   发送试题、答题纸等相关参考     │ 都道府县教育委员会 │
│                     │   资料;提供调查结果、发送调    │                  │
│                     │   查报告书                     └──────────────────┘
│ ┌─────────────────┐ │                                        ▲
│ │文科省委托的民     │ │   发送调查实施指南;发送试题、  ┌──────────────────┐
│ │间机构:          │ │   答题纸等相关参考资料;提供   │ 学校管理部门       │
│ │                 │ │   调查结果、发送调查报告书     │(都道府县教育委员   │
│ │ (1) 调查问卷的   │ │                              │ 会、市町村教育委员 │
│ │发放、回收;调查   │ │                              │ 会)               │
│ │结果的评分、统     │ │                              └──────────────────┘
│ │计;面向教育委员   │ │                                        ▲
│ │会及学校提供相     │ │   发送调查实施指南;发送试题、  ┌──────────────────┐
│ │关业务            │ │   答题纸等相关资料;提供调查   │ 学  校            │
│ │                 │ │   结果、发送调查报告书         │                  │
│ │ (2) 教育委员会   │ │                              └──────────────────┘
│ │及学校的咨询服     │ │◄─                                      ▲
│ │务               │ │   答题纸等的回收                        │
│ └─────────────────┘ │                              ┌──────────────────┐
└─────────────────────┘                              │ 学  生            │
                                                     └──────────────────┘
```

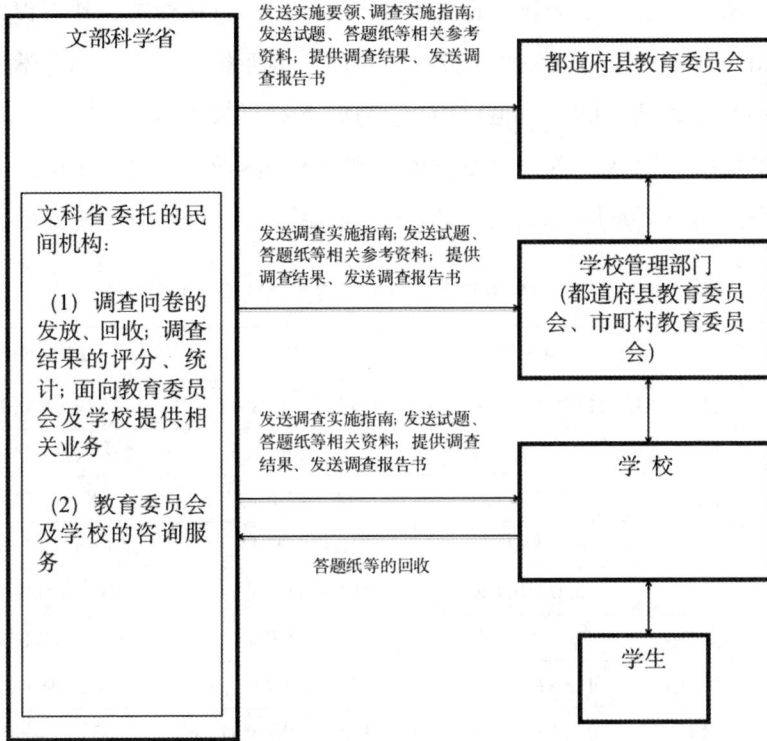

图 7-4　调查实施系统示意图（公立学校）

确保了 62 亿日元的预算，远远超过上一年度（19.4 亿），其中 50 亿由文科省初等中等教育局主管，近 12 亿由国立教育政策研究所主管。

在上述实施体制和财政的支持下，2006 年末实施了预调查。预调查抽取了 100 所小学和 100 所中学，结果不对外公布，但公布部分样题;学生成绩不反馈给学生个人，而是由文科省向每所学校提供学生的整体测试结果。在预调查的基础上，专家讨论会对正式调查的试题进行修订，并确定了具体实施日期（2007 年 4 月 24 日）和对象（原则上所有小学 6 年级和初中 3 年级学生）。

（二）调查的实施结果

1. 参加率

实施要领虽然规定原则上所有国公私立学校均是此次全国性学力调

查的对象，但由于私立学校不归教育行政部门的直接管辖，其课程体系及所使用的教材等也与国公立学校有所不同，因而相当一部分私立学校选择不参加测试。从 2007—2009 年的学力调查结果来看（表 10-1），国公立学校参加率远远高于私立学校，2009 年更是达到了 100%。相反，伴随学力调查的实施，参加测试的私立学校不断减少，参加率也随之降低。

表 7-1　参加全国学力调查的学校数及比重（单位：校）

		2007 年	2008 年	2009 年
小学	公立	21889 (99.8%)	21685 (99.8%)	21532 (100.0%)
	国立	75 (100.0%)	76 (100.0%)	76 (100.0%)
	私立	108 (60.0%)	88 (47.1%)	88 (44.7%)
	合计	22072 (99.5%)	21849 (99.4%)	21696 (99.5%)
初中	公立	10050 (98.0%)	10120 (99.3%)	10175 (100.0%)
	国立	78 (96.3%)	79 (97.5%)	81 (100.0%)
	私立	416 (60.5%)	374 (53.4%)	342 (48.6%)
	合计	10544 (95.7%)	10573 (96.4%)	10598 (96.7%)

资料来源：2007、2008 年度数据来自《全国学力　学习状况调查　调查结果のポイント》；2009 年数据来自《平成 21 年度全国学力　学习状况调查の参加校数等について》。

　　实际上，调查的实施也并非一帆风顺。全国性学力测试尽管是在文科省主导下、通过各级地方教育委员会和学校等方面的合作付诸实践的，且在政策实施过程中既运用了财政手段也运用了行政手段，但由于地方教育行政主管部门具有一定的自主权，理论上有不参加测试的权利；2007 和 2008 年度公立学校参加率没有达到 100% 也正是出于这个原因。

　　2. 调查结果的公布

　　在学力调查结果的处理上，出于保护个人信息、避免排序及过度竞争的考虑，文科省采取了比较谨慎的态度。[1] 实施要领规定，文科省要

---

[1]　在公布调查结果的问题上，文科省几乎每年都专门向各都道府县教育委员会和指定都市教育委员会发出通知，专门强调公开调查结果的相关事宜。

向各级教育委员会及学校以特定形式提供调查结果（表 7–2），便于各级教育行政管理部门掌握本地区学生的状况、改善教育方法。文科省不能向社会公开提供给特定对象的信息，而只能公开国公立、私立学校的总体状况、各都道府县公立学校的整体状况以及特定地区①公立学校的总体状况。

表 7–2　文科省提供的调查结果

提供对象	文部科学省所提供的调查结果
都道府县教育委员会	该都道府县公立学校总体状况的调查结果 管辖内各学校状况的调查结果 辖区内各市町村公立学校总体状况的调查结果 辖区内市町村所设立学校总体状况的调查结果
市町村教育委员会	该市町村公立学校总体状况的调查结果 管辖内各学校状况的调查结果
学校（国、公、私）	该校总体状况的调查结果 各班级的调查结果 每个学生的调查结果（由学校提供给学生）

资料来源：《"2008 年度全国性学力　学习状况调查"实施要领》。

同时，实施要领也指出，在不公布各学校或市町村名字的前提下，市町村教育委员会或者都道府县教育委员会可以自行判断是否公布相关调查结果。换言之，在调查结果问题上，文科省虽然进行了总体性规定，但仍尊重地方各级教育主管部门的自主性，体现分权的特性。因此，不同地区在调查结果的公布上差异较大。文科省对各地方教育主管部门的调查显示，约 40% 的市区町村教育委员会（共 1839 个）计划（14.0%）或已经（26.5%）以某种形式公布调查结果（文科省，2009）。从公布方式看，各地方教育委员会多采用会议或研讨会（64.0%）、公告（36.0%）、主页（37.3%）等方式（文科省，2009）。例如，在东京都墨田区、宇都宫市，所有中小学原则上在学校主页上公布学生成绩。然而，由于涉及行政机关

————————————

① 例如政令指定都市及东京 23 区、中心城市、其他市、町村或者偏僻地区等。

的信息公开及公民知情权，自治体是否公开调查结果也引起了不少争论，更有极端者对簿公堂①（例如，枚方市、鸟取县）。

3. 调查结果的分析与使用

全国学力调查结果的分析主要由国立教育政策研究所承担。国立教育政策研究所将调查的分析结果反馈给文科省，再由文科省提供给各级教育行政部门并向社会公开。此外，调查的结果还用于服务于改善教育质量的研究分析。例如，《学力調査の結果に基づく検証改善サイクルの確立に向けた実践研究》（"为确立基于学力调查结果的检验·改善周期的实践研究"，由文科省委托给各都道府县的相应研究组织）、国立教育政策研究所使用调查结果进行的相关研究等。

（三）调查实施过程中的"反抗"：犬山市的案例

文科省原则上要求所有地方教育委员会管辖的公立学校参加，但在实施要领中也指出国家是调查的实施主体，学校的设置管理者是参加主体，文科省与地方教育委员（市町村）之间形成了一种合作关系。这样，地方教育委员会就有权根据自身情况判断是否参加。

在具体实施过程中，除爱知县犬山市外国公立学校基本上都参加了调查。在调查正式实施之前、犬山市教育委员会在其编著《全国学力测试，不参加：犬山市教育委员的选择》中明确表明其辖区内的 14 所中小学不参加全国学力测试，其决定的理由如下：

第一，犬山市推行已久的自主教育改革。在其改革中，犬山市教委

---

① 大阪府枚方市的案例中，枚方市教育委员会认为公布调查结果有损于枚方市与国家之间的合作关系，故依照枚方市信息公开条例的相关规定，拒绝公开调查结果的请求，也因此对簿公堂。2009 年 5 月大阪地方法院作出判决，认为文科省实施概要中要求不要明确公布学校名称，另外，公开结果可能会带来过度竞争等危害，且教育一线的反对声较强，因而结果公布有损于枚方市与国家之间的合作关系，从而判定枚方市拒绝公开调查结果的决定合法。相反，在鸟取县的案例中，鸟取地方法院则认为"引起过度竞争等危害的可能性"尚停留于抽象的主观判断层面，不属于该地信息公开条例中的"事务、事业信息"；另外，地方法院还认为文科省的实施要领并不具有法律约束力，应依照鸟取县条例的解释决定是否公布相关公文。

坚持"犬山的孩子在犬山培养（犬山の子は犬山で育てる）"的教育理念，认为应该在学生之间、学生与教师之间的人际网络中塑造人格、保障学力，因而先后实施了小班教学、两学期制等改革措施（犬山市教育委员会，2007，P28）。也正是由于犬山市独特的教育改革，其教育成果评价可能不能通过全国学力测试体现出来。调查结果可能不利于学生的发展，也不利于其教育改革的推进。

第二，全国学力调查可能带来的危害。犬山市教育委员会认为，全国学力调查可能会进一步强化教育竞争，而这种竞争会蚕食孕育丰富人际网络的土壤，引发学生之间、学校之间、地域之间的"格差"并有可能使之扩大。因而，犬山市教委认为全国学力调查与其自主的教育理念不符，"是不应实施的"（犬山市教育委员会，2007，P28）。

基于上述原因，犬山市教委连续两年（2007、2008）没有参加全国学力测试。然而，伴随犬山市议会的换届，教委中赞成参加全国学力测试的委员数过半，于是犬山市教委调整方针，决定从2009年开始参加全国学力测试。尽管犬山市教委的尝试最终没有长期坚持下来，但该案例却折射出日本全国性教育政策在具体实施过程中可能遭遇到的"抵抗"，以及对教育委员会制度和具体政策的争论与反思。

（四）调查实施后的调整（2010年后）

2009年日本政权的更迭对于全国学力测试的实施也造成了一定影响。在民主党政权下，为了提高公共财政使用效率、减少政府不必要的开支，日本政府对多个领域实施了"事业甄别（事業仕分け）"，教育领域也不例外。在"事业甄别"的试行阶段，日本政府提出全国学力调查应使用抽样调查方式，民主党正式上台后文科大臣公开表示将采用抽样调查方式。继而，在2010年度预算概算要求中，文科省明确了该方针，并允许调查对象外的学校自愿参加。

2010年以后，全国学力调查的调整主要体现在调查方式、数据统计与公布等几个方面。调查方式从全体调查转变为抽样调查，同时需要明确调查目的及抽样率等相关问题。文科大臣认为抽样调查足以满足提高各都道府县教育水平的要求（户泽，2010），但在抽样率的确定上却经历了一些波折。在2010年度预算概算要求中，文科省将抽样率定为40%，但"事业甄别"开始后，行政刷新会议认为文科省提出的抽样率还应进一步缩小，于是，文科省最终将抽样率定为30%左右。没有成为样本的市区町村可以自愿参加，其结果不计入抽样统计，且自愿参加的地区需自行承担阅卷费用等。调查结果的统计与公布的调整主要体现在数据统计与公布范围的缩小。例如，调整后文科省只公布全国和各都道府县的调查结果。

四、教育政策实施机制的特点

（一）非官方组织的参与

纵观日本全国学力调查的实施过程可以发现，除文科省和各级地方教委（或知事）等教育行政主管部门之外，非官方组织的参与十分突出。例如，由文科省直接招标、负责相关具体业务的民间组织，负责调查数据分析、提出咨询建议的国立教育政策研究所，收集学生家长意见、形成统一意见的 PTA 等。这些非官方组织以直接参与或间接影响的方式参与到教育政策的具体实施过程中，打破了由官方垄断教育政策执行的局面，在某种意义上充当了教育政策执行的监督者。尤其是 PTA、日教组等发挥间接影响的组织，在政策实施过程中注意收集家长、教师等利益相关者的诉求，反馈给正在实施的教育政策、促其改进。

（二）学校设置主管部门的自主性

从犬山市的案例及私立学校的参加情况来看，学校设置主管部门（地方教育委员会、学校法人等）在教育政策具体实施过程中具有较大的自主性。这一点与日本中央集权与地方分权相结合的教育行政体制密切相关。正是由于地方教育委员会等具有一定的自主权，中央与地方之间除垂直级关系还存在水平合作关系。在没有征得地方教育主管部门同意时，全国性教育政策未必能够顺利实施，因此中央与地方之间的协商、政策自身的必要性和说服力等就尤为重要。

（三）专家讨论会的智力支持

日本教育政策实施机制的另一个特点是实施过程有专家讨论会的支持。从全国学力调查的实施来看，文科省为保证其顺利实施，在进入实施阶段后便设立专家讨论，收集各个方面的意见，为政策的实施提供智力支持。例如，负责讨论具体实施问题的"全国学力调查实施方法专家讨论会议"、对调查结果的分析方法和使用等进行讨论的"促进全国学力·学习状况调查分析利用的专家讨论会议"等。这些在文科省的主导下成立的专家讨论会，一方面利用专业知识为教育政策的具体实施提供比较科学、合理的方针、方法，可在一定程度上弥补行政部门潜在的不足；另一方面，专家讨论会也是调和各方意见、寻求最佳实施方案的场域。这一点从专家讨论会的人员构成上可以窥见一斑。①

第五节　日本教育政策的评价机制及其特点

日本教育政策评价机制是伴随行政改革而产生的。早在60、70年代自民党当政时期，行政改革会议就曾提出过政策评价问题，但受政权更迭、经济危机的影响直到80年代才重新提起，90年代后期得到全面实行。1997年行政改革会议提出实施政策评价的建议，《中央省厅等改革基本法》（1998）对政策评价进行了框架性规定。伴随中央行政组织的改革，《关于行政机关实施政策评价的法律》（简称"政策评价法"）于2001年正式颁布，为政策评价提供更明确、具体的法律依据，促使"行政监察"向"行政评价"转变。② 日本教育政策评价机制正是在这种大背景下形成的。

---

① 以"全国学力调查专家会议"为例看，其19位专家中（2011年8月17日）既包括日本 PTA 全国协议会会长、专业研究人员、大中小学校长，又包括学校法人理事长、教育委员会教育长等，成员覆盖面广泛。

② 2001年中央省厅等改革后，原总务厅行政监察局变为总务省行政评价局，其主要业务则从先前的行政监察转变为行政评价与监视、政策评价两个方面。

一、教育政策评价的法律依据

(一)《中央省厅等改革基本法》

该法第四条规定了中央行政组织改革的方针,其中一款是"基于国民的立场及国内外社会经济形势的变化,要在加强客观性政策评价功能的同时,将评价结果适当地反映到政策中"。第 29 条又进一步对政策评价的实施进行了明确规定:(1)各府省要确保政策评价部门具有明确的定位,以保证对政策进行严格、客观的评价;(2)打破府省界限、加强政策评价功能,以保证政策评价的综合性、提高客观性;(3)公开政策评价相关信息的同时,明确政策方案制定部门在评价结果反映到政策上的说明责任。在该法的基础上,总务厅出台了《关于政策评价的标准指南》(2001),为《政策评价法》的出台做了铺垫。

(二)《政策评价法》

该法分为五章,将总务省区别于其他行政部门,做单独规定。该法规定,各行政机关要在政策评价基本方针的基础上,评价本部门政策,制定 3—5 年为一个周期的政策评价基本计划及其所要求的事项。另外,行政机关还应依法实施事后评价和事前评价,且需每年制定事后评价的实施

```
关于行政机关实施政策评价的法律
(2001 年 6 月 29 日法律第 86 号)
第一章   总则
第二章   政策评价的基本方针
第三章   行政机关实施的政策评价
第四章   总务省实施的政策评价
第五章   杂则
```

```
第三章   行政机关实施的政策评价
第 6 条   基本计划
第 7 条   事后评价的实施计划
第 8 条   事后评价的实施
第 9 条   事前评价的实施
第 10 条   评价书
第 11 条   评价结果反映状况的通知及公布
```

图 7-5   政策评价法的基本内容

计划。政策评价实施后，相关行政部门需按要求形成评价书，送交总务大臣并公开。另外，日本政府还根据该法第 5 条制定了《政策评价基本方针》。据此，文科省先后制定了《文部科学省政策评价基本计划》和《文部科学省政策评价实施计划》，推动教育政策评价的具体实施。

二、教育政策评价的目的与标准

（一）评价的目的

政策评价是 PDCA[①] 政策管理中的重要一环。《文部科学省政策评价基本计划（2008—2012 年度）》规定，文科省进行政策评价的目的在于提高政策水平、改进政策，同时履行行政机关对国民的说明责任（accountability）。

在具体实施过程中，文科省将政策划分为"政策（Policy）—措施（Program）—事务事业（Project）"三个层级，由相应的行政部门对相关政策进行系统的评价，以便提高政策质量。其中，"政策"主要是指为实现解决特定行政课题的基本方针而展开的行政活动的总和，与"政策目标"对应；"措施"主要是指为实现基于上述基本方针的具体方针而展开的行政活动的总和，与"措施目标"对应；"事务事业"则是文科省行政活动的基础单位，是作为行政手段，具体体现上述方针与措施的事务和事业。

（二）评价的标准

文科省在进行政策评价时，根据政策内容和特点采取不同的评价标准。这些评价标准包括必要性、效率性、有效性、公平性、优先性、适当性（日语为"相当性"）。

具体而言，主要是：（1）必要性：可从两个方面来评价，即从政策效果的角度看，比照国民和社会的需求或上位行政目的来说，相关政策的行政目的是否妥当；从行政参与的角度看，相关政策是否有实施的必要。（2）效率性：根据政策效果与相关政策活动的费用等之间的关系进行评价。但

---

① PDCA 是指规划（Plan）、实施（Do）、评价（Check）、反映（Action）。

是，文科省所主管的教育、科学政策等多数很难直接换算为经济价值，因而在依照该标准进行评价时，需要注意所掌握的"效果"能在多大程度上反映真实的政策效率。（3）有效性：预期的政策效果与政策活动的实际效果，或者将要得到的政策效果之间存在怎样的关系。通过明确二者之间的关系对文科省政策进行评价。（4）公平性：比照行政目的看政策效果和费用负担是否公平地分配，或者是否已经分配。（5）优先性：该政策是否应该优先于其他政策。例如由法律、社会状况所引起的对该政策的紧急要求、对其他政策的波及影响大小等，均是表征政策优先性的内容。（6）适当性：在租税特别措施的评价中，除上述五个价值标准外，还增设了适当性这一标准。即，基于租税特别措施的政策手段是否最适合，或者计划与其他政策手段并用时，其角色分工是否适当。

三、教育政策评价的实施体制

日本教育政策评价实际上是行政机构（文科省）的自我评价。文科省按照相关法律规定，将政策评价部分业务交由"大臣官房政策课评价室"负责，并专门在大臣官房（相当于办公厅）中设置"政策评价审议官"，处理相关业务。具体的评价活动则主要由各行政部门（例如高等教育局、生涯学习政策局等）自主展开。

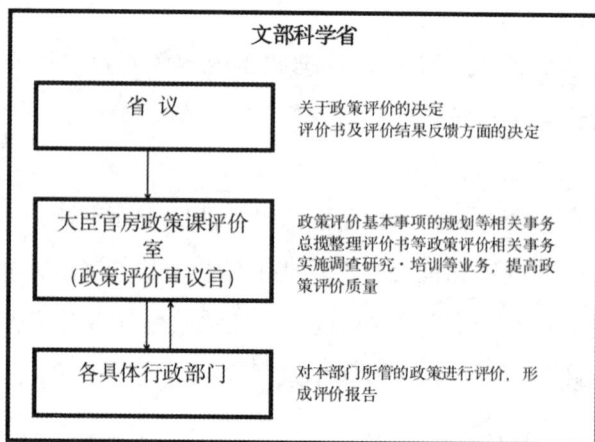

图7-6　文部科学省政策评价实施体制图

在教育政策评价的实施过程中，评价室以及政策评价审议官除负责与政策评价直接相关的业务、对文科省政策评价进行总体把握外，还要负责相关业务人员的培训，以提高文科省政策评价的整体水平。各行政部门也要配合评价室，加强本部门人员对政策评价的理解和认识。

另外，为确保政策评价客观、严格地实施，文科省还依照《政策评价法》相关规定，定期举办"政策评价有识者会议"，就基本计划与实施计划的制定与修改、评价结果及其在政策中的反馈、教育政策评价手法的调查研究等征求意见。

四、教育政策评价的方式

虽然《政策评价法》中只对事前评价和事后评价进行了规定，但随后出台的《政策评价基本方针》则将评价方式分为三种，即事业评价方式、绩效评价方式和综合评价方式。文科省实施的政策评价也基本与此一致。

（一）绩效评价

绩效评价以政策、措施为评价对象，旨在为政策、措施的改进提供信息。绩效评价着眼于政策、措施实施后的效果，并设定相应的政策目标、措施目标及达成目标，定期对实际成果进行连续性测定。同时，目标实施期满后，要对政策实施期间的努力及最终的实际成果进行总结，就政策目标的实现情况进行评价。对于措施目标的评价主要围绕必要性、有效性和效率性进行。

（二）事业评价

事业评价以具体的事业、事务为评价对象，旨在为事务、事业内容的讨论、采用与否的判断等提供信息。事业评价对预期政策效果及其所需费用等进行推算、测定，分析事务、事业实施的必要性，预测可获得的政策效果是否与政策实施的费用相符。必要时，在政策实施后对事前评价的内容进行验证。

（三）综合评价

综合评价是在政策实施一段时间后，以特定主题相关的政策、措施等为评价对象的综合性评价方式。综合评价依照逻辑模型等方法，从多个角度深入挖掘政策效果的显现情况，引导政策效果显现的因果关系等，把握政策相关的问题点并分析其原因。

另外，鉴于教育政策的特殊性以及影响教育政策效果的因素的复杂性，文科省对于教育政策的评价不是停留在短期效果的验证上，而是通过回顾过去的政策以及对逻辑模型的分析等来进行有效的政策评价。同时，文科省还与国立教育政策研究所等独立行政法人合作，开展教育政策评价手法的调查研究。

五、教育政策评价结果的反馈

政策评价的结果是政策制定过程中不可或缺的重要信息。《政策评价法》规定，行政机构的政策评价结果必须形成评价书，送交总务大臣并向社会公开。除评价结果的公开外，各行政机构还必须在本部门的政策中反映政策评价的结果，向总务大臣通报反映情况，并向社会公开。在文科省内，教育政策评价结果的处理及信息公开等相关问题，主要由政策评价审议官及政策评价室负责。政策评价室汇总各领域教育政策的评价书，形成文科省的政策评价书，并以此对教育政策的修订提出建议和意见。

教育政策评价的结果在政策中的反映主要体现在政策方针、预算和人员组织等几个方面。以 2010 年度文部科学省的政策目标 6（振兴私学）① 为例来看（表 7–3），私学振兴政策涉及多个方面的问题，其评价结果也从多个方面反映到政策中。教育政策内容不同，政策评价后其反馈形式也不同。

---

① 政策目标 6 振兴私学：为振兴私立学校，提高教育研究条件的同时努力维持、提高经营的健全性。在该政策目标下设有一个措施目标，即开展特色教育研究的私立学校的振兴。

表 7-3 政策评价结果的反馈示例（绩效评价）

政策目标 6：振兴私学		
措施目标 6-1：开展特色教育研究的私立学校的振兴		
评价结果在政策中的反映（2010 年度以后）	政策上的反映	继续推行已有措施
		预算上的反映： 私立大学等经常费补助 2011 年度概算要求金额：3329.32 亿日元（2011 年度预算草案：3209.22 亿）
	机构·人员要求	要求增设专门官 1 名，以便完善、加强学校法人支援体制（设置专门官 1 名）
	修改税制要求	1. 个人对满足一定条件的学校法人的捐赠，要创设扣除 40% 捐赠金额的税收制度； 2. 降低个人住民税中捐赠税收扣除的适用下限（从 5000 日元降到 2000 日元） 3. 捐赠税收扣除手续纳入年末调整范畴 （第 1、2 项要求被纳入了 2011 年度税制修改大纲中）
	改进业务要求	在学校法人财务信息公开状况方面，2011 年 1 月 17 日文科省上其所辖各学校法人发出通知，要求调查公开状况并强调着实实施。2010 年度向社会公开财务信息等内容的学校法人共计 628 个（94.6%），比上一年度增加 2.4%
	咨询会议等	通过关于学校法人运营的协议会、学校法人监视研修会等各种会议及学校法人运营调查等，促进各学校法人自发改善经营、积极如实公开财务信息，同时将 2010 年度税制改革的相关内容广而告之。
	行政事业审查	基于行政事业审查（2010 年 8 月）的结果，6 项事业缩减、6 项事业维持现状

资料来源：根据 2010 年度「政策評価の結果の政策への反映状況」的内容编译而成。

六、教育政策评价机制的特点

（一）评价方式多样

尽管教育政策评价主要由文科省主导推行，但鉴于政策评价法以及政策评价方针，文科省采用了比较多样的评价方式。目前，文科省的政策评价方式以绩效评价、事业评价和综合评价为主，必要时还进行规章评价①等。这几种评价方式的手法各异，所针对政策类型以及评价的着眼点各具特色，在某种程度上可以形成互补，有助于从多个角度评价、理解教育政策。

（二）配套措施的支持

鉴于教育政策的特殊性，文科省在具体实施评价的同时还注意评价人员业务素质的培养。《文部科学省政策评价基本计划（2008—2012)》明确规定，政策评价乃是各行政部门必须主动实施的业务，因而有必要提高各部门政策评价人员的能力。因此，文科省采取了以大臣官方政策课政策评价室为中心的员工培训体系，开展评价手法进修会等活动，促进和提高政策评价人员对政策评价的理解。除开展评价人员业务培训外，文科省还开设了意见征询窗口，收集外部在政策评价方面的意见和要求，同时，利用网络手段将政策评价的相关信息广而告之。此外，文科省在政策评价过程中要与地方公共团体交换意见，保持一定的合作关系。这些配套措施对于教育政策评价的顺利实施都具有一定的积极作用。

（三）注重评价结果的反馈

日本教育政策评价的另一特点是比较注重评价结果的反馈。政策评价本身是一个兼具总结性和发展性的政策环节。文科省将教育政策评价的结果视为今后教育政策制定的重要信息源、预算要求的重要依据，在组织上专门设置政策评价室这一点就是很好的证明。此外，教育政策评价结果的反馈也不仅仅局限于预算层面，同一项政策的评价结果往往会在多个方面得到反映。

第六节　日本教育政策过程的问题与走向

在上文对日本教育管理体制及教育政策过程进行总结、分析的基础

---

① 规章评价：即在规章制度的新设或修正之际，对其所可能会带来的影响（可能的成本、收益等）进行客观公正的分析，以期提高规章制度制定过程中的客观性和透明性，属于事前评价。例如 2005 年度对《学校教育法施行规则》修改的省令的评价。

上，本部分就日本教育政策过程中存在的问题及今后发展的走向进行简要概括。

一、日本教育政策过程中的主要问题

(一) 教育政策形成机制转型的"副作用"

如前所述，20 世纪 80 年代以来日本教育政策形成机制逐渐从精英主义模式向多元主义模式转变。在这个转变过程中，自民党执政期间形成的教育下位政府趋于解体，自民党文教族在教育政策形成过程中的影响减弱。如果说在自民党执政下的教育政策形成过程中，自民党的教育政策通过文部省（政府）获得正统性、合法性的话，那么在 90 年代中期以后，尤其是小泉内阁改革之后，文科省则显示出摆脱（甚至反对）官僚影响、在政治主导下制定教育政策的改革倾向。这样，官僚主导和政治主导之间的矛盾势必会给教育政策的生成造成不利影响——政府·内阁提出的教育改革建议往往会受到官僚及文科省的反对，降低政策制定的效率，不利于教育政策的执行，例如，教育特区制度的形成、国立大学法人化等。

(二) 教育政策实施过程中分权模式的阻碍

此外，中央集权与地方分权相结合的教育行政管理模式也给教育政策的实施造成了一定的阻碍。正是由于日本教育行政管理模式的特性，在教育政策推行过程中，文科省不能完全运用强制性、行政命令手段，必须协调地方教育行政机构的意见。换言之，文科省与地方教育行政机构之间既存在垂直关系又存在水平关系，地方教育委员会可以说是在与文科省合作的基础上执行其教育政策。一旦地方教育委员会与文科省之间的合作关系难以维系，文科省的教育政策就难以得到有效执行，例如全国学力测试中的爱知县犬山市的案例。另一方面，地方教育行政机构拥有的自主权也使文科省教育政策的实施结果呈现多样化的状态。

(三) 教育政策评价主体单一

日本教育政策评价可以说是政策评价在教育领域的具体实施。政策评价实质上又是行政机关的自我评价，因而教育政策评价的主体相对比较单一（主要是文科省）、缺乏有效的外部参与。尽管《政策评价法》规定各行政机构在对所辖政策进行评价时，要合理、适当地利用专家咨询会议，注意政策评价的科学性和合理性，但这一规定并不代表日本所实行的政策评价具有外部评价的性质。这种自我评价式的教育政策评价往往容易在客观性方面遭到社会的质疑，而教育政策评价与政策制定、执行之间关系密切，从而可能带来意想不到的结果。

二、日本教育政策过程的走向

（一）教育政策形成范式逐渐转向询证决策

伴随世界范围内"询证决策（evidence-based policy making）"的兴起，日本在整体推进行政改革的过程中也在推动教育政策制定范式的转换。在教育政策评价实施之前，由总务厅行政监察局（2001 年之前）对教育政策进行监察，侧重行政监察而非服务于政策的制定与实施。在这种背景下，文部省（文科省）的政策制定功能实际上较弱，尤其是在自民党执政期间文部省的政策制定往往受自民党左右，从某种意义上说，教育政策只是通过文部省得以合法化并实施。行政改革后，尤其是实施教育政策评价以后，日本导入 PDCA 手法实际上正是政策范式转换的开端。2016年日本政府出台了《官民数据活用推进基本法》，为教育政策制定范式转换提供了基础框架。同时，2018 年，日本文科省进行了机构改革，增设"综合教育政策局"、新设"参事官"岗位等以提升文科省的政策制定能力。这一系列改革举措，无疑在推动日本教育政策制定范式的转换。

（二）基于 PDCA 手法的教育政策形成过程不断完善

伴随 90 年代末开始的中央行政机构改革，日本教育政策评价机制也得以制度化、科学化、系统化，初步形成了基于 PDCA 手法的教育政策的形成模式。当前，文科省实施的教育政策评价不仅是对自身政策的评断，更是教育政策制定和实施的重要信息源，但在教育政策评价的手法等技术层面上仍存在较大的改进空间。鉴于教育政策评价的基本定位以及其中所存在的问题，基于 PDCA 手法的教育政策形成过程将会进一步得到完善，发挥其作用、提高教育政策水平。

（三）教育政策的形成过程更加开放

伴随日本教育政策形成机制的转换，教育政策的形成过程也将趋于开放。在旧有模式下，自民党与文部省等形成了一个相对封闭的教育下位政府，有利于制定保护特定利益相关者（例如大企业等）的教育政策。但该下位政府弱化乃至消解后，参与教育政策形成的主体将更为多样化。同时，文科省也积极地采用新教育政策形成手法，促进广泛的社会参与，例如公开意见听取会及公众评议（public comment）、深入反复讨论的手法（"熟议"）等，推动教育政策的形成过程使其更加开放。与此同时，在教育政策实施和评价的过程中，文科省也更加强调第三方主体的积极作用。例如，在2018年新一版《文部科学省政策评价基本计划》中，明确提出要注意与国家教育政策研究所、民间智库、外部评价机构等合作，提升教育政策评价效果，在特定教育政策评价上要充分重视国民意见、重视与地方公共团体的合作以及与其他评价框架的协调整合等。

第八章　韩国教育政策的形成、实施及评价机制

　　1945 年韩国结束了日本的殖民统治，迎来了解放的曙光，并在美国占领军的指导下确立了民主主义教育体制。1948 年制定的《宪法》规定："所有国民都有平等地接受教育的权利，最少也要无偿地、义务地接受初等教育。"1949 年 12 月 31 日，韩国制定和颁布了《教育法》，从法律制度层面确立了韩国的教育制度，并将民主主义和弘益人间作为指引韩国教育的基本指导思想。1997 年韩国制定并颁布《教育基本法》，取代并废止了《教育法》。新法规定，韩国的教育理念仍然是在弘益人间理念下陶冶所有国民的人格，使其具备自主生活能力和公民应该有的素质，为实现民主国家的发展和人类共赢的理想作出贡献。韩国教育政策的形成与实施，均需以《教育基本法》为基本依据。

第一节　韩国的基本教育制度与教育行政管理体制

一、韩国的基本教育制度

　　1951 年，韩国抛弃了日本殖民统治时期的学制，借鉴美国的单轨制，确立了"6–3–3–4"学制，并规定小学和初中阶段为义务教育阶段。

　　韩国《教育基本法》第九条第一项规定，为了实施幼儿教育、初等教育、中等教育及高等教育而设置学校。幼儿教育的对象是 3—5 岁的儿

童，主要学习自然、社会、思维表达、语言和生活 5 个方面的内容。虽然幼儿教育阶段不在正规的学校体系内，但是为了幼儿园的发展，《教育基本法》第二十条规定，国家及地方自治团体有义务振兴幼儿教育。

初等教育是指小学阶段，是"6–3–3–4"学制的第一个阶段，学习期限为 6 年，向 6—11 岁的儿童提供免费义务教育。根据设置主体的不同，可分为国立、公立及私立三种类型的学校。小学基础课程包括伦理学、国语、社会学、算数、科学、体育、音乐、美术和实用美术，从三年级开始学习英语。中等教育分为初中和高中。初中属于免费义务教育阶段，学习年限是 3 年，主要招收 12—14 岁的儿童。1968 年为了消除重点中学及普通中学之间水平和质量的差距，取消了初中入学考试，实行学区制或抽签分配制度。尽可能保持初中阶段教育质量的一致性，体现教育机会均等的理念。初中课程包括国语、道德、社会、数学、科学、技术及家庭、体育、音乐、美术、外国语及其他教育科学技术部长官认定为必要的科目。高中学习年限也是 3 年，主要招收 12—15 岁的初中毕业生或同等学力者。高中阶段不属于免费义务教育的范畴，学生需缴纳学费才可接受教育。高中课程包括国语、道德、社会、数学、科学、技术及家庭、体育、音乐、美术、外国语及其他教育科学技术部长官认定为必要的教科目。

韩国基本学制的最后一个阶段是高等教育，根据韩国《高等教育法》的规定，高等教育机构包括大学、产业大学、教育大学、专门大学、广播大学、函授大学、广播函授大学及网络大学（统称为远程大学）、技术大学以及其他各类学校。

大学及大学院：韩国大学的目的是："陶冶人格，教授和研究国家和人类社会发展所需要的深奥理论和应用方法，为国家和人类社会做贡献。"[1] 大学的学习年限为 4 年及 6 年。大学（包括产业大学、教育大学及

<hr />

[1]　韩国《高等教育法》，2012 年 1 月 1 日，http：//www.lawkorea.com/client/asp/lawinfo/law/lawsearch.asp.

远程大学）可设置大学院，大学院的学习年限是硕士为2年、博士为3年。学生履修完规定科目及规定学分，并通过学位论文即可获得毕业证书和学位证书。

产业大学：产业大学的目的是培养具有专门知识和技术的产业人力资源，为国家和社会发展作出贡献。产业大学不同于一般大学，没有规定的授课年限和学习年限。学生在其他学校、研究机构及企业进行的教育、研究或实习所得学分属于履修学分范围。

教育大学等：韩国的教育大学是以培养小学教师为目的，师范大学则以培养中等学校教师为目的。教育大学由国家及地方自治团体设置，学习年限是4年。

专门大学：专门大学的目的是通过教授专业知识和理论，为国家和社会发展培养专业职业人。专门大学的授课年限是2年及3年，毕业生可以获得专门学士学位。

远程大学：远程大学是通过网络、广播、电视等通信媒体，赋予受教育者接受教育的机会，为国家和社会培养人才的同时，推动终身教育发展的教育机构。远程大学可设置2年的专门学士学位课程和4年的学士学位课程两种，履修完学士学位课程者可获得学士学位，履修完专门学士学位课程者则可获得专门学士学位。

技术大学：技术大学向企业劳动者提供学习工作现场需要的专业知识和技术的机会，培养具有理论和实际操作能力的专门人力资源。技术大学设置专门学士学位课程及学士学位课程，各课程的学习年限均为2年。专门学士学位课程招收高中毕业或同等学力者，学士学位课程则招收专门大学毕业或同等学力者。

二、韩国的教育行政管理体制

韩国是典型的中央集权制教育行政管理体制的国家，"国家对教育的管理基本上属于监督型的行政管理，即以指令性计划职能、经营职能、行政监督职能为主"①。韩国政府的教育行政机构分为中央和地方两级；地方又分为广域市、特别市、道一级行政机构和下属的市、郡、区一级行政机构。

（一）中央教育行政管理体制的结构及职能

中央教育行政组织是指在中央政府里承担教育行政的机构。韩国的中央教育行政管理体制由总统、国务总理及国会、教育科学技术部构成，其中教育科学技术部是掌管全国教育事务的核心教育行政机构。

1.总统的职责。总统是韩国政府的最高领导人，位于国家行政权的顶点。总统的教育行政权包括：总统令的发布、紧急处分及命令权、主要教育公务员的任免权、国会的议长权、中央行政机构的指挥及监督权等。

2.国务总理和国务会议。国务总理是国务的副议长，可通过国会对教育人力资源部产生影响，同时具有辅佐总统以及按照总统的行政命令统合各行政部门的权限。国会及国务总理分配和交换各部门情报，提高各部门之间的理解并促进合作。在国会讨论总统的教育政策有关的指示事项，教育科学技术部长官提出的事项也通过国会传达给国务总理和总统。国会审议属于政府权限范围的重要政策，是行政层面的最高审议机构。

3.中央教育行政机构。负责中央教育行政的最高机构是教育科学技术部，前身是1946年建立的文教部，1991年改为教育部，2000年1月废除教育部成立了教育人力资源部。2008年李明博政权上台后，将教育人力资源部与科学技术部合并为教育科学技术部。

为了具体规定教育科学技术部及其所属机构的组织与职务范围，韩国颁布了《教育科学技术部及其所属机构职制》，明确规定教育科学技术部的职务是掌管人力资源开发政策；学校教育及终身教育；学术事务和基础研究政策及研究开发；核能的研究、开发、生产及利用；科学技术人力培养及其他科学技术振兴方面的事务。教育科学技术部包括人事科、运营支援科、人才政策室、学校支援局、教育福利局、教育情报统计局、研究

---

① 孙绵涛：《教育行政学》，华中师范大学出版社1998年版，第65—67页。

开发政策室、大学支援室及原子能安全局等下设机构，此外为了调整教育科学技术部的政策及企划，并且管理企划、预算、行政管理、规制改革、教育设施、宣传企划、国际合作等业务，设置企划调整室。除了履行上述职务外，教育科学技术部长官还可以对特别市、广域市、道教育厅及其下设机构负责人的业务进行行政监督。

（二）地方教育行政管理体制的结构和管理

地方教育行政管理是指一个国家的各级地方政府对教育事业进行组织领导和管理。韩国行政区域分为 1 个特别市、6 个广域市、8 个道和 1 个特别自治道。特别市分为自治区，道分为自治市和郡，特别自治道下设行政市。据此行政划分，韩国的地方教育行政管理机构可分为市道（特别市、广域市、道、特别自治道）教育委员会、市道教育厅和市郡区的教育厅。目前韩国有 16 个市道教育厅和 178 个地区教育支援厅等地方行政机构。

1991 年韩国颁布了《关于地方教育自治的法律》，该法为发挥教育的自主性和专业性以及地方教育的特殊性，规定了有关地方自治团体设置教育、科学、技术、体育及其他学艺事务的管理机构及这些机构的组织和运营方面的事项。根据该法规定，特别市、广域市和道要设置教育委员会，负责关于市道教育、科学、技术、体育及其他学艺事务的审议及决议。此外，在特别市、广域市和道各设置作为执行机构的教育监，管理市和道的教育、学艺事务、教育长的业务调整等教育及学艺方面的事项。除了市道教育行政机构以外，市、郡、区等下位地方行政部门也设置了以教育长为中心的市、郡、区教育厅，指导和监督公私立小学、初中、公民学校、幼儿园及同等水平学校的运营管理及制定市道教育管理条例方面的事务。随着韩国地方分权化步伐的加快，地方政府在教育领域的权限扩大，教育科学技术部的部分权限也转让给地方教育行政管理机构，加强了地方教育行政部门的自主决定权限。

第二节　韩国 20 世纪末至 21 世纪初所推行的
重大教育政策与改革

每个政权上台都会提出一套改革理念和政策方案，教育作为国家统治的重要手段，更受国家领导人的重视。2008 年韩国政权更迭，李明博当选为总统。新政府一改以往政权的平等化教育路线，实行教育的自主化和多样化改革。

一、李明博政府的国政哲学及其教育国政课题

由于受到 20 世纪 80 年代兴起的新自由主义理论的影响，韩国从 90 年代开始推行自由主义政策。李明博政府也继承了这一点，推行"小政府、大社会"政策，扩大地方分权，缩小政府的权限范围。在实用主义和自由主义的国政哲学指引下，李明博政府不同于以往政府，更加注重市场和竞争，追求效率和发展。

李明博政府的实用主义及自由主义国政哲学反应在教育政策上，确定了效率、自主及多样化的教育政策方针。2008 年 2 月，总统任职委员会提出了《李明博政府的国政课题报告》，将人才大国作为国政指标之一，确定了以需求者为中心加强教育竞争力、强化大学的研究力量、终身学习生活化等三大教育战略目标。为了实现人才大国的国政指标，总统任职委员会作为政策手段提出了 18 个国政课题，并将国政课题按照重要程度分为核心课题、重点课题和一般课题。

2008 年 10 月，李明博政府通过国会确定了《李明博政府的 20 大国政战略和 100 个国政课题》，将国家未来需要实现的国政课题进一步明确和体系化。该报告仍然将人才大国作为五大国政指标之一，并为了实现这一指标制定了扩大学校自主体制和多样性、扩大教育福利、培养世界水平的优秀人才、努力发展科学技术的发展等四个战略（参见表 8-1）。

表 8-1　李明博政府的教育国政课题

国政指标	国政战略	国政课题
人才大国	1.扩大学校自主体制和多样性	1. 设立符合学生和家长要求的多样化学校 2. 扩大学校的自主和责任 3. 提高教师专业化 4. 编订高质量及有趣的教育课程和教科书 5. 加强学校和地区社会的合作
	2.扩大教育福利	1. 向贫穷的孩子提供教育机会 2. 提高学力，缩小教育不公平 3. 负责学生的健康和安全 4. 充实幼儿教育和特殊教育 5. 为终身学习提供条件
	3.培养世界水平的优秀人才	1. 扩大大学自主 2. 强化大学及研究机构的教育及研究力量 3. 为研究者提供稳定的研究环境和条件 4. 培养 10 万名全球人才 5. 构建体系化的英才培养系统
	4.努力促进科学技术的发展	1. 扩大科学技术的战略性投资 2. 由民间专家主导的 R&D（research and development）系统 3. 振兴基础研究 4. 发展绿色技术 5. 引领科学文化的生活化

二、李明博政府的重大教育政策内容

2008 年李明博政府正式上台后，把原来的教育人力资源部与科学技术部合并为教育科学技术部，由教育科学技术部组织开展教育及科学方面的事务。2008 年 3 月 20 日，教育科学技术部提交了题为《教育复兴、建设教育强国——2008 年主要国情课题实行计划》的总统业务报告书，按照政府提出的教育国政指标、战略及课题制定了以下促进计划。该计划致力于以下六个方面的改进。

1.建构自主、多样化的教育体制。为了促进教育体制的自主及多样化，教育科学技术部提出了充实地方教育自治、促进高中多样化计划及高考三阶段自律化目标。第一，充实地方教育自治。为了扩大地方教育行政机构及学校层次的自主权，把地方教育行政机构的组织及定员方面的决定权限转让给市道教育厅；实行多样化的校长任用方式，并扩大学校在教师聘任上的权限；通过情报公开等方式提高学校教育的问责等。第二，促进高中多样化计划。首先，根据偏远地区及落后地区的实际情况，引进了寄宿型高中，提高了农渔村等落后地区的教育水平。其次，设置了培养预备技术人才为目的的特殊目的高中。最后，提出了学校特色化计划。第三，高考三阶段自律化。第一阶段是取消政府对大学选拔上的干涉；第二阶段是减少高考考试科目；第三阶段是实现高考完全自律化。

2. 提高对学校教育的满意度。日益发展的韩国课外辅导教育过热问题，已经成为韩国政府教育改革中十分棘手的难题。课外辅导教育的不断扩大和费用的增长不仅加重了家庭的教育费用支出，还使学生和家长对公共教育失去信心。为了提高家长对学校教育的满意度，抑制课外辅导教育的发展，教育科学技术部根据国政课题提出了以下五个具体计划：加强创意性及人性教育；完成英语公共教育；提高教师能力；教育课程及教科书的先进化；创建快乐的学校及提供家长参与学校事务的机会。

3. 扩充教育福利的基础。这部分改革内容包括：根据地区、学校及学生特性，加强教育福利；建构基础学力保障体制；建构国家奖学制度；激发全体国民的终身学习积极性；促进幼儿教育的先进化；建构残疾人教育支援体制；运营春天教室等。

4. 科学技术投资的战略性扩大。首先，扩大国家研究开发的投资，至 2012 年实现占 GDP 的 5%，同时扩大政府的研究与开发预算。其次，引导民间对研究与开发的投资。

5. 加强大学及研究机构的核心力量。第一是加强大学和研究机构的力量，为此促进大学运营的自主化，培养世界水平的研究型大学，构筑研究开发和人才培养之间的连接系统。第二是振兴基础能源研究，为此扩大基础能源研究经费的比重，充实宇宙、极地、海洋等巨大科学投资，并致力于开发原子能等未来能源技术。第三是培养和引进世界性科学技术人才，为此扩大培养英才的科学英才学校，培养具有创造力的科学技术人才，并且引进世界级优秀科学家以及开展共同研究等。

6. 加强科研支持结构。第一是提高科学技术人才的士气，为此提出了以下几点政策改革方向：为研究人才提供能够专心研究的稳定环境；减少评价给研究者带来的负担，保障研究机构的自主化运营；实行科学技术人才的养老金制度。第二是促进研究与开发事业：系统扶持关系国家未来的基础能源研究事业。第三是扩大科学技术文化，包括改善中小学数学和科学教育课程及逐渐扩大科学广播制作比率等内容。

第三节　韩国教育政策的形成机制及其特点

教育政策形成过程相当复杂，政策制定专家安德森在《公共决策》一书中认为政策形成涉及三个方面的问题：一是公共问题是怎样引起决策者注意的；二是解决特定问题的政策意见是怎样形成的；三是某一建议是怎样从相互匹敌的可供选择的政策议案中被选中的。[①] 根据这一理论，本节把教育政策制定过程分解为政策问题确认、政策议程提出、政策制定与政策合法化等几个环节或阶段，以韩国的大学入学考试自律化政策为例，分析韩国教育政策形成的机制及其特点。

一、韩国教育政策的参与主体

教育政策决定过程深受政策决定人员的影响，政策决定者的哲学、价值观、意识形态等个人特性及组织的权力形态、集团的风俗、沟通等对政策决定发挥重要作用。韩国教育政策形成的主体分为官方参与主体和非官方参与主体，官方参与主体包括国会、教育科学技术部及相关部处等行政机构、总统及直属机构等，非官方参与主体包括政党、利益集团、研究组织、大众传媒及公民个人。

---

① ［美］詹姆森·E. 安德森：《公共决策》，唐亮译，华夏出版社 1990 年版，第 65 页。

（一）官方参与主体

1. 国会。韩国国会是指由国民选出的议员组成的合议体，韩国《宪法》第 40 条规定，国会是立法机构，具有制定法律的权限。国会在教育政策中的作用主要显现于教育政策的决定过程中。重要教育政策通常以法律形式明确，国会则在教育政策法律案的审议过程中发挥重要作用。此外，韩国执政党通常根据其执政理念收集民意，并且通过国会活动将其反应在教育政策上。

2. 教育科学技术部及相关部处等行政机构。[①] 教育科学技术部及相关部处等行政机构是教育政策形成的主要参与者。教育科学技术部作为教育政策的主管部门，左右着教育政策的形成、决定、执行及评价等整个过程。除了教育科学技术部以外，其他有关部处也会对教育政策产生影响。比如，财政经济院具有分配教育预算的权限，因此可通过教育预算案的协商过程左右教育政策。

3. 总统及直属机构。"领袖人物是政府或者政党的人格化身，代表政府或该党阐明政策立场。从这个角度来说，政治领袖是具有公共法权的政策主体。"[②] 韩国实行的是总统负责制，总统对教育科学技术部的教育政策制定具有最终决定权。此外，总统还具有以下权限：可指示教育政策议题的制定；可设置教育咨询机构并赋予相应权限；决定政策决定过程中咨询机构和教育科学技术部之间的职能和相互作用；调整机构部门之间的意见冲突等。除此之外，总统还通过教育科学技术部领导班子、教育咨询机构的构成人员及总统秘书室的人事权限间接对教育政策发挥影响。[③]

---

① ［韩］安善会：《关于参与政府教育政策决定体制的研究：教育政策决定机构和参与者作用的关联性分析为中心》，高丽大学校大学院教育学系硕士学位论文，2004 年，第29 页。

② 张国庆：《公共政策分析》，复旦大学出版社 2004 年版，第 118 页。

③ ［韩］安善会：《关于参与政府教育政策决定体制的研究：教育政策决定机构和参与者作用的关联性分析为中心》，高丽大学校大学院教育学系硕士学位论文，2004 年，第29 页。

（二）非官方参与主体

1.政党。韩国是多党选举制国家，执政党是在选举中获得胜利、掌握一国政权的政党。执政党对于政策议题的设定、形成、制定过程均发挥着重要的影响，尤其利用国会席位多的优势，在立法性教育政策的形成及制定上发挥不可忽视的作用。在野党虽然力度不及执政党，但是可以通过在国会中提出反对意见或者造就舆论声势等途径，对政府的政策生成制造压力。

2.利益集团。利益集团是代表所述集体利益的人员集合体，通过给行政机构或立法机关实施压力来左右教育政策的开发、审议及决议过程。比如，韩国大学教育政策的利益集团包括各大学的校长、教授协议会、评议会等大学方面的利益集团，还有全国公立大学教授联合会、全国教职员劳动组合、全国市民团体、学生组织等代表各方利益的组织。

3.研究组织。研究组织由教育问题的专家组成，熟悉教育中存在的问题，因此，政府在推动某项政策以及实施过程中都会参考研究组织的研究成果和建议。研究组织的研究报告对教育政策的走向发挥着重要作用。

4.大众媒体。韩国的大众媒体非常发达，报纸、新闻杂志、广播、电视和互联网等大众媒体，不仅发挥信息传递的作用，还成为政府、利益团体及市民团体的传声筒。因此，各政策主体也纷纷借助大众传媒来对政策的形成过程施加影响。此外，大众媒体具有批判及监督功能，"对政府行为构成了直接的'舆论制约'"，甚至有的研究者认为"社会舆论是并列于立法、行政、司法的'第四种权力'"。①

二、韩国的教育政策形成机制——以大学入学考试三阶段自律化政策为例

（一）大学入学考试三阶段自律化政策的问题确认

教育政策问题的确定是整个教育政策制定过程的起点，取决于特定

---

① 张国庆：《公共政策分析》，复旦大学出版社 2004 年版，第 122—123 页。

的问题是否能够引起公众和政府部门的关注，即由教育问题转化为公共教育问题再转化为教育政策问题。① 那么，大学入学考试三阶段自律化政策为何从众多教育问题中脱颖而出，成为李明博政府所关注的教育政策问题呢？这可以从大学入学考试自律化问题的历史渊源及现实困境两个角度进行探究。

韩国大学入学考试自律化问题由来已久，自1945年建立大韩民国以来，韩国大学入学考试制度经历了数十次的变革，"发展过程以'大学自主'和'国家管理'两个轴为中心"②。1986年，为了缓解大学与政府在大学入学考试问题上的矛盾，韩国政府同意各大学实行论述考试，自此，大学入学考试采用政府的大学入学考试、高中内审成绩及各大学的论述考试三种方式选拔学生，大学在选拔学生方面的自主权力有所扩大。随着执政政权的政治倾向，大学在高考中的权力时大时小，政府与大学之间在高考自主问题上的矛盾仍然存在。

2005年6月末，汉城大学等主要大学发布了2008年大学入学考试计划，计划中强调大学自身的论述考试、深层面试、口述考试等标准，尤其是汉城大学发表了扩大大学论述比重的声明，成为新一轮大学入学考试自主化争论爆发的导火索，在社会上引起了大学自主与教育公平之间的激烈论战。一方是以总统及执政党为首的反对大学自主考试，坚决拥护"三不政策"的反对派，另一方是以汉城大学为首的拥护大学自主考试的赞成派。虽然政府不断施加压力，不过汉城大学为主的利益团体并没有退缩。

（二）大学入学考试三阶段自律化政策的议程提出

鉴于卢武铉政府及开放国民党对大学自主考试的镇压，2007年总统大选时的执政党一国党就以大学入学考试自律化为竞选公约。一国党的总统候选人李明博在其竞选公约中提出为了加强公共教育和削减一半的私教育费用，应该促进高中多样化300计划和大学入学考试三阶段自律化。

---

① 黄忠敬：《我国教育政策制定过程之探讨》，《教育理论与实践》2007年第3期。

② ［韩］金宏远、金甲成：《教育矛盾现状及政策研究报告》，（首尔）韩国教育开发院出版社2005年版，第229页。

2008 年 1 月 2 日，总统任职委员会召开了各部门的业务报告会议，提出将大学入学考试事务移交给韩国大学教育协议会和韩国专门大学教育协议会，废除教育部对大学招生及学校事务等方面的业务①，正式将大学入学考试自律化问题提到政策议程上。

（三）大学入学考试三阶段自律化政策的制定过程

2008 年 1 月 22 日，总统任职委员会召开记者招待会，发表了"大学入学考试三阶段自律化方案"。该方案的具体内容为：第一阶段允许高中等级制的存在，大学可自主决定入学考试中学生簿和高考成绩的比重，大力支持入学查定官制度，并且把制定大学入学考试基本计划的职能从教育部移交给韩国大学教育协议会；第二阶段将大学入学考试的科目至少削减为 4 个；第三阶段是 2012 年以后实现大学入学考试的完全自主化，通过法律明确规定大学选拔学生的自主权利，把考试的出题权限全部移交给韩国教育课程评价院。

2008 年 2 月 5 日，总统任职委员会制定了 5 大国情指标、21 个战略目标和 193 个国情课题，大学入学考试三阶段自律化成为教育领域 18 个国政课题之一，表明了即将成立的新政权实行大学入学考试三阶段自律化政策的决心。

2008 年 3 月 20 日，教育科学技术部（教育人力资源部和科学技术部合并组成）向总统提交了业务报告，在主要国政课题促进计划中明确规定大学入学考试三阶段自律化计划，并表示将大学入学考试业务移交给大学教育协议会和专门大学教育协议会，扩大入学查定官制度的推进力度。②

---

① ［韩］第 17 代总统任职委员会，第 17 代总统任职委员会百书，2018 年 4 月 13 日，见 http：//gonggam.korea.kr/fcatalog/access/ecatalogs.jsp？callmode＝normal&catimage＝&eclang＝ko&um＝s&Dir＝736。

② ［韩］教育科学技术部，2008 年总统业务报告，2008 年 8 月 26 日，见 https：//www.moe.go.kr/boardCnts/view.do？boardID＝72713&lev＝0&statusYN＝C&s＝moe&m＝03&opType＝N&boardSeq＝12201#。

（四）韩国大学入学考试三阶段政策的合法化过程

总统任职委员会提出大学入学考试三阶段自律化方案时就指出了修改配套法律法令的必要性。2008 年 3 月 20 日，教育科学技术部在总统业务报告中制定了立法促进计划，表示 2008 年 6 月之前修改《韩国大学教育协议会法》《韩国专门大学教育协议会法》和《高等教育法施行令》，以便将大学入学考试方面的教育职能移交给大学教育协议会和专门大学教育协议会。

2008 年 6 月 11 日，韩国正式修改了《高等教育法施行令》，迈出了大学入学考试三阶段自律化政策合法化的第一步。从修改后的法律条文来看，教育科学技术部长官的制定及公布大学入学考试基本计划、制定招生日程、公布违反入学报考方法的学生等权限移交给学校协议体（大学教育协议会及专门大学教育协议会）。不过此次并没有按照原定计划修改《韩国大学教育协议会法》及《韩国专门大学教育协议会法》。

2010 年 3 月 17 日，正式修订了《韩国大学教育协议会法》及《韩国专门大学协议会法》，分别对大学教育协议会、专门大学教育协议会具有大学招生制度的研究开发功能作出了明确规定。

此外，作为大学入学考试三阶段自律化政策的主要一环，入学查定官的法律地位也一直是被予以关注的焦点。早在 2006 年首尔大学就提出应该为入学查定官提供法律保障的观点。李明博政府上任后大幅增加了对入学查定官制度的财政投入，使该制度得到迅猛发展。不过越来越庞大的入学查定官队伍的身份稳定和法律保障显得更加迫切。2011 年 11 月 6 日，国会教育科学技术委员会和教育科学技术部发表《高等教育法》修订案，该修订案中包括了大学可聘任入学查定官为教职员，教育科学技术部长官可向大学推荐聘用入学查定官，并提供一部分经费的条文，可为入学查定官的身份提供法律根据。

三、韩国教育政策形成机制的特点

上文以大学入学考试三阶段自律化政策为例，说明了韩国教育政策的形成机制，其特点可以概括为以下几点：

（一）"自下而上"为主的政策形成途径

韩国教育政策形成途径可分为"自下而上"和"自上而下"两种模式，而"自下而上"模式是教育政策形成中的主要模式，即教育问题引起国民、利益集团、市民团体的不满，同时通过媒体舆论使政府认识到问题的深刻性，将其选定为政策议题，促进政策制定及合法化的过程。从大学入学考试三阶段自律化政策的形成过程可知，首先是大学入学考试自律化问题在大学、大学组织、教师团体、市民团体及政党等主体之间形成了激烈的争论，成为不可调和的矛盾。当时出台的李明博政府及教育科学技术部等政策制定机构将大学入学考试三阶段自律化方案制定为政策议题，广泛收集各方的意见，在召开讨论会、说明会的基础上制定政策并将其合法化。

（二）总统及总统咨询机构在政策形成中发挥重要作用

韩国实行的是总统负责制，以总统为首的行政部门独立于立法和司法部门，行使国家最高行政权力。因此，总统在政策形成中发挥的作用非常重要，往往决定着该国政策形成的主要方向。大学入学考试三阶段自律化是李明博的大选公约之一，李明博政府正式上台后不顾反对派的强烈反对，以总统任职委员会为首积极推动大学入学考试三阶段自律化政策的制定、执行及合法化过程。可以说，大学入学考试三阶段自律化政策是在李明博政权的努力下得以实现的。

（三）参与主体多元化及其在政策形成中的不同作用

韩国教育政策形成的参与主体非常广泛，以大学入学考试三阶段自律化政策为例，包括总统任职委员会、教育科学技术部、总统及总统秘书室等官方参与主体和韩国大学教育协议会、教师团体和教育市民团体、政党及大学等。各参与主体所具有的行政权力和地位不同，在教育政策形成过程中发挥的作用不同。如总统任职委员会及教育科学技术部等官方主体具有行政权力，在教育政策形成过程中发挥主导性作用。而教师团体、教育市民团体及大学等非官方团体没有行政权力，最常用的表达意见的方式是通过媒体发表观点，属于间接性作用。不过非官方机构的意见也往往会影响官方机构的政策形成方向。

（四）教育政策形成过程的公开化

教育政策形成过程的公开透明化，有利于各政策参与主体及时了解政策形成的进程，也能及时收集和听取各参与主体对政策的意见和看法，有效协调各方意见，降低政策形成中可能出现的矛盾。韩国教育在政策形成过程中重视情报公开，从政府的政策方案提出、制定到合法化过程，都会通过政府及相关组织的网站或者通过媒体公布。并且，为了进一步获得各利益主体对政策的一致意见，组织公听会、说明会等方式宣传政府的政策方案。

第四节　韩国教育政策的实施机制及其特点

教育政策制定后必须通过政策执行将其付诸行动，而政策执行必须由一定的组织、机构及成员进行，可以说政策执行主体是政策执行中的关键因素。从韩国教育政策的制定主体和执行主体来看，两者具有不一致性。以大学入学考试三阶段自律化政策为例，在政策制定阶段政治领袖、教育咨询机构以及立法机构等发挥着重要作用，不过政策执行阶段教育科学技术部等行政部门及负责大学入学考试业务的大学教育协议会等主管部门发挥的作用更大。本部分通过大学入学考试三阶段自律化政策的重要一环——入学查定官制度为例，分析韩国教育政策的实施机制及特点。

一、入学查定官制度的试行

入学查定官制度是指入学查定官（由大学培养和聘用）根据大学或招生单位的特点自由选拔学生的制度，其主要目的是通过引进入学查定官制度改变以往注重成绩及大学无法自由选拔学生的问题。

2007年上半年，教育人力资源部公布了"2007年入学查定官制度的事业支援计划"，决定投入20亿韩元的预算试行入学查定官制度。该计划面向全国 200 多所大学进行公开招募，不过实际应招的大学只有 20 所。①2007 年下半年，教育人力资源部从申报大学中选定了 10 所示范学校，入学查定官制度终于进入了试行阶段，但效果甚微。

二、入学查定官制度的正式实施

2008 年李明博政府制定了大学入学考试三阶段自律化政策，入学查定官制度作为第一阶段的目标之一，在新政府的积极推动下正式实施。其实施过程可以大致分为两步，一是 2008 年的初步实施；二是初步实施取得一定成效之后的扩大发展。

（一）入学查定官制度的初步实施

1. 教育科学技术部加大财政投入。为了实施入学查定官制度，韩国教育科学技术部发布了《2008 年入学查定官支援事业》。2008 年 8 月 20 日，韩国教育科学技术部和大学教育协议会发表声明，要大幅度加大对入学查定官制度的财政支持，对应募《2008 年入学查定官制支援事业》并达到资格标准的 40 所大学投入 158 亿韩元的财政预算。可见，2008 年入学查定官制度的支援力度远大于 2007 年，被选定的大学数从 10 所扩大到 40 所，预算额度也从 20 亿韩元增加到 158 亿韩元，可见李明博政府推动入学查定官制度的决心非常坚定。

政府对入学查定官制的财政投入激起了大学申报入学查定官支援事业的积极性，为了选定工作的顺利开展，教育科学技术部和大学教育协议会表示会实行书面评价和面试评价两个选定方式，根据这两种评价结果的综合评分划分等级，并依据等级确定支援额度。大学参与应募的资格是教师确保率达到 57.7% 以上（产业大学 45%），新生定员率为 90% 以上。②满足基本条件后，根据大学教育协议会的入学查定官制度"标准开发委员

---

① ［韩］安郑姬、裴成雅：《我国入学查定官制度引进的社会论争过程分析》，《教育科学研究》2009 年第 3 期。

② ［韩］权胜雅：《入学查定官制度的运营情况和入学查定官的认识》，梨花女子大学校大学院教育学系硕士学位论文，2009 年，第 37 页。

会"开发的标准，由"评价委员会"选出支援大学，再经过"事业运营委员会"的审议，最终与教育科学技术部协商决定支援大学。① 被选定大学分为先导大学、优秀大学及特性化招生运营大学三类，每个类型所获得的财政预算不同。

2. 大学教育协议会进行结构重组。入学考试三阶段自律化政策制定后，大学教育协议会为了接手入学考试业务，重组了组织结构，设置了企划调整室、入学考试支援室、大学评价院、高等教育研究所等部门。其中入学考试支援室分为入学管理组和入学支援组，入学管理组的主要业务是负责大学入学的企划、管理和研究，运营大学入学考试运营会，大学入学情报的开发及提供等。入学支援组的主要业务是负责管理入学查定官制度、大学科目选修制、大学入学情报公开制度、大学入学情报博览会及高中和大学之间的协议体等。

除了组织结构改革外，大学教育协议会公布了入学查定官考试的程序、要素和选拔方法等，并对受政府支援的大学进行周期性的评价。

3. 明确入学查定官的资格。入学查定官制度自确立以来一直没有制定相关法律。2007 年实施入学查定官制度的大学通过制定《关于入学查定官聘任、运营的规定》等校规，明确入学查定官的资格。一般入学查定官的申请资格是学士以上，选拔时看重在大学及高中入学考试业务的工作经历。2008 年以后，各大学制定入学查定官的伦理规定或伦理纲领，以此保证入学查定官的公正性。

由于入学查定官的招生方式带有很大主观性，为了保证入学查定官制度公平公正地选拔学生，各大学设置"入学考试公正管理委员会""自我监察委员会"等机构，进行严格的内部审查。而且为了防止入学查定官的实行过程中出现不正当行为，各大学通常采用"由多数评价者进行多阶段评价"的考试原则。

---

① ［韩］权胜雅：《入学查定官制度的运营情况和入学查定官的认识》，梨花女子大学校大学院教育学系硕士学位论文，2009 年，第 37 页。

（二）入学查定官制度的扩大发展

自从 2008 年正式实施以来，入学查定官制度取得了令人瞩目的成效。2009 年以后，入学查定官制度步入扩大发展阶段，出台了更为详尽的入学查定官制度实施方案，政府的财政投入有所增加，所支援的大学数量也不断增长；同时，大学入学审定官的培训和选拔也更为严格。

1. 出台更为详尽的入学查定官制度实施方案。2009 年 4 月，教育科学技术部和大学教育协议会发表了"入学查定官制度三阶段稳定方案"，具体制定了 2012 年为止入学查定官制需要达到的目标，使该制度尽快在大学扎根并稳定发展。

"入学查定官制度三阶段稳定方案"将入学查定官制度的未来发展制定为三阶段，第一阶段是在 2009 年实现入学查定官制度的内部充实化。第二阶段是在 2010 年至 2011 年里扩大入学查定官制度，为此采取扩大先导大学数量；扩大入学查定官的作用；通过加强学生簿记录内在化、公开学校情报、提高升学咨询教师的专业性等方式，建立不依赖课外辅导的考试制度；扩大预算支持。第三阶段（2012 年）实现入学查定官制度的稳定。将入学查定官制度普及到先导大学以外的大学；根据大学特性和考试特点，构建具有韩国特色的入学查定官制度；2012 年以后持续提供财政经费支持。

2. 进一步增加财政支持。入学查定官制度的扩大发展也体现在政府的财政投入上。2009 年教育科学技术部与大学教育协议会选定的入学查定官支援大学从前年的 40 所增加到 47 所，财政预算扩大到 236 亿韩元。2010 年和 2011 年被选定的大学为 60 所，财政预算各为 350 亿韩元和 351 亿韩元。据教育科学技术部发表的《2012 年教育科学技术部预算案》来看，入学查定官制度的支援对象仍然是 60 所大学，不过财政预算却增加到 400 亿韩元，比 2011 年增加了 14% 左右。教育科学技术部表明，增加入学查定官的财政预算是为了通过入学查定官制的内在充实化，保证考试制度的公共性和可信度；此外，这些预算也有利于保障入学查定官的身份，提高其专业性。

3.加强入学查定官的培训。韩国在实施入学查定官制度时认识到培训和培养对于入学查定官队伍质量的影响，积极开展培养和培训方面的事业，尤其作为主管部门的韩国大学教育协议会在这方面发挥了重要影响。2008年开始，韩国大学教育协议会对入学查定官的培养和培训进行了各种研究和调查，出刊了《入学查定官教育训练的指南开发》和《入学查定官教育训练发展方案研究》等报告书；还引进了"入学查定官的专业培养和培训项目"，仅2011年一年韩国大学教育协议会就组织和开展了10次入学查定官的职务培训。

此外，随着入学查定官制度的扩大，教育科学技术部为了培养专业化入学查定官队伍，选定首尔大学等7所大学为入学查定官的培养、培训机构。为了被选定大学的培养培训事业顺利开展，教育科学技术部投入了15亿韩元的经费。培养和培训计划的对象主要是在职入学查定官及大学业务负责人，培养和培训需要的教育费用由国家全额负担，一方面减轻了入学查定官的经费负担，另一方面提高了入学查定官接受培养和培训的积极性。

三、韩国教育政策实施机制的特点

本部分以大学入学考试三阶段自律化政策的重要一环——入学查定官制度为例，分析韩国教育政策实施机制的特点。

（一）政府直接干预削弱，财政投入增加

李明博政府所推崇的是实用主义和自由主义的国政哲学，强调教育政策的效率和自主性，因此削弱政府对教育的过度干预，扩大学校自主和责任体制是其国政战略之一。

李明博的国政哲学也体现在教育政策的实施机制当中。例如，大学入学考试自律化三阶段政策中明确规定，教育科学技术部将大学入学考试方面的业务移交给大学教育协议会，由大学教育协议会负责制定及公布大学入学考试的基本计划、制定招生日程、公布违反入学报考方法的学生等业务。作为大学入学考试自律化三阶段政策的第一阶段目标之一——在入学查定官制度的实施过程中，教育科学技术部主要负责政策实施的财政支援，制定选拔查定官制度示范大学的标准、选定示范大学、进行查定官职务进修、评价及发展计划的制定等具体事务是大学教育协议会具体负责的。可见，韩国教育政策的实施侧重于削弱政府干预，将权力移交给非官方机构。

任何一项政策的实施都需要政府在行政和财政上的支持。从韩国入学查定官制度的实施过程来看，虽然削弱了教育科学技术部在入学查定官具体事务上的权限，不过教育科学技术部一直坚持扩大入学查定官制度的观点，大幅增加了财政支援的对象学校数量，同时加大了对每个学校的财政支援经费，使政策得以顺利开展。

（二）各利益主体的政策共识程度有所提高

教育政策虽然由教育科学技术部和主管部门负责实施，不过各利益主体对政策是否达成了共识，会影响政策实施的效果。例如，大学入学考试三阶段自律化政策是李明博政府推行的，当时各利益主体之间的争论并没有平息，导致政策实行后对该政策的反对意见仍然很多。因此，教育科学技术部最终宣布推迟实行大学考试自律化的第三个阶段。

各利益主体中处于政策实施的直接利益主体对政策的接受能力是最为关键的。例如，在卢武铉政府时期已经实行了入学查定官制度，不过教育人力资源部引进该政策时并没有跟大学进行充分的交流和沟通，大学对引进政策并不感兴趣。李明博政府时期，扩大对入学查定官制度的推行力度，通过公听会、说明会增加大学对入学查定官的了解，使入学查定官制度很快在大学实行起来。

第五节　韩国教育政策的评价机制及其特点

教育政策评价是整个政策分析过程中不可或缺的一步。通过一定的标准和程序，判断一项教育政策是否达到预期效果的重要依据，政策评价的结果也往往会影响政府对政策的调整。因此，是否具备完善且体系化的教育政策评价机制是有效判断政策实施效果的关键。

韩国教育政策评价可分为中央教育行政机构、地方教育行政机构、学校教育评价及大学教育评价等四个领域，每个领域的教育评价主体、评价目的、评价内容、评价方法及评价结果的处理是不同的。本部分主要对作为中央教育行政机构的教育科学技术部的教育政策评价进行考察和分析，以此了解韩国教育政策的评价机制及特点。

一、教育政策评价的法律依据

教育科学技术部是教育政策形成、执行到评价整个过程中不可缺少的主体，因此，评价教育科学技术部在教育政策过程中履行的义务和责任是有必要的。为了评价中央行政机构在业务履行过程中的目标达成度，韩国制定了《政府业务评价基本法》及《政府业务评价基本法施行令》，该法律也是评价教育科学技术部是否实现政策目标的重要依据。

根据《政府业务评价基本法》第一条的规定，制定该法律的目的是制定政府业务评价相关的基本事项，通过构建中央行政机关、地方自治团体及公共机关等的统一成果管理体制和加强自主评价力量，提高国政运营的效率、效果和责任性。此外，该法还指出，所谓评价是检查、分析和评判一定机构、法人或团体在政策、事业及业务等计划的制定、执行过程及结果。

《政府业务评价基本法》还规定，为了系统而有效地促进政府业务评价的实施和评价基础的构建，设置隶属于国务总理管辖的政府业务评价委员会。教育科学技术部是主管韩国教育及人力资源事务的中央教育行政机构，每年有义务接受政府业务评价委员会的业务评价。

二、教育政策评价指标及测定方法

根据《政府业务评价基本法》，政府业务评价委员会要公布政府业务评价基本计划及政府业务评价实行计划，提供评价指标及测定方法等内容，为中央行政机构的业务评价提供依据。2007年2月，教育人力资源部根据《政府业务评价基本法》的规定及政府业务评价委员会提出的政府业务评价基本计划出台了《2006年度主要政策课题自我评价结果报告书》，并且按照政府业务评价委员会明示的评价指标及测定方法进行评价。

表 8-2　政府业务评价委员会提出的主要政策课题的评价指标及测定方法①

评价项目	评价指标	测定方法
成果达成度	成果指标的目标达成度	成果管理试行计划中提出的成果指标的目标值达成度
	成果指标的适切性	成果指标的代表性程度及目标值的设定程度
计划制定的合理性	计划制定前的事前调查、意见收集的充分程度	有关统计情况；事例调查及政策相关者的调查；专家意见的收集程度
	政策分析的合理性	是否制定了对应政策效果或利弊分析及分析结果相对应的改善及补充措施
实行过程的适切性	政策促进日程的履行程度	是否遵守了各课题的促进计划
	行政条件及环境变化的对应性	是否及时对条件及环境的变化采取措施
	有关机构与政策之间的联系性	
政策效果性	政策影响发生的程度	是否产生了计划制定时的预期政策效果；有关课题对上位目标（成果目标）达成过程中的贡献程度

三、教育政策评价的实施过程

根据《政府业务评价基本法》，韩国中央行政机构的业务评价类型主要分为自我评价和特定评价。所谓自我评价是指中央行政机关或地方自治团体自己评价所管政策的评价模式；特定评价是指国务总理以中央行政机关为对象，对统筹管理国政有必要的政策进行评价的模式。教育科学技术部实行的业务评价类型是自我评价，按照《政府业务评价基本法》的规定

---

① ［韩］政府业务评价委员会，2009年度政府业务评价试行计划案，2009年8月21日，见 http：//www.rda.go.kr/board/board.do？prgId＝eva_evldataEntry&dataNo＝100000092534&mode＝updateCnt。

中央行政机构的自我评价实施过程如下：

首先，中央行政机构的长官每年要制定自我评价计划，具体内容包括当年的任务、战略目标及成果目标；当年的主要政策等内容；自我评价的基本方向；自我评价组织及自我评价委员会的构成及运营；自我评价对象及方法；自我评价结果的利用及措施等事项。

其次，中央行政机构要设置自我评价委员会，从拥有丰富的评价及专门知识的人员或公务员中选拔评价委员会委员长人选，由中央行政机构的长官任命。自我评价委员会共由10人以上、30人以内的委员组成。2006年，教育人力资源部的自我评价委员会由30人组成，大部分委员来自各个大学的教授，极少数的委员是来自教育团体、市民教育团体及企业。

最后，所在年度的主要政策等自我评价计划制定好以后，中央行政机构的长官要在4月末之前将计划提交到政府业务评价委员会。委员会接收各中央行政机构的自我评价计划书后，根据需要提出修改意见或要求提交有关的资料。中央行政机构的长官对前一年度的政策促进情况进行自我评价，评价结果需要在每年的3月末之前提交到政府业务评价委员会。

四、教育政策评价结果的处理

政策评价的结果是判断政策效果的重要依据。韩国《政府业务评价基本法》第五章具体规定了对中央行政机构业务的评价结果的处理方式，使其一方面起到监督和督促的作用，另一方面又能够为新的政策提供依据。

1. 评价结果的公开和提交。国务总理、中央行政机构的长官、地方自治团体的长官及实施公共机关评价机构的长官等必须通过电子统合评价系统或网页公开评价结果。此外，中央行政机关的长官要将全年政策的自我评价结果（通过委员会审议及决议）提交到国会的常任委员会。2. 反馈到预算及人事等事项中。（1）中央行政机构的长官要将评价结果反应到组织、预算、人事等体系中；（2）中央行政机构的长官要将评价结果反应到下一年度的预算申请中；（3）企划财政部长应将评价结果反应到中央行政机构下一年度的预算编订中。3.依据评价结果进行自我修正措施及监督。如果在评价结果中发现政策问题，必须进行自我调整措施，或者对此进行自我监督并将结果提交到政府业务评价委员会。4.奖励措施。（1）中央行政机构的长官根据评价结果，对业务优秀的部门、机关或公务员进行奖励，并将结果提交到政府业务评价委员会；（2）政府根据政府业务评价的结果表彰优秀机构，给予奖金等。

五、韩国教育政策评价机制的特点

综合上述部分，可以看出韩国教育政策的评价呈现出以下特点：

（一）完备的法律体系提供了制度保障

从韩国教育政策评价机制注重通过法律将评价义务化，并且对评价主体、评价指标及方法、评价的实施过程及评价结果等各领域均进行了规定，使教育政策评价"有法可依、有法必依"，通过法律的手段保证了评价的顺利进行。

（二）自我评价是教育政策评价的主要方法

评价方法是政策评价机制的技术路径，运用何种方法进行评价直接影响到评价结果的可靠性和公正性。韩国教育政策评价采用自我评价、书面评价和访问评价等多种方法，其中自我评价是所有评价的基础，是评价对象根据一定的评价标准对自身机构的整体运营进行评价的过程。不过，自我评价是机构自主实施的评价，评价标准是否客观、评价内容是否属实、评价效果如何等都需要第三方机构对其进行考察和界定。因此，韩国实行书面评价和访问评价，书面评价是由专门人士以自我评价报告书为参考资料进行评价，而访问评价是直接到现场，通过访谈和面试等方式进一步了解的评价方式。评价方法的多元化可以弥补由于单一方法出现的弊端，可以更加客观地对各机构进行评价。

（三）教育政策评价机制的多元化及层次化

韩国教育政策评价没有综合而统一的法律规定，负责教育政策的机构也并不是教育的最高行政部门——教育科学技术部，而是根据评价对象分为中央教育行政机构、地方教育行政机构、学校教育及大学教育等类型，每个评价类型有配套的法律条文，并且评价主体及机构、评价目的、评价标准、评价的实施过程都是不同的，呈现上级部门评价下级部门的一级管一级的层次化特点。

（四）评价结果的有效利用

政策评价的目的不仅仅是通过评价指标对政策过程及政策实现情况和问题进行评判，而是通过评价结果的有效利用，达到资源的合理分配及改善政策机构及政策过程中的不足，制定未来发展的方向。韩国非常重视评价结果的利用。首先，评价结果作为政府财政支援和预算分配的重要参考依据；其次，评级结果还用于各评价对象制定发展计划、自我修正及改善等机构发展方面。

第六节　韩国教育政策的问题与走向

一、韩国教育政策的问题

韩国教育政策在形成、实施和评价的过程中出现了不少问题。由于其官方主导的特点，政权的更迭难免会导致教育政策缺乏一贯性。此外，官方对评价优秀者的财政倾斜则可能导致差距的进一步拉大。

（一）官方主体主导教育政策的形成

韩国教育政策形成中的参与主体非常多元化。制定一项教育政策时，参与主体各自代表自己的利益，形成错综复杂的矛盾结构。但发挥决定性作用的还是官方主体，其教育哲学和教育立场往往左右政策制定方向。如果官方主体对教育问题缺乏充分的了解或在政策判断中出现失误，不仅教育问题得不到解决，还会加剧矛盾。

（二）教育政策的实施缺乏一贯性

韩国是多党制国家，总统任期结束后举行新一届大选。为了在大选中赢得胜利，各党派为总统候选人制定政治、社会、教育等各个领域的大选公约，而且互相抨击对方的政策观点，提高自身的支持率。在大选中获得胜利的党派，会在总统的领导下履行大选公约时的承诺，开展政策的形成、制定与评价。新政权的政策有继承上一届政权的，也有与以往政策方向完全不同的，导致政策的实行缺乏一贯性和统一性。比如，韩国大学入学考试自律化问题是由来已久的，不过掌权的政党关于入学考试自律化的不同立场，导致大学在入学考试中的自主性时而加强、时而变弱，更加激化了各利益主体之间的矛盾。

（三）针对评价对象的倾斜性财政支援

对评价对象的倾斜性财政支援，是对优秀部门的奖励，可以激发评价对象努力实现政策目标，有利于政策的实行。不过，倾斜性财政分配容易导致部门之间的差距日益拉大，造成"富者越富，贫者越贫"的局面。

二、韩国教育政策的走向

综合相关资料，韩国教育政策的未来走向主要呈现出两个方面的趋势，一是教育政策制定主体与实施主体的分离，二是着力于完善教育政策的评价。

（一）教育政策制定主体及实施主体趋于分离

李明博政府的国政哲学强调的是实用主义和自由主义，教育政策上体现为注重效率，减少政府干预，扩大学校的自主性。为了充分发挥学校的自主性，教育政策制定主体及实施主体趋于分离。李明博政府之前，中央教育行政机构是主导教育政策的制定，还负责政策的实施过程。制定主体与实施主体的分离是韩国未来教育政策的趋势。

（二）注重教育政策评价的完善

1.将自我评价与外部评价结合起来。韩国教育政策的评价方式主要分为自我评价与外部评价，其中自我评价是最基本的方式。外部评价是指评价对象以外的机构进行评价活动，可以是政府部门也可以是得到政府认证的认证评价机构。外部评价过程以自我评价结果为重要判断依据。未来一段时间内，韩国教育政策评价将继续探索两种方式的结合，从内外两个角度对教育政策过程进行评价。

2. 开发更为完善的评价模型与评价标准。教育政策的评价模型与评价标准是评价是否客观、公正及准确的关键性问题。不过，目前韩国的教育政策评价以自我评价为基础，而自我评价的模型和标准依据评价对象而千差万别，并且没有与外部评价的评价标准建立起有效联系，导致评价过程重复和烦琐。为了改善这一问题，韩国教育开发院、韩国大学教育协议会等机构一直开展有关领域评价模型和标准的开发。韩国教育开发院在学校评价上提出过学校评价的共同标准，韩国大学教育协议会在入学查定官制度等问题上制定了共同运营的标准，为各大学提供参考。韩国对评价模型与评价标准的开发事业目前仍然在进行中。

第九章 印度教育政策的形成、实施及评价机制

第一节 印度的基本教育制度与教育行政管理体制

1968 年印度颁布自独立以来的第一份《国家教育政策》，规定印度的教育系统主要由初等教育、中等教育和高等教育三部分组成。国家教育制度以及教育行政管理体制依据该《国家教育政策》而形成。

一、印度的基本教育制度

印度在 1968 年颁布了这份《国家教育政策》中提出了"10＋2＋3"的基本教育学制。尽管在联邦制的印度，各邦的学制存在多样性，但该模式实际上已成为印度教育的主流。

"10"指的是 10 年的小学和初级中等教育（1—10 年级），是印度宪法规定的义务教育阶段。学生 6 岁入学，16 岁毕业。这 10 年的教育包括 5 年的初级小学、3 年的高级小学和 2 年的初级中等教育，其实就是"5＋3＋2"。

"2"指的是 2 年中等教育高级阶段。印度政府倡导在这一阶段对学生进行分流，除了为升入大学做准备的普通高中之外，还有一部分学生就业。

"3"指的是旨在取得学位的高等教育。在印度，尽管 80% 的高校是

邦立大学及其附属学院，但中央政府对高校的干预力度远远大于基础教育。国家直接干预、控制并监督国内的高等学校，地方政府办的高等教育也必须遵循中央政府的方针和规定。印度高等教育修业年限为3年，招收18岁以上的高中毕业生。①

在上述结构之上的印度研究生教育共有2级学位（硕士学位和哲学博士学位）、4个层次（硕士研究生、哲学硕士研究生、哲学博士研究生和博士后）。普通高等教育各学科硕士学位的取得一般需要学习2年，专业高等教育各学科硕士学位的修业年限差别较大，有1年的、一年半的，也有2年的。哲学博士学位在硕士学位之后修业3年，在哲学硕士学位之后则修业2年。在哲学硕士学位之后，用7年或者更长的时间才获得哲学博士学位的也大有人在。博士后是哲学博士学位之后的研究阶段，为期2年。

尽管"10+2+3"的学制基本得到了确定，但印度由于各邦的情况各不相同，实际情况要复杂得多。2007年，在印度当时的34个一级行政区中，10年制的普通学校在18个一级行政区实行的是"5+3+2"制，在12个一级行政区是"4+3+3"制，在3个一级行政区是"5+2+3"制，在1个一级行政区是"4+4+2"制。2年制的高中，在有些一级行政区属于中等教育阶段，单独设校；在有些一级行政区属于大学预科，附设于高等院校；在有些一级行政区，两种情况都存在。②

印度高等学校的类型很多，隶属关系、办学形式很复杂。按隶属关系，可以分为"中央大学"（Central Universities）、"相当于大学的机构"（Institutions Deemed to be Universities，简称 Deemed Universities）、"国家重点学院（Institutes of National Importance）"和"邦大学"4类。

除了上述主流教育之外，为了给辍学的儿童提供帮助，印度还建立了许多非正式教育中心，开设各种桥梁课程，以帮助辍学者重返校园。具

---

① 赵中建：《印度的教育制度及其存在的问题》，《外国教育动态》1986年第6期。
② 安双宏：《印度教育60年发展的成就与问题评析——基于教育政策的视角》，《比较教育研究》2011年第6期。

体的学制结构图见图 9–1。

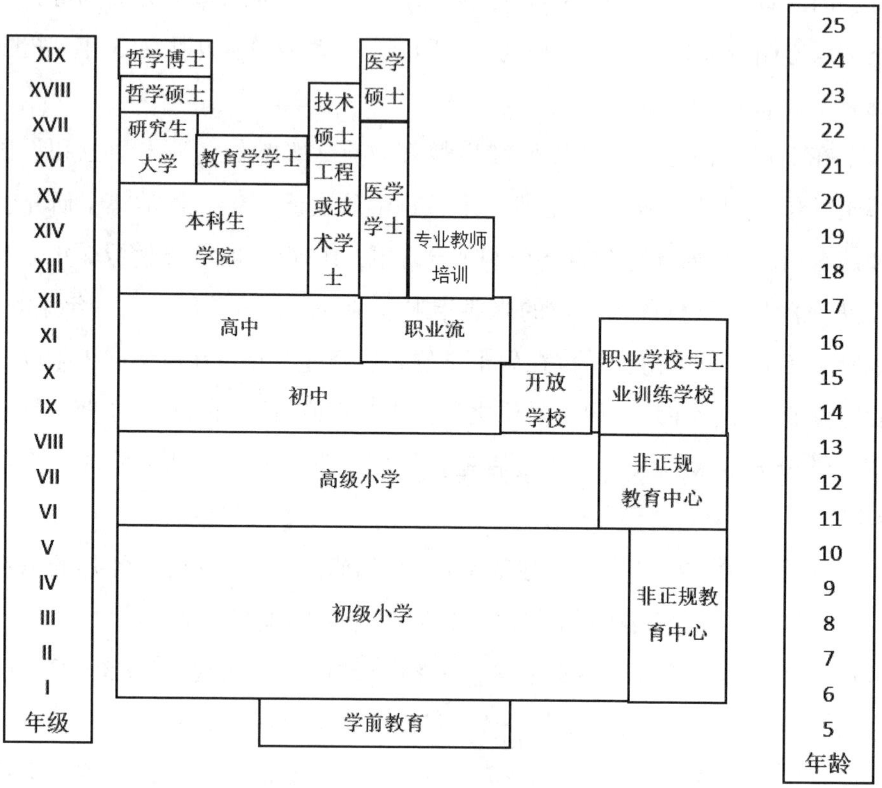

图 9–1　印度学制结构图①

尽管近年来，印度中央政府开展了一系列项目以发展其薄弱的基础教育，但普及十年义务教育的任务依然任重道远。2008—2009 学年，初级小学的辍学率依然居高不下。

二、印度的教育行政管理体制

独立后的印度实行联邦制，划分为 28 个邦，6 个联合属地（union territories）。作为英国曾经的殖民地，印度继承了英国遗留下来的教育管

---

① 参见赵中建《独立后印度学校制度的演变》，《外国教育资料》1990 年第 6 期。

理体制，即由中央政府和邦政府合作管理教育，并由宪法和各种立法分别规定了各有关方面的管理权限。印度宪法分别规定了中央政府的权限（Union List）、邦政府的权限（State List）及中央政府与邦政府的协同权限（Concurrent List，有的学者译为"共同责任"）。尽管"教育，包括高等教育"属于邦政府的权限，但各邦的权限受到"协同权限"中有关条款的限制。[①]1977 年以后，中央政府的权力增大了。当年 1 月生效的宪法第 42 修正案把整个教育事业从邦政府的权限范围划入协同权限范围，中央政府对全国教育事业有了比以往更大的发言权，可以针对全国教育的各个方面进行立法。在中央政府和邦政府对一个教育领域都有立法的情况下，中央的法律高于邦的法律。

印度宪法规定，原则上，中央政府在教育方面的权限主要包括：管理和维持全部或者部分由中央政府拨款的大学和其他教育机构以及由议会立法批准的全国重点院校；协调与制定高等教育和科学研究机构的（设立与运作）标准；推进印地语的传播和发展；建立国家级的职业技术培训机构；建立国家级的推进专门研究的机构；为所有印度儿童提供免费的义务教育直到他们年满 14 周岁以及其他一些事务。

从管理的对象来看，中央政府的主要职责是协调高等教育和技术教育的标准；各邦和中央直辖区的职责主要是初等和中等教育。从教育机构上看，大学实行自治，中小学及相关成人教育机构由各邦管理。各邦和中央直辖区的职责主要是初等和中等教育。从教育机构上来看，大学实行自治，中小学及相关成人教育机构由各邦管理。各邦与中央直辖区在国家教育政策的基本原则框架内，有权决定自己的教育结构，有权确定课程和教材以及根据自己的规章制度对教育进行管理。目前，印度存在五个级别的教育行政：中央教育行政、邦教育行政、地方教育行政、私人（或民间）教育行政和学校教育行政。[②] 而与之相应的教育管理和研究部门则包括中

---

① 安双宏：《印度政府对高等教育的管理》，《比较教育研究》2006 年第 8 期。

② 顾明远主编，王长纯分卷主编：《世界教育大系——印度教育》，吉林教育出版社 2000 年版，第 119 页。

央一级的人力资源开发部、全国性教育管理与协商机构和邦一级的教育行政机构。

（一）人力资源开发部

印度的中央和各邦政府都设有管理教育的部门。中央一级的教育行政部门在 1985 年 11 月 26 日更名为人力资源开发部（Ministry of Human Resource Development，MHRD），负责所有与教育相关的事务，包括审定各种教育计划，并为实施这些教育计划提供指导。今天，MHRD 主要通过两大部门行使其职责：学校教育与读写能力司（Department of School Education & Literacy，Deptt of SE & L）和高等教育司（Department of Higher Education，The Deptt of HE）。前者负责发展印度的学校教育，培养民众的读写能力。为了实现国家教育目标，Deptt of SE & L 负责实施了许多新的教育项目和动议；后者所负责的高等教育系统十分庞大，仅次于美国和中国。其中，The Deptt of HE 致力于为高等教育和研究提供世界水平的机会。

MHRD 的目标为：制定国家教育政策，并保证其在实践层面得到实施；制定发展计划，为全国适龄儿童和青年扩大受教育的机会；关注弱势群体的受教育状况，如贫穷人口、女性和少数民族；以奖学金、贷款补贴等形式为优秀学生提供财政支持；鼓励教育领域的国际合作，包括与联合国教科文组织以及外国政府和大学的密切合作。

（二）全国性教育管理与协商机构

为了协助政府制定和落实教育领域特别是学校教育领域的各项政策，印度还建立了一些国家级的专门教育机构和组织。其中重要的有：

大学拨款委员会（University Grants Committee，UGC）。其职责是：促进和协调大学教育，决定和维持教学的标准，决定和维持考试的标准，决定和维持科学研究的标准。在实际过程中，该委员会是通过财政手段来实现它对大学的控制和制约作用的。也就是说，它是通过拨款的方式来参与对高等教育的管理。

全国教育研究与培训委员会（National Council of Educational Research

and Training，NCERT）。它是 1941 年成立的一个自治组织，现以人力资源开发部的一个学术机构的身份开展工作。它的职责是进行学校教育方面的研究，制定并通过地区教育学院实施教师培训计划，编撰教师和学生所需的各种教材。此外，该部门还对全国基础教育状况进行调查。

中央教育咨询委员会（Central Advisory Board of Education，CABE）。它是教育领域的最高咨询组织，成立于 1920 年，恢复于 1935 年。其职责是：向印度中央政府和各邦政府就有关教育的各种问题提出建议；获得对印度教育发展有价值的情报和意见，向中央政府和各邦政府以及中央直辖区推荐采用。这个委员会的成员包括全国各地著名的教育家、中央政府和各邦政府以及中央直辖区的代表、印度议会的代表和各大学的代表。

（三）邦一级的教育行政机构

邦一级的所有教育计划，都是由邦政府的教育局负责制定和实行的。教育局由秘书（相当于局长）主管，在他的领导下，设置助理秘书或联合秘书等其他职位，以及其他辅助人员。每一个邦或中央直辖区都有一个教育理事会，由教育理事长负责。

根据印度的行政设置，邦以下分为若干个县，有些邦在邦与县之间设立了一些专区，县以下则进一步划分为区。一般来讲，在县一级均设教育局，其负责人通常称为教育局长，或称学校督导员，或称教育主任。

在邦和中央直辖区一级，一般都设有邦立教育研究所、邦立教育科学研究所、邦教育研究与培训委员会、邦教材局等。这些机构均由一位主任和主管负责，一些专家协助他们工作。这些机构在全国教育研究与培训委员会的指导下，编制课程，编写教材，出版体现本邦特点的课本和补充读物。①

---

① 马加力：《当今印度教育概览》，河南教育出版社 1994 年版，第 28—29 页。

第二节　印度自 21 世纪以来所推行的重大教育政策与改革

近年来，印度重大教育政策与改革的主要表现形式为政府推行的一系列教育项目，这些教育项目的目标比较具体，一般针对具体的教育问题。在基础教育领域，义务教育迟迟不能普及，其中女生入学比例偏低，表列种姓（Scheduled Castes）和表列部落（Scheduled Tribes）受教育水平更是严重不足。在高等教育领域，问题也非常之多。尽管印度拥有让国人骄傲不已的理工学院，但近年来，随着高等教育的迅速扩张以及科技的迅猛发展，印度政府也不得不出台相关的项目，以保证其高等教育的质量。印度人力资源发展部正在实施中的项目如表 9–1 所示。

表 9–1　印度中央政府正在推行的教育项目（schemes）①

人力资源发展部的教育项目	
高等教育司（大学和高等教育）	学校教育与读写能力司（初等教育）
国家教授研究项目（National Research Professorship，NRP）	初等教育普及项目（Sarva Shiksha Abhiyan）
建立新中央大学项目（Establishment of New Central Universities）	午餐项目（Mid Day Meal）
英迪拉·甘地国家部落大学（Indira Gandhi National Tribal University）	教师培训机构加强项目（Strengthening of Teachers Training Institute）
在教育落后地区建立 374 所学位学院	私立或独立少数民族机构基础设施开发项目（Schemes for Infrastucture Development of Private Aided/Unaided Minority Institutes，IDMI）
激励邦政府扩大高等教育机构	女性教育项目（Mahila Samakhya）
在印度银行教育贷款项目的帮助下，为落后地区的学生获取技术或专业教育提供贷款利率补贴	加强宗教教育质量项目（Strengthening for providing quality Education in Madrassas，SPQEM）

① Ministry of Human Resource Development，"Government of India. Schemes"，2012 年 6 月 12 日，http：//mhrd.gov.in/schemes_home.

续表

在大学里建立女生宿舍	中等教育
为大学赠款委员会未覆盖的邦立大学和学院提供帮助	中等教育普及项目（Rashtriya Madhyamik Shiksha Abhiyan，RMSA）
为 UGC 覆盖的大约 160 所大学和大约 5500 所学院提供额外的帮助	在中等教育阶段对残疾学生进行全纳教育（IEDSS）
加强大学中的科学教育和研究	鼓励女孩进入中学学习
建立有关政策研究和评估的大学研究机构	国家荣誉奖学金
技术教育	为制定语言的教师提供财政支持
在技术发展协作行动（Coordinated Action for Skill Development）之下发展技术专科学校	青春期教育项目
学徒培训项目	女生宿舍
印度国家工程、科学和技术数字图书馆联盟	模范学校
国家地震工程教育项目	学校信息通信技术
技术发展任务	中等教育职业化
对出国留学生的认可	公私立伙伴模式下的模范学校
升级现有的理工学院	成人教育
建立大约 20 所信息技术学院	成人读写算项目
	邦立资源中心
	成人职业培训项目
	支持志愿组织
	教师教育
	中央资助项目

一、初等及中等教育领域的重大政策与项目

2009 年，印度政府颁布了《儿童免费义务教育权利法案》（*The Right of Children to Free and Compulsory* Education Act，*RTE Act*），并且写进了印度宪法第 86 修正案，于 2010 年 4 月开始运行。该法赋予了印度每一名儿童在正式学校接受义务教育的权利，而且这种教育必须具备基本的规范

和标准。

初等教育普及项目（Sarva Shiksha Abhiyanm，SSA）是在第九个五年计划将要结束之际发布的，其目的是与各邦政府协作，通过限时整合策略实现普及初等教育的目的。SSA 希望到 2010 年，实现为所有 6—14 岁儿童提供初等教育的目标，并系统地提升学校的整体水平，使每一个社区都配备属于自己的高质量的小学教育。SSA 同样也致力于缩小初等教育水平的性别和社会差异，尤其是为女童和其他处境不利的儿童提供公平的教育。

在这一项目之下，并在居住计划、住房调查、学校地图和学习诊断等工作的基础之上形成了地区初等教育计划（District Elementary Education Plans，DEEP），发放给各邦的经费由经过注册的邦立社会团体支配。SSA 有望在社区管理中获得最高的优先权，整合主流教育部门的政策项目。2000 年，SSA 国家使命（National Mission for Sarva Shiksha Abhiyan）委员会成立，由印度总理担任该委员会的主席，人力资源发展部秘书担任副主席。

SSA 有望整合大部分的现有项目，将其纳入总体框架之内，包括由外资资助的项目，其项目实施的单位是地区。为了集中整合各方面的力量，SSA 将致力于在地区水平与其他部门充分协作，全面有效地整合已有资源。SSA 整合的项目包括妇女与儿童发展部门的 0—6 岁儿童项目等。

国家初等教育营养支持项目（National Programme of Nutritional Support to Primary Education，NPNSPE）始于 1995 年，简称全国午餐计划。该计划旨在促进初等教育的普及，提高入学率、降低辍学率，同时提升初等教育阶段学生的营养水平。在这一计划之下，政府每天都为每生提供 100 克熟食。最先开始实施该计划的是印度南部的泰米尔纳德邦（Tamil Nadu）。在随后的几年中，该计划覆盖的学生人数逐渐增多，到了 2000—2001 学年，印度政府已经为分布于 576 个地区的 792000 所学校的 1 亿多名学生提供了午餐，这相比起 1995—1996 学年所提供的 3340 万名学生来说，从人数上几乎翻了两番。

迄今为止，已有不少机构在不同的时间点对午餐计划进行了评估。行动研究团体（Operations Research Group）于 1999 年对 10 个邦的实施情况进行了评估。他们发现，初等学校实施免费午餐计划，吸引了不少表列种姓和表列部落的儿童以及那些来自低收入群体家庭的儿童。计划委员会（Planning Commission）在 2000 年进行的两项研究表明，政府所提供的免费午餐计划一方面保证了学生的健康，但更为重要的是，该项目吸引了许多学生进入学校。而长期以来，印度政府头疼于在将贫苦儿童吸引到学校中去的同时提升学生的保持率。国家教育研究与培训委员会和基础教育公共报告（Public Report on Basic Education，PROBE）也认为午餐计划对普及初等教育有积极的意义。

但是，尽管午餐计划提升了初等教育的入学率和保持率，在事实上这一项目并未能实现其雄心勃勃的计划，未能覆盖全国。该项目的弱点在于：没有有关熟食的规定；无法获得每年的入学数据，因此不能在学校正式工作的 10 个月的时间里配置粮食谷物。很明显在粮食的配置上存在不匹配现象；邦政府不能及时地安排粮食的运输。因为尽管该项目由中央政府资助，但邦政府需要预先垫付一笔经费用于运输，随后再由中央政府补给各邦。这种情况通常发生在偏远地区；社区居民在该项目的实施过程中参与过少，原因在于他们对该项目的了解程度不足。

非正规教育项目（Scheme of non-formal education，NFE）的引入时间为 1977—1978 年，该项目旨在帮助那些辍学的初等教育学龄儿童（6—14 岁）。最初，该计划仅仅局限于 10 个教育落后邦的城市贫困、丘陵、部落和沙漠地区，教师也缺乏热情，水平较差，对教科书和课程模糊不清，缺乏社区参与和管理技巧，同时又不注重与正规的主流教育保持一致，许多非正规教育中心甚至没有固定的教学场所。

2000 年，经过了修订之后，该项目被重新命名为教育保证项目和选择与创新教育（Education Guarantee Scheme and Alternative and Innovative Education，EGS & AIE）。该项目在方圆 1 公里内有学校的居住区开设了教育保证计划学校。EGS & AIE 计划将通过不同的策略为离开学校的学生提供支持，如桥梁课程、"重回学校"露营、季节性招待所、夏令营、移动教室和补习辅导等。从平均数据来看，为每一名初等教育水平的辍学生提供培训的年均经费在 375—845 卢比之间，为每一名高级初等教育水平的辍学者提供培训的年均经费在 580—1200 卢比之间。

二、高等教育领域的重大项目

从印度近年的年度报告来看，高等教育领域的主要侧重点在于以下几个方面：保证和加强高等教育入学率；解决教育不公平的问题，尤其是女性和表列种姓、表列部落；提升高等教育的质量；提升高等教育数字化水平。2010—2011 年印度年度报告显示，国家大学拨款委员会最大的几个项目都在致力于提升女性受教育水平、缩短男女受教育水平差异。如英迪拉·甘地独生女奖学金（Indira Gandhi Scholarship for Single Girl Child）、女生宿舍建设等项目。

建立邦的中央大学。中央大学法案（Central University Act，CUA）于 2009 年 1 月 15 日生效，目前已经在除了果阿邦（Goa）之外的所有邦（印度共有 28 个邦）都建立了一所中央大学；在查谟和克什米尔（Jammu & Kashmir）甚至有两所，其中之一在克什米尔地区，另一所在查谟地区。该计划也包括 UGC 所未覆盖的邦，如比哈尔邦、恰尔肯德邦、奥利萨邦、古吉拉特邦、哈里亚纳邦、旁遮普邦、拉贾斯坦邦、喜马偕尔邦、卡纳塔克邦、喀拉拉邦、果阿邦恰蒂斯加尔邦、中央邦、北阿坎德邦和泰米尔纳德邦。除了新建中央大学之外，还有三所中央大学是从原有邦立大学转变过来的。

建立 14 所世界水平的重点大学（改名为创新大学，目标是建设成为世界水平的大学）。为了提高教育质量，人力资源发展部部长决定建立旨在达到世界水平的创新大学，从而将全世界高水平的人才吸引到印度的大学中来。印度中央政府计划在 14 所不同的城市建立创新大学。

建立英迪拉·甘地国家部落大学。英迪拉·甘地国家部落大学的建立得益于议会通过的一项法案，学校自 2008—2009 学年开始进入正常运转阶段。该学校为本科生和研究生提供不同专业的课程，属于一所教学和附属大学，其任务是提升印度表列部落人口的高等教育和研究水平。

第三节　印度教育政策的形成机制及其特点

有关印度教育政策的已有研究表明，该国教育政策是一个十分宽泛的概念，其表现形式和内容规定也各不相同。施晓光认为，根据文本形态判断，印度高等教育政策可以分为两大类型，一是以法律形式出台的政策产品，如宪法、教育法规等等；而非法律形式的政策产品，则包括政府及其所属委员会颁布的规划报告和建议等。同样，在其他学校教育阶段，教育政策的情况也是如此。这是由印度特殊的教育体制所决定的。换言之，尽管各委员会出台的规划报告和建议不具强制性，但它一般是政府决策的基础和雏形，因此也对印度的教育实践产生影响。[①]

在印度，法律形态的教育政策主要包括宪法和教育基本法，后者即为印度独立以来三座里程碑式的国家教育政策：《1968年国家教育政策》《1986年国家教育政策》和《1992年教育政策修正案》及其"行动计划"等，这些文件是由印度议会授权、政府部门宣布的教育政策，不同于一般性政策报告或建议，具有一定的法律效力。此外，在印度的教育系统中，同样对教育实践产生重大影响的是各种非法律形态的教育政策：如国家五年发展规划中有关教育的部分以及政府所属委员会提交的报告和建议等等。

一般来说，法律形式的政策产品通常是非法律形态政策产品经过相关部门赋权之后的结果。因此，下文以《儿童免费义务教育权利法案》为例，描述其形成机制。

---

① 施晓光：《印度高等教育政策的回顾与展望》，《北京大学教育评论》2009年第4期。

一、教育政策的形成机制——以 RTE 的形成为例

前文提到，印度中央政府于 2009 年出台了一项保障每一名儿童接受免费义务教育的法案——《儿童免费义务教育权利法案》（RTE）。该法案要求政府必须为 6—14 岁儿童提供免费义务教育。尽管印度宪法早在 20 世纪 50 年代就提出要在未来十年普及十年义务教育，但这一目标迟迟没有实现。

1993 年，在普拉德世邦（Andra Pradesh）的一个法律案件中，邦政府由于没有做到为适龄儿童提供免费义务教育而受到攻击。"邦政府不能为了自身的便利，就推迟宪法所授予的基本国家福利。邦政府必须进行资源的重新配置，如果有必要的话，甚至可以将用于其他方面的资源转移到这一方面上来，从而使得宪法规定的免费义务教育成为现实。"这一事件引起了广泛的关注。2002 年，宪法第 86 次修正案指出："各邦应该为所有 6—14 岁儿童提供免费的义务教育，具体的方式由各邦政府决定。"

在这一形势之下，印度中央政府下定决心制定一份相关的法案，以保证义务教育得到落实。2003 年，第一份教育权利议案的草案问世，接受公众的评论。2004 年，在接受了公众对于第一份草案的反馈意见之后，第二份草案问世，并接受公众的评论。

2005 年，中央教育咨询委员会（CABE）起草了"教育权利议案"并提交给人力资源发展部。2006 年，由于缺乏足够的资金，财政委员会和计划委员会驳回了这份议案，议案的模型被分发给各邦，由各邦进行必要的调整。各邦很快将这一议案模型还给了中央政府，并提出资金不足的现实问题。在遭到种种驳回之后，该议案几乎尘封了两年。

2008 年，在印度联邦院上议院，儿童免费义务教育权力议案被重新引入。联邦院议长称该法案提交至国会常务委员会人力资源开发相关部门。2009 年 7 月 20 日，在对 2008 年草案略加修改之后，上议院通过了《儿童免费义务教育权利议案》；8 月 4 日，印度下议院人民院也通过了这份议案；8 月 26 日，印度总理同意了这份议案，从而赋予了这份议案以法律效力并最终成为一份法案。2010 年 1 月 29 日，人力资源发展部部长

席保（Kapil Sibal）对教育权利法案的模型规则表示赞同，各邦政府在实施该法案的过程中就使用了该模型。4 月 1 日，RTE 法案由中央政府强制实施。

二、印度教育政策形成的特点

自独立以来，印度政府共颁布了三份国家教育政策和各种各样的法案。如上文所述，在印度教育的管理模式中，制定教育政策法规的权力属于中央政府，中央政府的教育行政单位是人力资源发展部。而该部则依赖下属的各个专门委员会提供信息来源，并根据执政党的要求，及时出台教育政策。可以说，在印度，所有教育政策制定的工作程序基本是成立专门委员会，起草和制定政策建议，交付政府决策，最后形成法律文本。①

（一）委员会在教育政策的形成过程中扮演重要角色

印度教育政策的输入主要来自于中央政府和各邦组建的委员会所提交的报告。这些委员会对相关政策研究结果的应用程度是一个有待进一步讨论且很难回答的问题。自从 1947 年独立以来，印度为了教育政策付出了系统的努力，成立了一系列的专门委员会，如：大学教育委员会、中等教育委员会（The Secondary Education Commission，1952–1953）、教育委员会（Education Commission，1964—1966）。

为了在学校教育领域政策和项目的形成与实施过程中给政府提供帮助，印度成立了一系列全国水平的专门机构。成立于 1961 年的国家教育研究与培训委员会的目标是在学校教育领域协助人力资源发展部和各邦政府制定和实施教育政策、项目和动议；国家教育规划和管理研究所（National Institute of Educational Planning and Administration，NIEPA）的目的是协助 MHRD 提高全国教育规划和管理水平。此外，印度人力资源发展部也通过中央印度语研究院（Central Institute of Indian Languages，

---

① 施晓光：《印度高等教育政策的回顾与展望》，《北京大学教育评论》2009 年第 4 期。

CIIL)、中央英语和外语研究院（Central Institute of English and Foreign Languages，CIEFL）等机构对一些与语言发展相关的项目提供帮助和建议。

在印度，除了政策文本之外，大部分的教育战略是通过五年计划来制定的。总体来看，印度所发布的五年计划包括对教育资源的要求，同时也包括为实现一定的教育目标应该如何利用上述资源。这些计划所需要的数据是根据制度化的资源而得出的。中央普查组织（Central Census Organization）就属于此类机构，它负责每十年的大规模普查。该普查是政策制定过程中所使用的重要数据，且是衡量这一段时间里所发生改变的重要方式。

学校教育领域的另外一个重要数据来源是定期举行的全印度教育调查（All India Educational Surveys，AIES）。自从独立以来，印度已经举行了 7 次全印度教育调查。1960 年，印度教育部（Ministry of Education）进行了第一次调查，第二次至第六次全印度教育调查由国家教育研究与培训委员会组织，分别于 1967 年、1979 年、1982 年、1992 年和 1999 年进行。这些调查覆盖了学校教育的方方面面，使用了核心变量的普查模式（为微观层面的计划提供参考）、特定话题的变量抽样模式（为宏观层面的计划提供参考），最终形成了一千多个子项目，为微观和宏观层面的教育计划和研究提供了丰富的数据库。上述调查提供了有关农村居住场所、学校数量、生师比、学校管理模式、入学率、非正式和学前教育的设施、处境不利群体的教育状况、学校建筑和其他设施等的信息。国家和各邦在制定教育政策的过程中广泛使用上述信息。①

（二）学者的研究对政策形成的影响不明显

尽管印度政府在出台政策之前会进行大规模的调查，做了充分的准备工作，但从学者的研究来看，有关教育政策形成的分析并不算多，国家

---

① 参见 M. S. Khaparde，"Educational research in India：Policy and Practice"，*Educational Research for Policy and Practice* 1：2002，pp.23-33。

教育研究与培训委员会卡帕德（Khaparde）撰文指出，教育研究中真正能够影响政策决策的并不多见。对印度已有的教育政策研究进行分析可知，大部分的研究只是局限于学术层面，很少有研究试图为现有的政策提供建议。印度教育政策制定过程的信息来源主要是各种委员会的报告、五年计划以及其他的教育类研究。卡帕德强烈建议印度国内学者进行一些对政策过程和实践有帮助的研究。[①] 在这一方面，印度与其曾经的宗主国英国有很大的差异。

由此可见，尽管印度政府在出台国家教育政策之前会进行调查和意见收集，但真正影响政策制定的不是普通学者也不是普通民众，而是政治精英及其任命的团队。从这一方面可以看出，印度教育政策的形成过程具有很明显的精英模式特征。

印度政府虽然制定了不同级别的教育政策，但其在落实方面并不尽如人意。诚然，印度是一个人口大国，贫困人口众多、社会问题复杂，但这并不是政策无法落实的所有原因，政府所制定政策的目标过高也是一个重要原因。这从侧面反映出印度政府在政策制定过程中并未充分地考虑到印度的国情，体现出政策形成过程的不足。

（三）教育政策的决策模式具有渐进性

印度教育政策的形成一般是在此前政策的基础之上所做的微调，1986 年和 1992 年国家教育政策对之前教育政策的借鉴十分明显，其所包含的内容和目标具有明显的继承性。

（四）近年教育政策的制定向基础教育倾斜

印度的高等教育体系孕育了世界知名的印度理工学院，但其基础教育却不尽如人意，二者差距悬殊。近年来，印度中央政府在基础教育领域的项目比高等教育要多，从政策的制定来看，有向基础教育倾斜的趋势。

---

① M. S. Khaparde，"Educational research in India：Policy and Practice"，*Educational Research for Policy and Practice 1*：2002，pp.23-33.

第四节　印度教育政策的实施机制及其特点

在印度现行的教育管理体制之下，其政策实施过程主要分为中央政府和各邦两个层面。长期以来，印度中央政府将主要的精力和大部分经费放在高等教育上，其结果是印度理工学院一枝独秀，而印度的初等教育则主要由一级行政区（邦和中央直辖区）自主推行普及。由于各邦情况复杂，结果是各地区发展速度不一。据印度人力资源开发部 2008—2009 年度报告显示：2006—2007 年度，印度初等教育高级阶段（6—8 年级）辍学率为零的一级行政区只有 8 个，而辍学率超过 50% 的一级行政区有 11 个，其中，阿萨姆邦和比哈尔邦的辍学率竟然超过了 70%。[①] 近年来，印度中央政府逐渐将更多的注意力放在了义务教育上。

一、印度初等及中等教育政策的实施机制——以国家午餐项目为例[②]

自独立以来，印度初等及中等教育一直都是各邦的责任。1975 年，第 42 次宪法修正案将初等教育的责任规定为中央政府和各邦政府的协同责任，因此，考察印度初等及中等教育政策的实施机制就需要从中央和各邦两级政府来看。

2001 年 9 月 28 日，印度最高法院命令各邦在 6 个月的时间内向所有公立和公助小学介绍政府的免费午餐熟食项目。该计划要求各邦在工作日为学校儿童提供免费午餐，其目的是保护儿童免受饥饿的困扰，同时增加入学率和出勤率。尤其是对于那些出身表列种姓、表列部落以及处境不利的儿童来说，免费午餐给予了他们很大的帮助。

[①] Ministry of Human Resource Development，Government of India. *Annual Report 2008—2009*，pp.317-318.

[②] Bihard，"Flagship Schemes"，http：//www.educationbihar.gov.in/English/MDMScheme.aspx.

（一）中央政府的政策实施机制

午餐项目出台之后，中央政府成立了一个专门委员会负责该项目的协调、实施和评估工作，包括午餐项目所覆盖的范围、午餐营养标准的设立、经费的拨付以及实施指导等等。

印度政府采取逐步扩张的办法使午餐项目覆盖人群逐步上升，十一五规划要求在 2007 年覆盖另外 1700 万名儿童，如此一来，到 2008 年，该计划将覆盖 18000 万儿童。而午餐计划的营养标准也有所加强，对于初级小学，按照每生每日 100 克的标准提供免费谷物（小麦或米饭），蛋白质为 12 克，对总热量也有要求；对于高级小学，按照每生每日 150 克的标准提供谷物，蛋白质为 20 克。此外，午餐还必须包含足够的微量元素和维生素补充剂。

对于那些参与免费午餐项目的学校，政府按照学生人数为其拨款和分发谷物。在 11 个特殊邦（如阿萨姆邦、查谟克什米尔邦等），中央政府按照市场价为其提供交通补助。在其他邦，则由地方政府预先垫付交通费，中央政府根据交通运输的实际具体拨付款项，以每公担 75 卢比的价格封顶。

在烹饪费用方面，初级小学每生每日 2.5 卢比，高级小学 3.75 卢比。2009 年和 2010 年，这一费用经过了两次上调，分别达到了 2.69 卢比和4.03 卢比。2011 年又上调了 7.5%。烹饪费用由中央政府和各邦政府分担，比例是 90∶10 或 75∶25。烹饪费用包括豆类、蔬菜、烹饪用油和其他调料以及燃料。

午餐计划还需要学校建立相应的厨房，这一笔费用的分担比例和烹饪费用相同。厨师和助手的工资也由两级政府分担，比例同上。①

（二）邦政府的政策实施机制——以比哈尔邦为例

比哈尔邦是印度经济发展落后的邦之一，实干型政治家古玛尔上台

---

① Ministry of Human Resource Development，Government of India. *Annual Report 2010—2011*，p.42.

之后，比哈尔邦的各方面都有所发展，教育领域也是如此。2003—2004学年，比哈尔邦在 10 个地区的 2532 所小学进行了试点，为上述小学发放免费熟食。经过试点之后，2005 年 1 月，比哈尔邦决定将该项目在全邦的所有初级小学推广。到 2008 年，免费午餐计划甚至扩展到了高级小学。

在比哈尔，午餐项目不再被交付给合同商，而是由社区组织或 NGO 负责，质量和安全将成为首要的考虑因素。邦政府还极力倡导教师们和其他相关人士参与到对食品卫生和安全的监管中来，并邀请营养专家参与对菜谱的设计和食物的检测，鼓励学校菜园种植当地食物。邦政府还要求学校重新制定健康计划项目，广泛宣传和学习好的做法；为所有学校提供饮水设施；公布每周学校食品的供应和资金，保证透明。

截至 2011 年，共有 71772 所学校和教育中心实施了这一计划。与此同时，该项目也为比哈尔创造了许多就业机会，因为实行免费午餐计划的学校需要大量的厨师和助手。

二、印度高等教育政策的实施机制——以建立中心大学法案为例

印度自独立以来，政府就十分重视高等教育的发展。几十年来，他们一直将教育计划列入国民经济发展计划之中，并通过立法确定全国重点院校；此外，印度政府还不遗余力地引进外资，积极开展与发达国家的合作办学。印度理工学院即为印度高等教育体系中的翘楚。

作为一个联邦制国家，印度的高等教育由中央政府和邦政府合作管理。中央政府对高等教育的行政管理主要通过人力资源开发部来实施。中央政府对印度高等教育的规划、指导与管理，主要通过"大学拨款委员会"进行。此外，印度高等教育机构的主体为邦立大学及其附属学院，约80% 的高等教育机构由各邦政府控制，其学生数量占全国高校学生总数的 80%。[1]

2009 年，印度议会通过《中央大学法案》，旨在通过为大学提供指导

---

① 安双宏：《印度政府对高等教育的管理》，《比较教育研究》2006 年第 8 期。

和研究设施的方式促进教学和知识的发展。这些大学招收来自全印度各个地区的学生和教师，其教学质量应该成为所在地区的榜样。到目前为止，印度已经建立了 40 所中央大学，其中 23 所新的中央大学是建立于 2005 年之后的。尽管法案的通过时间是 2009 年，但印度政府在此之前就已经着手于中央大学的建设。

《中央大学法案》于 2009 年 1 月 15 日生效，迄今为止已经建立了 16 所新的中央大学，也就是说除了面积过小的果阿邦，所有的邦都已经有了中央大学。查谟克什米尔邦甚至有两所中央大学。在中央邦、恰狄斯加尔邦和北阿坎德邦，其中央大学分别由已有的大学升格而来。也就是说，《中央大学法案》通过以来所形成的中央大学分为两类，分别是新建大学和升格大学。

13 所新建中央大学。为了建立新的中央大学，相关的邦政府被要求提供约 500 英亩的免费土地。选址委员会（Site Selection Committees）对土地的可持续性等方面进行评估并给出建议，然后确定的地址必须报给中央政府相关办公室（Central Government Gazatte Official）。目前为止，已经有 11 所中央大学选址得到了确定，比哈尔邦和喀拉拉邦政府已经提供了几个备选地址。除了查谟中央大学之外，新的中央大学已经在 2010—2011 学年年底开始了临时性的学术活动，等待其最终校园的确定。上述大学教师的招聘方式是在得到 UGC 的允许后，在全国性的印刷媒体上刊登招聘广告，同时将其放在网络上。与此同时，这些大学通过指定的合约教师或客座教师以及访问学者来开展学术项目。其中的一些中央大学已经开始按照中央大学法案的相关条文规定的特殊模式招聘高级研究人员，大学拨款委员会已经给这些新的中央大学拨款 39.85 亿卢比。

3 所升格而来的中央大学。除了新建 13 所大学之外，中央大学法案还将 3 所已有的邦立大学升格为中央大学。这些大学已经有了一些必要的设施和师资。大学拨款委员会承诺为这些大学的建筑、校园开发、设备、书籍、杂志、ICT 设施和奖学金等方面提供经费支持。其中两所大学已经获得了 17.582 亿卢比，2011 年 11 月 30 日，其中的 6.661 亿卢比已经下发。与此同时，UGC 也给予了相应的拨款以保证上述三所大学与其他新建中央大学保持一致。在新的学年，上述三所大学分别都已开设新的学术课程，与此同时，大学还计划加强其已有的部门建设。①

三、印度教育政策实施的特点

一般来说，印度教育政策的实施涉及中央政府和邦政府两级，两级政府的配合十分重要，中央政府制定的政策需要各邦政府的积极配合。印度教育政策实施的特点主要有：

（一）基础和高等教育的经费分担模式有差别

从免费午餐计划和建立中央大学两项教育政策来看，其实施机制都是中央政府制定出台相关规定，规定中央和地方两级政府各自需要承担何种义务。中央政府无权拒绝由议会通过并授权的法案。邦政府需要设立专门的管理委员会或指定一名官员负责相应计划的实施。而在实施过程中，中央政府会通过不同的渠道拨付经费，中央政府也需要实现垫付或者直接提供免费的土地。在基础教育领域，教育经费由中央和邦政府分担，但在中央政府直接控制之下的中央大学，其经费则基本上完全由中央政府承担。

印度的基础教育和高等教育发展水平极不平衡。经费分担模式的不同是其中的一个重要原因。从印度近年实施的两项教育政策来看，初等教育和高等教育的发展极不平衡。初等教育尚处于需要通过免费午餐来吸引学生上学的阶段，而高等教育则已然达成在几乎每一个邦均建立一所由中央大学拨款委员会直接控制的中央大学的目标。

经费不足始终是困扰印度教育政策落实的一个重要方面。在初等及中等教育领域，尽管印度早在 50 年代就提出了要在十年内普及十年免费义务教育，但到今天，这一目标也没有实现。究其原因，经费的紧缺以及

---

① Ministry of Human Resource Development，Government of India. *Annual Report 2010— 2011*，p.132.

对上述教育阶段的忽视是一个重要的原因。而在高等教育领域，经费紧缺同样是一个十分严峻的问题。印度中央政府直接管理之下的印度理工学院尽管一枝独秀，但该国 80% 的高等教育为邦立大学及其附属学院。这一部分高等教育学校面临严重的经费不足的问题，只能依靠开放市场，吸引更多私人投资来增加其经费收入。

（二）中央政府对政策实施的介入越来越多

近年来，印度教育政策实施的另外一个显著特征就是中央政府的介入越来越多。在印度过去几十年的发展历程中，其基础教育主要是各邦的责任，中央政府也较少涉足邦大学的管理和建设。而从近年的教育政策实施来看，中央政府也逐渐将更多的精力放在基础教育上。在高等教育领域，除了全国重点院校之外，中央政府也试图通过在各邦建立中央大学的方式来提升各邦大学的办学水平。

第五节　印度教育政策的评价机制及其特点

印度教育政策并没有配套的评价机制，也没有相关的立法。在基础教育领域，印度人力资源发展部及其下属的两个委员会负责定期对全国基础教育的发展情况做一个全面的调查，即全印度教育调查（All India Educational Survey，AIES）。事实上，其调查的对象就是印度在基础教育所实施的各项政策和开展的项目，因此，我们可以将此项大规模的调查视为印度基础教育领域的政策评价。

在高等教育领域，由于规模的快速扩张，除了若干所由中央政府直接负责的中央大学之外，邦立大学及其附属学院办学水平堪忧，有的甚至连基础教学设施都无法保障。为了对印度高等教育政策的实施效果进行评价，1994 年，大学拨款委员会成立了一个下属的自治机构——印度国家评估与认证委员会（National Accreditation and Assessment Council，NAAC），负责对全印度的高等院校进行评估和认证。尽管这种评估并不能被直接视为对高等教育政策的评价，但由于印度并没有相配套的政策评价机制，所以只能通过 NAAC 的评估结果，对印度高等教育政策实施的成效进行初步判断。

截至 2007 年 3 月 31 日，已有 140 所大学和 3492 所学院接受了评估与认证。到 2009 年 1 月，已有 24 所大学和 372 所学院接受了 NAAC 新方法的评估与认证。历经十余年的发展，NAAC 在高等院校评估与认证方面积累了丰富的经验。[①]

下文以基础教育领域的政策评价——全印度教育调查为例，对印度教育政策的评价进行初步探索。

一、全印度教育调查的评价机制

（一）评价主体

全印度教育调查的评价主体包括中央和各邦两级政府。在全国水平有三个负责组织，分别是人力资源发展部（MHRD）、国家教育研究与培训委员会（NCERT）和国家信息中心（national informatics center，NIC）。MHRD 为调查和有效管理提供经费支持。NCERT 承担的责任是提供所有的学术投入、管理和协调调查的进行，并最终拿出一份报告。NIC 负责调查过程中与电脑及信息技术相关的工作，包括软件开发以及地区、邦和国家水平的数据分析等工作。此外，NCERT 的网络设施也在沟通和管理的过程中发挥了重大作用。此外，所有的 35 个邦政府和联邦属地也参与调查的执行。

该调查的主要负责部门是国家教育研究与培训委员会，该委员会定期组织全印度教育调查，收集、汇编和传播该国基础教育的总体进步情况。这些调查从微观和宏观两个角度提供了教育发展计划的基本投入，以便为教育政策的形成和中央政府的教育项目评估提供信息。

（二）评价对象

调查对象包括乡村地区学校设施的有效性、项目及其成效等。（1）评

---

① Accredited Institutions，2012 年 6 月 12 日，http://www.naac.gov.in/accreditedall.asp.

估不同人口居住区内，初级小学、高级小学、初级中学和高级中学阶段学校设施的可用性；（2）评估学校的基础设施，如建筑物、教师、饮用水、电、师生的家具、激励性政策、免费午餐的质量；（3）了解认证学校所有阶段的入学率；（4）了解认证在学校的所有阶段儿童中有多少残疾学生；（5）了解高中分流中，学术流的性别状况以及有资格的高中教师人数；（6）了解在初级中学和高级中学中科学实验室和图书馆、体育教师、图书馆员、指导咨询者、非教学人员的情况；（7）评估认证学校不同年级教师的位置（性别、表列种姓、表列部落等）；（8）调查学校的分布；（9）调查经过认证学校初级和高级小学的入学率和教师状况。

（三）评价工具

表 9-2　评价工具表

调查工具	测试地区
农村信息调查（Village Information Form，VIF）	所有农村地区
城市信息调查（Urban Information Form，UIF）	所有城市地区
学校信息调查 1（School Information Form-SIF-1）	所有经过认证的初级和高级小学
学校信息调查 2（School Information Form-SIF-2）	所有经过认证的中等和高级中等教育学校
大学信息调查（College Information Form，CIF）	所有学位课程学员
特殊学校信息调查（Special School Information FORM，SSIF）	为残疾儿童而设立的特殊学校
邦政策和实践在学校的实施（State Policies and Practices in School Education，SPPSE）	所有邦和联邦属地

二、印度教育政策评价的特点

（一）没有建立常规的教育政策评价机制

一个成熟的教育政策系统应该包括教育政策的形成、实施和评级机制。但在印度，并没有一个常规的教育政策评价机制。该国在教育领域没有与对教育政策的实施效果进行检测相关的立法或法规，而全国性教育调查关注的重点在于整体教育状况的提升以及存在的问题。这种现象在高等教育领域尤为严重，这与印度是发展中国家的国情是分不开的。因为印度目前尚未能普及义务教育，其高等教育也仅仅处于扩张阶段，80%的邦立学校及其附属院校尚属于经费严重不足、质量得不到保障的阶段，无暇顾及教育政策的评价。

（二）评价主体即为政策制定部门

在印度，教育政策的最高行政部门是人力资源发展部，该部的政策出台有赖于各个委员会进行的调查和提交的报告。对高校发展状况进行评估的是国家评估与认证委员会，对基础教育发展状况进行评估的是国家教育研究与培训委员会，二者都是隶属于人力资源发展部的部门。也就是说，在印度，其教育政策的评价主体即为教育政策的制定主体，这是一种很不完善的机制。

第六节　印度教育政策的问题与走向

一、印度教育政策的问题

（一）根深蒂固的等级制度阻碍了印度教育的公平

从上文的分析中可以看出，印度政府出台的教育政策和实施的项目中有很多是促进教育公平的。印度是四大文明古国之一，其悠久的历史和灿烂的文化曾经为人类的进步作出了重要的贡献，但其部分文化传统也给当今的印度社会带来了沉重的桎梏。种姓制度是印度社会所特有的，印度官方文件所指的表列种姓和表列部族即为需要重点帮扶的对象。属于表列种姓和表列部落的人口在印度总人口中占有相当大的比例，其中表列种姓约占15%，表列部落约占7.5%。[①] 由于社会、历史等原因，他们在教育程度方面远远落后于印度其他人口。

种姓制度以一种特殊的方式渗透进了印度社会的方方面面，尽管印

---

① 赵中建：《战后印度教育研究》，江西教育出版社1992年版，第48页。

度政府希望通过种种措施来改善这种局面。印度在刚刚独立时，只有不到五分之一的人口具备读写能力，这部分人主要来自地位较高的种姓，且大部分为男性。种姓制度对印度基础教育改革政策的影响是多方面的，可以说贯穿于从政策制订到政策实施与评价的所有环节。① 社会的现状使得印度政府不得不在政策制定和实施过程中对弱势群体采取特殊的措施。

尽管印度政府对这一部分群体的教育有许多倾斜，通过实施诸如免费午餐这样的项目来吸引更多的表列种姓和表列部落人口接受初等教育，并在高等教育阶段实施了饱受争议的"保留政策"②，但这种根深蒂固的等级制度将长期制约着印度教育在公平道路上的发展。

（二）中央与地方合作制不利于教育政策的推行

印度在政治上是多党制议会民主的联邦制，在教育管理上实行中央与地方合作制。这样的体制常常造成不同党派执政的中央与地方"明争暗斗"，使得教育政策的实施无法在全国顺利推行。这一点在印度的基础教育系统中表现得十分明显，从上文《儿童免费义务教育权利法》的制定过程以及免费午餐项目的实施过程中都能看出，中央政府和地方政府之间并不是一个合作融洽且高效的整体。这也是印度基础教育发展水平远远落后于高等教育，高等教育内部也存在巨大差异的原因之一。

（三）缺乏完善的教育政策机制

印度没有建立起完善的教育政策机制，主要体现在以下两个方面。首先，作为一个庞大的国家，中央政府制定的政策在全国各地的实施难免会走样，而印度政府竟然没有建立起完善的机制来对政策实施效果进行评价。全国性的教育评价和高校评估可以让国民对教育发展状况有一个大概的了解，但这样的评价方式并不能等同于政策评价机制。其次，印度教育政策的制定部门和教育发展水平的评估部门都是人力资源发展部，而没有除了管理部门和学校之外的第三方力量参与到教育评估中来。

---

① 许建美：《影响印度基础教育政策的因素》，《比较教育研究》2005 年第 10 期。
② 施晓光：《印度教育"保留政策"问题探析》，《比较教育研究》2008 年第 10 期。

二、印度教育政策的走向

与中国一样，印度也是一个发展中的大国。而今，中国已经全面实现普及 9 年义务教育，印度离初步实现普及 8 年义务教育还有很大差距；2020 年，中国高中阶段的入学率达到 90%，印度不到 60%；中国已经开始开展中等职业教育逐步免费的工作，这是印度在未来相当长的时期内不能想、也做不到的事情；2019 年，中国高等教育的毛入学率达到 51.6%，印度则是计划在 2020 年达到 30%。① 如果将中国作为参照目标，印度政府在教育问题上依然任重道远。

（一）基础教育阶段：继续加大经费投入和参与力度

近年来，印度政府在基础教育领域开展了一系列的项目，中央政府的经费投入比例也逐步上升。鉴于印度基础教育阶段仍然存在很严峻的问题，种姓、性别、语言、阶级、宗教、人口等因素将长期影响印度基础教育的发展。要想普及义务教育，这些问题是印度政府必须应对的。因此，可以预见，在未来很长的一段时间内，印度政府将继续加大经费投入和参与力度。

（二）高等教育领域：致力于建立一批旗舰型大学

印度高等教育系统中有值得国人骄傲、世界瞩目的理工学院，但这掩盖不了印度高等教育内部发展极不平衡的事实。印度水平参差不齐的邦大学及其附属院校面临着许多问题，经费短缺、设备不足等是长期困扰印度政府的大问题。除了经费投入之外，印度中央政府通过立法要求在全国各邦至少建立起一所中央大学，以这所大学为榜样，带动所在邦高等教育的发展。此外，印度不满足于仅有理工学院可以在世界上有一席之地的现状，目前已经确立了一批重点大学，力图将其建设为世界水平大学。

---

① 安双宏：《印度教育 60 年发展的成就与问题评析——基于教育政策的视角》，《比较教育研究》2011 年第 6 期。

第十章　南非国家层面教育政策的
形成、实施及评价机制

　　1994年，以曼德拉为首的非洲国民大会党在南非大选中获胜并组建新的政府。这标志着南非革命人士在经历长期的斗争之后，结束了1948—1994年间以马兰为首的南非国民党所实行的长期的种族隔离统治。南非历史进入一个崭新的时期，政治民主化掀开篇章，经济、教育、文化、社会等方方面面都开始迈出重建和振兴的步伐。鉴于此，文中将1994年以来的南非，称为新南非。

　　长期种族隔离统治，导致南非教育问题重重，教育领域存在严重的种族歧视和性别歧视，不同种族之间、不同地区之间、不同类型之间的教育发展都存在着严重的不公平和不均衡。总之，新南非成立初期，国家的整个教育状况，既不公平，质量又参差不齐，而且还支离破碎，与政治民主化进程格格不入，无法满足经济重建对人力资源的需求，更不利于孕育和构建种族平等、文化包容、和谐共生的社会秩序和环境。

　　面对棘手的教育局面，新南非成立后，即于1995年3月出台了一份《教育与培训白皮书》，拉开了南非教育大刀阔斧变革的序幕。白皮书之后，时至今日，新南非层出不穷地出台了许多国家层面的教育政策，不断推进教育变革。国家层面教育政策制定、实施和评价也渐次有了一定程序和框架。

　　本章旨在从教育政策过程的视角出发，结合新南非某些国家层面教育政策制定、实施和评价的具体状况，对新南非国家层面教育政策制定、实施和评价机制的总体状况进行探讨和分析。

第一节　南非基本教育制度和教育行政管理体制

为便于对下文有关新南非国家层面教育政策制定、实施和评价机制的探讨予以更好的理解，此处有必要先对新南非的基本教育制度及教育行政管理体制，给予一定交代。

一、南非基本教育制度

新南非成立后，以 1995 年 3 月所出台的《教育与培训白皮书》为肇始，在过去近 20 年时间里，对历史上种族隔离统治所遗留的教育制度作出了全面变革。新南非 1996 年《宪法》承诺："人人都有公平的受教育权。"1996 年《宪法》还规定，"确保所有公民都有机会接受最基本的基础教育、成人教育以及继续教育与培训，是新南非政府义不容辞的责任。"为确保上述目标的实现，新南非在教育方面的投入大于在任何其他国家事务方面的投入。如新南非的年度教育投入占国内生产总值（GDP）的比例高达 7%，占政府财政总支出的比例高达 20%，这在世界上而言都是排名比较靠前的，彰显了新南非政府对国家教育事业的高度重视。

为促进国家教育与培训的整合与统一，同时促进国家不同教育层次、不同教育类型、不同教育机构之间的灵活性和可迁转性，新南非在过去若干年间，一直致力于"国家资格框架体系"的构建和推行。基于"国家资格框架体系"，新南非当前的教育体制基本划分为"基础教育与培训""继续教育与培训"及"高等教育与培训"三个由低到高的层次或阶段。

在"基础教育与培训"阶段之前，有条件的地区或社区也可推行学前一年教育。新南非将学前一年教育称之为 0 年级或 R 年级（reception year）。"基础教育与培训"阶段主要包括 1—9 年级的普通学校教育（即 1—7 年级的小学教育和 8—9 年级的初中教育），这也是南非政府所规定的义务教育阶段。除此之外，"基础教育与培训"也包括成人基础教育与培训。成人基础教育与培训，主要依托一些成人学习中心或教学点来开展，旨在满足那些以前未接受过基础教育的成人的需求。"继续教育与培训"阶段除了包括以进一步升学为取向的 10—12 年级的普通学校教育（即三年高中教育），还包括那些主要以就业为取向的职业学校教育、技术学院教育和社区学院教育。"高等教育与培训"阶段主要包括本科生教育、研究生教育、博士生教育以及一些高等学历证书或文凭教育。

据统计，2012 年新南非共有 25826 所普通学校（包括公立和私立），就读于这些学校的学生数量约为 12428069 人，就职于这些学校的教师数量约为 425167 人，生师比约为 30.4∶1。此外，南非当前共有 23 所公立高等教育机构，其中包括 11 所普通大学（university）、6 所科技大学（university of technology）以及 6 所综合性大学（comprehensive institution）。2010 年，南非高等教育机构共有 892936 名在读学生，其中本科生约 726882 人，研究生约 138610 人。2011—2016 年间，这一数据上升到 97 万；另外南非还有一定规模的私立高等教育机构。

二、南非教育行政管理体制

新南非成立之后的很长一段时间里，国家层面的教育行政管理部门是教育部。2009 年之后，教育部由原来的单个机构拆分为两个机构，一为基础教育部，一为高等教育与培训部，主要负责出台和宏观调控相关的教育法规和政策。

南非共划分为 9 个省份，每个省份都有专门的省级教育行政机构。每个省级的教育行政机构，具体负责本省的教育发展与管理事宜。此外，根据新南非政府所确立的国家事务采取全民"共同治理"的基本原则，新南非的教育行政和管理权最终归属于每个学校的学校管理部（School Governing Body）。所谓学校管理部，实为公立普通学校的直接管理部门。教育法案规定，学校管理部要经由民主选举产生，而且它要由学生、家长、学校校长以及社会人士共同组成。学校管理部具体负责学校资金和财务的运转、招生政策的制定、学费标准的拟定、教师和管理人员的聘任、教材和学习材料的选购、学校基础设施的维护等方方面面的具体事宜。有关新南非的教育行政管理体制，下文对新南非国家层面教育政策实施机制进行探讨时，也多有涉及，兹不赘言。

第二节　南非国家层面重大教育政策概述

一、南非国家层面教育政策的主要类型

新南非国家层面教育政策可以分为两大类，一是教育法案（Acts），二是教育行政政策（Executive Policies）。国家层面教育政策既不可能、也无必要全部上升到教育法律法规层面，许多国家层面教育政策只是停留在教育行政政策层面上。此处所谓教育行政政策，即那些由国家最高教育部门起草、准备，经由国家最高行政部门认可，并最终颁布的教育宏观政策，它们并未被国家最高立法部门经由一定程序最终上升为教育法律法规。

二、南非国家层面教育政策概述

（一）总体教育政策概述

新南非成立后，为了对长期种族隔离统治所遗留的教育不合理局面进行全面调整与改革，于 1995 年 3 月出台了《教育与培训白皮书》(*White Paper on Education and Training*)。这是新南非首个国家层面的教育政策，也是国家中长期整个教育领域的变革计划与方案，旨在将国家的整个教育与培训进行整合和统一，确定了国家教育与培训改革与发展的优先领域、价值标准与原则取向。它将新南非 1996 年《宪法》中的教育公平理念转化为具体的规定与措施，明确了教育部所要采取的教育与培训发展项目。它全面废除了种族隔离统治时期国家与地方不合理的教育行政与管理关系，重塑新的教育行政与管理关系，为国家教育与培训的总体财政运行设

计出全新的模式。同时，它奠定了新南非义务教育的制度基础。①

继《教育与培训白皮书》之后，新南非于 1995 年 10 月出台了《南非资格局法案》(*The South African Qualifications Authority Act*)，该法案旨在针对国家整体教育与培训构建起一套完整的"国家资格框架体系"，以促进国家教育与培训的整合与统一，同时促进国家不同教育层次、不同教育类型、不同教育机构之间的灵活性和可迁转性。以该法案为基础，新南非国家资格局成立，它专门负责"国家资格框架体系"的构建和推行工作。② 2003 年后，经过数年边推行、边发现问题、边总结经验、边完善相关规定的过程，终于 2009 年 2 月出台了《国家资格框架体系法案》(*National Qualification Framework Act*)，将"国家资格框架体系"的推行再次纳入教育法律的范畴。③

为了改善品质，南非政府提出了基础教育质量提升的远景目标，主要体现在 2010 年南非发布《2014 行动计划：面向 2025 学校教育》(*Action Plan to 2014：Towards the Realisation of Schooling 2025*，下文简称"2014行动计划"）中④。而 2015 年 4 月，南非基础教育部（Department of Basic Education）发布了《2019 行动计划：面向 2030 学校教育》(*Action Plan to 2019：Towards the Realisation of Schooling 2030*，下文简称"2019 行动计划"）⑤，延续了前一份计划的相关内容，并在文件的制定过程中根据实际情况作出调整。此外，"2019 行动计划"作为总的行动计划，在其制定的过程中，结合了南非《2030 国家发展计划：让我们的未来成真》《基础教

---

① 参见 Parliament of the Republic of South Africa，*White Paper on Education and Training*，Cape Town：Parliament of the Republic of South Africa，1995。

② 参见 Souh Africa Government，*South African Qualifications Authority Act*，Cape Town，1995。

③ 参见 Souh Africa Government，*National Qualifications Framework Act*，Cape Town，1995。

④ 参见 National Department of Basic Education，*Action Plan to 2014-Towards the Realisation of Schooli-ng 2025*，Cape Town，2010。

⑤ 参见 National Department of Basic Education，*Action Plan to 2019-Towards the Realisation of Schooli-ng 2030*，Cape Town，2015。

育部 2014—2019 战略计划》等多份文件内容，一方面贯彻了国家在教育方面的大政方针，另一方面反映了国家在教育计划、实施方面的整体性和一致性。

（二）学前教育政策概述

新南非成立之初，国家 0—6 岁儿童能够接受学前教育的比例只有 9% 左右，可以说，整个国家没有规范的学前教育可言。新南非于 1996 年出台了一份《学前教育发展临时政策》（*Interim Policy for Early Childhood Development*），在学前教育的发展上迈出了第一步。临时政策规定，学前教育是指 0—9 岁儿童之间的教育。临时政策在很大程度上增加了政府在学前教育发展方面的责任和义务，设计出为期三年的学前一年教育发展和推广计划，旨在为贫困家庭、贫困社区、文盲父母、身体上或心理上发展不健全的儿童提供更多的资金补贴、资源支持、服务项目。① 继临时政策实施后，新南非于 2001 年 5 月又出台了《早期儿童教育白皮书》，它是对临时政策的拓展和延伸。该白皮书确定了学前教育的远景规划，规定到 2010 年国家所有 0—9 岁的儿童在入小学一年级之前，都应参加过学年一年教育项目（Reception Year Programme）。此外，它进一步规范了国家及省对学年一年教育的拨款责任，同时还进一步规范了对学年一年教育举办者的注册和认证工作。

2002 年《修正国家课程声明》（*National Curriculum Statement*）正式出台，该文件涵盖了 R 年级在语言、数学、自然科学、技术科学、社会科学、文化艺术、生活取向、经济和管理科学 8 个领域的课程。2005 年，为扩大学前儿童发展部门、改善提高学前教育服务的质量，政府出台了《早期儿童发展国家综合计划 2005—2010》（*National Integrated Plan 2005—2010*），次年社会发展部与联合国儿童基金会合作颁布了《早期儿童发展服务指导方针》（*The Guidelines for Early Childhood Development*

---

① 参见 South Africa. Department of Education，*Interim Policy for Early Childhood Development*，Pretoria，1996。

Services)。2013 年出台的《南非国家儿童行动计划》(*National Plan of Action for Children in South Africa 2012—2017*) 旨在实现将儿童发展作为工作重心的承诺。此后,教育部为进一步改善学前教育质量,回应当前面临的挑战,于 2015 年出台了《0—4 岁儿童国家课程框架》(*The South African National Curriculum Framework for Children From Birth to Four*)。

(三) 初等及中等教育政策概述

此处,新南非初、中等教育是指 1—9 年级的小学及初中教育,这也是新南非规定的义务教育阶段。

在种族隔离统治下,南非基础教育课程内容陈旧过时、种族歧视色彩浓烈,缺乏统一标准,难以进行集中管理。此种课程,与新南非政府倡导教育民主和公平的理念格格不入,与培育民主意识、构建公民社会的国家总体目标背道而驰。1994 年成立伊始,新南非政府便开始致力于基础教育课程改革,其标志为 1997 年 3 月出台的《2005 课程》(*Curriculum 2005*)。[1]《2005 课程》将"以结果为本位的教育"引入学校教育,并很快在全国推行。然而,新南非作为发展中国家,加之长期种族隔离统治,不同学校之间的教育基础设施、教学资源、师资水平、生源质量等等都存在极大的不平衡性,加之国家财力有限,许多因素都决定了南非课程政策并不适宜于将"以结果为本位的教育"引入本国学校。因此,《2005 课程》实施不久,便遭教师、学校管理者、学者、公众等多方诟病。

2002 年 4 月《学校 R-9 年级国家课程标准修订本》(白皮书)[2] 是对《2005 课程》审查和修订的结果,而 2011 年 9 月《学校 R-12 年级国家课程标准修订本》(白皮书)[3] 则是对《学校 R-9 年级国家课程标准修订

---

[1] 参见 Department of Education,"Curriculum2005:Lifelong Learning for the 21st Century",1997 年 4 月,http://www.polity.org.za/html。

[2] 参见 South Africa Government,*Revised National Curriculum Statement Grades R-9* (*Schools*),Pretoria,2002。

[3] 参见 Department of Basic Education,*Approval of the National Curriculum Statement Grades R-12 As National Education Policy*,Pretoria,2011。

本》（白皮书）进一步审查和修订的结果。2012年，南非正式颁布了新的国家课程标准《课程与评价标准》（*Curriculum and Assessment Policy Statement*，简称 CAPS），对南非 R-12 年级的课程标准进行改革，以更好地促进南非教育及社会经济的发展。

从 1997 年出台首个课程标准政策，到 2011 年出台最新课程标准政策，新南非基础教育课程改革政策可谓一波三折，在课程改革实践中不断吸取教训、总结经验，并对"以结果为本位的教育"这一课程理念与实施策略不断修改和调适，共同构成了历时长久、立体动态的课改图景。

（四）继续教育与培训政策概述

此处，新南非继续教育与培训是指国家规定的义务教育阶段（1—9 年级学校教育）之后、学习者进入高等教育或就业之前的教育与培训。它既包括 10—12 年级的普通高中教育，也包括继续教育与培训学院（Further Education and Training College）的正式职业教育与培训，还包括那些非正式的继续教育与培训。

种族隔离统治所遗留的继续教育与培训，既支离破碎又效率低下，而且质量参差不齐。为了发掘继续教育与培训的潜力，以满足新南非重建与振兴之需，教育部于 1998 年 4 月发布了《继续教育与培训绿皮书》（*Green Paper on Further Education and Training：Preparing for the Twenty-First Century Through Education，Training and Work*）。[①] 在征求意见的基础上，教育部对绿皮书进一步修改和完善，并于 1998 年 9 月正式出台了《继续教育与培训改革方案白皮书》（*Education White Paper 4：A Programme for the Transforming of Further Education and Training*）。该白皮书，确定了继续教育与培训改革与发展的一系列短期和中期项目，厘清了国家与地方的职责分工，设计出相关的财政运转模式等等，开启了新南非继续教育与培训的改革历程。其宗旨在于，让那些在种族隔离统治下失学的、失业

---

① 参见 Green Paper on Further Education and Training，*Preparing for the Twenty-First Century ThroughEducation*，Training and Work，Pretoria，1998。

的适龄青年，从家庭、社区、社会的角角落落尽快重返教育和培训场所。白皮书期望，经过一定的继续教育或培训，这些适龄青年能够获得相应文凭、掌握一技之长，满足国家重建对人力资源的需求。①

继续教育与培训学院，是由新南非对种族隔离统治下的技术学院和社区学院改造而来。为了规范其办学行为与发展，教育部于 2006 年 12 月出台了《继续教育与培训学院法案》（*Further Education and Training Colleges Act*），将其纳入法律范畴。该法案对继续教育与培训学院的举办、注册、废止、资金、管理、人事等方方面面都作出了详细规定。②

2008 年 12 月，教育部出台了《南非继续教育与培训学院国家计划》（*National Plan for Further Education and Training Colleges in South Africa*），就创建全国协调、独特的继续教育与培训学院、实施对学生多样化支持服务、提高培训发展质量和优势、推进机构自主性与针对性、鼓励机构课程与模式多样化、推动管理与监督体系完善等方面做了详细介绍。到了 2012 年，《技术与职业教育与培训讲师的专业资格政策》（*Policy on Professional Qualifications for Further Education and Training College Lecturers*）的出台标志着南非历史上首次针对技术与职业教育与培训讲师资格立法，为重建学院讲师资格核心课程奠定了坚实基础。此后，南非高等教育与培训部在《学校后教育与培训绿皮书》（*Green Paper for Post-school Education and Training*）的基础上，于 2013 年 11 月出台了《学校后教育与培训白皮书：建设一个扩大的、高效的、综合的学校后体系》（*White Paper for Post-school Education and Training：Building an Expanded, Effective and Integrated Post-school System*）。经过不断的修改和完善，2014 年发布了《普通和继续教育与培训资格子框架政策》。

---

① 参见 Education White Paper 4，*A Programme for the Transforming of Further Education and Training*，Pretoria，1998。

② 参见 South Africa Government，*Further Education and Training Colleges Act*，Cape Town，2006。

（五）高等教育政策概述

种族隔离统治下，南非高等教育以种族隔离、双轨并行为典型特征。为了彻底改革高等教育的不合理局面，新南非在高等教育变革方面出台了一系列政策。教育部首先于 1996 年 12 月发布了《高等教育改革绿皮书》（*Green Paper on Higher Education Transformation*）①，后经征求各方意见，经过修改和完善，于 1997 年 8 月正式出台了《高等教育改革项目白皮书》（*White Paper 3-A Programme for Higher Education Transformation*）。该白皮书确立了新南非高等教育公平、民主、效率、质量、统一、灵活的价值原则，并指明高等教育在组织、管理、财政、质量保障等诸方面改革的大体方向，拉开了新南非高等教育变革序幕。②

以白皮书为基础，新南非于 1997 年 12 月接着出台了《高等教育法案》（*Higher Education Act*），将白皮书中的规定进一步规范化并法律化。③此外，以该法案为基础，新南非独立的、专业的高等教育组织——高等教育协会（Council on Higher Education）得以成立。该协会自成立至今，在新南非高等教育变革方面发挥着重要的支持和导向作用。为了保障和促进 1997 年白皮书所确定的高等教育公平原则的兑现，教育部于 1999 年 12 月出台了《全国高等教育学生资助法案》（*National Student Financial Aid Scheme Act*），该法案确定了新南非高等教育学生资助办法，主要目的是给那些无力支付高等教育学费的弱势种族和贫困家庭的学生提供贷款和资助服务。④

进入新千年后，新南非又出台了几个举足轻重的文件，标志着新南非对高等教育变革政策的制定和出台基本全面化。首先是教育部于 2001 年 3 月出台了《国家高等教育发展规划》（白皮书），该白皮书旨在对

---

① 参见 Department of Education, *Green Paper on Higher Education Transformation*, Pretoria, 1996。

② Department of Education, "A Programme for Higher Education Transformation", 1997 年 8 月 15 日，http://www.naci.org.za/Innovation_gateway/downloads/White_Paper3.pdf.

③ 参见 South Africa Government, *Higher Education Act*, Cape Town, 1997。

④ South Africa Government, *National Student Financial Aid Scheme Act*, Cape Town, 1999.

1997 年 8 月《高等教育改革项目白皮书》中所指明的高等教育改革原则和方向进一步落实。为了促进 2001 年 3 月《国家高等教育发展规划》（白皮书）的落实，紧接着教育部于同年 5 月出台了《国家高等教育发展规划实施计划》（*Implementation of the National Plan for Higher Education*）。以 5 月的计划白皮书为基础，教育部组建了几个专门工作小组，分头实施 2001 年 3 月白皮书中的规定。[①] 其中一个小组负责对全国高校展开调查，并提出削减高校数量、对高校进行合并的建议和方案。在该小组调查结果和建议的基础上，教育部于 2002 年 6 月出台了《改革与重组：高等教育机构新蓝图》（*Transformation and Restructuring：A New Institutional Landscape for Higher Education*）。[②] 该白皮书拉开了新南非 2002—2005 年间高校合并的大潮。新南非对高校进行合并出于多方面考虑，如实现规模效益、增加高校的国际竞争力、通过合并提高高等职业技术教育的质量等；但很重要的一点在于，通过合并可以将黑人高校与白人高校重新洗牌，从而在很大程度上矫正历史不公。

新千年另一个重要的高等教育政策，即教育部于 2002 年 11 月出台的《高等教育语言政策》（*Language Policy for Higher Education*）。该白皮书旨在促进南非高校教学语言的多样化。因为，长期种族隔离统治，使得高校教学语言往往只有英语一种或者英语和阿非利卡语两种。其他种族所使用的母语，尤其那些非洲本土语言在高校教学和研究中根本不被使用。新南非成立后，伴随高校招生政策的公平化，高校生源日渐多样化，他们所使用的母语也非常多样，但其中很多学生的英语水平并不好。高校教学语言单一化，对那些母语为非英语的学生，没有给予充分的尊重和选择空间，也不利于高校多元文化氛围的营造，进而不利于新南非多元文化社会的构建。为了解决这些问题，该白皮书提出许多设想，如通过财政激励政

---

① 参见 South Africa Government，*Implementation of the National Plan for Higher Education*，Pretoria，2001。

② 参见 Department of Higher Education and Training，*Transformation and Restructuring：A New Institutional Landscape for Higher Education*，Pretoria，2002。

策促进高校对非洲语言和文化的研究；除英语和阿非利卡语之外，逐渐将其他 9 种官方语言也开发为高校教学语言等。①

随着社会对高校扩招、物价上涨以及政府缓慢、不彻底的高等教育转型不满情绪的增加，学生的抗议抵制运动迅速爆发。在此背景下，时任南非总统雅各布·祖马（Jacob Zuma）于 2016 年 1 月 14 日成立高等教育和培训调查委员会（Commission of Enquiry into Higher Education and Training）开展相关调查，并于次年 8 月收到该委员会的《高等教育与培训调查委员会呈递南非共和国总统报告》（*Report of the Commission of Enquiry into Higher Education and Training to the President Training to the President of the Republic of South Africa*）②，并宣布将资助贫困和工薪阶层学生接受免费高等教育，正式拉开了调整和完善高等教育招生政策的序幕。

（六）特殊及全纳教育政策概述

在南非种族隔离统治下，只有极少数的身体残疾或智力障碍学习者能受到应有的特殊教育和支持，而且只有"特殊"学校和课堂才肯接纳这些特殊学习者。特殊教育的提供也存在明显的种族歧视，相对于白人，其他种族所能接受特殊教育的机会很少，质量也差很多。特殊学习者被排除在正规的学校教育与课堂之外，他们在学业上取得成功的可能性非常小。再者，特殊教育也仅限于初、中等教育范围内，其他教育层次和领域对所谓的特殊教育几乎完全忽视。

为了改变这种状况，新南非教育部于 1996 年 10 月委任了两个专门的国家委员会，委员会负责对全国的特殊教育状况与问题展开调查并提出改革建议。1997 年 11 月，这两个委员会联合向教育部提交了一份报告。在这个报告的基础上，教育部拟出政策方案，在征求公众意见的基础上，

---

① 参见 National Department of Education，*Language Policy for Higher Education*，Pretoria，2002。

② 参见 National Department of Education，*Release of the Report of Commission of Inquiry into the Feasibility of making High Education Training Fee-free in South Africa*，Pretoria，2002。

于 2001 年发布了《特殊需要教育——构建全纳教育与培训体系白皮书》
(*Education White Paper 6：Special Needs Education-Building an Inclusive
Education and Training System*)。白皮书的发布，标志着新南非在发展全
纳教育方面开始迈出实质性步伐。

　　白皮书在响应国际趋势的基础上，强调那些身体残疾或智力障碍学习
者不应被排除在正规学校教育之外，他们有同等的权利走入正规学校和课
堂学习。白皮书指出，新南非要在中长期内致力于构建一套完整的全纳教
育和培训体系。白皮书就构建全纳教育与培训体系的制度框架、财政运转、
具体项目等事宜都作出明细规定，而且制定出相应的实施计划和措施。①

　　此外，在 2016 年的《实现中学后教育体系社会全纳政策框架》
和《智力残疾学生优质教育政策》影响下，南非政府于 2018 年 3 月发
布了《残疾人中学后教育与培训体系战略政策框架》(*Strategic Policy
Framework on Disability for the Post-School Education and Training System*)。
作为南非第一部专门针对残疾人群体的全纳高等教育政策文件，这部《政
策框架》开启了南非高等全纳教育的新征程。

　　上述国家层面教育政策，基本构成了新南非成立以来所颁布和出台
的国家层面教育政策的整体图景。我们在下文分析和探究南非教育宏观政
策制定、实施和评价机制的某些地方，将以其中某些绿皮书、白皮书或教
育法案制定、实施和评价的实然状况为佐证，以使我们对研究问题的理解
和体会更为直观和具体。

第三节　南非国家层面教育政策的形成机制

一、国家层面教育政策制定的政治体制及权力组织架构

　　一个国家教育宏观政策的制定和形成，无法脱离本国特定政治制度

---

① Department of Education，*Education White Paper 6：Special Needs Education-Building an
Inclusive Education and Training System*. Pretoria，2001.

和权力组织架构的规范和制约，新南非亦然。新南非国家层面教育政策制定的政治制度和权利组织架构如图 10-1 所示：

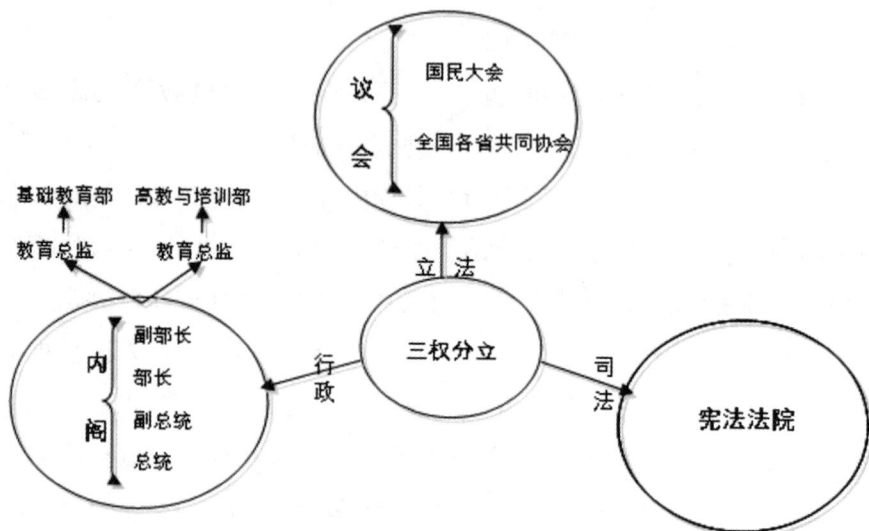

图 10-1　新南非国家层面教育政策制定的政治体制及权利组织架构

新南非成立后，其所施行的政治体制为立法、行政和司法"三权分立"制。议会、内阁和宪法法院共同构成国家最高政权机构。就国家层面教育政策制定而言，议会是国家的最高权力机构，享有并承担教育立法的权利和义务。内阁作为国家最高行政机构，在国家层面教育政策制定上，肩负着发起、组织、督促、协调等权利及义务。宪法法院作为最高司法部门，在教育法律最终出台前，很多时候要对其"合宪性"进行审核。

在议会、内阁及宪法法院这些国家最高政权机构之下，国家最高教育行政部门为国家教育部。2009 年之前，南非国家教育部是一个整体部门。但自 2009 年起，南非教育部一分为二，一为基础教育部，一为高等教育和培训部。基础教育部专职国家初等及中等教育事宜，高等教育和培训部专职国家高等教育及培训事宜。两个教育部的最高直接领导，分别为内阁中的基础教育部长及高等教育和培训部长。教育部长之下为教育部副部长及教育总监，教育总监实为教育部日常运转及有关事宜的直接执行者。

教育总监及其领导的教育部在教育行政政策、教育法律草案的发起、起草和准备方面，履行实在职责、担当具体工作。

二、国家层面教育政策制定基本程序

新南非国家层面教育政策，因其类型不同，其制定过程所经手续繁简有异，所经周期长短有别。整体来看，新南非教育宏观政策制定的基本程序如图 10–2 所示：

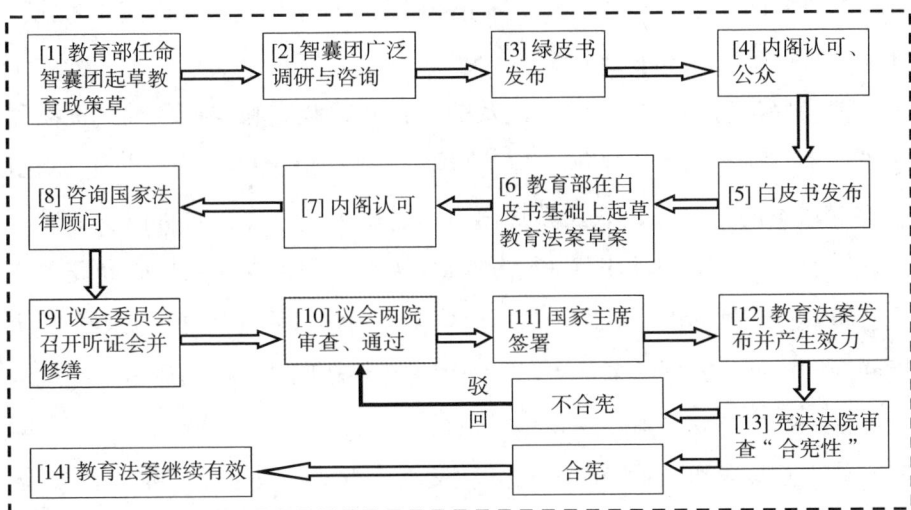

图 10–2　新南非国家层面教育政策制定基本程序

新南非国家层面教育政策制定，起始于国家教育部所公布的教育政策讨论草案，草案往往由教育部所任的智囊团来起草和准备。随后，教育部与智囊团以及其他利益相关者，以草案为基础开展广泛调研，包括对草案中的主要问题组织讨论会、实地考察全国不同地区及其他国家有关教育机构的实际情况、征询国家其他部委及利益相关者的意见和建议。这一阶段结束后，教育部部长往往会签署并发布绿皮书。绿皮书作为教育行政政策，虽然具有实施效力，但其权威性、强制力、公信力相对要弱。因此，许多教育行政政策并不仅仅停留在绿皮书层面上，而是要经过进一步程序上升为白皮书。

绿皮书发布并得到内阁认可后，一般要在教育部网站上公布并号召公众对其展开讨论。同时，各省会召开多个研讨会，议会委员会也会举办多个听证会，全国会议也会对绿皮书所涉及的某些教育政策问题进行专门讨论。经过这一系列过程之后，教育部长最终签署并发布白皮书。白皮书作为教育行政政策，其权威性、强制力、公信力要强于绿皮书。白皮书发布后，相应的绿皮书就要被代替。如前所述，许多国家层面教育政策只是停留在教育行政政策层面上，既不可能也无必要全部上升为法律。因此，新南非许多国家层面教育政策，只是停留在白皮书层面上，以其作为施行相应教育措施的政策依据。

但有些教育白皮书，因其涉及的教育问题范围和规模较大、价值和意义较重，则有必要经过进一步的立法程序，最终上升为教育法案。新南非教育法案的生成，建立在教育白皮书基础上。首先，教育白皮书发布后，教育部在其基础上起草和准备教育法案草案，在仔细校验和完善之后，将其提交到内阁。其次，内阁对草案作出认可后，将其送交国家法律顾问征询意见。教育法案草案在吸纳国家法律顾问意见的基础上，经过进一步修改和完善，将其送交议会"两院"。再次，议会"两院"不会立即对其作出直接审查，而是首先将其转交给下设的教育事务"委员会"。教育事务"委员会"通过召开听证会，对教育法案草案作出进一步修改和完善，然后上交议会"两院"。最后，议会"两院"分别对草案作出审查，当"两院"一致通过草案后，将其送交国家总统。国家总统作出是否签署法案的决定。同意签署后，则教育法案正式发布并生效。

另外，教育法案正式发布并生效后，宪法法院作为最高司法部门，如果质疑法案的"合宪性"，有权对其作出审查。经查，如果教育法案的"合宪性"确有问题，则宪法法院有权将其驳回议会"两院"并要求其作出相应调整和修改；如果其"合宪性"没有问题，则教育法案继续保有其权威性和强制力。[①]

---

① 参见 Sayed，Y & Jansen，J.，*Implementing Education Policies：The South African Experience*，Cape Tow-n：University of Cape Town Press，2001，pp.94-95。

三、国家层面教育政策制定的利益相关者参与情况及评析

国家层面教育政策制定中的利益相关者，可以分为官方主体和非官方主体两类。官方主体，主要包括国家权力部门、教育行政部门或行政长官等。非官方主体，主要包括非政府组织、专家学者、研究机构、传播媒介以及社会公众等。官方主体和非官方主体，只有共同参与、团结协作、良性互动，才能更好地促进教育政策的民主性、科学性和公正性。

参与新南非国家层面教育政策制定过程的官方主体以及它们各自的角色和职能，前文多已提及，不再赘言。就非官方主体而言，主要有专家学者、独立的教育政策研究机构、独立的教育专业机构和组织以及普通公众。

就专家学者而言，其参与国家层面教育政策制定的主要方式即加入教育部的智囊团。在一项新的教育政策出台前，教育部一般都要事先成立专门的智囊团，委任其就专门的教育政策议题开展广泛调研并提交相关报告，专家学者的许多观点和见解，在很大程度上影响着最终的教育政策内容。[①]

就教育政策研究机构而言，南非教育政策发展中心（CEPD，Centre for Education Policy Development）在国家层面教育政策制定中起着重要支持作用。该中心成立于 1993 年，是专业、独立、非政府的教育政策研究机构。新南非民主政府大选前几个月，该中心当时动用了 300 多位专家学者，在广泛调研的基础上，出台了一份新南非教育与培训改革政策报告。

就教育专业机构和组织而言，诸如教师组织、教育协会等，很多时候在国家层面教育政策制定中扮演着重要角色和作用。如 1996 年 2 月《学校组织、管理与拨款白皮书》出台前，当时的教育部长正式咨询了南非全国专业教师联盟（NAPTOSA，National Professional Teachers' Organisation of South Africa）和南非民主教师联盟（SADTU，South African Democratic

---

① 参见 Department of Education，*Green Paper on Further Education and Training*：*Preparing for the Tw-enty-First Century Through Education*，Training and Work，Pretoria，1998。

Teachers Union），吸纳了它们的许多意见和建议。①

就普通公众而言，其参与国家层面教育政策制定的途径主要有以下几个：议会"两院"设有专门论坛，公众可以通过论坛在教育政策制定中建言献策；教育政策起草时，智囊团一般要深入教育一线开展广泛调研和实地考察，其中会听取和收集学生、家长、教师以及普通教育管理者的意见和建议；正式的教育白皮书或教育法案出台前，议会"两院"下设的教育事务"委员会"一般要召开多次听证会，听取普通公众的意见和建议；国家层面教育政策由绿皮书升级为白皮书，或由白皮书升级为法案的过程中，各省教育部门会组织多场研讨会，教育部则把政策草案公布在官方网站上，在一定期限内接收公众的书面意见和建议。

整体而言，新南非成立后，非官方主体在国家层面教育政策制定中的参与情况取得了明显改善。尽管如此，新南非走向民主化的历程毕竟还很短暂，从1994年非洲国民大会党赢得大选，时至今日，前后不到30年。而1948—1994年的长期种族隔离统治，给南非烙上了浓厚的种族隔离、性别歧视、专制独断的历史遗痕，民主化进程很难一蹴而就。国家教育行政部门，有时仍然存在专制独断的家长制作风。很多普通公众既不具备强烈的民主参与意识，也缺乏必要的民主知识，这成为他们参与教育政策制定的明显障碍。

四、国家层面教育政策制定价值取向的困顿与调适

新南非成立后，其出台的国家层面教育政策，都旨在对历史上种族隔离统治所造成的教育不合理局面进行大刀阔斧的改革。在国家教育的剧烈变革期，历史遗痕与未来期望、现实局面与理想蓝图、改革规划与资源支持、国际形势与国情实际等矛盾因素纠结交缠、盘根错节，使新南非国家层面教育政策在价值取向上难以避免地呈现出许多困顿与徘徊，并不断

---

① 参见 Department of Education，*The Organisation*，*Governance and Funding of Schools*（*Education White Paper 2*），Pretoria，1996。

对政策内容进行修改和调整，对不同价值取向努力进行调适和制衡。

如南非公立普通学校课程政策，从 1997 年 3 月的《2005 课程》，到 2002 年 4 月的《国家 R-9 年级课程标准修订本》，再到 2011 年 9 月的《国家 R-12 年级课程标准》，15 年间，国家对课程标准进行多次修订并发布新的课程标准。课程标准频繁修订的过程，也是南非政府对"以结果为本位的教育"这一理念从盲目追捧到理性看待的过程。同时，这也是南非课程政策对教育发展的合目的性与合规律性，从忽视到重视、从认识不清到愈辩愈明的过程。

诚然，《2005 课程》实施不久，便遭教师、学校管理者、学者、公众等多方诟病。2002 年 4 月的《学校 R-9 年级国家课程标准修订本》，是对《2005 课程》进行审查和修订的结果。而 2011 年 9 月的《学校 R-12 年级国家课程标准修订本》，则是对《学校 R-9 年级国家课程标准修订本》进一步审查和修订的结果。从后两次的审查和修订来看，南非课程政策逐渐淡化了"以结果为本位的教育"这一理念，在教育发展的合目的性与合规律性之间不断寻求平衡。

第四节 南非国家层面教育政策的实施机制

一、教育政策实施的行政和管理架构

国家层面教育政策的有效实施，离不开从国家到学校层面各级行政和管理部门的付出和努力。一国的各级教育行政和管理架构，实为国家层面教育政策得以实施的组织基础和保障。

新南非成立前，国家公共行政结构建立在种族隔离的基础上，教育行政结构亦如此。国家设置了多个教育部，分别负责不同种族隔离区的教育政策监控和实施。国家教育政策监控和实施是相互隔离的，不具统一性和整体性。新南非成立后，对国家公共行政结构进行全面彻底的改革，新的教育行政架构也随之形成。

（一）国家教育部

新南非成立后，1996 年《宪法》将公共行政结构划分为国家、省和市三级。但市这一级行政结构未被赋予教育行政和管理权，这与南非长期以来的教育行政传统有关。因此，新南非的教育行政结构，主要分为国家和省两级。国家层面的教育行政部门即国家教育部，国家教育部对全国范围的教育与培训都握有行政权力并担负管理职责。新南非 1996 年 4 月颁布的《国家教育政策法》，对国家层面教育政策实施有着相关规定，即国家教育部对国家层面教育政策实施要担负起总的监管责任。值得提及，2009 年，新南非教育部由原来的一个机构，拆分为两个机构，即基础教育部和高等教育与培训部。这样一来，国家层面基础教育和培训相关政策的实施由基础教育部担负总的监管职责；而国家层面高等教育与培训相关政策则由高等教育与培训部担负总的监管职责。

从新南非若干国家层面教育政策的实施情况来看，国家教育部一般会成立一个或多个专门的工作小组，来监管和促进相应政策的实施。如 1996 年 12 月《高等教育改革绿皮书》出台后，教育部成立了一个专门的工作小组，来组织和协调高等教育改革政策的具体实施。[1] 1998 年 4 月《继续教育与培训绿皮书》出台后，教育部成立了四个工作小组，分别负责继续教育与培训改革过程中的管理、信息、资金以及项目事宜。同时，教育部成立继续教育与培训改革督导委员会，来组织和协调四个工作小组的工作。[2]

（二）省级教育部及各学区

新南非将全国划分为 9 个省份，每个省设有各自的教育部，以对本省范围的教育与培训事宜进行管辖。但省级教育部对大学事务没有管辖权。也即，新南非目前所有 23 所公立大学都归国家教育部直接管辖，省级教

---

[1]　参见 Department of Education，*Green Paper on Further Education and Training：Preparing for the Tw-enty-First Century Through Education*，Training and Work，Pretoria，1998。

[2]　参见 Department of Education，*Green Paper on Higher Education Transformation*，Pretoria，1996。

育部没有直接管理和干涉大学事务的权力和职责。各省教育部，肩负着将国家层面教育政策在本省得以推行和落实的具体职责。以东开普省教育部为例，其下设有"教育规划、评估与监控处"，该处在确保和促进国家层面教育政策在本省推行和落实方面担负着直接和具体职责。如，它负责监控与公立普通学校相关的国家政策在本省的实施；负责推进国家课程政策在本省学校的落实；负责国家全纳教育政策在本省的实现等等。①

虽然市这一级行政结构未被赋予教育行政和管理权，但为了便于教育行政和管理的实施，新南非每个省级教育行政部门，一般都将本省划分为若干个学区。学区办公室在省级教育行政部门和学校直接管理部门之间扮演着协调者的角色。需要强调的是，在新南非，学区和市不是一个概念。市是在国家与省之下的公共行政层级，而学区则是各省教育部按照本省教育机构分布情况所设置的相对松散的教育行政和管理协调部门。以东开普省为例，该省有 44 个市，但其学区却被该省教育部划分为 23 个。

(三) 公立普通学校的直接管理机构

如前所述，各省教育部将本省划分为若干个学区，而学区之下则为一个个具体的初、中等学校。这些学校既有公立的，也有私立的；既有实施普通教育的，也有实施职业教育的。但其中绝大多数为公立普通学校。新南非为了促进教育行政的分权化，提升公立普通学校管理的质量、效率和民主化，于 1996 年 11 月出台的《学校教育法案》中规定，新南非各省的每两所或数所公立普通学校，就要共同成立一个学校管理部（School Governing Body）。学校管理部，实为公立普通学校的直接管理部门。法案规定，学校管理部要经由民主选举产生，而且它要由学生、家长、学校校长以及社会人士共同组成。学校管理部负责学校资金和财务的运转、招生政策的制定、学费标准的拟定、教师和管理人员的聘任、教材和学习材料的选购、学校基础设施的维护等方方面面的具体事宜。因此，新南非国

---

① 参见 Branch Institutiional Operational Management，2012 年 8 月 2 日，http：//www.ecdoe.gov.za/senior-management/branch-institutiional-operational-management.

家层面公立普通学校教育政策在学校、课堂以致学生个人层面的最终落实情况，在很大程度上取决于国家成千上万学校管理部的工作成效。学校管理部作为国家层面公立普通学校教育政策实施的末端，在国家层面教育政策实施方面，扮演着重要角色和地位。

（四）大学

此处所谓大学，是指新南非的公立大学，不包括私立大学在内。如前所述，新南非目前所有 23 所公立大学都归国家教育部直接管辖。因此，国家层面高等教育政策的实施路径较短，不必绕道各省教育部，而是在国家教育部的直接监管下，各个大学具体推行和落实相应政策。如教育部于 2002 年 11 月出台《高等教育语言政策》（白皮书）之后，金山大学率先响应政府号召，于 2003 年 3 月出台了本校的语言政策，并付诸实施；随后，自由州大学于 2003 年 6 月也出台了相应的语言政策并着手落实；等等。[1]

二、教育政策实施的路径模式

新南非教育改革，不是某个或某几个方面的改革，而是对种族隔离所遗留的教育不合理局面的全面性、整体性改革。新南非教育改革，不是轻度改良和调适，而是对种族隔离所遗留的教育不合理局面的彻底性、根本性颠覆和重建。新南非成立后，教育理念、教育原则、教育行政和管理体系等诸方面，都旨在从根本上诀别种族隔离的历史遗痕。新南非这种大刀阔斧式的、地毯式的教育改革，在很大程度上决定着其没有可以直接学习的历史经验或国外模式。国家层面教育政策的实施，很多时候不得不"摸着石头过河"；既不能单纯地"想了再干"，也不能单纯地"干了再想"，而是要"边想边干"。新南非国家层面教育政策实施，往往采取渐进式、分阶段、小步幅、高频率的路径模式；边实施边总结经验和教训，并进一步修改和调整政策内容，从而再进一步推进政策的落实。

---

① 参见李旭《南非高等教育语言政策管窥》，《西亚非洲》2006 年第 2 期。

如新南非国家资格局行政总监曾坦承，国家资格框架体系政策的早期实施，其所秉持的理念即"路是走出来的"。[①] 诚然，新南非自 1995 年开始初步实施国家资格框架体系政策，到 2009 年出台《国家资格框架体系法案》将其实施纳入法律范畴，前后历时 15 年，中间过程一波三折，但总体上是边实施、边吸取教训、边总结经验、边改进实施策略的学习和摸索过程。

如新南非普通公立学校课程改革政策，从 1997 年到 2011 年先后更新和出台了三个国家课程标准，从将"以结果为本位"的教育理念引入本国学校，到逐渐对这一理念认清与辨明、修改和调整实施策略，整个过程历时 15 年之久。整体上，这也是一个政策实施碰壁、反思与调整政策、改进政策实施策略、进一步推进政策实施的学习和摸索过程。

再如教育部于 1998 年 4 月出台《继续教育与培训绿皮书》之后，就曾决定，为了确保平稳顺利地推进继续教育和培训拨款方面的改革，要先进行几年的试点工作，试点成功了，再逐步全面开展。[②]

三、教育政策实施的主要影响因素

教育政策实施是在一国特定的社会环境中进行的，其实施过程与效果离不开政治、经济、文化、历史等环境因素的影响与制约。新南非国家层面教育政策的实施，自然也离不开本国特定的政治、经济、文化、历史等因素的影响与制约。

政治因素对新南非国家层面教育政策实施的影响，最明显的就是新南非初期（1994—1999）国家层面教育政策大多只停留在政治符号化的意义上，而未能真能改变教育现实。所谓国家层面教育政策的政治符号化，是指新南非初期为了表明与之前种族隔离教育彻底决裂，整体实现国

---

① Chief Executive Officer of South African Qualifications Authority, *Lessons from the South African National Qualifications Framework*, 2010.

② 参见 Department of Education, *Green Paper on Further Education and Training*: *Preparing for the Twenty-First Century Through Education*, Training and Work, Pretoria, 1998.

家教育的现代化、民主化、公平化、高效率与高质量等，许多国家层面教育政策只是作出了美好的政治许诺，而没有考虑实际国情。这种政治符号化表现为多方面，如新南非初期国家层面教育政策提出要构建终身教育、要将"以结果为本位"的教育理念全面引入本国学校、要实现国家教育与培训的融合与统一、要在全国推行国家资格框架体系、要在全国教育领域内实施质量保障等等。但实际上，教育政策的政治符号化，使其许多政策目标脱离了国情实际，根本无法得以有效实施。新南非初期的国情实际为：国家教育财政紧缩；民主政治与种族隔离政治还没有完全划清界限，而且民主政治在很多事情上都要与种族隔离政治采取妥协的态度；中央教育部门与省级教育部门的权力关系还没有厘清，很多时候中央教育部门没有监管和问责省级教育部门的权限与能力。所有这些国情实际，使得带有强烈政治符号化意义的教育政策目标与内容难以得到真正落实。①

就经济因素而言，贫困给新南非教育政策实施带来了明显阻力。贫困在新南非学校中表现得十分明显。如 2009 年时，新南非 79% 的学校没有图书馆，60% 的学校没有实验室，42% 的学校学生超标；另外，学校基础设施建设资金短缺 1530 亿兰特，学校基础设施维护资金短缺 300 亿兰特；等等。② 学校如此贫困，不利于"以结果为本位"的新课程政策的实施，也不利于国家资格框架体系政策的推行。就业作为经济因素的一部分，它对国家层面教育政策的实施也有着影响和制约作用。此处最明显的就是新南非高等教育语言政策的实施。我们在第一部分提及，新南非高等教育语言政策，旨在将英语和阿非利卡语之外的其他 9 种官方语言也逐步开发为高校的教学和科研用语，以此对不同种族学生所使用的母语给予平等尊重，并促进校园多元文化氛围的孕育，进而促进多元主义社会的构

① 参见 Jansen，J.，"Political Symbolism as Policy Craft：Explaining Non-Reform in South Africa Education after Apartheid"，*Journal of Education Policy*，2002，pp.199-215。

② Spreen，C.，A. & Vally，S.，"Prospects and Pitfalls：A Review of Post-Apartheid Education Policy Research and Analysis in South Africa"，*Comparative Education*，2010，pp.429-448.

建。政策的出发点是好的，但其实施效果并不理想，其中一个很重要的原因便是家长对学生未来就业的考虑。很多母语为非英语的家长认为，他们的子女在家庭中或社区中使用母语就好了，没必要在大学里过多使用母语进行学习和研究。因为，高校学生毕业后要进入社会各种企事业单位就业，这些单位的工作语言大多是英语。那些母语为非英语的学生，其英语水平本身就不太好，如果在大学里过多使用母语进行学习和研究，其英语水平无法得到根本提升。而这些学生不掌握流利的英语，毕业后找到理想的工作就成为问题。

就文化因素而言，长期种族隔离统治，所奉行的是对白人文化的推崇，对黑人及其他种族文化的歧视和打压。即使在种族隔离之前，南非历史上，白人文化也一直凌驾于其他种族文化之上。新南非对种族隔离统治经济体制和政治体制的破旧立新或许容易，但对历史上长期形成的文化地位的改变则非常难。相对于弱势文化，强势文化永远都有着更强的吸引力、感召力和同化力。白人文化的强势，决定着白人教育制度和理念的强势。文化地位的差异，某种程度上影响着新南非国家层面教育政策的实施。如新南非高校合并政策，其初衷之一是为了将黑人高校与白人高校重新洗牌，以彻底改变历史所遗留的黑人高校与白人高校的不公平，并且希望参与合并的两所或多所高校能够在平等的基础上实现彼此深度融合。但高校合并政策实施后，出现的很多现象是，黑人高校其实是被白人高校吞并了，尤其那些黑人独立学院，丧失了自身独立存在的地位。而且，即使黑人高校与白人高校合并在一起，学校中白人教职员工的数量远远超过黑人教职员工，白人学生的就业前景远远好过黑人学生，白人学生的学习和科研成绩远远好过黑人学生，等等。

就历史因素而言，长期种族隔离统治，给南非教育烙上了很深的历史印痕。这些印痕表现为不同种族之间可获得的教育资源极不公平、不同学校之间教育质量差异极大、不同社区之间教育资源有着天壤之别等等。这些历史印痕，并非随着新南非的成立就会自然而然地消退，它们需要一定的时间才能逐步抚平。历史印痕，对新南非国家层面教育政策的实施，有着很大的影响和制约作用。如国家资格框架体系政策，它旨在将国家整个教育与培训划分为若干个等级，并针对每个等级设置一定的教育目标和标准，并根据每个等级设置相应的文凭和证书，以此将国家的整个教育与培训完全统一起来，并实现教育与培训之间的灵活性、包容性和迁转性。但历史所遗留的支离破碎、极不平衡的教育局面，从根本上决定着国家资格框架体系政策实施的实际困难。实践证明，新南非国家资格框架体系政策的实施，屡遭碰壁、一波三折。即使 2009 年将其纳入了法律范畴，其具体实施仍然面临着许多困难和挑战。

第五节　南非国家层面教育政策的评价机制

从 1995 年 3 月颁布并实施首个国家层面教育政策——《教育与培训白皮书》，到后来陆续出台并实施一系列国家层面教育政策，直至今日，新南非国家层面教育政策的实施历程并不长。因此，其许多国家层面教育政策，仍处于紧锣密鼓的实施阶段。这意味着，新南非对许多国家层面教育政策的实施进展与效果，还没有开展全面性的评价。

纵览新南非已经开展过的针对国家层面教育政策实施情况的全面评价，主要有三次：一是对《2005 课程》（白皮书）实施情况的全面评价；二是对 2002 年 4 月《国家 R-9 年级课程标准修订本》（白皮书）实施情况的全面评价；三是对 1995 年 10 月《南非资格局法案》实施情况的全面评价。

下文对新南非国家层面教育政策评价机制的探析，主要以上述三次评价的具体和实然状况为基础，对其进行概括和归纳，并作出相应评析。

一、评价的基本方式和流程

从三次评价组织和开展的实然情况来看，新南非国家层面教育政策评价的基本方式和流程为：针对利益相关群体对某项国家层面教育政策实施的诟病和非议，国家教育部单独或国家教育部联合其他相关部委，委任专门的部长级委员会或专门的工作小组对相关政策实施情况开展全面评价。部长级委员会或专门的工作小组随后开展一系列评价工作，这包括对政策文本及与之相关的政策法规进行测评；对直接参与政策实施的机构和人员进行调研；对政策实施的利益相关机构和人员进行咨询；对相关的国外政策进行研读、比较和学习；对相关的国外实际做法和经验进行考察和借鉴等。在这一系列评价工作的基础上，部长级委员会或专门的工作小组形成相应的政策评价报告，呈交国家教育部及其他相关部委。教育部及其他相关部委，对评价报告的结论和建议给予反馈，并据此对相应的国家层面教育政策进行修订或调整，然后进一步推行和落实相关政策。

首先，以国家教育部对 1997 年 3 月《2005 课程》（白皮书）及其实施情况的评价为例，来进一步说明问题。当时开展此项评价的背景为，《2005 课程》自 1998 年开始实施，不到两年时间，学者、教师以致教育政府部门人员已经对其多有抱怨。他们普遍感到《2005 课程》诸多政策术语十分费解；中小学成绩非但没有因其实施得以提高反而有所下降；等等。当时恰值新南非政府换届，1999 年新出任的教育部长卡达尔·阿斯马尔（Kader Asmal），甫一上任便于 2000 年 2 月委任了一个专门的工作小组来全面审查和评估《2005 课程》的内容结构及实施情况。该小组旋即展开评价工作，经过三个月的紧张工作，通过对相关调研报告和文章的研读，对教师、校长、管理人员、培训人员、出版人员以及政府官员的访谈，对其他个人、组织和机构或提交的意见和建议材料的汇总，最后制定出一份针对《2005 课程》及其实施情况的评价报告，并于 2000 年 5 月提交给教育部。教育部长卡达尔·阿斯马尔在 2000 年 6 月对评价报告作出肯定性回应。2000 年 7 月，国家内阁也召开专门会议，对评价报告做了专门讨论，认可并支持其结论和建议。在评价报告结论和建议的基础上，教育部于 2000 年 11 月成立了"部长级项目委员会"与"工作小组"，并于 2001 年 1 月正式启动对《2005 课程》的修订和调整工作。"部长级项目委员会"与"工作小组"历经半年努力，于 2001 年 7 月向教育部提交了《国家 R-9 年级课程标准修订本》草案。后经广泛征求公众意见和建议，教育部于 2002 年 4 月，颁布了《国家 R-9 年级课程标准修订本》（绿皮书），标志着其基本定稿。2002 年 5 月又颁布了《国家 R-9 年级课程标准修订本》（白皮书），标志着其最终定稿，取得了合法性地位，成为正式的国家课程政策。

其次，再以国家教育部与国家劳动部联合开展的对 1995 年 10 月《南非资格局法案》及其实施情况的评价为例，以期对新南非国家层面教育政策评价的基本方式和流程，有更为深入的理解和体会。当时开展此项评价的背景为，自新南非于 1995 年颁布《南非资格局法案》并建立国家资格局，国家资格框架体系在该局的监控下在全国范围内开始构建和实施。实施的最初几年，直接参与实施的多方机构和人员多对其抱以赞赏和支持态度。但好景不长，自 2000 年始，多方机构和人员都开始对其有所质疑和抱怨。针对此种情况，教育部与劳动部于 2001 年 4 月联合召开了一个专门会议，会议认为很有必要对国家资格框架体系在全国的推行情况进行全面的审查和评估，以厘清下一步的去向。随后，教育部与劳动部联合与国家资格局进行磋商，并于 2001 年 7 月任命了一个专门的工作小组，来开展相关审查和评估工作。该工作小组于 2001 年 7 月到 2002 年 2 月之间，先后组织了七次见面会和两次咨询会，并听取了国家资格局对国家资格框架体系实施情况的整体介绍，确定了审查和评估的工作方案。方案包括，通过媒体通告及邀请函向公众及利益相关者征求书面意见和建议；面向教育部、劳动部、国家资格局及其下属分支机构、其他利益相关群体召开咨询会；面向国家议会下属的教育事务委员会与劳动事务委员会召开咨询会；对国外构建和推行国家资格框架体系的经验和做法进行深入研究和学习；对与《国家资格局法案》相关的政策法规文件进行深入分析；等等。在审查和评估开展的过程中，该工作小组又召开了多次讨论会，就有关评价结论和建议进行广泛探讨和辩论。2002 年 4 月，该工作小组完成了审查和评估工作，并向教育部与劳动部提交了一份评价报告。2002 年 5 月，教育部和劳动部联合发布了这份评价报告，并进一步号召各利益相关群体针对评估报告建言献策。然而，针对评估报告结论和建议，教育部与劳动部的看法有很大分歧，因为劳动部主要从人力市场的角度来理解问题，而教育部则主要从教育与培训发展的角度来理解问题。鉴于此种分歧，负责审查和评估的工作小组，建议教育部与劳动部双方应就相关事宜开展详细磋商。于是，教育部与劳动部双方高层领导又组建了内部工作小组，就双方的观点分歧开展磋商并逐步达成一致意见，于2003年5月联合发布了一份国家资格框架体系政策咨询文件。此咨询文件，后又经征求多方意见，并最终于2009年2月形成并出台了《国家资格框架体系法案》，将国家资格框架体系的构建和实施正式纳入了法律范畴。

二、评价的主要目的与结果及评析

教育政策评价的目的可以是否定并驳倒某项教育政策，也可以是找出某项教育政策及其实施所存在的问题与不足并促进其修改、调整和完善。不同的评价目的，可能对应性地导致不同的评价结果。因此，评价结果或许是取消并终止被评价的某项教育政策，也或许是在评价结论和建议的基础上修改和完善某项教育政策并进一步推进其实施。

新南非国家层面教育政策评价的目的，主要为了找出某项教育政策及其实施所存在的问题与不足并促进其修改、调整和完善，而并非否定并驳倒某项教育政策。

如国家教育部对1997年3月《2005课程》（白皮书）及其实施情况的评价目的。当时的教育部长卡达尔·阿斯马尔曾一再强调，对《2005课程》的审查并不代表之前所做努力的失败，审查的目的是为了更好地推进课程改革的深入，世界上许多国家都在新课程实施一段时间后，便对其作出审查和评估，对其作出相应修改，及时诊断实施过程中遭遇的困难和阻力，并采取相应对策予以解决，从而更好地推进其实施。

再如国家教育部与国家劳动部联合开展的对1995年10月《南非资格局法案》及其实施情况的评价目的。评价开始之前，部长们明确表示，评价的目的并非推翻原有国家资格框架体系政策的根本理念与政策目标。评价工作应聚焦于研究和学习当前其他国家发展国家资格框架体系的相关政策、法律框架与实施程序；审查本国国家资格框架体系目标与结果的匹配度，以及教育提供者与学习者对国家资格框架体系政策实施情况的感受和看法；检测本国国家资格局在监管和实施相关政策方面是否程序合理、资源到位，是否具备相应能力，如何进一步提高其监管和实施能力；针对利益相关群体担忧国家资格框架体系政策实施机构和程序不够清晰和明确，如何解决此种担忧等等。①

与新南非国家层面教育政策评价的目的相对应，评价结果往往是，在评价结论和建议的基础上修改和完善某项教育政策并进一步推进其实施。如对 1997 年 3 月《2005 课程》（白皮书）实施情况的全面评价，其结果为教育部对其作出修订并生成了更为合理和完善的课程标准，即 2002 年 4 月《学校 R-9 年级国家课程标准修订本》（白皮书）；而对 2002 年 4 月《学校 R-9 年级国家课程标准修订本》（白皮书）及其实施情况的评价，其结果亦为教育部对其作出修订并生成了更加合理和完善的课程标准，即 2011 年 9 月颁布的《学校 R-12 年级国家课程标准修订本》（白皮书）。而对 1995 年 10 月《南非资格局法案》实施情况的全面评价，其结果则为最终形成并颁布了 2009 年 2 月的《国家资格框架体系法案》。

新南非国家层面教育政策评价的目的并非否定并驳倒某项教育政策，而主要是为了找出某项教育政策及其实施所存在的问题与不足并促进其修改、调整和完善。一方面，这有助于国家重大教育政策的延续性，尽量避免朝令夕改。同时，这也是一种逐步实施某项教育政策，在实施中发现问题、总结经验，从而进一步修改、完善和推进相关政策的策略。但另一方面，这也可能使得教育政策变革的步伐步履蹒跚。一项存在根本性缺陷的教育政策，难以得到及时撤销和终止。但由于新南非正处于大刀阔斧的教育变革期，许多国家层面教育政策有赖于逐步推进，不能轻易终止。因此，其政策评价的主要目的与结果有其合理性与必要性。

---

① Department of Education, Department of Labour, *Report of the Study Team on the Implementation of t-he National Qualifications Framework*, Pretoria, 2002.

三、评价的参与者及评析

教育政策评价的参与者可以分为主动参与者与被动参与者，而主动参与者又可以分为政策评价的发起者与执行者。发起者，是指启动某项教育政策评价的机构和人员；执行者，是指具体组织和开展评价活动的机构和人员；被动参与者，是指执行者在具体组织和开展评价的过程中，所咨询和调研的与被评价政策有关的利益机构和人员。

由前述部分可知，新南非国家层面教育政策评价的发起者，主要为教育部以及其他部委。一方面，这表明政府在评价相关政策方面有着强烈的责任心和义务感，值得肯定。但另一方面，政策制定者同时也是政策评价的发起者，往往会影响评价结论和建议的中立性和可信性。

新南非国家层面教育政策评价的执行者，即教育部单独或教育部联合其他部委所任命的专门工作小组。整体而言，这些专门工作小组的人员构成相对多元，往往既有政府人员，也有专家学者，还有教育实践者及其他利益相关机构和人员。如《2005 课程》的审查和评价工作小组共有 11 名人员组成，他们的身份具有广泛代表性，分别为纳塔尔大学教育学院教授 1 名和讲师 2 名、个体顾问 2 名、豪登省课程发展中心主席 1 名、开普敦大学教育学院院长 1 名、纳塔尔大学前校长 1 名、约堡卡莱洪（Katlehong）地区小学一年级教师 1 名、东兰德校区大学讲师 1 名、教育部国家课程研究与发展中心首席教育专家 1 名。[①] 这些成员，既包括《2005 课程》的制定者，也包括对《2005 课程》的诟病者，还包括一些价值立场中立但就个人能力而言具有举足轻重地位的专家学者。再如《国家资格局法案》及其实施情况的专门评价小组，共由 13 人组成。他们的身份也比较多元，分别来自教育行政部门、大学、政策研究和咨询机构等；而且他们每个人的身份也是多元化的，既有教育研究经验，又有教育实践经验，还有教育行政与管理经验。另外，从新南非国家层面教育政策评价的

---

① Kader Asmal, "Remarks at the First Meeting of the Curriculum Review Committee", 2000 年 1 月 21 日，http://www.info.gov.za/speeches/2000/000223843a1004.htm.

实际情况来看，虽然政策评价执行者是由政策评价发起者所任命的，但是，他们的评价结论和建议并不一定被发起者所认可和采纳。当执行者对某项政策的评价结论和建议与发起者出现分歧时，发起者的权威往往要大于执行者。由前述可知，《国家资格局法案》及其实施情况专门评估小组，将评估报告提交给教育部和劳动部后，教育部和劳动部在磋商的基础上共同拟定了一份国家资格框架体系政策咨询文件。但事实上，教育部和劳动部，作为政策评价发起者，它们在政策咨询文件中所持的观点，有很多地方并没有吸纳专门评估小组的评估结论和建议，甚至与之相背。

新南非国家层面教育政策评价的被动参与者，总体而言也是比较多元的。如《2005 课程》审查和评估小组，当时对教师、校长、管理人员、培训人员、出版人员以及政府官员等都做了相关调研，同时对许多个人、组织和机构所提交的意见和建议进行汇总，最后才制定出一份针对《2005课程》的审查和评估报告。再如《国家资格局法案》实施情况专门评估小组，在评估的过程中咨询了来自新南非私立教育、培训和发展联盟，继续教育与培训协会，教育与培训委员会，南非工会代表大会，高等教育协会、教育部、财政部、劳动部、工程设计协会、成人基础教育与培训咨询机构、南非技术局、国家资格局、议会下设的教育事务委员会、议会下设的劳动事务委员会等数十家机构的上百位利益相关人员。同时，还收到并汇总了来自 30 多家利益相关机构的书面意见和建议。① 即使这样，仍有许多弱势群体不能参与到教育政策评价中来，诸如学生、知识和文化水平较低的父母或普通民众等。

四、评价的主要标准及评析

新南非国家层面教育政策的评价标准，与政策出发点有关。可以说，新南非所颁布的诸多国家层面教育政策，主要目的和出发点就是要对国家

---

① 参见 Department of Education& Department of Labour，*Report of the Study Team on the Implementation of the National Qualifications Framework*，Pretoria，2002。

整个教育与培训进行全面性、彻底性变革，即彻底诀别种族隔离统治所导致的教育不公平、不均衡、不统一的局面。

新南非国家层面教育政策评价的主要标准之一，即该政策实施在促进教育公平方面的效果如何。如对《2005 课程》的审查和评估，其中很重要的一点结论即：《2005 课程》将"以结果为本位"的教育理念引入本国学校，这不仅不能削减传统黑人学校与传统白人学校之间的不公平局面，反而会增加它们之间的不公平性。因为，一般而言，"以结果为本位"教育理念的真正落实，离不开优质的学校资源以及高质量的教师。那些传统白人学校具备相应条件实施新的课程理念，并进而取得更好的成绩。而那些传统黑人学校并不具备相应的实施条件和能力，因此其教学成绩与质量将被白人学校越拉越远。这也是随后国家教育部决定对《2005 课程》进行全面修订的主要原因之一。

国家层面教育政策目标与实施效果之间的拟合度，也是新南非国家层面教育政策评价的主要标准之一。如对《国家资格局法案》实施情况的评价，很重要的一点就是要审查国家资格框架体系政策目标与实际实施效果的拟合度。

但到目前为止，新南非还没有制定国家层面教育政策评价所要采用的相对统一的标准。伴随新南非诸多国家层面教育政策的实施日渐深入，对政策文本其实施情况的整体评价也将逐步提上日程。这意味着，新南非很有必要尽快制定一定的、相对统一的政策评价标准。

第十一章 中国教育政策的演进及发展——基于政策文本的分析

自 1949 年中华人民共和国成立以来，教育政策的演进历程大体上可分为两个阶段：一是改革开放前的摸索与波折期，二是改革开放后的恢复与发展期。新中国成立之初我国的教育方针是《共同纲领》中规定的："中华人民共和国的文化教育是新民主主义的，即民族的、科学的、大众的文化教育。"从 1949 年新中国成立到 1960 年中苏关系恶化，我国教育发展照搬苏联模式，50 年代末开展"教育大革命"，破坏了教育建设的正常秩序，60 年代对先前的"左"倾错误进行纠正，开展教育事业的调整工作，1966 年到 1976 年"文化大革命"爆发，中国教育事业遭受了前所未有的灾难。总体来讲，1978 年以前的中国教育在摸索与波折中缓步前行，直到十一届三中全会召开，中国开始全面改革开放，教育事业也开启了新的篇章。本章主要对改革开放以后我国教育政策的演进历程及发展现状进行分析研究。

第一节 教育政策演进的阶段性研究

改革开放以后，中国教育事业的发展历程大体上可以分为四个阶段：第一阶段，1978 年至 1984 年，教育秩序恢复阶段；第二阶段，1985 年至

1992 年，教育体制改革全面展开阶段；第三阶段，1993 年至 1998 年，教育改革深化阶段；第四阶段，1999 年至今，教育发展创新阶段。

一、第一阶段：教育秩序恢复阶段（1978—1984）

"文化大革命"结束之后，中国教育的发展方向亟待调整，教育秩序亟待恢复。1977 年，邓小平同志一恢复职位就立即拍板恢复中断 11 年的高考，为"文革"之后的拨乱反正和教育秩序重建拉开了序幕。1978 年，针对"两个凡是"的影响开展的真理标准大讨论，引发了教育界对教育本质和功能问题的热烈讨论，通过这次讨论，人们在思想上摒弃了教育是上层建筑和阶级斗争的片面认识，吹响了教育在现代化建设中战略地位的前奏，为后来教育战略地位的确立奠定了理论基础。[①]

1978 年 12 月，十一届三中全会召开，全党的工作重心由阶级斗争转移至经济建设，与此相对应，教育为社会主义现代化建设服务的功能也日益明朗。1979 年，中共中央通过决议，正式撤销 1971 年《全国教育工作会议纪要》，彻底否定"两个估计"[②] 的错误论调，为此后教育秩序的恢复和重建扫清了道路。1982 年，党的十二大明确将教育确立为经济建设的战略重点之一。这表明，中国的教育已经逐渐走出"文革"的阴霾，并寻找到正确的方向，走在光明的道路上。1983 年，邓小平为北京景山学校题词："教育要面向现代化，面向世界，面向未来。"他对教育工作全面而系统的论述为改革开放以来教育的历史性跨越指明了方向，而且也为我国进入 21 世纪以来的宏观教育决策提供了丰厚的理论基础。[③]

[①] 中华人民共和国教育部：《共和国教育 50 年》，北京师范大学出版社 1999 年版，第 122 页。

[②] 两个估计：即"文化大革命"前十七年教育战线是资产阶级专了无产阶级的政，是"黑线专政"；知识分子的大多数世界观基本上是资产阶级的，是资产阶级知识分子。

[③] 国家教育发展研究中心：《改革开放近 30 年我国公共教育政策变化述评》，见《2007 年中国教育绿皮书——中国教育政策年度分析报告》，教育科学出版社 2007 年版，第 17—23 页。

二、第二阶段：教育体制改革全面展开阶段（1985—1992）

十一届三中全会的胜利召开和拨乱反正取得成功，使我国各项事业得到了恢复和发展。此时中国的计划经济体制开始解体，市场的力量开始显现，整个社会面临着一场大的转型。[①]1984 年 10 月中共十二届三中全会通过《中共中央关于经济体制改革的决定》，拉开了我国体制改革的序幕。与此同时，政治方面"权力过于集中"的局面也开始被打破，政治体制改革作为与经济改革相配套的改革也相应开展起来。随着经济体制改革与政治体制改革的推进，教育与科技领域的改革变得越来越迫切。1985年 3 月，《中共中央关于科学技术体制改革的决定》颁布，教育领域的体制改革势在必行。在各个领域体制改革如火如荼的背景下，1985 年 5 月，改革开放以来第一次全国教育工作会议召开，颁布了《中共中央关于教育体制改革的决定》（以下简称《教育体制改革决定》），为我国教育体制改革指明了方向。

《教育体制改革决定》首先指出当前中国教育体制中存在的问题：政府对学校，尤其是高校统得过死；教育结构不合理，即基础教育薄弱，职业技术教育不足，高校内部科系、层次比例失调；教育思想、教育内容和教育方法陈旧。针对上述问题，《教育体制改革决定》提出了教育体制改革的内容：基础教育实行地方负责，分级管理的原则，逐步实行九年义务教育；调整中等教育结构，大力发展职业教育；高等教育的体制改革侧重于管理体制改革，改革高校招生和分配制度，扩大高校自主权。[②]"权力下放"是本次教育体制改革的主旋律：中央向地方放权，政府向学校放权，鼓励社会力量参与办学。经过这一系列的改革，我国的教育事业逐渐告别了计划时期一潭死水的局面，各个领域开始有了新的活力，为以后市场经济下的教育事业发展打下了良好的基础。

---

① 　顾明远：《改革开放 30 年中国教育纪实》，人民出版社 2008 年版，第 153—189 页。
② 　《中共中央关于教育体制改革的决定》，教育科学出版社 1985 年版。

三、第三阶段：教育改革深化阶段（1993—1998）

20世纪80年代中国各个领域开展的波澜壮阔的改革取得了显著成效，市场经济越来越被认可。1992年中共十四大召开，会上第一次明确提出将"社会主义市场经济体制"确立为经济体制改革的目标，这一决定不但是我国经济改革的创举，也为教育改革指明了方向，提出了要求。1993年2月，中央、国务院不失时机地颁布《中国教育改革和发展纲要》（以下简称《纲要》），1994年6月，召开全国教育工作会议，出台《关于〈中国教育改革和发展纲要〉的实施意见》（以下简称《实施意见》），我国的教育改革逐渐深化。

《纲要》明确了教育在社会主义现代化建设中优先发展的战略地位，强调了教育在市场经济条件下所要承担的艰巨任务，确立了20世纪末教育发展的总目标以及各级各类教育发展的目标，完善了教育体制改革的内容，突出了教育提高民族素质培养全面发展人才的功能，提出了改革教师工资制度和提高教师待遇的必要性和途径。此外，在教育经费方面指出，增加国家财政性教育经费支出，到2000年达到国民生产总值的4%。[1]《纲要》和《实施意见》成为20世纪90年代我国教育改革与发展最重要的指导性文件，对促进教育事业的全面发展、改革教育体制和资源配置方式、调动社会资源参与教育产生了深远影响。[2]

教育优先发展战略的提出与落实，为科教兴国战略奠定了理论和实践基础。1995年3月18日，全国人大通过了《中华人民共和国教育法》，从法律上明确了教育的地位；5月6日，中共中央、国务院作出《关于加速科学技术进步的决定》，第一次提出了要"坚定不移地实施科教兴国战略"；5月26日，江泽民在第三次科学技术大会上首次精辟阐述了科教兴国的含义；9月28日，党的十四届五中全会通过了《中共中央关于制定国民经济和社会发展"九五"计划和2010年远景目标的建议》，正式把

---

[1]　《中国教育改革和发展纲要》，《人民教育》1993年第4期。

[2]　《新的里程碑——全国教育工作会议文件汇编》，教育科学出版社1994年版。

"实施科教兴国战略,促进科技、教育与经济紧密结合"作为未来 15 年国民经济和社会发展的指导方针。① 科教兴国战略是以经济建设为中心的深化,是对新世纪科技与教育发展地位的正确估计,同时也是以江泽民同志为核心的第三代领导集体迎接 21 世纪发展机遇与挑战的重大贡献。

四、第四阶段:教育发展创新阶段(1999 年至今)

经过改革开放 20 年的艰难探索,我国教育事业的发展取得了举世瞩目的成就,同时不能忽视的是,我们还面临着许多问题,一个新的世纪即将到来,我国的教育事业将会面临更加严峻的挑战。1999 年 1 月,国务院转批教育部制定的《21 世纪教育振兴行动计划》(以下简称《振兴计划》),《振兴计划》提出了面向 21 世纪的 12 项教育工程,涵盖基础教育、高等教育、职业教育、教师培养,以及素质教育、教育体制改革和教育投入等方面。② 《振兴计划》是在贯彻落实《教育法》和《中国教育改革和发展纲要》基础上提出的跨世纪教育改革与发展蓝图,为推进素质教育做了充分的前期调研和准备工作。③

素质教育于 20 世纪 80 年代提出并开始尝试,90 年代前期进行局部实验并反复论证,1997 年在全国范围内推广。1999 年 6 月,改革开放以来第三次全国教育工作会议召开,会议的主题就是"素质教育",会议的主要文件即《中共中央、国务院关于深化教育改革全面推进素质教育的决定》(以下简称《素质教育决定》)。《素质教育决定》重申了素质教育之于党和政府、国民素质以及中华民族伟大复兴的重要意义,指出素质教育要贯穿各级各类教育,贯穿课程与体制,是学校、家庭和社会的共同任务,④ 标

---

① 中华人民共和国教育部:《共和国教育 50 年》,北京师范大学出版社 1999 年版,第 125 页。

② 陈至立主编:《面向 21 世纪教育振兴行动计划学习参考资料》,北京师范大学出版社 1999 年版。

③ 国家教育发展研究中心:《中国教育事业的发展与改革——1998 年~1999 年简要回顾》,教育科学出版社 2000 年版,第 3—27 页。

④ 《深化教育改革,全面推进素质教育——第三次全国教育工作会议文件汇编》,高等教育出版社 1999 年版。

志着我国全面推进素质教育进入了新阶段。

2004 年，国务院转批教育部制定的《2003—2007 年教育振兴行动计划》。这一计划是在《21 世纪教育振兴行动计划》取得显著成效的基础上，在党的十六大将教育事业列入全面建设小康社会的奋斗目标的指引下形成的，是时任新一届政府实施科教兴国战略和人才强国战略意图的体现。《2003—2007 年教育振兴行动计划》突出农村教育改革和建设高水平大学与重点学科的两大战略要点，实施六大工程覆盖 2007 年前教育系统必须做的主要工作。①

2008 年 3 月两会闭幕，胡锦涛总书记和温家宝总理分别作出了研究制定中长期教育规划纲要的指示，同年 8 月成立教育规划纲要领导小组，开始了广泛调研，征求民意和专家讨论。2010 年 7 月，改革开放以来第四次全国教育工作会议召开，会上对《国家中长期教育改革和发展规划纲要（2010—2020)》（以下简称《中长期规划》）的实施做了全面动员。《中长期规划》明确提出 20 字工作方针，即"优先发展，育人为本，改革创新，促进公平，提高质量"，从总体上规划了今后 10 年教育的改革与发展战略，各级各类教育的发展任务，教育体制改革的内容与方向，以及为保障教育发展将要采取的措施。《中长期规划》引领中国的教育事业迈入新世纪的第二个 10 年。到 2019 年 2 月，中共中央、国务院颁布《中国教育现代化 2035》，着手在新时代背景下对教育发展作出重大战略部署，贯彻落实党的十九大精神和全国教育大会精神，推进教育现代化、建设教育强国。②

---

① 《教育部长详解 2003—2007 年教育振兴行动计划》，《法制日报》2004 年 3 月 25 日，见 http://news.sina.com.cn/s/2004-03-25/14022139037s.shtml。

② 新华社：《绘制新时代加快推进教育现代化建设教育强国的宏伟蓝图》，2019 年 9 月 20 日，http://www.gov.cn/zhengce/2019-02/23/content_5367993.htm。

第二节　各级各类教育政策的演变历程与发展

在不同阶段宏观政策的指引下，各级各类教育政策也取得了巨大的发展。本节将对基础教育、高等教育、教师教育以及职业教育政策的演变历程与发展现状进行探究。

一、基础教育政策

基础教育是整个教育体系的基石，改革开放以来，我国为发展基础教育出台了许多政策。下文将从义务教育政策、素质教育政策和课程与教材政策三个方面进行梳理，呈现政策的演进历程与发展现状。

（一）义务教育相关政策

义务教育的实施是一个循序渐进的过程，在义务教育的不同发展阶段，相关政策对义务教育的实施起到了重要的指导和保障作用。

1.普及义务教育时期的相关政策

普及义务教育是基础教育领域的头等大事。改革开放之后，国家逐渐把普及义务教育纳入重要议程。1980 年，《中共中央国务院关于普及小学教育若干问题的决定》提出"在八十年代，全国应基本实现普及小学教育的历史任务，有条件的地区还可以进而普及初中教育"。1982 年第四部《中华人民共和国宪法》首次规定，"中华人民共和国公民有受教育的权利和义务"，"国家举办各种学校，普及初等义务教育"。由于我国地域辽阔，各地自然条件，经济和人文教育发展不平衡，为了便于各地从实际情况出发普及初等义务教育，1983 年，教育部颁布《关于普及初等教育基本要求的暂行规定》，其中对不同地区教育的普及率作出了明确规定。

2.九年义务教育全面开展时的相关政策

1985 年，《中共中央关于教育体制改革的决定》中首次提出，要"有步骤地实行九年义务教育"。1986 年 4 月 12 日，六届全国人大四次会议审议并通过了《中华人民共和国义务教育法》（以下简称《义务教育法》），

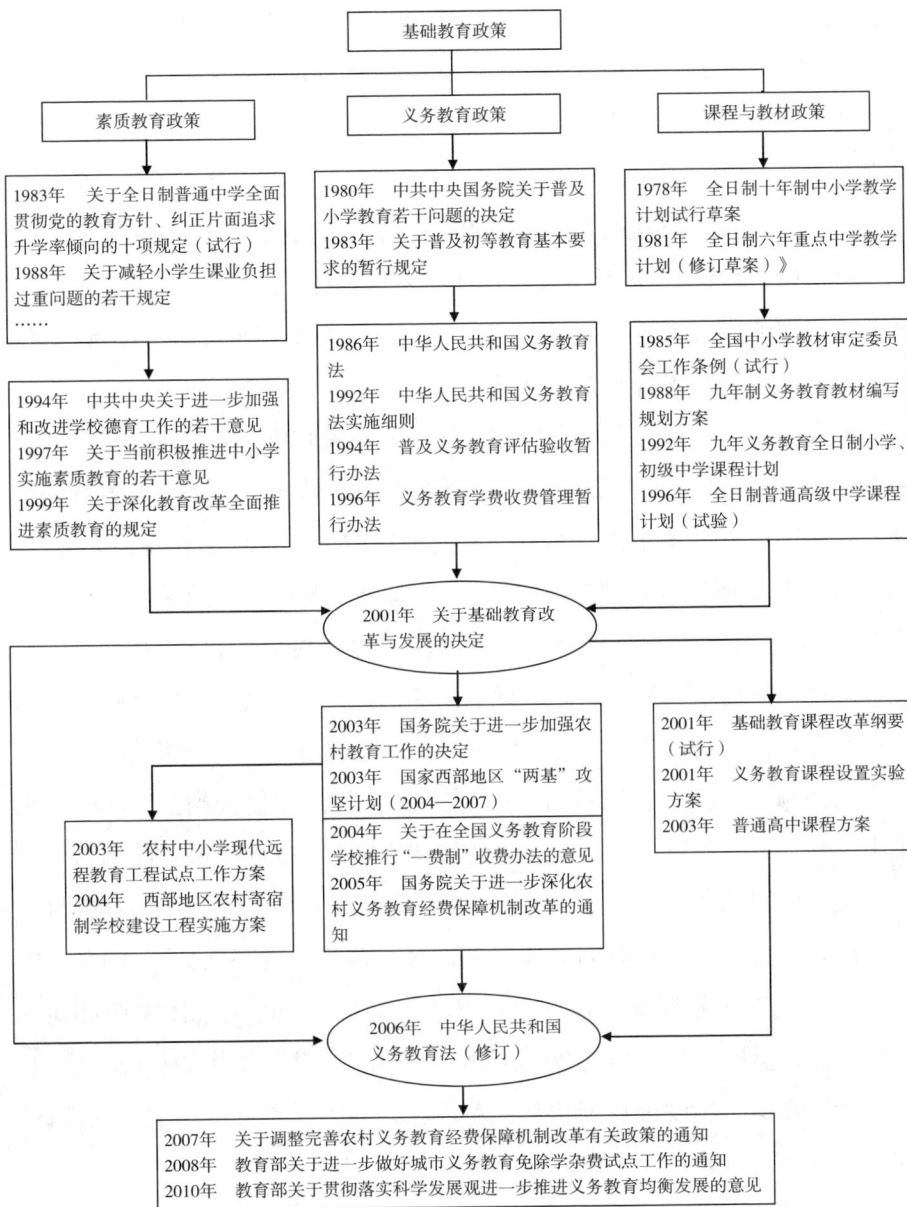

图 11-1 我国基础教育政策演变图

为我国普及义务教育提供了法律保障。该法对九年义务教育的学制、学生入学年龄、教师学历、保证措施和处罚措施等进行了规定。实施义务教育，经费是关键。《义务教育法》规定，"国家用于义务教育的财政拨款增长比例，应当高于财政经常性收入的增长比例，并按在校学生人数平均的教育费用逐步增长"，"地方各级人民政府按照国务院的规定，在城乡征收教育事业费附加，主要用于实施义务教育"，"国家对接受义务教育的学生免收学费"。为了更好地贯彻落实《义务教育法》，以及符合普及义务教育发展阶段的需要，原国家教委先后颁布了《中华人民共和国义务教育法实施细则》（1992 年），《普及义务教育评估验收暂行办法》（1994 年）和《义务教育学费收费管理暂行办法》（1996 年）。经过 15 年的努力，到 2000 年时，我国已经基本普及九年义务教育。

3. 义务教育攻坚与免费义务教育初期的相关政策

虽然到 2000 年我国已经基本普及九年义务教育，但是义务教育的整体水平不高，发展不平衡，尤其是农村地区的义务教育存在着很大困难。2001 年 5 月 29 日，国务院发布的《国务院关于基础教育改革与发展的决定》，将农村义务教育工作摆在战略地位，对农村义务教育的管理体制、经费筹措、学校布局和学制等进行了规定，尤其在管理体制方面规定我国农村义务教育"实行在国务院领导下，由地方政府负责、分级管理、以县为主的体制"，这一决策将政府投资统筹的主体由乡提升到县，同时加大了中央和省级财政对农村义务教育的扶持力度。[①]2003 年国务院出台《国务院关于农村教育工作的决定》，再次强调农村义务教育工作的重要性，并指出要"力争用五年时间完成西部地区'两基'攻坚任务"（两基，即基本普及九年义务教育，基本扫除青壮年文盲）。同年，《国家西部地区"两基"攻坚计划（2004—2007）》出台，对"两基"工作的目标、措施、组织领导和检查制度进行细化，针对措施方面的"农村中小学远程教育"和"农村寄宿制学校"，随后又出台了相应的实施方案。

2001 年起，我国在贫困地区农村义务教育阶段实行"一费制"收费办法。2004 年，教育部、国家发展和改革委员会、财政部联合发布《关于在全国义务教育阶段学校推行"一费制"收费办法的意见》，规定"从

---

① 顾明远：《改革开放 30 年中国教育纪实》，人民出版社 2008 年版，第 328 页。

2004 年秋季新学年开始，在全国政府举办的普通小学和普通初中（含义务教育阶段的特殊教育学校及特教班）推行'一费制'收费办法"。"所谓'一费制'是指在严格核定杂费、课本和作业本费标准的基础上，一次性统一向学生收取费用"。"一费制"在全国的推广，是"付费义务教育"向"免费义务教育"迈进过程中的重要一步。2004 年出台的《2003—2007 教育振兴行动计划》将"农村教育改革"作为两大战略要点之一，使农村教育改革更受重视。2005 年，国务院下发《国务院关于深化农村义务教育经费保障机制改革的通知》，规定"全面免除农村义务教育地区学杂费，对贫困家庭学生免费提供教科书并补助寄宿生生活费"（简称"两免一补"）。"两免一补"政策是 2001 年开始实施的对义务教育阶段贫困家庭学生的资助措施，此时面向全部农村义务教育地区展开，标志着我国义务教育开始进入免费义务教育阶段。

4. 免费义务教育实现与义务教育均衡问题凸显阶段的相关政策

经过近 20 年的努力，我国义务教育普及工作取得了显著成效，但是由于我国经济社会发展不平衡，城乡二元结构突出，义务教育水平在城乡之间、地区之间、学校之间差距依然存在，并且问题很严重。为了促进义务教育的公平公正，教育部强调要把基础教育均衡摆在重要位置。2005 年，教育部下发《关于进一步推进义务教育均衡发展的若干意见》，要求各教育行政部门要采取措施遏制教育不公平现象，推进教育均衡发展。2006 年，《义务教育法》修订实施，它明确规定国务院和各级政府"应当合理配置教育资源，促进义务教育均衡发展"，使义务教育均衡从被动的政策应对，走向制度化和法制化。[1]

修订后的《义务教育法》还明确规定我国"实施义务教育，不收学费、杂费"，这一规定为免费义务教育提供了法律保障。2005 年，财政部和教育部下发《关于调整完善农村义务教育经费保障机制改革有关政策的通知》，进一步为农村地区免费义务教育经费供给提供政策支持。2008 年，

---

[1] 张秀兰：《中国教育发展与政策 30 年》，社会科学文献出版社 2008 年版，第 110 页。

教育部下发《关于进一步做好城市义务教育免除学杂费试点工作的通知》，为城市地区免除学杂费提供政策支持。同年9月，我国实现了免费义务教育。

随着《义务教育法》的修订和免费义务教育的实现，我国义务教育事业完成了法制化和免费化，进入了巩固成果，提高质量，促进内涵发展的阶段。当前义务教育中最重要的问题就是不公平和不公正，所以教育均衡化是当前义务教育领域中的头等大事。2010年，教育部出台《关于贯彻落实科学发展观进一步推进义务教育均衡发展的意见》，再次为教育均衡化发展提供政策支持；同年国务院审议通过的《国家中长期教育改革和发展规划纲要（2010—2020)》中提出要建设"义务教育均衡发展改革试点"，为未来十年我国义务教育均衡发展指明方向。

2012年7月，教育部颁布了《县域义务教育均衡发展督导评估暂行办法》，并于2013年启动了对义务教育基本均衡县（区）的验收工作。2017年9月，教育部制定并发布了《县域义务教育优质均衡发展督导评估办法》。同年，国务院办公厅印发《关于深化教育体制机制改革的意见》，就完善义务教育均衡优质发展的体制机制作出重要指示。2019年6月，为促进义务教育质量提升及县域义务教育从基本均衡向优质均衡发展，中共中央国务院印发了《关于深化教育教学改革全面提高义务教育质量的意见》。该《意见》的出台明确了现阶段义务教育发展的主要任务。

（二）素质教育相关政策

1."素质教育"提出前后的相关政策

"素质教育"一词是1987年原国家教委副主任柳斌在《努力提高基础教育的质量》一文中最先使用的，主要针对当时片面追求升学率、学生负担过重以及教育如何适应时代的进步，提高国民素质提出的。此前，1983年国家教育部曾出台《关于全日制普通中学全面贯彻党的教育方针、纠正片面追求升学率倾向的十项规定（试行)》。此后，1988年原国家教委出台《关于减轻小学生课业负担过重问题的若干规定》《关于全日制普通中学端正办学方向、纠正片面追求升学率倾向的督导评估的几点意见》，上述政策是"素质教育"开展之前有关改善教育状况提高国民素质的"头疼医头脚疼医脚"的方针文件。1994年,《中共中央关于进一步加强和改进学校德育工作的若干意见》中使用"素质教育"一词,使"素质教育"逐渐成为基础教育改革的关键词。

2."素质教育"全面推广时期的相关政策

1997年,原国家教委发布《关于当前积极推进中小学实施素质教育的若干意见》,指出了"应试教育"的弊端和实施"素质教育"的紧迫性,要求中小学全面贯彻素质教育。1999年,改革开放以后第三次全国教育工作会议召开,中共中央国务院颁布了《关于深化教育改革全面推进素质教育的规定》,以正式文件的形式提出了素质教育的思想,强调了实施素质教育的重要性和紧迫性,为素质教育的全面实施提供了政策指导。

3."素质教育"深化时期的相关政策

2006年,《义务教育法》修订,对实施素质教育做了全面规定,为素质教育实施提供了法律保障,也标志着素质教育的法制化。同年,教育部、团中央等部门联合发布了《素质教育系统调研总报告》,对我国推行素质教育工作做了全面总结。2010年制定的《国家中长期教育改革和发展规划纲要(2010—2020)》中提出要"推进素质教育改革试点"。2017年9月,中共中央办公厅、国务院办公厅印发《关于深化教育体制机制改革的意见》,明确指出:"全面贯彻党的教育方针……全面深化教育综合改革,全面实施素质教育,全面落实立德树人根本任务。"次年10月,教育部发布《关于加快建设高水平本科教育全面提高人才培养能力的意见》,就"加快建设高水平本科教育,培养大批有理想、有本领、有担当的高素质专门人才"的需求提出"提升学生综合素质"的要求。提高国民素质是教育不变的主题,我国的素质教育工作任重而道远。

(三)课程与教材相关政策

1.课程与教学秩序恢复阶段的相关政策

"文化大革命"中,我国的中小学教学秩序一片混乱,教材建设遭受重创。于是,邓小平在教育拨乱反正伊始,就指出教材在教育改革中的重要作用。1978 年,《全日制十年制中小学教学计划试行草案》(以下简称《计划草案》)颁布实施,明确了中小学的教育任务和课程内容,随后教育部颁布了与《计划草案》相对应的教育大纲。1980 年,根据《计划草案》和教学大纲编写的全套教材出炉。由于《计划草案》中还不免有"文化大革命"的影子,1981 年教育部颁发《全日制六年重点中学教学计划(修订草案)》,开始编写新一套教材,1984 年教育部又颁发了六年制城市小学和农村小学教学计划,同时对教学大纲进行了重新修订。

2."一纲多本"课程改革相关政策

1985 年教育部颁布《全国中小学教材审定委员会工作条例》,指出要将教材的编写和审定分开,使我国中小学的教材制度由原来的"国定制"改为"审定制"。同年 8 月颁布了《九年义务教育教材编写规划方案》(以下简称《规划方案》),规定我国教材在同一基本要求,同一审定的前提下,逐渐实现多样化,即"一纲多本"。按照《规划方案》,1992 年原国家教委颁发《九年义务教育全日制小学、初级中学课程计划(试行)》和 24 个学科的教学大纲,1996 年颁发《全日制普通高级中学课程计划(试验)》。

3. 素质教育推动下的课程改革相关政策

2001 年,国务院颁布的《关于基础教育改革与发展的决定》明确指出要"加快构建符合素质教育要求的新的基础教育课程体系"。同年 6 月,颁布了《基础教育课程改革纲要(试行)》,标志着我国新一轮课程改革的启动,随后教育部颁发《义务教育课程设置实验方案》,指出从秋季开始进行义务教育阶段的课程改革。2003 年,颁布《普通高中课程方案》,以指导高中阶段的课程改革。2006 年,修订后的《义务教育法》规定"教科书根据国家教育方针和课程标准编写,内容力求精简,精选必备的基础知识、基本技能,经济实用,保证质量。"2014 年教育部研制印发《关于全面深化课程改革落实立德树人根本任务的意见》,指出课程改革的根本任务是立德树人。2017 年教育部印发《普通高中课程方案和语文等学科课程标准(2017 年版)》的通知,将立德树人的核心价值取向渗透到每一门课程标准中。

二、高等教育政策

改革开放前，我国高度计划的体制严重禁锢了高等教育的发展。十一届三中全会以后，改革开放成为一项基本国策，国家出台了一系列政策指导高等教育领域的制度改革，包括管理体制、招生就业制度等，并着手进行重点大学的建设。随着新世纪的到来，我国高等教育进入了新的发展阶段，为了满足更多人接受高等教育的需求，高校扩大了招生。与此同时，为了提高我国高等教育的质量，建设世界一流大学，先后开展了"211""985"工程和"双一流"建设。下文将对改革开放以来我国高等教育的管理体制改革政策、招生政策和重点建设大学的政策三方面进行梳理呈现。

（一）管理体制改革的政策

1. 高校确立统一领导、分级管理的政策

"文化大革命"前，高校实行统一领导、分级管理的制度，"文革"期间，高校正常的管理体制被打乱。1978年国务院转发《教育部关于恢复和办好全国重点高等学校的报告》中指出要在重点高校中实行统一领导、分级管理的体制。1979年，中央转批了教育部《关于建议重新颁发〈关于加强高等学校统一领导、分级管理的决定〉（以下简称《决定》）的报告》，肯定了1963年《决定》的内容，于是在全国高校中恢复统一领导、分级管理的体制。

这一决策在当时的情况下，促进了我国高等教育事业的发展，但是随着经济体制改革的进行，统一领导、分级管理的弊端逐渐显现，中央有关部门对一些具体事物干涉过多，高校被统得过死，教育体制亟待改革。1985年国家颁布《中共中央关于教育体制改革的决定》，其高等教育体制改革的基本精神就是在加强国家对教育宏观管理的原则下，扩大高校的办学自主权，实行中央、省（自治区、直辖市）、中心城市三级办学体制。为了贯彻《中共中央关于教育体制改革的决定》的精神，1986年国务院

高等教育政策

| 管理体制政策 | 重点建设大学的政策 | 招生政策 |

1979年　中共中央转批教育部《关于建议重新颁发〈关于加强高等学校统一领导、分级管理的决定〉的报告》
1985年　中共中央关于教育体制改革的决定（有关高等教育的部分）
1986年　高等教育管理职责暂行规定

1978年　国务院转发教育部关于恢复和办好全国重点高等学校的报告的通知
1983年　教育部、国家计委关于加速发展高等教育的报告的通知

1984年　高等学校接受委托培养学生的试行办法
1987年　国家教育委员会普通高等学校招生暂行条例
1988年　普通高等学校定向招生、定向就业暂行规定
1990年　普通高等学校招收自费生暂行规定

1993年　关于加快改革和积极发展普通高等教育意见的通知

1995年　国家教委关于深化高等教育体制改革若干意见的通知
1997年　关于转变职能加强宏观管理扩大直属高校办学自主权的若干意见
1998年　国务院关于调整撤并部门所属学校管理体制的决定及实施意见

1993年　国家关于重点建设一批高等学校和重点学科点的若干意见
1995年　关于印发《"211工程"总体建设规划》的通知
1997年　迎接知识经济时代，建设国家创新体系
1998年　江泽民在北大百年校庆上的讲话

1994年　国务院关于《中国教育改革和发展纲要》的实施意见（高等教育改革部分）

1996年　高等学校收费管理暂行办法

1998年　中华人民共和国高等教育法

1999年　关于调整五个军工总公司所属学校管理体制的实施意见
1999年　关于进一步调整国务院部门（单位）所属学校管理体制和布局结构的决定
2000年　关于调整国务院部门（单位）所属学校管理体制和布局结构的实施意见

2004年　教育部、财政部关于继续实施"985工程"建设项目的意见
2004年　关于印发《"985工程建设"管理办法》的通知
2004年　财政部、教育部关于印发《"985工程"专项资金管理办法》的通知
2010年　关于印发《"985工程"专项资金管理办法》的通知

1999年　面向21世纪教育振兴行动计划（高等教育部分）
1999年　中共中央国务院关于深化教育改革全面推进素质教育的决定（教育改革部分）
2001年　教育事业发展第十个五年计划（高等教育部分）

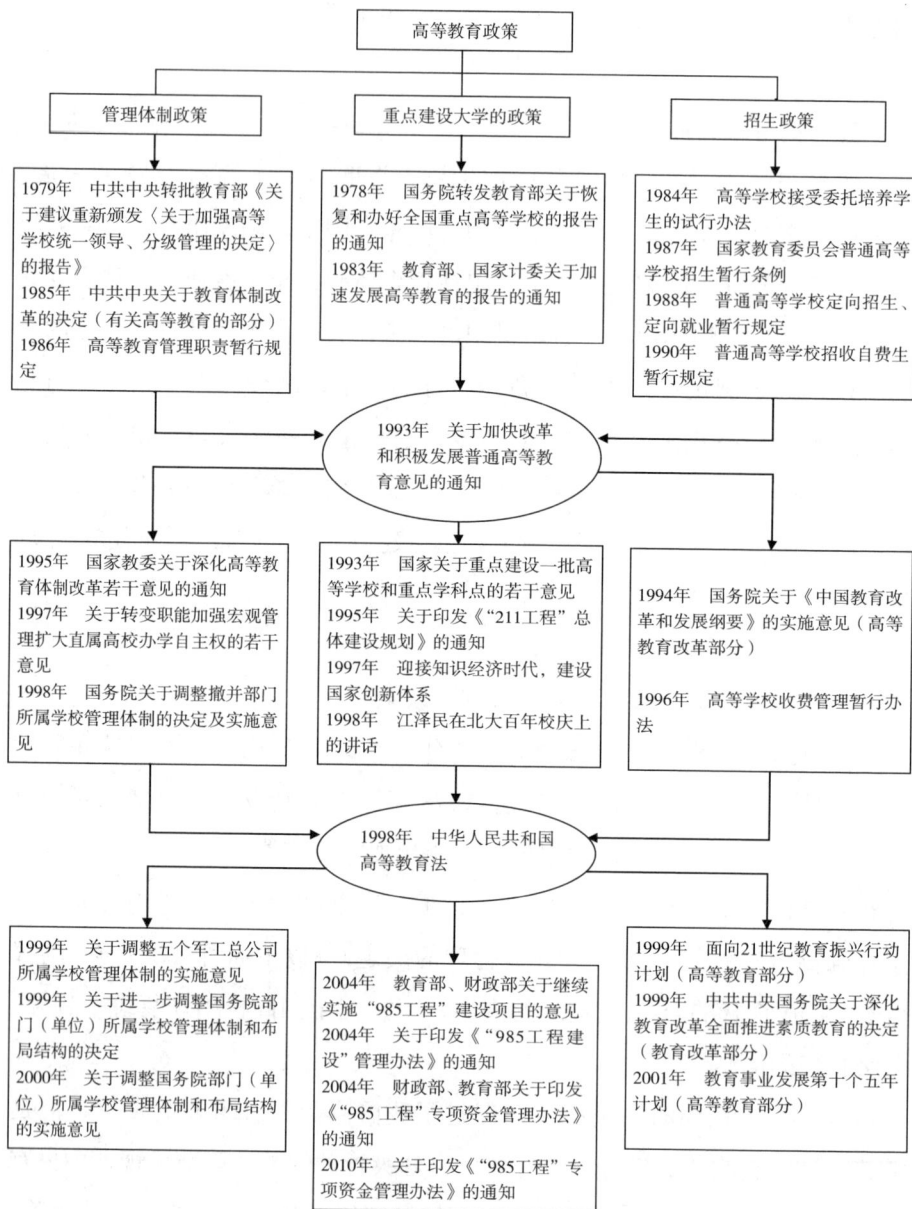

图 11-2　我国高等教育政策演变图

有关部门发布了《高等教育管理职责暂行规定》，对国家教委、国务院和省（自治区、直辖市）对高等教育的管理职责，以及高等院校自身管理权限作出了明确的规定，宗旨依然是扩大高等学校的自主权。

2. 高等教育管理体制改革全面推进的相关政策

高校实行统一领导、分级管理的体制，既是高校发展自身的需要，也是经济体制改革的要求。1992 年，党的十四大召开，确立社会主义市场经济体制的改革目标，同时对高等教育的管理体制提出了更高的要求。1993 年 1 月，国务院批准《国家教委关于加快改革和积极发展普通高等教育的意见》，指出高等教育要逐步实行"中央与省（自治区、直辖市）两级管理、两级负责为主的管理体制"。同年 2 月，中共中央、国务院印发了《中国教育改革和发展纲要》，要求改革高等教育管理体制，解决政府与高等学校、中央与地方、国家教委与中央各业务部门之间的关系，逐步建立政府宏观管理，学校面向社会自主办学的新体制。

1995 年，国务院办公厅转发《国家教委关于深化高等教育体制改革的若干意见》，一方面肯定了先前改革的成果，同时也指出"高等教育体制改革的进程仍然滞后于经济体制改革和社会发展，与社会主义市场经济的建立不相适应"，与此同时提出高等教育管理体制改革的目标，"争取到 2000 年或稍长一点时间，基本形成举办者、管理者和办学者职责分明，以财政拨款为主、多渠道经费投入，中央和省（自治区、直辖市）人民政府两级管理、分工负责，以省、自治区、直辖市人民政府统筹为主，条块有机结合的体制框架"。

3. 直属高校管理体制改革的相关政策

高校实行中央和省（自治区、直辖市）两级管理，前者简称为直属高校，直属高校的管理体制改革始终是高校管理体制改革的关注重点。国家教委 1992 年曾发布《关于国家教委直属高校深化改革，扩大办学自主权的若干意见》（以下简称"16 条"），对促进教委简政放权，推动直属高校转换运行机制，增强自主办学能力起到了积极促进作用。为适应新形势的要求，"进一步理顺国家教委和直属高校之间的关系，明确双方的职责、权利和义务，逐步建立政府宏观管理、社会积极参与、学校自主办学相结合的运行机制"。1997 年国务院出台《关于转变职能，加强宏观管理，扩大直属高校办学自主权的若干意见》，在肯定"16 条"的基础上，对直属高校的办学自主权做了几点补充。1998 年国务院颁布《关于调整撤并部门所属学校管理体制的决定》，对九个部门所属的 211 所院校的管理体制通过共建、合并、合作、调整等方式进行调整。1999 年 3 月，国务院办公厅转发教育部、国防科工委、国家计委、财政部《关于调整五个军工总公司所属学校管理体制的实施意见》，对五个军工总公司所属的 389 所院校的管理归属进行重新划分。同年 12 月，国务院颁布《关于进一步调整国务院部门（单位）所属学校管理体制和布局结构的规定》，在对有关部门和单位所属普通高等学校管理体制调整的同时，调整学校布局结构，优化教育资源配置。2000 年，教育部、国家计委、财政部联合下发了《关于调整国务院部门（单位）所属学校管理体制和布局结构的实施意见》，开始对 161 所普通高等学校和 617 所成人高等学校、中等专业学校和技工学校的管理体制进行调整。

（二）高校招生收费的相关政策

1. 高校开始"双轨"招生的相关政策

1977 年 10 月 12 日，《关于 1977 年高等学校招生工作的意见》出台，标志着中断 11 年的高考得以恢复。刚刚恢复的高考仍然是全国统一招生，统一分配，国家承担学费的制度。到了 1984 年，随着经济和高等教育事业本身的发展，统招统分的方式不能满足用人单位的需求，同时也为了扩大高等学校的经费来源，教育部出台《高等学校接受委托培养学生的暂行办法》，规定用人单位可通过协商，签订合同委托高校培养本、专科学生和研究生，并且根据"定向招生，定向分配"和"谁委托培养谁负责解决经费"的原则，委培生的学费由原单位负责，毕业后服从原单位分配。按照规定，委培生的录取分数线除个别特殊专业外，不得低于招生学校在当地的最低录取分数线。委培生制度为统招统分的高考制度打开了一个缺口，高校和用人单位双双获益。1987 年，国家教委颁布《普通高等学校招生暂行条例》，其中规定普通高等学校招生分为国家任务、用人单位委托培养和自费生三种计划形式。其中委培生和自费生的录取分数线可根据规定酌情降低。1988 年，为了让工作环境比较艰苦的地区和用人单位也能获得一定量的毕业生，国家教委颁布《普通高等学校定向招生、定向就业暂行规定》，将一些相对落后的省（自治区）以及艰苦的行业作为定向范围，同时也规定高校定向招生的比例不能超过国家任务招生数的5%。1990 年，国家教委等部门联合发布《普通高等学校招收自费生暂行规定》，规定自费生需"缴纳培养费、学杂费，毕业后可以由学校推荐就业，也可以自谋职业"，自费生的录取分数线可酌情降低，但不得低于国家任务录取分数线 20 分。此规定为高校招收自费生提供了强有力的保障，自此国家高等学校招生"双轨"——国家任务性招生和调节性招生（委培生和自费生）格局基本形成。

2. 高校开始招生"并轨"的相关政策

随着我国社会主义市场经济体制改革目标的确立，一切按照计划发展的模式开始一步步退出历史舞台。1993 年，国务院转批《国家教委关于加快改革和积极发展普通高等教育意见的通知》，其中明确指出，"高等教育属于非义务教育，要改革学生上大学由国家'包'下来的制度，学生上大学原则上均应缴费"，"在保证完成任务计划的前提下，要逐步扩大调节性计划，逐步扩大招收自费生和委培生的比重"。1994 年，国务院关于《中国教育改革和发展纲要》的实施意见中指出，要推进高校招生收费和就业制度的改革，"逐步实行学生上缴学费，大多数毕业生自主择业的制度，到 1997 年大多数学校按新制度运作，2000 年基本实现新旧体制转轨"。有关高等学校实行招生"并轨"的收费政策，1996 年国家教委和计委联合发布《高等学校收费管理暂行办法》，明确规定高校实行收费制，并对收费种类和额度做了详细规定。1998 年，《中华人民共和国高等教育法》颁布，高校学生应"按国家规定缴纳学费"以法律的形式确定下来。

3. 高校扩招的相关政策

改革开放后的几十年中，高等教育经历了恢复高考，统招统分，从"双轨"到"并轨"，这一发展过程始终和经济体制的改革与发展密切联系。1998 年，受亚洲金融危机的影响，国内市场低迷，当时在亚洲开发银行工作的经济学家汤敏博士和夫人左小蕾，向国务院提交信函，提出通过扩大高等教育规模以启动经济的建议。[①] 国务院 1999 年 1 月转批的《面向 21 世纪教育振兴行动计划》中指出，要为更多的高中毕业生提供接受高等教育的机会，"2000 年高等教育本专科在校生总数将达到 660 万人"，"高等教育入学率由 1997 年的 9.1%，提高到 2000 年的 11% 左右"。同年 6 月颁布的《中共中央国务院关于深化教育改革全面推进素质教育的决定》中指出："到 2010 年，我国同龄人口的高等教育入学率要从现在的 9% 提高到 15% 左右。"此后，在 2001 年公布的《教育事业发展第十个五年计划》中，将原定 2010 年实现高等教育规模和入学率目标进一步提前五年实现，即在 2005 年实现高等教育入学率 15% 的目标。而实际上 2005 年全国高等学校在学人数达到了 2300 万人，毛入学率为 21%。高校扩招衍生出一系列问题，诸如教育质量下滑，大学生失业等问题。2006 年，温家宝总理在国务院会议上指出要控制高等教育的规模。2007 年教育蓝皮书《2006 年：中国教育转型与发展》指出，国家"十一五规划"的制定和 2006 年国务院决定将高等教育扩招的增幅控制在 5%。标志着我国高等教育持续 8 年的"扩招时代"结束了。[②]

（三）重点大学建设的相关政策

1. 改革开放初期的重点大学建设政策

"文化大革命"时期高等教育事业受到了严重的破坏，培养能力和教育质量严重下降。对此，1978 年 2 月国务院转发《教育部关于恢复和办好重点高等学校的报告》的通知，拟定 88 所高校为重点大学（占当时全国高校总数的 22%），其中少数院校由国务院部委直接领导，多数院校由部委和省（自治区、直辖市）双重领导，以部委领导为主。对于重点院校，省（自治区、直辖市）和部委要予以支持。1983 年国务院转发《教育部、国家计委关于加速发展高等教育的报告》的通知，其中再次强调要促进重点高校的建设，并指出"争取在下一阶段的世界银行贷款中使大学

---

① 张秀兰：《中国教育发展与政策 30 年》，社会科学文献出版社 2008 年版，第 261 页。

② 顾明远：《改革开放 30 年中国教育纪实》，人民出版社 2008 年版，第 502 页。

建设的贷款额比过去有较多的增加"。改革开放后的十几年中，国家始终重视重点大学建设，但是直到 90 年代，新世纪即将到来之际，才相继出台了建设"211"和"985"工程的政策。可以说先前重点大学政策是后来"211"和"985"工程政策的预热，而后者是前者浓墨重彩的延续。

2."211 工程"相关政策

1991 年，作为高等教育的一种非均衡发展战略，"211 工程"在《关于国民经济和社会发展十年规划和第八个五年规划纲要的报告》中被正式提及，并由 1993 年的《中国教育改革和发展纲要》及《关于加快改革和积极发展普通高等教育的意见》的通知提到党和国家决策的高度。① 为落实上述两个文件中关于重点大学建设的内容，1993 年 7 月，国家教委制定了《国家关于重点建设一批高等学校和重点学科点的若干意见》，对"211 工程"重点建设项目，即面向 21 世纪，重点建设 100 所左右的高等学校和一批重点学科点，做进一步部署。

经过几年的筹备，1995 年 11 月，国务院下发《关于印发〈"211 工程"总体建设规划〉的通知》，《"211 工程"总体建设规划》中指出，"211 工程"的建设内容包括学校整体条件、重点学科和高等教育公共服务体系建设三大部分；"九五"期间"211 工程"建设规划任务为，首先建设两所高等学校，使其在国际上确立声誉和地位，着重提高和改善 25 所左右高校，使其人才培养质量上显著提高，一些重点学科达到国际水平，在高校中起到骨干和示范作用，加强 300 个左右重点学科建设，完成高等教育公共服务体系基本框架建设；"211 工程"所需资金由国家、部门、地方和高等学校共同筹集；"211 工程"自 1995 年 11 月起开始实施。

3."985 工程"相关政策

1998 年 5 月 4 日，江泽民同志在北京大学百年校庆的讲话中指出："为了实现现代化，我国要有若干所世界先进水平的一流大学。"同年 12 月制

---

① 改革开放 30 年中国教育改革与发展课题组：《教育大国的崛起 1978—2008》，教育科学出版社 2008 年版，第 204 页。

定、1999 年 1 月发布的《面向 21 世纪教育振兴行动计划》中明确指出：
"今后 10—20 年，争取若干所大学和一批重点学科进入世界一流水平。"
这一建设世界一流大学和世界一流学科的计划简称为"985 工程"。"985
工程"一期重点建设 34 所高校，成效显著。2004 年《国务院批转教育
部 2003—2007 年教育振兴行动计划的通知》中明确将继续实施"985 工
程"，同年 6 月出台了《教育部、财政部关于继续实施"985 工程"建设
项目的意见》，其中指出了"985 工程"二期（2004—2007）建设总体思
路、建设目标、建设任务和资金管理办法。随后，教育部和财政部先后印
发了《"985 工程"建设管理办法》和《"985 工程"专项资金管理办法》，
对"985 工程"二期工作予以详尽的指导。2010 年教育部印发《"985 工
程"专项资金管理办法》的通知，对项目资金的管理办法进行重新规定，
并宣布 2004 年出台的规定作废。2011 年，教育部部长袁贵仁宣布"211"
和"985"工程已经关上大门，不会再有新的学校加入。直属高校、211
高校和 985 高校之间的关系如图 11-3 所示。

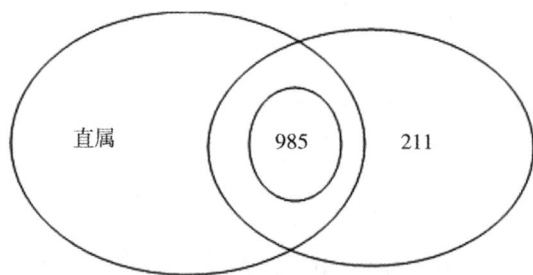

图 11-3　直属高校、211 高校和 985 高校关系

4."双一流"建设相关政策

2015 年 10 月，国务院对外发布《统筹推进世界一流大学和一流学
科建设总体方案》，确定了"双一流"建设的原则、目标和总体思路。从
1998 年提出到 2015 年，历时 18 年的"985 工程"项目明确终结。有学
者指出，"双一流方案"取代"985 工程"是高等教育制度创新的新阶段，
而这一制度创新旨在克服"985 工程"蕴含的诸多矛盾和因"985 工程"
面临的若干趋势性挑战，"双一流方案"的应运而生则是新常态下大学制

度创新的重要转折。[①] 总体而言，统筹推进世界一流大学和一流学科建设，对于提升高等教育整体实力，实现我国从高等教育大国到高等教育强国的历史性跨越具有重要意义。

三、教师教育政策

"文化大革命"中，教师被打成"臭老九"，师范院校长期停止招生，中小学教师大量流失。随着拨乱反正的开始，教师的地位和教师教育秩序才逐渐恢复。1978 年 1 月《国务院转批教育部关于加强中小学教师队伍管理工作意见的通知》就是当时为教师和教师教育拨乱反正的一个文件，文件中批判了"四人帮"对教师教育的破坏，并对中小学教师队伍的管理进行了比较具体的安排。下文将从教师的职前培养（师范教育）政策、在职培训（继续教育）政策和教师资格政策三方面呈现改革开放后中国教师教育的演进与发展。

（一）师范教育政策

1. 师范院校恢复与建设政策

在初步恢复教师及教师教育的地位后，教育部着手师范学校的恢复重建工作。1978 年教育部颁发《关于加强和发展师范教育的意见》，对师范教育进行统筹规划，对中等师范学校、师范专科学校和高等师范学校的办学任务和修业年限等作出规定。1980 年全国师范教育会议召开，会后教育部出台了《关于办好中等师范教育的意见》；同年 8 月出台《中等师范学校规程（试行）》，对中等师范学校（包括幼儿师范学校）的教学、实习、劳动、教师和领导体制等做了详细的规定；同年 10 月出台《关于大力办好高等师范专科学校的意见》，其中对高等师范的管理体制、学制、专业设置、教学、教师队伍、实验设备和图书资料等做了规定。

1986 年《中华人民共和国义务教育法》（以下简称《义务教育法》）

---

① 康宁、张其龙、苏慧斌：《"985 工程"转型与"双一流方案"诞生的历史逻辑》，《清华大学教育研究》2016 年第 5 期。

```
                        ┌─────────────────┐
                        │   教师教育政策   │
                        └─────────────────┘
          ┌───────────────────┼───────────────────┐
  ┌───────────────┐   ┌───────────────┐   ┌─────────────────┐
  │  师范教育政策  │   │  教师资格政策  │   │ 教师继续教育政策 │
  └───────────────┘   └───────────────┘   └─────────────────┘
```

┌─────────────────────────────────┐   ┌─────────────────────────────────┐
│ 1978年　关于加强和发展师范教   │   │ 1980年　全国重点高等学校接受   │
│ 育的意见   │   │ 进修教师工作暂行办法   │
│ 1980年　关于办好中等师范教育   │ ┌──────────────────────┐ │   │
│ 的意见   │ │ 1986年　中华人民共和国义务教 │ │ 1982年　小学教师进修中等师范   │
│ 1980年　中等师范学校规程（试   │ │ 育法（教师部分）   │ │ 教学计划（试行草案）   │
│ 行）   │ │ 1986年　中小学教师资格证书考 │ │   │
│ 1980年　关于大力办好高等师范   │ │ 核试行办法   │ │ 1986年　关于加强在职中小学教   │
│ 专科学校的意见   │ └──────────────────────┘ │ 师培训工作的意见   │
│ 1986年　关于加强和发展师范教   │   │   │
│ 育的意见   │   │ 1991年　关于开展小学教师继续   │
│ 1990年　关于当前师范专科学校   │   │ 教育的意见   │
│ 工作的几点意见   │   │   │
└─────────────────────────────────┘   └─────────────────────────────────┘

```
                        ╭─────────────────────╮
                        │  1993年　中华人民     │
                        │  共和国教师法         │
                        ╰─────────────────────╯
```

┌─────────────────────────────────┐ ┌──────────────────────┐ ┌─────────────────────────────────┐
│ 1996年　关于师范教育改革和发   │ │ 1995年　教师资格条例   │ │ 1999年　中小学教师继续教育规定   │
│ 展的若干意见   │ │ 1995年　教师资格认定的过渡办法 │ │ 1999年　中小学校长培训规定   │
│ 2002年　教育部关于"十五"期   │ └──────────────────────┘ │ 2002年　关于进一步加强县级教师   │
│ 间教师教育改革与发展的意见   │   │ 培训机构建设的指导意见   │
└─────────────────────────────────┘ ┌──────────────────────┐ └─────────────────────────────────┘
                                      │ 2000年　《教师资格条例》实施 │
                                      │ 办法   │
┌─────────────────────────────────┐ │ 2001年　关于首次认定教师资格 │ ┌─────────────────────────────────┐
│ 2007年　教育部直属师范大学师   │ │ 工作若干问题的意见   │ │ 2008年　中小学教师国家级培训   │
│ 范生免费教育实施办法（试行）   │ │ 2001年　教师资格证书管理规定 │ │ 计划   │
│ 2010年　教育部直属师范大学免   │ └──────────────────────┘ │ 2009年　中小学教师国家级培训   │
│ 费师范毕业生就业实施办法   │   │ 计划   │
│ 2010年　教育部直属师范大学免   │   │ 2010年　关于实施"中小学教师   │
│ 费师范毕业生在职攻读教育硕士   │   │ 国家级培训计划"的通知   │
│ 专业学位实施办法（暂行）   │   └─────────────────────────────────┘
└─────────────────────────────────┘
                                                                ┌─────────────────────────────────┐
                                                                │ 2011年　教育部关于大力加强中   │
                                                                │ 小学教师培训工作的意见   │
                                                                └─────────────────────────────────┘

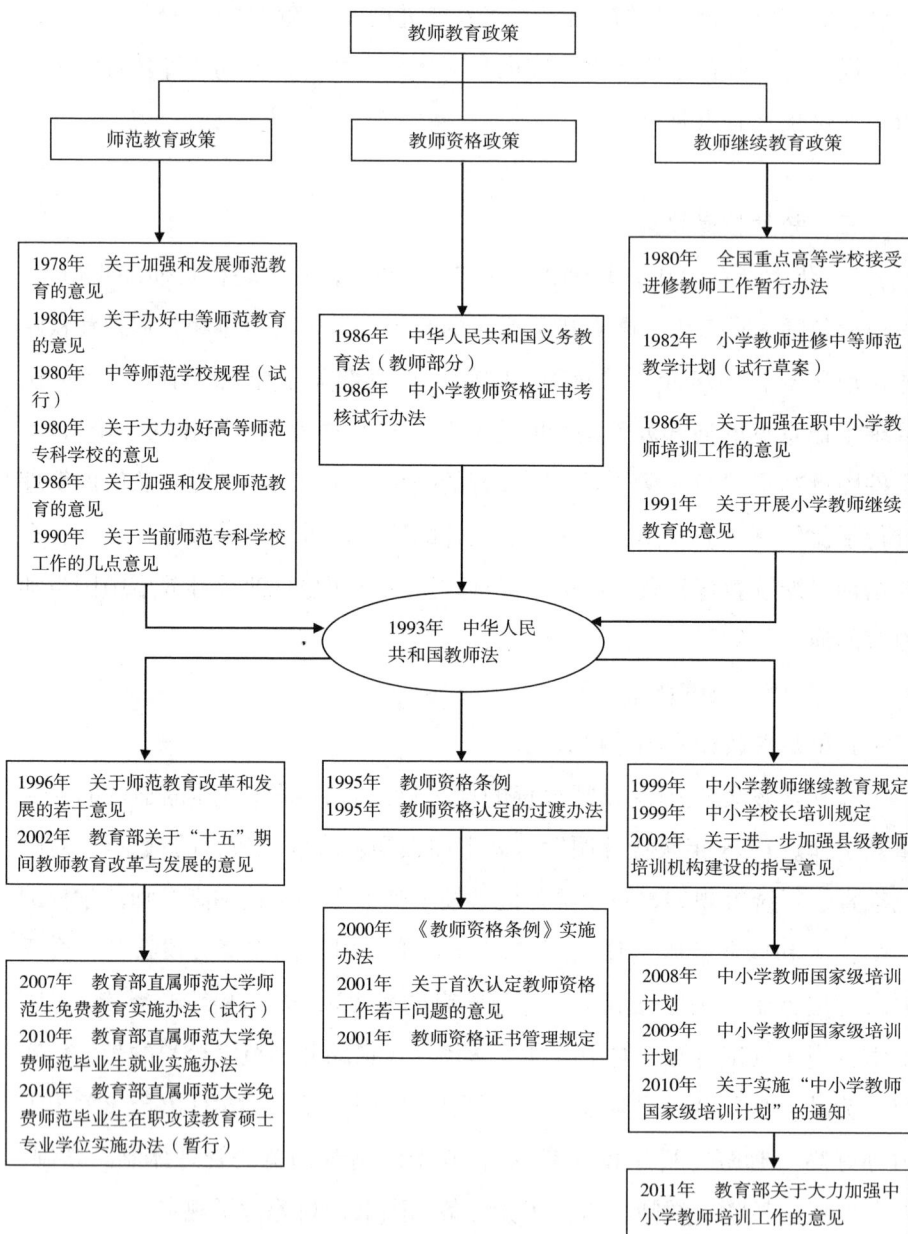

图 11-4　我国教师教育政策演变图

出台，该法明确规定我国小学教师要有中等师范学校毕业以上水平，初级
中等学校教师要具有高等师范专科学校毕业以上水平。同年国家教委颁发

了《关于加强和发展师范教育的意见》，进一步明确各级师范的培养任务，除《义务教育法》中规定的两点外，还规定高师本科院校培养中等学校教师，职业技术学校培养文化课和专业基础课教师，少数条件好的师范大学培养部分高层次的师资。

《义务教育法》规定我国实施并普及九年义务教育，师专作为培养初中教师的学校，对于普九工作特别重要。1989 年 12 月全国师范专科工作会议召开，会上时任国家教委副主任的柳斌在讲话中强调了师专教育对基础教育的重要性。会后，国家教委印发了会议文件《关于当前师范专科学校工作的几点意见》，其主要内容就是师专要将德育工作放在首位，并坚持为基础教育办学的思想，培养合格的初中教师。

1996 年 9 月全国师范教育工作会议召开，主要是对"九五"期间师范教育作出规划。会议文件《关于师范教育改革和发展的若干意见》中指出到 21 世纪初，师范教育都将以中国特色社会主义理论为指导，坚持"面向现代化、面向世界、面向未来"的方针，以《教育法》《教师法》和《中国教育改革和发展纲要》及其实施意见为依据，落实师范教育的优先发展地位；明确了"九五"期间我国师范教育的体系稳定为中等师范教育、高等师范专科教育和高等师范本科教育三个层次；并对师范院校的管理体制、招生制度、教师培养和德育工作做了规定。2002 年 2 月，教育部颁发《关于"十五"期间教师教育改革与发展的意见》，文件指出，"十五"期间继续坚持师范教育的优先发展地位，并继续推进教师教育结构的调整，使教师教育的办学层次由"三级"向"两级"（高等师范专科和高等师范本科）过渡。我国教师教育体系（三级）如表 11–1 所示。

表 11–1：教师教育体系（三级）简表

	幼儿园和小学教师	初中教师	高中教师
职前培养	中等师范学校 幼儿师范学校	高等师范专科学校	高等师范本科学校
在职培训	教师进修学校	教育学院（地市）	教育学院（省属）

2. 师范生免费教育政策

1996 年国家教委和计委联合发布的《高等学校收费管理暂行办法》，明确规定高校实行收费制，与此同时，师范生的免费待遇也被取消。师范生从免费到付费，是市场经济发展的结果，在当时看来是一种必然的趋势。但是随着时间的推移，师范生付费制度的弊端也逐渐暴露，主要体现在师范生生源变差。为了吸引更多优秀青年终生从事教育事业，2007 年5 月国务院办公厅转批了教育部等四部门制定的《教育部直属师范大学师范生免费教育实施办法（试行）》（以下简称《办法》）。《办法》指出，从2007 年秋季入学起，北京师范大学、华东师范大学、东北师范大学、华中师范大学、陕西师范大学和西南大学六所部属师范大学实行师范生免费教育；免费教育师范生在校学习期间免除学费，免缴住宿费，并补助生活费，所需经费由中央财政安排；免费师范生入学前与学校和生源所在地省级教育行政部门签订协议，承诺毕业后从事中小学教育十年以上，到城镇学校工作的免费师范毕业生，应先到农村义务教育学校任教服务二年；免费师范生毕业前及在协议规定服务期内，一般不得报考脱产研究生，可报考教育硕士专业学位研究生。

第一批免费师范生于 2011 年暑期毕业。为做好首批毕业生的就业工作，2010 年 5 月，教育部等部门印发了《教育部直属师范大学免费师范毕业生就业实施办法》和《教育部直属师范大学免费师范毕业生在职攻读教育硕士专业学位实施办法（暂行）》，两个文件对免费师范生到中小学任教和在职攻读教育硕士的具体实施办法做了详尽的规定。

（二）教师继续教育政策

1. 继续教育政策体系形成时期的相关政策

教师教育主要分为职前师范教育和在职培训，前者为教师提供学历教育，是教师教育的基础部分；后者以教师提高业务素质为目的，是教师教育的必要补充。改革开放之后，随着师范学校的恢复重建，教师在职培训工作也随之展开。1980 年，教育部颁布《关于分期分批办好重点中学的决定》和《关于进一步办好重点中小学的几点意见》，旨在发展重点中小学工作，为此需要一批特别优秀的教师，这就需要对一批在职教师进行重点培训。为此，同年7月教育部颁发《全国重点高等学校接受进修教师工作暂行办法》，明确指出全国重点高校接受进修的教师须具有大学学历或同等水平，具有两年以上工作经验的中青年骨干教师，以掌握一门课程的各个教学环节，提高教学水平为目的。

改革开放之初，我国小学教师的整体水平偏低，许多教师根本达不到中师学历。为贯彻《关于普及小学教育若干问题的决定》和《中等师范学校教学计划试行草案》，提高小学教师的业务水平，结合小学教师实际特点，1982年颁布了《小学教师进修中等师范教学计划（试行草案）》，对培养目标、招生对象、时间安排与课程设置做了详细的规定。

1986年4月《中华人民共和国义务教育法》颁布。在此前的2月，国家教委颁发了《关于加强在职中小学教师培训工作的意见》，指出我国教师数量不足，队伍不稳，尤其是业务水平偏低的状况，与实施九年义务教育提高基础教育水平十分矛盾。文件规定教师培训的渠道和形式主要是教师进修院校（教育学院、教师进修学院和教师进修学校）、高等学校、中等专业学校以及广播、电视、电化教育机构，此外还规定了师资培训的办学条件和领导职责。

改革开放后，我国中小学教师的培训经过十几年的努力，学历合格率已由1977年的47%上升到1990年的73.9%，[①]过去的成绩值得肯定，但是面对中国特色社会主义建设，需要对中小学教师队伍提出更高的标准。1991年，国家教委印发《关于开展中小学教师继续教育的意见》，指出，继续教育的任务是提高中小学教师的政治业务素质，培养教师骨干；继续教育的层次分为新教师见习期培训、教师职务培训和骨干教师培训；逐步形成省、乡、县、校四级培训网。

1993年《中华人民共和国教师法》颁布，1995年《中华人民共和国教育法》颁布，标志着我国教师教育法律体系的形成。1999年，教育部

---

① 《关于开展小学教师继续教育的意见》，《师范教育》1992年第4期。

以上述两项法律为依据，制定了《中小学教师继续教育规定》和《中小学校长培训规定》，分别对中小学教师和校长培训的内容形式、组织管理、条件保障等做了具体规定，标志着我国中小学教师继续教育体系正趋于完善，此后我国中小学教师培训进入有法规可依的阶段。2002 年，教育部从我国县级（包括市、区）教师培训机构总体比较薄弱的实际情况出发，根据上述法律法规制定了《关于进一步加强县级教师培训机构建设的指导意见》，强调了县级教师培训机构的重要性，详细地规定了县级教师培训机构的性质、任务和领导管理职责，是对我国教师继续教育体系的一次必要的补充。

2011 年 1 月，为贯彻《国家中长期教育改革和发展规划纲要》（以下简称《中长期规划》），教育部下发《关于大力加强中小学教师培训工作的意见》，该文件是对《中长期规划》的一个响应，也是对我国教师继续教育政策体系的一次完善。

2. "中小学教师的国家级培训"相关政策

2007 年党的十七大提出"加强教师队伍建设，重点提高农村教师素质"的要求。为进一步加强教师培训力度，提高教师整体素质，2008 年 4 月，教育部制定了《2008 年中小学教师国家级培训计划》，其中包括"教育部支持西部边远地区骨干教师培训专项计划""普通高中课改实验省教师远程培训计划""中西部农村义务教育学校教师远程培训计划""中小学班主任专项培训计划"和"中小学体育教师培训计划"。2009 年，教育部根据《2009—2012 年中小学教师国家级培训计划》总体部署，颁布了《2009 年中小学教师国家级培训计划》，2009 年的国培计划较 2008 年增加了"边境民族地区中小学骨干教师培训项目""培训者培训项目"和"援助地震灾区中小学教师培训项目"。

2010 年《中长期规划》出台，为贯彻其中加强教师队伍建设部分，巩固和发扬 2008 年和 2009 年中小学教师国家级培训的成果，教育部下发了《关于实施"中小学教师国家级培训计划"（以下简称"国培计划"）的通知》，文件指出"国培计划"包括"中小学教师示范性培训项目"和

"中西部农村骨干教师培训项目"两项内容，其中前者包括"中小学骨干教师培训"和"中小学教师远程培训"两个项目，后者包括"农村中小学教师置换脱产研修""农村中小学教师短期集中培训"和"农村中小学教师远程培训"。此后教育部又相继出台了关于"国培计划"中具体项目实施的政策，指导"国培计划"的落实。2015 年，《乡村教师支持计划（2015—2020 年）》提出，"从 2015 年起，'国培计划'集中支持中西部地区乡村教师校长培训。鼓励乡村教师在职学习深造，提高学历层次"。2018 年 1 月，中共中央、国务院印发《关于全面深化新时代教师队伍建设改革的意见》，加快促进教师终身学习和专业发展。①

（三）教师资格政策

改革开放之初，我国并未及时建立教师资格制度，直到 1986 年 4 月《中华人民共和国义务教育法》颁布，其中第十三条规定，"国家建立教师资格考核制度，对合格教师颁发资格证书"，标志着我国教师资格制度具有了法律依据。同年 9 月国家教委颁布了《中小学教师资格证书考核试行办法》，文件规定：不具备国家规定合格学历，工作满一年及其以上的中小学教师，通过相应考试可获得《教材教法考试合格证书》；工作满两年，已经获得《教材教法考试合格证书》的，通过相应考试可获得《专业合格证书》。

1993 年《中华人民共和国教师法》颁布，其中第三章"资格和任用"中规定，经认定合格的教师，可以取得教师资格。具体来说取得教师资格应具备的学历分别是：幼儿教师应具备幼儿师范及以上学历，小学教师应具备中等师范及以上的学历，初中教师应具备高等师范专科及以上的学历，高中教师应具备高等师范本科及以上的学历，高等学校教师应具备研究生或大学本科毕业学历；此外还规定了教师资格的申请认定程序、资格考试和认定机构等方面的内容。

---

① 中国日报网：《中共中央国务院关于全面深化新时代教师队伍建设改革的意见》，2018 年 1 月 31 日，见 https://baijiahao.baidu.com/s? id=1625680275881833193&wfr=spider &for=pc。

　　1995 年 12 月教育部先后出台了《教师资格条例》和《教师资格认定过渡办法》，前者对教师资格做了强行规定，教师必须取得教师资格，后者规定了教师资格的分类、申请和认定办法。由于在《教师资格条例》出台之前，我国的教师都没有取得"教师资格证书"，因此这一年国家主要是对《教师法》颁布之前"已在各级各类学校和其他教育机构从事教育教学工作的教师（统称在职教师）及承担教育教学任务的其他专业技术人员和教育人员（统称其他人员）"开展认定工作。① 对获得教师资格的教师颁发"教师资格证书"，"教师资格证书"是具有教师资格的法定凭证。

　　在完成在职教师资格认定工作后，教育部从 1998 年开始在部分地区进行面向社会认定教师资格的试点工作。2000 年 9 月，颁布《〈教师资格条例〉实施办法》，开始在全国全面实施教师资格认定制度。2001 年，教育部又先后颁布了《关于首次认定教师资格工作若干问题的意见》和《教师资格证书管理规定》，是对教师资格制度的进一步完善。2012 年国务院颁布的《国务院关于加强教师队伍建设的意见》中指出："修订《教师资格条例》，提高教师任职学历标准、品行和教育教学能力要求。"2013 年，教育部公布了《中小学教师资格考试暂行办法》，规定 2015 年实行全国统考，自此全面推开教师资格制度改革工作。②

四、职业教育政策

　　改革开放之初的中国职业教育事业是一个被"文化大革命"破坏得支离破碎的烂摊子，"文革"中许多学校被迫停办，中等教育结构单一化，技工学校、职业中学（农业中学）所剩无几。在改革之初的几年中，职业教育改革可谓举步维艰。下文将按职业教育政策发展的阶段特点进行梳理。

---

① 梅新林：《中国教师教育 30 年》，中国社会科学出版社 2008 年版，第 66 页。
② 教育部：《中小学教师资格考试暂行办法》，2017 年 6 月 1 日，见 http://www.moe.edu.cn/publicfiles/busines/htmlfiles/moe/s7151/201309/156643.html。

```
                          职业教育政策
                    ┌───────────────┴───────────────┐
              中等职业教育政策                    高等职业教育政策

  ┌──────────────────────────┐
  │ 1980年　关于中等教育结构改革的报告   │
  │ 1983年　关于改革城市中等教育结构、发展职 │
  │         业技术教育的意见            │
  └──────────────────────────┘

              ┌────────────────────────────────────┐
              │ 1985年　中共中央关于教育体制改革的决定（职业 │
              │         教育部分）                   │
              │ 1991年　国务院关于大力发展职业技术教育的决定 │
              │ 1993年　中国教育改革和发展纲要（职业教育部分） │
              │ 1996年　中华人民共和国职业教育法          │
              └────────────────────────────────────┘

  ┌──────────────────────────┐      ┌──────────────────────────┐
  │ 2000年　关于全面推进素质教育深化中等职业 │      │ 1999年　教育部、国家计委关于印发《试行 │
  │ 教育教学改革的意见              │      │ 按新的管理模式和运行机制举办高等职业 │
  │ 2000年　关于制定中等职业学校教学计划的原 │      │ 技术教育的实施意见》的通知        │
  │ 则意见                      │      │ 2000年　高等职业学校设置标准（暂行） │
  │ 2000年　关于进一步加强中等职业教育师资 │      └──────────────────────────┘
  │ 养培训基地建设的意见            │
  └──────────────────────────┘

              ┌────────────────────────────────────┐
              │ 2002年　国务院关于大力推进职业教育改革与发展 │
              │         的规定                     │
              │ 2004年　教育部等七部门关于进一步加强职业教育 │
              │         工作的若干意见                │
              │ 2005年　国务院关于大力发展职业技术教育的规定 │
              └────────────────────────────────────┘

                                            ┌──────────────────────────────┐
                                            │ 2006年　教育部、财政部关于实施国家示范性高等 │
                                            │ 职业院校建设计划加快高等职业教育改革与发展 │
                                            │ 的意见                         │
                                            │ 2007年　国家示范性高等职业院校建设计划管理暂 │
                                            │ 行办法                         │
  ┌──────────────────────────┐            │ 2009年　"国家示范性高等职业院校建设计划" │
  │ 2010年　教育部关于成立全国中等职业教育 │            │ 2006年度立项建设院校项目验收结果的通知    │
  │ 教学改革创新指导委员会的通知       │            └──────────────────────────────┘
  └──────────────────────────┘
```

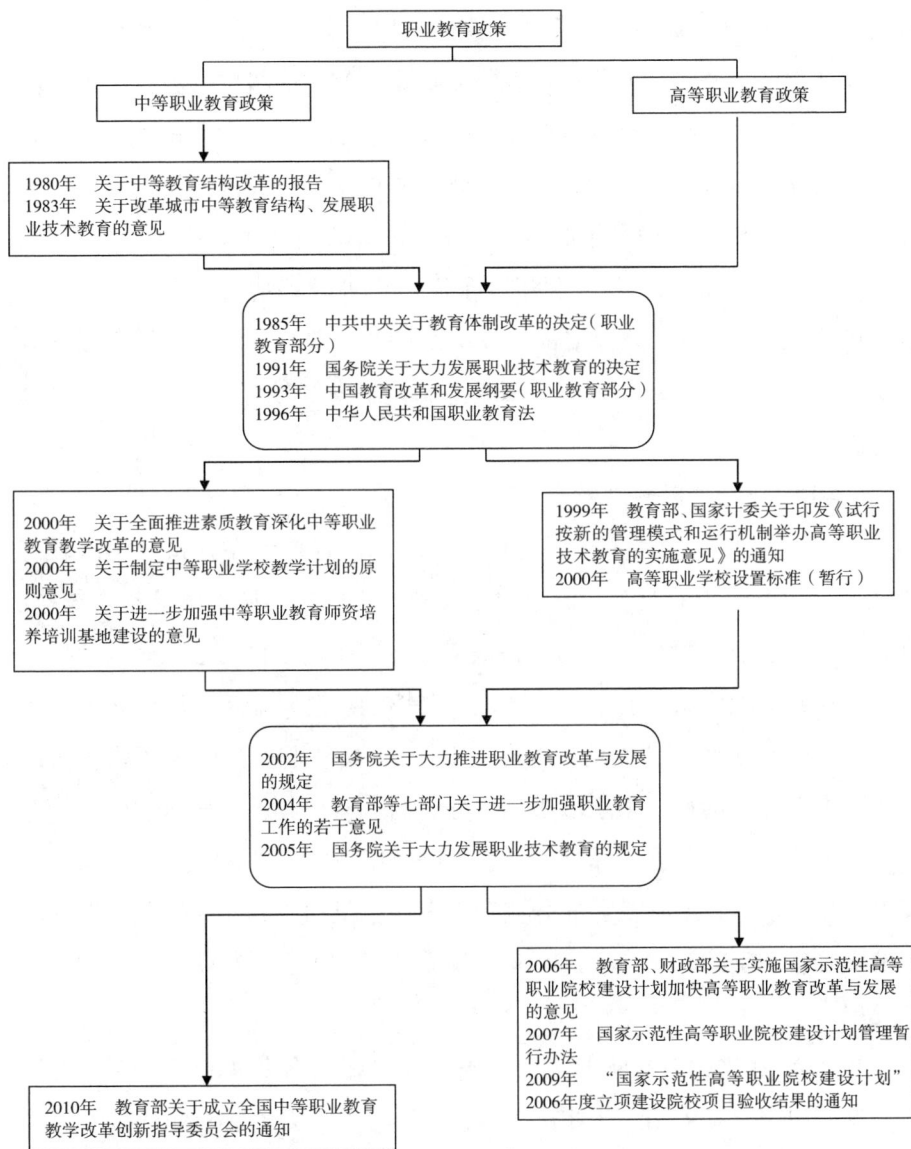

图 11-5　我国职业教育政策演变图

（一）中等职业教育恢复时期的政策

1978 年邓小平在全国教育工作会议上提出要扩大农业中学、各种中专、技校的比例，为职业教育改革指出了方向，但是相关政策直到 1980 年才出台，即教育部、国家劳动总局制定的《关于中等教育结构改革的报告》。这一报告提出要改革中等教育结构，主要是改革高中阶段的教育，使各类职业（技术）学校的在校生比重在整个高级中等教育中大大增长，改革的途径主要是普通高中增设职业（技术）教育课，将部分普通高中改办为职业（技术）学校、职业中学和农业中学，此外还要创办各种职业（技术）学校。经过几年的努力，中等职业教育改革取得了一定成就。1983 年教育部等部门下发《关于改革城市中等教育结构、发展职业技术教育的意见》，对中等教育结构的改革途径、经费、师资、教材和领导等问题做了进一步的明确，是对 1980 年《关于中等教育结构改革的报告》的补充。

（二）职业教育法制化阶段的政策

1985 年《中共中央关于教育体制改革的决定》发布，指导中国教育事业进行大刀阔斧的改革，其中对职业教育提出了"调整中等教育结构，大力发展职业技术教育"的指示。该文件指出职业教育问题虽然已经提出多年，但是局面没有打开，首先要改革陈腐的观念，端正对职业技术教育的认识；今后要实行"先培训，后就业"，一切从业人员必须考取合格证书才能走上工作岗位；中学阶段实行分流制，一部分进入普通学校，一部分进入职业学校；发展职业技术教育以中等职业技术教育为重点，同时积极发展高等职业技术学校；充分调动企事业单位和业务部门的积极性；重点解决师资不足的问题。在这一政策的推动下，职业教育获得了前所未有的发展。

1990 年召开的十三届七中全会再次提出要大力发展职业教育。为了贯彻这一决策，1991 年 10 月教育部颁布了《关于大力发展职业技术教育的决定》，明确了 90 年代职业教育发展的任务。1993 年中共中央国务院印发的《中国教育改革和发展纲要》再次以宏观政策的形式对职业教育作出指示，要求大力发展高中阶段的职业教育，调动全社会的积极性，建设多形式、多层次的职业技术教育网络。

1993 年我国就已经着手职业教育的立法问题。1996 年，《中华人民共和国职业教育法》（以下简称《职业教育法》）颁布，明确了我国职业教育的任务、办学体系、管理体制和发展途径等。虽然《职业教育法》还缺少配套的执行性法规，但是，它基于新时期十多年职业教育的政策积累，特别规定了政府在发展职业教育中的职责。①《职业教育法》的颁布标志着我国职业教育开始走上依法建设的轨道。

（三）高等职业教育与中等职业教育并进的相关政策

早在 20 世纪 80 年代初，我国部分地区就出现了一些培养实用人才的职业大学，经过十几年的发展，职业大学初具规模。与此同时，政策不配套、发展不平衡等弊端也逐渐凸显。1995 年，国家教委为加强对职业大学的领导和管理，推动职业大学改革，出台了《关于推动职业大学改革与建设的几点意见》，对职业大学的地位、办学要求和领导办法做了规定。1998 年，《高等教育法》颁布，为包括高等职业学校在内的高等学校发展提供了法律依据和保障。1999 年 1 月，教育部等部门印发《试行按新的管理模式和运行机制举办高等职业技术教育的实施意见》（以下简称《意见》），决定对高等职业教育进行进一步的规范与改革。《意见》明确了高等职业教育的办学目的、办学原则、招生范围及规模、操作程序和管理职责等基本问题。2000 年 5 月，《高等职业学校设置条例（暂行）》出台，自此，高等职业学校的设置依据得到了确定。

1999 年，改革开放后第三次全国教育工作会议召开，会议文件《中共中央国务院关于深化教育改革全面推进素质教育的决定》指出要将素质教育贯穿到各级各类教育，包括职业教育。为了贯彻这一决策，2000 年教育部先后印发了《关于全面推进素质教育深化中等职业教育教学改革的意见》《关于制定中等职业学校教学计划原则意见》和《关于进一步加强中等职业教育师资培养培训基地建设的意见》，推进中等职业教育在素质方面的改革。

（四）职业教育深化改革阶段的相关政策

新世纪来临，中国成功加入世界贸易组织，面对全球化，挑战与机

---

① 李岚清：《李岚清教育访谈录》，人民教育出版社 2004 年版，第 414 页。

遇并存。虽然改革开放以来我国的职业教育已经取得了很大发展，但是总的来说，在对职业教育的重视程度、资金投入、管理体制等方面还存在着很大的问题。党中央国务院决定加大对职业教育的关注力度，2002—2005 年短短几年间，国务院连续召开了三次全国职业教育工作会议，对新世纪职业教育的改革作出部署。2002 年，国务院颁布了《关于大力推进职业教育改革与发展的规定》（以下简称《规定》），文件强调职业教育在社会主义现代化建设中的重要地位，提出要促进职业教育办学体制和管理体制的改革，促进职业教育与经济和社会发展紧密结合，使职业教育教学适应社会和企业的需求，要采取措施，促进西部地区职业教育的发展，要严格实施就业准入制度，加强职业教育与劳动就业的联系，要多渠道筹集资金，增加职业教育投入，并加强对职业教育的领导，促进其健康发展。《规定》对以后十年的职业教育发展与政策出台都起到了指导性作用。2004 年，为了进一步落实《规定》以及国务院转批的《2003—2007 年教育振兴行动计划》，颁布了《教育部等七部门关于进一步加强职业教育工作的若干意见》（以下简称《意见》）。《意见》在《规定》的基础上更强调职业教育在解决"三农"问题中的作用，要完善职业资格证书制度，加强"双师型"教师队伍建设。在"十五规划"即将结束的时候，即 2005 年，国务院又出台了《关于大力发展职业技术教育的规定》，这一文件是对"十五期间"职业教育工作的总结，也是对"十一五期间"职业教育发展的一个规划。文件指出，到 2010 年中等职业教育招生规模要达到 800 万人，与普通高中招生规模大体相当；高等职业教育招生规模占高等教育招生规模的一半以上，努力建设有中国特色的现代职业教育体系。

（五）示范性高等职业院校建设的相关政策

为贯彻落实《国务院关于大力发展职业教育的决定》，提高高等职业学校的质量，加强高等职业院校为经济和社会发展服务的能力，2006 年教育部和财政部颁发了《关于实施国家示范性高等职业院校建设计划加快高等职业教育改革与发展的意见》（以下简称《意见》），决定在"十一五期间"实施示范性高等职业院校建设计划。《意见》指出国家示范性高等职业院校建设的任务包括支持 100 所高水平示范院校建设，重点建成 500 个左右产业覆盖广、办学条件好、产学结合紧密、人才培养质量高的特色专业群，培养和引进高素质"双师型"专业带头人和骨干教师，建成 4000 门左右优质专业核心课程等。此外，《意见》还对示范院校的申请条件和申请步骤进行了规定。在《意见》的基础上，2007 年，教育部和财政部印发了《国家示范性高等职业院校建设计划管理暂行办法》，对示范性高等职业院校建设的申报实施、资金管理、监督检查与验收以及各有关部门的管理职责作出了系统而明确的规定。在此基础上，2010 年又出台了《关于进一步推进"国家示范性高等职业院校建设计划"实施工作的通知》。

2015 年，《高等职业教育创新发展行动计划（2015—2018 年）》提出了关于高职教育高质量发展的系列项目和任务。时隔四年，国务院在新时代、新阶段、新形势下提出职业教育的顶层设计，印发了《国家职业教育改革实施方案》。该方案的出台对于提升职业教育的地位具有重要意义。

总体来看，我国各级各类教育政策的演进呈现主题不断丰富、针对性不断加强、渐进有序向前发展的态势，在不同的历史时期适应我国的社会背景与历史条件生成适应该阶段的教育政策，虽然其中不免有一些稍显急促，但始终坚持从国情出发，实事求是，稳步有序地向前推进。我国教育政策的制定尽可能注意完整性和连续性，会预先提出总体发展目标，并在总体目标下划分出不同阶段要达成的阶段性任务，以相应主题方向的政策文本呈现出来，逐步向总体目标靠近。前瞻性、引领性、注重规划的阶段性和内容跟进的补充性也是我国教育政策制定与实施的特点。

第三节　我国宏观教育政策的制定取向分析——基于《教育规划纲要（2010—2020）》的制定过程对顾明远先生的访谈

教育宏观决策是一种宏观层次的教育决策，往往是国家级别的教育行政部门或有关权力部门对关系到整个国家和社会发展的重要教育问题所作出的决定，如教育规划的制定、教育制度的设计、教育机构的调整等。具体到我国的教育宏观决策，结合我国的政治体制，它往往是由"中共中央、国务院或国务院下属的教育部"对关系到整个国家和社会发展的重大教育问题所作出的决定。如我国的《中共中央关于教育体制改革的决定》（1985年）、《中国教育改革和发展纲要》（1993年）、《中共中央国务院关于深化教育改革全面推进素质教育的决定》（1999年）、《国家中长期教育改革和发展规划纲要（2010—2020）》以及刚颁布不久的《中国教育现代化2035》等，都是教育宏观决策。

不管是对一般教育决策还是对教育宏观决策进行探讨，基本都要围绕决策程序、决策主体参与、决策环境因素、决策价值取向等几个维度来进行。本节拟围绕这四个维度并采取历史比较的纵向视野，对我国改革开放以来几次重大教育宏观决策，尤其是《中共中央关于教育体制改革的决定》《中国教育改革和发展纲要》以及《国家中长期教育改革和发展规划纲要（2010—2020）》（下文统一简称为《规划纲要》）三次重大教育宏观决策进行纵向考察，以此探寻我国教育宏观决策在以上四个维度上所呈现出的改善趋向。

此外，为了更为深刻地理解《规划纲要》制定过程中的一些主要因素和问题，我们对顾明远先生做了访谈。顾明远先生作为教育专家，从参加《规划纲要》调研起草会议，到担任《规划纲要》制定过程中"推进素质教育研究"战略调研组组长，再到两次参加《规划纲要》工作小组所召开的专家咨询会议，亲身参与并经历了本次《规划纲要》制定和出台的整个过程。他对访谈问题的解答，有助于读者深刻理解《规划纲要》制定过程中的一些主要要素和问题。

一、教育宏观决策程序渐趋清晰化和明朗化

教育宏观决策程序，即国家最高教育行政部门或有关权力部门在制定国家层面教育政策过程中所应遵循的基本规则和流程安排。一般而言，教育宏观决策程序应当包括教育政策问题认定、教育政策议程确立、教育政策方案的制定和选取、教育政策方案的裁决和合法化四大阶段。教育宏观决策必须遵循规范的组织程序才能确保其民主化和科学化，"很难想象，随心所欲的组织程序能够作出合理的决策。"程序的实质就是"管理和决定的非人情化，其一切布置都是为了限制肆意、专断和裁量。"教育宏观决策只有确保程序公正，才能更好地实现结果公正。

改革开放前，我国总体的政策制定方式是以经验决策为主，即"决策主体（无论是个人还是集团）对决策对象的认识、决策目标的选定和判断，都是凭借其思想水平、工作能力、生活经验等，决策往往是当机立断，无科学预测分析，无评价论证，也无选择余地。"教育宏观决策亦如此，无规范的组织程序可言。而改革开放以来，我国教育宏观决策则渐次改变了无规范的组织程序可言的局面。对改革开放以来几大教育宏观决策过程做一简要梳理，有助于我们更好地考察和体会这种变化。

首先，《中共中央关于教育体制改革的决定》从起草、修改到裁定，前后历时 8 个月。当时，制定该政策的总负责人、为时任中共中央办公厅主任胡启立，他找教育部同志商议并准备了一个提纲向中央书记处汇报，但没有通过。之后，胡启立带领教育部、中央办公厅和文件起草人员先后到安徽、江苏、江西、广东四省教育一线进行调研。调研结束后，胡启立回到北京向中央文件起草领导小组呈交了一份《关于教育体制改革的几点意见》，并得到中央政治局常委和邓小平同志的批示和赞同。之后，这个意见数易其稿。最后，中央政治局同意正式公布《中共中央关于教育体制改革的决定》。

其次，《中国教育改革和发展纲要》制定过程中，国务院成立了教育研讨小组，针对教育经费、师资队伍建设等问题，还组织了专题研究组，初稿经由研讨小组提出初步意见，再由国家教委领导讨论提出意见。当时也召开了很多座谈会、研讨会来征求意见。中央政治局前后讨论过四次，政治局全体会议讨论过两次，国务院常务会议和办公会议讨论过五次。

再次，《规划纲要》制定和出台历时近两年。国家科教领导小组第一次会议后，国务院同时成立了领导小组和工作小组，正式启动了《规划纲要》的制定工作。《规划纲要》先后历经调研、起草、公开征求意见、审议完善和发布四个清晰明确的阶段。起草组对文稿前后正式修改了 40 多轮。征求意见稿在第二次公开征求意见后又修改了 400 多处，正式稿才最终敲定。

就《规划纲要》制定过程中调研所起的作用，顾明远先生提到，"'推进素质教育研究'战略调研组，又分为四个小组，我们在展开调研之后，就集中起来开会，集中讨论一些问题。我们对每个小组的子课题都进行了集中讨论。通过讨论，素质教育的内涵和要素进一步明确。通过讨论，我们形成相关意见，这些意见在《规划纲要》写作过程中都被有所侧重地吸纳。"除此之外，他还提到，"其实，有关素质教育的调研，由于《规划纲要》制定时间比较紧张，我们并非另起炉灶。早在 2006 年，中宣部、劳动人事部、教育部以及团中央等很多人，已经对素质教育开展了历时半年的调研，明确了素质教育的基本概念及素质教育的开展情况。我们的调研是在之前调研成果的基础上开展的。"

针对《规划纲要》征求意见稿经过 400 多处修改才最终定稿，顾明远先生认为，"有些是文字方面的进一步修改和完善，使之逻辑性更强，更加清晰。而有些则是政策性的修改和调整，如最终稿将征求意见稿第三章第（六）条中的'积极发展公办幼儿园，大力扶持民办幼儿园'这句话，修改为'大力发展公办幼儿园，积极扶持民办幼儿园'，这是在征求了公众意见之后对文稿所做的政策性的修改和调整，进一步强调了政府在学前教育发展方面的责任。学前教育虽然不是义务教育，但正式稿仍然强调了政府责任，因为这是大家的呼声。而且，这么一改，对地方政府今后的做法会产生很大影响，会增强它们今后在办学前教育方面的责任意识。"

由此可见，改革开放以来，我国教育宏观决策程序呈现出很大程度的改善趋向，渐次有了一定框架，即"由国家决策机构或领导人提出大致的政策目标、基本原则和指导思想，尔后成立方案领导小组，小组授权政策研究机构或综合部门进行具体的调查研究，收集和分析相关信息，起草政策方案；再征求有关专家学者的意见，反复磋商、修改、审定决策方案，最后由决策机构批准执行。"尤其是《规划纲要》的决策程序，相对于前两个文件的决策程序，更加清晰化和明朗化。

二、教育宏观决策参与主体渐趋多元化和全方位化

教育宏观决策主体即直接或间接地参与教育宏观政策制定的个人、团体或组织。国家教育行政部门、权力部门或行政长官只是教育宏观决策中的官方主体。理想化的教育宏观决策主体，应当由官方主体和非官方主体共同构成。非官方主体应当包括政府外的利益团体、专家学者、研究机构、传播媒介以及社会公众等。官方主体和非官方主体只有共同参与、团结协作、良性互动，才能更好地促进教育宏观决策的民主化、公正化和科学化。

新中国成立之初，我国教育宏观决策主体是单一的，即中国共产党。"由于政府部门组建不久，管理国家和教育事务的经验不足，而党在长期的革命斗争中积累了丰富的行政管理经验，因此自然而然地成为制定教育政策的主要甚至是唯一的力量。"[1] 计划经济年代，我国教育宏观决策基本上是"自上而下"的。"政府官员和权力精英往往替代人民进行政治意志的表达，从而形成只有自上而下的行政要求而没有自下而上的政治吸纳的局面。"[2] 伴随改革开放不断深入和市场经济逐步发展，我国教育宏观决策主体参与情况也在不断改善。对改革开放以来几大教育宏观决策主体参与情况做一简要考察，有助于我们更好地体会这种变化。

首先，《中共中央关于教育体制改革的决定》主要由当时中央书记处、教育部、中央办公厅的一些领导干部来负责制定。胡启立带领人员深入教育一线调研半个多月，前后到过几十所学校，召开了近百个座谈会，与逾千人交流讨论。期间，中央书记处还将文件修改稿第五稿发给各省、自治

---

① 孙绵涛：《教育政策学》，中国人民大学出版社 2005 年版，第 20 页。

② 黄忠敬：《我国教育政策制定过程之探讨》，《教育理论与实践》2007 年第 3 期。

区、直辖市、中央各部门、各民主党派、各群众团体征求了意见。应当说，与改革开放之前相比，这在当时已经是空前民主和开放的决策过程。胡启立当时也曾对此感慨：十一届三中全会之后，党内政治生活呈现出空前生动活泼的局面。中央对一些重大问题的决策是极为周密审慎和民主开放的。

其次，《中国教育改革和发展纲要》研究制定过程中，"教育研讨小组召开了各种座谈会、研讨会，充分听取各方面的意见，反复进行比较和论证。参会人员十分广泛，不只是教育工作者，还包括经济界、科技界和社会各界的专家，其中有人大代表、政协委员、各民主党派的人士。教育工作者包括大中小学校长、教师、教育科学工作者、教育管理部门干部。"[①]曾任国家教育发展研究中心主任的郝克明认为，《中国教育改革和发展纲要》可以说是重大决策民主化的一个范例。

再次，《规划纲要》的制定过程更是群策群力的充分体现，专家学者和各界公众比较充分地参与了此次决策。前期调研阶段，工作小组成立的 11 个重大战略专题组，由 500 多位专家学者直接参加、近 2000 人参与。同时，工作小组还委托 80 多所高校、8 个民主党派中央、4 个社会研究机构、6 个教育学会进行广泛调研。另外，工作小组组织的专家咨询队伍由 100 多位专家组成，他们来自全国人大、全国政协专门委员会、各民主党派、科研机构以及大中小学等各级各类机构。期间，温家宝先后主持召开了五次座谈会，在第五次座谈会上专门邀请来自基层的学生家长、中学生、农民、工人、进城务工人员、自由职业者代表等进行探讨。在第二轮面向全社会公开征求意见的一个月中，工作小组收到的意见建议达 2.79 万条，从媒体、网络累计收集的报道评论与意见建议更是多达 249 万条。值得指出的是，在前两次教育宏观决策中，传播媒介的作用可能还不十分明显，但在《规划纲要》制定和出台过程中，从中央到地方的许多媒体都

---

① 郝克明：《教育重大决策科学化、民主化的一个范例——参加〈中国教育改革和发展纲要〉研讨和起草过程的几点体会》，《辽宁教育研究》2007 年第 9 期。

起到了前所未有的参与作用。

就教育学者在《规划纲要》制定过程中是如何参与的，顾明远先生指出，"参与《规划纲要》制定的人员中，有很多是教育研究人员，比如北京师范大学国际与比较教育研究院就有多位老师参加到了不同的调研小组里。他们不仅参与调研，而且参与相关讨论，他们在讨论中发表自身意见和观点，他们过去的研究成果也在讨论中发表出来。"

顾明远先生还谈到《规划纲要》制定过程中教育专家学者与其他专家学者的合作性参与，如"我们'推进素质教育研究'战略调研组包含四个小组，其中一个小组负责调研素质教育和用人单位的关系。这个小组，除了有教育学者的参与，还有一位曾在劳动人事部任职的人士参加。在这个小组的讨论中，教育学者通过和他交换意见，共同提出，过去用人单位只重学历不重能力是不对的，认为不仅要重学历而且要重能力。再如，关于4%这个目标的讨论，当时财政部的同志也参加了。关于这个目标是否要写入《规划纲要》里，当时争议很大。财政部的同志有他们自己的考虑和想法，他们认为，除了教育发展需要资金投入，其他医疗保险等方面的发展也需要更多的资金投资。但经过诸多学者的不断核算和互相讨论，最终还是确定了下来，到2020年还是要达到4%这个目标。"

就《规划纲要》两次大范围公开征求公众意见，顾明远先生认为"主要有三个方面的作用：一方面，征求公众意见可以集中大家的智慧，如高考是否取消的问题，有人提出可以取消，改用推荐制。那么，取消高考到底是好还是不好，像这样的问题就很有必要征求大家的意见，看看多数人的看法是怎样的。因为很明显，高考牵涉到大家的利益。另一方面，通过征求公众意见，可以让公众了解政策是怎样出台的，这对宣传政策有很大作用。再一方面，征求公众意见，也有引导公众的作用。征求意见的过程，其实也是一种对公众意见具有导向作用的过程。"纵观我国教育宏观决策，自新中国成立初期和计划经济年代，到改革开放和社会主义市场经济年代，再到当前，主体参与情况基本沿着由单一到多元、由封闭到开放、由单纯的"自上而下"到"自上而下"与"自下而上"相结合的路径不断趋于合理化和全方位化。

三、政治、经济等决策环境因素呈现多方面改善趋向

教育宏观决策的环境因素不仅包括一国之内的政治和经济状况，而且日益将国际因素包括进来。首先，一国政党的执政理念和执政方式、政治体制、政治参与制度、政治文化等共同构成了一国教育宏观决策的政治背景，影响和决定着一国教育宏观决策的民主性、公正性和科学性。其次，归属上层建筑范畴的教育宏观决策，其制定和执行理所当然要受制于国家现有经济状况和物质水平的制约。甚至有学者认为，"政策环境的两个最为重要的因素便是经济制度的结构和现行的经济状况。"此外，全球化和国际化进程的日益深入，使得一国教育宏观决策不可避免地受到国外教育理念、教育制度、教育模式的影响。关于经济环境对教育宏观决策的影响和制约作用，顾明远先生所谈的一点给我们留下了比较深刻的印象。针对《规划纲要》所提的到 2020 年要普及学前一年教育，顾明远先生认为"总体上说，这个目标很有可能提前实现，因为现在各个地方都很重视了，甚至都在争先恐后地办幼儿园。但话说回来，有些农村地区，有些比较贫困的地区，这个目标能否实现，那还不好说。"

改革开放以来，我国教育宏观决策的政治和经济环境呈现出较为明显的改善趋向，借鉴和吸纳国际先进教育理念、教育制度和教育模式的力度和范围也明显增强和扩大。

就政治方面而言，首先是我们党从执政理念上不断促进公共政策决策向民主化和科学化迈进，这充分体现在历次党的全国代表大会的报告中。如十七大报告即强调，要"推进决策科学化、民主化，完善决策信息和智力支持系统，增强决策透明度和公众参与度，制定与群众利益密切相关的法律法规和公共政策原则上要公开听取意见。"

其次，我们党和政府的关系进一步明确、党政分开工作取得一定成效，这有助于我国教育宏观决策主体的多元化。再次，公众参与的具体制度得以建立并进一步完善，如"投票制度、选举制度、信访制度、听证制

度、旁听制度、测评制度、公示制度、信息公开制度、民意调查制度等"。

最后，伴随民主政治建设的逐步深入和"服务型政府""阳光型政府"的逐步打造，君权神授、官贵民贱、重人治轻法治等封建政治文化被进一步驱散和消解，而"参与型政治文化"则初现端倪。所有这些，都有助于我国教育宏观决策进一步趋向民主化和科学化。

就经济方面而言，首先是我国经济总量不断增长，为我国教育宏观决策构筑起日益坚实的物质基础。据国家统计局数据，我国国内生产总值由1978年的2282亿美元飙升到2018年的900309亿美元，人均国内生产总值也由1978年的239美元飙升到2018年的64644美元。其次是我国经济体制由计划经济向社会主义市场经济的转型。"在市场经济体制下，社会主体的利益本质上是多元化的，因此所有主体的合理利益都应该在教育政策中得到表达与整合。在计划经济体制下，我国教育政策的决策总体来说是一种政府行为主导模式，这种模式以政治利益为依归，还不能很好地实现不同社会主体的利益表达与整合。随着计划经济体制向市场经济体制转型，我国教育政策的决策模式就像市场经济中企业决策模式是以顾客的偏好为准绳一样，将逐渐趋向一种公共利益满足模式。"

再次，我国教育经费筹措体制由单一化走向多元化。计划经济体制下，我国实行的是单一的国家投资包办教育的做法，改革开放后一段时间内，我国依旧沿袭了这种做法。但在1985年《中共中央关于教育体制改革的决定》颁布之后，我国逐步向以国家财政拨款为主，辅之以征收用于教育的税费，收取非义务教育阶段学生学杂费、校办产业收入、社会捐资集资和设立教育基金等多种渠道筹措教育经费的体制转换。最后，我国教育经费投入总量不断增加，"三个增长"的目标在逐年落实。查阅多年来的《中国教育统计年鉴》，可以发现，全国教育经费投入总量每年都在较大幅度地增加，而且《中华人民共和国教育法》所规定的"三个增长"也一直在按规定逐年得到落实。

就国际因素而言，如前所述，改革开放以来，我国教育宏观决策借鉴和吸纳国际先进教育理念、教育制度和教育模式的力度和范围有着明显增强和扩大。对此，我们从改革开放以来三大教育宏观决策对国际意见的征收和吸纳历程中便可见一斑。《中共中央关于教育体制改革的决定》制定过程中，教育部委派调研小组带着第八稿文案赴美国听取了几十位美籍华人专家、学者的意见和建议。《中国教育改革和发展纲要》制定过程中，教育研讨小组不仅听取了26位美籍华人专家、学者的意见和建议，而且与美国教育界最有影响的著名专家波依尔教授交换了意见。《规划纲要》制定过程中，工作小组组长刘延东带队深入考察了美、英、俄、瑞士、新加坡等多国教育发展情况。调研起草阶段，工作小组曾邀请世界银行教育专家座谈，召开中欧教育专家研讨会，还曾委托世界银行研究院、欧盟总部等国际组织及我驻外60个教育处组进行国际调研。第二次公开征求意见期间，工作小组还将《规划纲要》英文版送交联合国教科文组织、经合组织、世界银行、欧盟委员会等国际组织及俄罗斯联邦教育署等征求意见。

显而易见，相对于前两次教育宏观决策，《规划纲要》制定过程中，工作小组征求意见的对象不再限于美国一国、也不再限于美籍华人专家，而是扩展到多国、多个国际组织以及数位外籍专家，较为广泛地借鉴和吸纳了国际教育经验。在教育本土化理念的指引下，对这些国际教育经验作出理性的、有选择的汲取和转化，势必有助于增进我国教育宏观决策的合理化和科学化。

就《规划纲要》制定过程中对别国经验的学习如何本土化的问题，顾明远先生认为"学习别国经验当然要本土化，不能照抄照搬。对国际教育经验的学习成果，写入纲要的过程，本身就是一个本土化的过程。到别国进行学习和考察，可以更加直接地了解当前国外的教育形式是什么，教育改革的形势是什么，它们取得了怎样的经验。"就《规划纲要》中所规定的高中招生多样化的改革目标，顾明远先生认为"这不一定说是对国外经验的直接学习。当然，可以说学习了一些，但这个也是根据我们教育发展的经验教训，这个很难说。我们不能机械地说学习了别国的什么经验，没有学习别国的什么经验。到国外进行学习考察，可以开阔我们的眼界，开阔我们的思路，然后结合我国的教育实际，制定我们的政策。很多时候，我们是带着教育问题去的。并不是说，我们先出去学习，然后回国后再对学习的东西进行专门的改造和本土化，最终写入我们的政策。实际情况不是这样的，我们不能这样机械地看问题。"

四、决策价值取向在矛盾复杂化中也呈现一定程度改善趋向

教育宏观决策不同参与主体的价值需要，经由表达、博弈和整合，会形成一种整体性结果。这种整体性结果呈现在最终的教育政策文本中，便构成了教育宏观决策的价值取向。理想的教育宏观决策价值取向，应兼顾教育的公平与效率，规模与质量，统一性与灵活性；既要注重教育为国家发展服务，又要注重教育以培养人为根本目的，还要做到合目的性与合规律性的统一。但现实中，一方面，这些辩证统一的矛盾关系本身就比较难以平衡；另一方面，教育宏观决策不同参与主体表达价值需要的权力有强有弱，因而使得教育宏观决策最终的价值取向可能有所倚重，以致出现不合理倾向。

改革开放，尤其是市场经济元素的积累和发展，一方面促进了我国教育宏观决策程序、主体参与、环境因素等方面的改善；另一方面也使得我国教育宏观决策价值取向的矛盾更加复杂化。我国教育宏观决策价值取向曾出现过一些偏移和失衡。以1999年教育部高校大规模扩招政策为例，学者和公众早已对该政策多有质疑和批判。教育部自身也承认了1999年的决定过于急促，一些高校由于大规模扩招导致教学质量滑坡、毕业生就业困难。这背后折射出的，其实是教育宏观决策对"教育效率""教育规模""教育发展的合目的性""教育为国家发展服务"等价值取向过于倚重，而对"教育质量""教育发展的合规律性"等价值取向过于轻视。

但是，我们不能因此忽视我国教育宏观决策价值取向所呈现出的合理性和改善趋向。如1999年的素质教育政策，明显倚重于"教育以培养人为根本目的"的价值取向。有学者认为，20世纪90年代末至今，我国

基础教育政策基本上秉持了"均衡发展"或"公平"的价值取向；还有学者认为，改革开放 40 多年来，我国教育政策的"整个价值取向是指向公平的"。

当前一些知名教育政策学者的研究成果和观点、重要领导人的讲话和倡议，也不断为我国教育宏观决策价值取向的改善提供推动力。胡锦涛主席 2010 年在全国教育工作会议上的讲话中就曾明确提出，要把促进教育公平作为我国的基本教育政策。教育部长袁贵仁同志甫一上任，便提出义务教育均衡发展的重要理念。刘复兴教授也认为，应把实现教育公平作为政策分析最为基本的价值评价尺度。此外，十九大报告中提出了"努力让每个孩子都能享有公平而有质量的教育"的宣言。2018 年 7 月，教育部把"推进教育公平"列为《教育部 2018 年工作要点》的建设要求。

此外，《规划纲要》也在很多方面呈现出我国教育宏观决策价值取向的改善趋向。如它把"优先发展、育人为本、改革创新、促进公平、提高质量"作为教育"工作方针"，把"坚持德育为先、坚持能力为重、坚持全面发展"作为教育"战略主题"，凸显了"教育公平""教育质量""教育以培养人为根本目的"的价值取向。再如，它在第四章义务教育发展方面，同时提出"巩固提高九年义务教育水平"和"推进义务教育均衡发展"的目标，价值取向兼顾"教育质量"和"教育公平"。它在第五章高中教育发展方面，提出"推动普通高中多样化发展"的目标，价值取向明显倚重于教育发展的"多样化和灵活性"。它在第十章专门规范和保障了特殊教育的发展，凸显出关注"教育弱势群体"的价值取向。有趣的是，所有这些，都在很大程度上契合了劳凯声教授和刘复兴教授 10 年前的观点，即"我国教育政策应建立在'以人为本'、'教育平等'、'效益优化'、'可选择性'、'多样性'等价值观的基础之上"。

第四节　中国教育政策的特点

改革开放 40 多年以来，中国教育政策体系好比在废墟之上迅速兴建的高楼大厦，其巍峨固然令人赞叹，而其中隐藏的问题也不得不引人思考。前两节对政策的阶段特征、发展历程以及现状做了较为系统的梳理，在此基础上，本节继续从政策文本出发，尝试探寻中国教育政策这几十年来所表现出的特点。

一、以规划性政策指导阶段教育的发展

改革开放之后，我国共召开四次全国教育工作会议，每一次全教会都出台一份指导阶段性教育发展的宏观政策。全国教育工作会议并非常规性会议，每两次开会的时间间隔并不确定，所以会议出台的相关政策与"五年规划"的性质与功能大不相同，其主要是结合时代的特点和教育事业自身发展的需要，重点对教育领域最棘手的问题作出改革指导。

1985 年，在全国各个领域体制改革的背景下，出台了《中共中央关于教育体制改革的决定》，以指导教育领域的体制改革，《中华人民共和国义务教育法》和《高等教育管理职责暂行规定》正是为贯彻《中共中央关于教育体制改革的决定》中普及九年义务教育和高等教育管理体制改革而出台的政策。当我国教育体制改革取得阶段性成果，同时社会主义市场经济体制被确立为我国经济体制改革的目标时，1993 年国务院出台《中国教育改革和发展纲要》，次年出台《〈中国教育改革和发展纲要〉实施办法》，这两个文件规定了 21 世纪前中国教育的发展目标。1999 年，面对新千年出台了《21 世纪教育振兴行动计划》，文件提出了新世纪将要实施 12 项工程，涵盖各级各类教育。2010 年，改革开放后第四次全国教育工作会议召开，筹备已久的《国家中长期教育改革和发展规划纲要（2010—2020）》出台，以作为下一阶段中国教育改革和发展的指导性文件。2019 年 2 月 23 日，中共中央、国务院印发了《中国教育现代化2035》，中共中央办公厅、国务院办公厅印发《加快推进教育现代化实施方案（2018—2022 年）》，两个文件共同构成了教育现代化的顶层设计和行动方案，是我国第一个以教育现代化为主题的近中长期战略规划，是新

时代推进教育现代化、建设教育强国的纲领性文件。①

二、教育法律体系基本形成但尚未完善

教育法律作为教育政策的重要组成部分，体现了国家对教育的干预和管理，是国家调控教育的重要原则。② 同时在教育的某一领域，相关法律的出台也标志着该领域的发展目标基本明晰，发展状况趋于稳定，国家对该领域的管理和调控也日渐成熟。迄今为止，我国教育法律体系基本成型。其构成包括 1995 年颁布的《中华人民共和国教育法》，是教育法律体系的基石；基础教育领域于 1986 年颁布《中华人民共和国义务教育法》，该法在 2006 年进行修正；高等教育领域 1998 年颁布《中华人民共和国高等教育法》，1993 年颁布《中华人民共和国教师法》；职业教育领域 1996 年颁布《中华人民共和国职业教育法》，此外还有 2002 年为支持民办教育的发展而颁布的《中华人民共和国民办教育促进法》，2018 年对其进行修订并颁布了最新的版本。这些法律作为中国教育发展的支柱，基本支撑起各级各类教育的发展，既起着指导性作用，也起到保障性作用。然而，不能忽视的是，迄今为止，我国学前教育领域还没有专门的法律。尽管 2017 年，"启动《学前教育法》立法"被郑重写在教育部工作要点中，且于 2018 年 9 月正式启动了学前教育立法程序，但从纳入议程到法律文本出台不是一蹴而就的，需要足够的时间精力投入。这一缺失体现出我国改革开放以来为迅速振兴教育，将工作的重心放在了基础和高等教育等领域，而对小学之前的教育重视程度不够，从而造成了学前教育领域法律的缺失。

三、教育政策受经济因素的影响很严重

一个国家教育政策的制定实施及政策的内容必然要受到本国政治、

---

① 新华网：《教育部负责人就〈中国教育现代化 2035〉和〈加快推进教育现代化实施方案（2018—2022 年）〉答记者问》，2019 年 3 月 1 日，见 http://www.xinhuanet.com/politics/2019-02/23/c_1124154488.htm。

② 劳凯声：《教育法学概论》，湖北教育出版社 1996 年版，第 2 页。

经济和文化等因素的影响。纵观我国改革开放 40 多年教育政策的制定与政策的内容，可以发现我国教育政策受经济因素的影响十分严重，有时教育甚至成为促进经济发展的手段。

十一届三中全会确立了中国今后的发展将"以经济建设为中心"，换言之，中国的改革开放首先是经济领域的改革开放。20 世纪 80 年代经济体制改革牵动了中国各个领域体制的变革，《中共中央关于教育体制改革的决定》的出台主要是受到经济体制改革的影响。到了 90 年代，中国确立社会主义市场经济体制改革的目标，随即教育领域出台了《中国教育改革和发展纲要》，以响应这一经济领域的政策，所制定政策的内容也紧密结合经济的发展步伐。

世纪之交，《面向 21 世纪教育振兴行动计划》和《中共中央国务院关于深化教育改革全面推进素质教育的决定》出台，其中对未来高等教育的入学率做了规定，即拉开了中国高等教育扩招的序幕。而探究相关政策出台的原因，除了为更多人创造接受高等教育机会外，一个重要的原因是缓解 1998 年开始的亚洲金融危机，以高等学校的扩招拉动经济的发展。在这里，经济不单单是教育政策出台的影响因素，而是重要目的，而教育政策沦为其实现的手段。

四、教育政策的关注点由外延转向内涵

从改革开放以后中国教育政策演进的总体趋势来看，教育政策的关注点从教育制度、受教育范围等外延方面，转向教育质量、教育内容等内涵方面。改革开放之后，根据我国国情，教育领域首先进行的是体制改革，其中体制改革最明显的就是高等教育领域，首先出台《高等教育管理职责暂行规定》，作为改革高等教育体制的指导性政策。1999 年开始的扩招政策也体现出对高等教育外延发展的重视，但是随着"211 工程"和"985 工程"的展开与扩招的停止，高等教育的政策已经较少地指向体制改革与扩招，而是关注于学校质量的提高，尤其是要建设一批高水平大学和世界一流大学的"211 工程"和"985 工程"，以及"双一流"建设相关

政策，明晰了高等教育这一发展理念，由此不难看出高等教育的关注领域从外延明显转移到内涵上来。在基础教育领域，1986 年颁布的《中华人民共和国义务教育法》旨在普及九年义务教育，保障儿童的受教育权，扩大基础教育规模，促进基础教育数量上的发展。但是，从 20 世纪 90 年代开始，"素质教育"逐渐成为基础教育领域里的最强音，随着 1999 年《中共中央国务院关于深化教育改革全面推进素质教育的决定》，素质教育从基础教育推广到各级各类教育，表明我国的教育从整体上来说，开始更关注学生的素质，注重教育的内涵发展。

五、教育政策民主参与和决策日益加强

在我国，教育政策形成过程中的多元主体参与，民主决策在日益加强。从新中国成立之初，我国教育宏观决策由党来统一部署最终生成，到计划经济年代，我国教育宏观决策基本上是"自上而下"产生，再到改革开放之后多元主体日益参与到整个教育政策形成的过程中，参与教育决策，人民群众开始有更多的机会针对教育问题进行人民意志的表达，在教育决策过程中自下而上的政治吸纳日益加强。以前文的《中国教育改革和发展纲要》为例，无论是在政策研究制定过程中，教育研讨小组组织教育工作者、经济界、科技界和社会各界的专家，如人大代表、政协委员、各民主党派的人士召开各种座谈会、研讨会，充分听取各方面的意见，反复进行比较和论证，抑或是两次大范围公开征求公众意见，都展示了我国人民群众在教育政策方面的话语权日益得到尊重，重大决策民主化日益发展。2019 年 2 月 23 日，中共中央、国务院印发了《中国教育现代化2035》，明确了到 2035 年，我国要总体实现教育现代化，迈入教育强国行列。其中规定了到 2035 年我国教育的主要发展目标是：建成服务全民终身学习的现代教育体系……形成全社会共同参与的教育治理新格局。这样来看，无论是我国教育实践中的政策形成还是我国发布的教育指导性规划都体现了我国针对教育政策的民主参与和决策确实在日益加强，并且在未来还有加强的趋势。

六、教育政策有较强的专项主题连续侧重性

我国往往在一定时期内有一定的教育任务，与之对应在教育政策方面就体现为较鲜明的连续性主题，会针对某一专题推出一系列的教育政策，政策具有连续性。以德育为例，德育近年来日益成为我国教育工作的重点工作之一。2019年6月19日，国务院办公厅印发《关于新时代推进普通高中育人方式改革的指导意见》，明确了到2022年，德智体美劳全面培养体系进一步完善，立德树人落实机制进一步健全；同年7月，中共中央、国务院印发《关于深化教育教学改革全面提高义务教育质量的意见》，它提出了全面提高义务教育质量的主要任务：如，坚持立德树人，着力培养担当民族复兴大任的时代新人；同年8月，中共中央办公厅、国务院办公厅印发《关于深化新时代学校思想政治理论课改革创新的若干意见》，就深化新时代学校思想政治理论课改革创新提出意见；同年11月，中共中央、国务院印发《新时代爱国主义教育实施纲要》，明确了新时代爱国主义教育要面向全体人民、聚焦青少年，要通过充分发挥课堂教学的主渠道作用、办好学校思想政治理论课、组织推出爱国主义精品出版物等对青少年进行爱国主义教育。在当今时期直至未来的相当一段时期内，加强德育注定是我国教育工作的重点之一，与之对应加强德育的各项政策及其落实也必将是我国教育政策内容中一个持续侧重主题。

再以以教育对外开放主题为例，从2012年党的十八大召开至今，中国教育对外开放已进入深入发展期，以习近平同志为核心的党中央领导集体高度重视教育对外开放的工作，发布了系列指向"参与全球教育治理"的指导性文件。2016年，中央办公厅颁发新中国成立以来第一份全面指导我国教育对外开放事业发展的纲领性文件——《关于做好新时期教育对外开放工作的若干意见》；同年7月教育部印发《推进共建"一带一路"教育行动》的通知；2017年，在中央全面深化改革领导小组会议上审议通过了《关于加强和改进中外人文交流工作的若干意见》；同年，《国家教育事业发展"十三五"规划》正式提出"积极参与全球教育治理"，强调深化多边教育合作，强化我国在多边教育交流与合作中的负责任大国形象和在全球教育制度建设中的引领者角色。[①] 党的十八大以来，我国针对教育对外开放主题所发布的指导性文件在实质上一脉相承，对我国教育对外开放的健康快速发展起到了推动作用。由此可见，在我国不同时期有不同的重点任务，与之对应的教育政策也显示出具有专题任务性的特点，表现为连续性、任务性、专题性。

小　结

毋庸讳言，在肯定我国教育宏观决策进步或改善趋向的同时，也不能遮蔽或掩盖其仍然存在的不足和缺欠。在政策问题认定方面，政策制定者往往停留于主动寻求和发现教育政策问题，而对民主党派的咨询案、人大代表的提案、研究人员或机构的调查研究成果、大众传媒的呼吁和人民群众的来信来访等教育政策问题来源的利用还不十分到位。在政策方案的裁决和合法化方面，完善而规范的辩论制度尚未确立，有时可能难以触及政策问题的实质。在决策主体参与方面，学者、研究机构、公众以及媒体等非官方主体参与教育宏观决策的法定程序和制度保障有待于明确规范和进一步完善。在决策环境因素方面，民主政治建设有待于进一步推进，参与型政治文化有待于进一步弘扬和培育。在决策价值取向方面，最终的政策文本仅呈现合理化价值取向还不够，更为具体、翔实、可行的举措设计有助于确保这些价值取向真正照进教育现实。

---

① 孙霄兵：《中国教育对外开放 70 年的政策演变与发展成就》，《国家教育行政学院学报》2019 年第 10 期。

第十二章　世界主要国家教育政策形成、实施及评价机制特色比较

世界各国有着迥异的教育政策体系，虽然国情各不相同，但各国对于教育质量和公平的诉求是相同的。发达国家在指导教育发展和解决教育问题的许多政策思路可以为我国的教育政策制定、实施和评价提供宝贵经验。因此，谨借本结语部分，以部分国家为例，对其教育政策过程及特色进行评析，进而分析我国教育政策的现状与特点，并针对我国教育政策所存在的问题，从发达国家的经验中汲取智慧。

第一节　世界主要国家教育政策形成、实施及评价机制的特色

本研究主要涉及了十个国家的教育政策形成、实施与评价机制的考察与分析。由于各自历史、政治、文化等各方面的不同国情，各国之间既有相同之处，更有各自的差异，在此选取英、法、德、俄、日五国，分别对其教育政策形成、实施与评价机制的特色进行概要分析。

一、英国教育政策形成、实施及评价机制的特色

通常来说，英国教育主要是指英格兰的教育体系。英国的教育管理制度实行中央与地方相互协商与合作的方式，既不同于一般意义上的地方

分权，也不是典型的中央统一管理，有学者直接将之界定为伙伴关系。①
1997—2007 年，围绕"第三条道路"政治理念，新工党政府制定实施了
一系列教育政策，使英国教育取得了巨大的发展。"第三条道路"是指这
样一种政治理念：它区别于笃信自由市场的自由资本主义和倡导国家监管
调控的民主社会主义，强调兼顾经济发展效率和社会公正，重视国家在实
现这二者平衡中的巨大作用。② 布莱尔领导的新工党政府正是坚持以这样
一种政治理念来治理英国的。围绕这一理念，新工党政府把教育作为任期
内优先考虑的重点，一方面继承和延续前任保守党政府所积极推行的国家
课程和优质教育，另一方面坚持和强调教育公平，力图通过"全纳教育"
（inclusive education）实现"全纳社会"（inclusive society）。

　　英国教育政策的形成具有相对固定的程序。从政策问题的提出到最
终以法案或白皮书等形式出台政策，英国教育政策形成的常规程序包括政
策问题产生、组建专家委员会进行调研、形成专家咨询报告供社会讨论、
收集相关意见修改咨询报告，出台白皮书作为最终的成型政策或进一步作
为立法提案递交议会进行商讨。整个政策形成过程中，相关各方都充分参
与其中，以团体决策的形式制定政策。其政策形成过程具有如下特点：政
策形成注重以调查研究结果作为依据；政策形成具有固定的程序；政策形
成注重多方意见；形成的政策具有较强针对性。

　　关于教育政策的实施，中央与地方的合作伙伴关系决定了教育政策
实施在整个英国教育政策运行过程中特别重要和格外复杂的地位。尤其是
基础教育领域，地方教育当局根据当地特点和需要制定相应政策的巨大权
限，使涉及基础教育的政策在政策目标分解和逐层可操作化阶段并非由上
到下的贯彻执行，而是地方教育当局与教育部相互博弈。因此，英国教育
政策的实施过程中，地方教育管理机构在政策目标可操作化环节中扮演了
重要角色。有鉴于此，英国政府十分重视教育政策的发布和宣传，甚至与

---

① 　王承绪：《英国教育》，吉林教育出版社 2000 年版，第 29—36 页。

② 　Wikipedia，"Third Way（Centrism）"，2011 年 8 月 16 日，见 http：//en.wikipedia.org/
wiki/Third_Way_（centrism）#cite_note-BBC1-6。

媒体协作使教育政策广为人知。

英国教育政策的评价走在世界前列，这应该归功于其历史悠久的教育督导制度，这一点决定了当代英国在确保教育政策评价的组织机构完备性和评价过程科学性方面具备得天独厚的优势。尽管教育政策的评价并不完全等同于教育督导，但英国执行教育政策评价的主要机构恰恰是教育督导机构。这些负责发布督导报告的机构也会在某项政策的实施期间针对性地提交政策评价报告。可以说，英国教育政策评价的历史悠久，组织基础雄厚，且非常注重科学性。

从未来的趋势来看，英国教育政策依然会在公平与效率之间争取平衡，高等教育的市场化在所难免，政府资金将更多地流向基础教育，以获得更多的社会收益与经济收益。

二、法国教育政策形成、实施及评价机制的特色

从拿破仑称帝至今，法国一直实施中央集权制的教育行政管理模式。虽然 1982 年 3 月出台的分权法明确规定了中央政府和地方政府在教育上的管理权限，地方干预教育的权力得以扩大和加强，但法国中央政府的权力仍然相对集中。当前，法国的教育管理体制可以概括为：纵向三级，即中央、学区、省；横向三个系统，即行政、督导、咨询部门。近年来，法国政府在追求教育质量和提升教育水平方面做了不少努力。"面向 2010 年的新课程"旨在提升教育质量，设立"教育优先区"力图重点扶持条件最差地区的教育。

在教育政策的形成过程中，中央政府和政治领导占据重要地位[1]，虽然不同时期的特点也不尽相同，但自上而下的教育政策形成机制贯穿其中，其教育政策主要是通过法律制定程序，以法律法规的形式出台。随着教育改革的不断推进、教育管理的逐步放权，中央政府和政治领导在教育政策的制定过程中，也逐渐注意适当调动社会各方面力量在教育政策制定

---

① 王晓辉主编：《比较教育政策》，江苏教育出版社 2009 年版，第 96 页。

中的参与度和积极性。其自上而下的教育政策形成过程深受政治力量和领导人的影响，而近年来也逐渐注意调动咨询委员会、学生、家长等各方力量；此外，法国亦十分重视以法律条文的形式颁布教育政策，赋予其更强的权威性和强制力。

受中央集权制的影响，教育政策的实施所依赖的是行政力量强势有力的推动。法国教育督学制度独具特色，一直遵循严格的督学录用程序，从而保障了督学队伍的专业性和高质性，这对于增进法国基础教育政策评价的专业性不无裨益。其专业指导在教育政策的实施过程中亦是不可或缺的，这种深入实践的专业指导是政策实施的保障。

由于法国教育政策的频繁更替，针对某项教育政策的专项评价机制尚不完善。在法国，对教育政策的评价主要是被涵盖在教育评估中进行的。法国教育部评估与预测司、教育督导部门具有对教育投资收益情况、教育质量进行评价的职能。由于上述两个部门主要是侧重于对基础教育的评估，所以是法国基础教育政策的重要评价机构。由于法国高等教育机构一直具有较高的自治权，对高等教育的评估主要是通过国家评估委员会等咨询机构开展。可以看出，法国教育政策的评价过程中，中央政府的作用举足轻重，而督学人员也在教育政策评价中发挥着一定的作用。

法国教育政策过程有着突出的中央集权制特征，教育政策过于受到政治意志的影响，从而弱化了政策的连贯性；该国重政策制定，轻政策执行，导致政策效果不尽如人意；自上而下的教育政策制定、实施机制，导致政策制定者与实施者的信息不对称，影响政策实施效果；政策制定、实施、评价主体的合一性，在一定程度上影响了政策评价结果的使用。这些都是法国教育政策暴露出来的问题。

针对上述问题，法国未来教育政策的趋势将是在保持其集权性的前提下，适度分权，适当调动社会各方面的积极性，逐渐考虑国际因素对教育政策的影响并且在不平等的教育传统下，推进教育公平。

三、德国教育政策形成、实施及评价机制的特色

德国是一个联邦制国家，由 16 个联邦州组成。根据德国宪法《基本法》的规定，各联邦州享有广泛的文化主权，可以自主决定本州的文教事务，联邦的权限被限定于一些特定的涉及全国的教育事务（如科研资助和教育补助等）。具体到教育领域，若非《基本法》将立法的权限交给联邦，那么各州享有在学前教育、基础教育、高等教育、成人教育和继续教育等领域的立法权限，对这些领域的管理和监督均属于是各州的事务。各州通过自己的宪法（Landesverfassung）和其他法律对此作出细致的规范。

作为一个联邦制国家，联邦与州以及州与州之间需要在其教育政策和文化政策方面进行协调和合作，以达到《基本法》所要求的在全国境内创设一致的生活条件。在联邦制改革之前，联邦与州之间的一个重要的协调与合作机制是成立于 1970 年的"联邦—州教育规划和科研促进委员会"（BLK）。在联邦制改革之后，这一机构被新成立的"共同科学会议"（Gemeinsame Wissenschaftskonferenz，GWK）所取代。成立于 1957 年的科学委员会（Wissenschaftsrat，WR）也是联邦与各州之间的一个协调与合作机制，由联邦政府、州政府代表、科学家和公共领域的代表组成，其任务是向联邦政府和各州政府就以下事务提出建议。

鉴于德国联邦制管理结构也投射到了该国教育政策的形成、实施和评价机制之上，近年来，德国在基础教育领域引入国家教育标准，由输入管理专项产出监控，在高等教育领域则有诸如加入"博洛尼亚进程"以及制定"卓越计划"和"高等教育协定 2020"。从上述教育政策中的大动向来看，德国教育政策过程具有如下特征。

教育政策的制定具有制度化、民主化的特征，德国联邦政府和州政府通常是联合执政政府，另外议会中均有多个反对党。其教育政策实施具有政府部门主导、社会利益群体多元参与的特色。一方面，德国注重以签订正式协定的方式来规范政策实施主体或参与各方的任务和权限，对各方具有更好的约束力；另一方面，政策实施具有科学决策的特征。

德国拥有较为完备的评价体系。第一，德国教育政策评估是每一项

政策文本中规定的内容，这也意味着教育政策评估已然常态化和制度化。第二，除了对每一项政策实施针对性强的专项评估之外，德国重视实施总体性的全面评估，并建立起一个科学的基于实证的教育监测体系。为了了解这些改革政策的效果，德国文教部长联席会议（KMK）于 2006 年通过了有关实施全面的教育监测的决议，决议全称为"文教部长联席会议关于教育监测的总策略"（Gesamtstrategie der Kultusministerkonferenz zum Bildungsmonitoring）。教育监测不仅关注教育体制中学校结构以及教学内容方面的目标要求，同时也关注具体的学校工作进程和课程进展，并根据事先确定好的、在学习过程结束时应该达到的"国家教育标准"来评定教学效果。教育监测的目的是找出问题及其原因，以便采取合适的措施加以改进。

从目前的趋势来看，未来的基础教育政策的重点仍然是尽力消除社会出身对学习成绩的影响，努力为社会各阶层的儿童创造公平的机会，同时加大对移民子女的扶持。例如，引入小学入学诊断，以更好地了解每一个孩子的特点和问题；通过引入社会教育学及特殊教育学的措施对学生进行个性化的辅导。对于学习方面遇到困难的学生，学校以小班为单位进行课外补习。

四、俄罗斯教育政策形成、实施及评价机制的特色

自苏联解体以来，俄罗斯教育走过了自主发展的 20 年。1992 年，俄罗斯《联邦教育法》确定了教育的分权性和国家—社会的管理原则，并建立联邦中央、联邦主体、地方自治机构和教育机构的三级管理体制。

在基础教育领域，2010 年正式生效的《我们的新学校》国家教育倡议是成为俄罗斯近期普通教育现代化发展的重要指导性文献。这份倡议支持向新教育标注过渡，提出发展天才儿童支持体系，提高教师队伍素质，更新学校的基础设施，保持和加强学生身体健康，扩大学校自治。

而在高等教育领域，普京总统 2005 年 9 月签署《国家教育优先发展规划》，在此文件指导下，2006 年开始，俄罗斯政府开始着手创建联邦大

学。联邦大学的创建旨在创建世界一流大学，促进高等教育地区均衡发展。俄罗斯政府首先赋予将组建大学的自治教育机构地位，再与俄罗斯联邦管辖之下的其他教育机构进行合并。组建后的联邦大学肩负着创建世界一流大学，拉动地区经济发展的特殊使命，同时也具有特殊的地位。[①] 联邦大学的组建为俄罗斯高等教育的发展带来新的活力，强强联合、优势互补，不但改善了地区高等教育发展不均问题，而且为创建世界一流大学奠定基础。俄罗斯政府计划到 2020 年，以现有大学为基础在全国范围内共组建 10 所联邦大学。

纵观 20 年来俄罗斯教育政策过程，其政策形成过程具有三大特征：政治体制决定了其教育政策的形成路径为自上而下；其政策形成的价值气象紧密结合社会主流价值；政策的形成具有一定的渐进性和延续性。

在教育政策的实施过程中，俄罗斯遵循先小范围试验后大面积推广的做法，坚持原则性与灵活性相统一；其经费由联邦主体和联邦中央共同承担。

俄罗斯教育政策评价主体以官方评价机构为主，目前尚未有专门的非官方教育政策评价机构，但已经出现了类似的政策评价组织，如纲要与政策评价研究所。其教育政策评价采用目标达成模式，以官方权力机构和教育管理机构为主导。

俄罗斯教育政策过程存在不少问题，如政策形成过程中利益团体的参与较少、教育政策执行低效以及缺乏完整的评价机制等等，都制约了俄罗斯教育政策的健康发展。可以预见，未来俄罗斯的教育政策形成过程将逐渐公开民主，政策监控将得到加强，其评价模式也会得到扩展。

五、日本教育政策形成、实施及评价机制的特色

二战结束后，日本进行了广泛的民主化改革，在教育领域推行了美

[①] Создание федеральных университетов, законодательный аспект, 2010 年 2 月 30 日, http://www.Garant.ru/action/interview.

国式改革，确立了"六三三四"单线型教育制度、教育行政管理制度的基本框架并发展沿用至今。1947 年出台的《教育基本法》规定，日本教育行政采取中央（文部科学省，下文简称"文科省"）与地方（教育委员会）分级管理体制。

2008 年，《教育振兴基本计划》出炉，再次提出"教育立国"的基本理念，明确指出未来十年教育发展的总体方向以及近五年教育发展的具体策略。日本未来十年教育发展要达成两大目标：1. 通过义务教育使所有儿童具有自立及在社会上生存的基础；2. 培养支持社会发展、领导国际社会的人才。

日本教育政策行为主体包括官方和民间两个部分，其中，官方政策行为主体主要包括内阁总理府及其他省厅、文部科学省、执政党以及地方教育行政人员。此外，非官方政策行为主体如在野党、财经界团体、日教组等教职员组织以及相关教育团体也在日本教育政策过程中发挥重要作用。

日本教育政策制定遵循自下而上的形成路径，议事过程相对公开，参与的主体较为广泛，且受到其他省厅的牵制，因此政策形成周期较长。尽管如此，近年来，日本教育政策的形成过程中，政治主导正在逐渐增强。

在日本中央集权与地方分权相结合的教育行政管理体制下，地方教育行政管理部门及具体项目实施者等拥有较大自主权，尤其是 90 年代后期分权化改革以来，地方教育委员会的自主权逐渐扩大；同时，也正是由于地方教育委员会等具有较大自主权，文科省制定的政策往往在地方实施时受挫，更有极端者则诉诸法律解决争端。

日本教育政策的实施过程中，非官方组织的参与不可或缺，这也正是日本教育政策实施的重要特色之一。专家讨论会的智力支持在保障教育政策的顺利实施中功不可没。此外，学校主管部门在教育政策的实施过程中也有着极大的自主性。

日本教育政策的评价是在行政机关实施政策评价法制化的大背景之下形成的。1997 年行政改革会议提出实施政策评价的建议，《中央省厅等改革基本法》（1998）对政策评价进行了框架性规定。伴随中央行政组织

的改革，《关于行政机关实施政策评价的法律》（简称"政策评价法"）于
2001 年正式颁布，为政策评价提供更明确、具体的法律依据，促使"行
政监察"向"行政评价"转变。① 各行政机构必须在本部门的政策中反映
政策评价的结果，向总务大臣通报反映情况，并向社会公开。具体到文科
省内，教育政策评价结果的处理及信息公开等相关问题，主要由政策评价
审议官及政策评价室负责。

在法制化的政策评价体系的大背景之下，日本教育政策评价拥有完
善的配套支持措施，评价结果的反馈与公开使得评价成为促进保证政策实
施的重要手段，其评价的方式也日趋多元化。

从未来的趋势来看，日本将更加重视基于科学的方法完善教育政策
形成过程，努力使形成过程趋于开放，并将教育政策的制定与实施分离
开来。

第二节　我国教育政策的发展特征

如果说我国的教育体系是废墟之上迅速兴建起来的高楼，那么教育
政策即为支撑这一巍峨大厦的钢筋支柱。改革开放以来，我国的教育政策
无论是在数量还是在质量上都有很大的发展。本研究将从基础教育、高等
教育和职业教育三个领域分别描述我国教育政策之现状，并试图总结我国
教育政策的特点及存在的问题。

一、我国教育政策的发展

在基础教育领域，1986 年 4 月 12 日，六届全国人大四次会议审议通
过了《中华人民共和国义务教育法》，以国家立法的形式正式确立我国实
施九年义务教育。经过 15 年的努力，到 2000 年时，我国已经基本普及九

---

① 2001 年中央省厅等改革后，原总务厅行政监察局变为总务省行政评价局，其主要业务
则从先前的行政监察转变为行政评价与监视、政策评价两个方面。

年义务教育。但是由于我国经济社会发展不平衡，城乡二元结构突出，义务教育水平在城乡之间、地区之间、学校之间差距依然存在，并且问题很严重。为了促进义务教育的公平公正，教育部强调要把基础教育均衡摆在重要位置。2006 年，《义务教育法》修订实施，它明确规定国务院和各级政府"应当合理配置教育资源，促进义务教育均衡发展"，使义务教育均衡从被动的政策应对，走向制度化和法制化。[①]

我国在高等教育领域的政策更加关注选取一些大学进行重点建设，"211"和"985"工程即为其中浓墨重彩的一笔。1995 年 11 月，国务院下发《关于印发〈"211 工程"总体建设规划〉的通知》，《"211 工程"总体建设规划》中指出，"211 工程"的建设内容包括学校整体条件、重点学科和高等教育公共服务体系建设三大部分；"九五"期间"211 工程"建设规划任务为，首先建设两所高等学校，使其在国际上确立声誉和地位，着重提高和改善 25 所左右高校，使其人才培养质量上显著提高，一些重点学科达到国际水平，在高校中起到骨干和示范作用，加强 300 个左右重点学科建设，完成高等教育公共服务体系基本框架建设。1999 年 1 月发布的《面向 21 世纪教育振兴行动计划》中明确指出，"今后 10—20 年，争取若干所大学和一批重点学科进入世界一流水平"。"985 工程"一期重点建设 34 所高校，成效显著。

在职业教育领域，自 1978 年邓小平在全国教育工作会议上提出要扩大中等专业技校的比例，我国职业教育经历了起步阶段、法制化阶段、高等职业教育和中等职业教育并进以及深化改革四个阶段。2005 年，国务院又出台了《关于大力发展职业技术教育的规定》，这一文件是对"十五期间"职业教育工作的总结，也是对"十一五期间"职业教育发展的一个规划。文件指出，到 2010 年中等职业教育招生规模要达到 800 万人，与普通高中招生规模大体相当；高等职业教育招生规模占高等教育招生规模的一半以上，努力建设有中国特色的现代职业教育体系。

---

①　张秀兰：《中国教育发展与政策 30 年》，社会科学文献出版社 2008 年版，第 110 页。

二、我国教育政策的问题

可以看出，我国教育事业的发展与教育政策息息相关，教育政策一方面指导并规范着教育事业的发展；另一方面，政策的产生也是为了解决相应阶段所出现的问题。通过上述梳理，我们发现我国教育政策具有如下特征：

（一）教育法律体系基本形成但尚未完善

改革开放之后，我国共召开四次全国教育工作会议，每一次全教会都出台一份指导阶段性教育发展的宏观政策。全国教育工作会议并非常规性会议，每两次开会的时间间隔并不确定，所以会议出台的相关政策与"五年规划"的性质与功能大不相同，其主要是结合时代的特点和教育事业自身发展的需要，重点对教育领域最棘手的问题作出改革指导。

教育法律作为教育政策的重要组成部分，体现了国家对教育的干预和管理，是国家调控教育的重要原则。[①]同时在教育的某一领域，相关法律的出台也标志着该领域的发展目标基本明晰，发展状况趋于稳定，国家对该领域的管理和调控也日渐成熟。迄今为止，我国教育法律体系基本成型。但不能忽视的是，迄今为止，我国学前教育领域还没有专门的法律。这一缺失体现出我国改革开放以来为迅速振兴教育，将工作的重心放在了基础和高等教育等领域，而对小学之前的教育重视程度不够，从而造成了学前教育领域法律的缺失。

（二）教育政策受经济因素的影响很严重

一个国家教育政策的制定实施及政策的内容必然要受到本国政治、经济和文化等因素的影响。纵观我国改革开放40多年教育政策的制定与政策的内容，可以发现我国教育政策受经济因素的影响十分严重。

世纪之交，《面向21世纪教育振兴行动计划》和《中共中央国务院关于深化教育改革全面推进素质教育的决定》出台，其中对未来高等教育的入学率做了规定，即拉开了中国高等教育扩招的序幕。而探究相关政策

---

① 劳凯声：《教育法学概论》，湖北教育出版社1996年版，第2页。

出台的原因，除了为更多人创造接受高等教育机会外，最主要的是缓解1998年开始的亚洲金融危机，以高等学校的扩招拉动经济的发展。在这里，经济不单单是教育政策出台的影响因素，而是重要目的，而教育政策沦为其实现的手段。

（三）教育政策的关注点须由外延转向内涵

从改革开放以后中国教育政策演进的总体趋势来看，教育政策的关注点须从教育制度、受教育范围等外延方面，转向教育质量、教育内容等内涵方面。随着"211工程"和"985工程"的展开与扩招的停止，高等教育的政策已经较少地指向体制改革与扩招，而是关注于学校质量的提高，尤其是要建设一批高水平大学和世界一流大学的"211工程"和"985工程"相关政策，明晰了高等教育这一发展理念，由此不难看出高等教育的关注领域的确在由外延转移到内涵上来。

在基础教育领域，随着普九的全面实现，"素质教育"逐渐成为基础教育领域里的最强音，随着1999年《中共中央国务院关于深化教育改革全面推进素质教育的决定》，素质教育从基础教育推广到各级各类教育，表明我国的教育从整体上来说，开始更关注学生的素质，注重教育的内涵发展，这个转向应该持续递进。

第三节　外国教育政策机制对我国的启示

一、慎重思考教育政策价值，复归于以人为本的价值取向

上述分析显示，我国教育政策具有以规范性政策指导阶段教育发展的特征，同时深受外界力量的干扰。一直以来，中国的教育政策以社会本位为中心，十分重视教育政策的工具形式价值，而忽视了教育本身所应该具备的以人为本的价值。我国目前基础教育资源配置严重不均，教育政策的制定向少数大城市倾斜，建设少数重点学校来快速培养人才的政策取向与今日许多教育不公现象不无关系。教育差距的存在和持续拉大是我国当前教育发展的严峻现实，而人人都能公平地享受公共教育已经成了现代社

会的强烈诉求。之所以出现这样的矛盾和冲突，教育政策价值的错位难辞其咎。从英、德、日等国近年来颁布的教育政策来看，为每一名学生提供优质的教育，保证教育的公平也是上述国家近年来所致力的方面。

二、积极扶持第三方力量，扩大教育政策参与主体的范围

《国家中长期教育改革和发展规划纲要（2010—2020）》的出台在我国教育政策制定科学化历程中具有里程碑意义。本研究对参与制定过程并发挥重要影响的顾明远先生进行了深度访谈，发现教育宏观决策参与主体渐趋多元化和全方位化，这种趋势与发达国家的现状是一致的。

从发达国家的经验来看，第三方力量不但涉足教育政策的制定和实施，有时甚至承担了教育政策评价的重要职责。在日本，非官方组织也参与教育政策过程。例如，由文科省直接招标、负责相关具体业务的民间组织，负责调查数据分析、提出咨询建议的国立教育政策研究所，收集学生家长意见、形成统一意见的PTA等。这些非官方组织以直接参与或间接影响的方式参与到教育政策的具体实施过程中，打破了由官方垄断教育政策执行的局面，在某种意义上充当了教育政策执行的监督者。在美国，形形色色的教育协会和基金会全面影响了教育政策的形成、实施和评价，这对于保证美国教育质量起到了不可估量的作用。

第三方力量的参与一方面减轻了政府负担，另一方面也使得教育政策更具科学性。教育是涉及全民的事业，如果运用得当，我国的民间力量也将对教育政策产生正面的影响。但从目前来看，我国的民间力量参与教育政策的程度完全无法和发达国家相比，而是仅仅在教育政策的实施中扮演"查漏补缺"的角色，既不具规模也难成体系。积极扶持第三方力量，扩大教育政策参与主体的范围，既是人民群众的诉求，也是现代社会的必然趋势。

三、完善教育政策评价体系，重视评价结果的反馈与公开

从本研究的文献梳理和实地调研报告来看，目前，我国教育政策评

价水平与发达国家尚有很大的差距。

英国依托历史悠久的教育督导制度进行教育政策的评价，在组织完备性和评价方式科学性方面都具备强大的优势。美国在基础教育领域建立了完善的学习成果监测系统。美国"国家教育进步评价"（National Assessment of Educational Progress，NAEP）有着将近半个世纪的历史，作为美国国内长期且有全国代表性的教育评价体系，该评价的结果被称为"国家成绩报告单"。尽管 NAEP 并无意于对某项教育政策进行评价，但它的结果却是教育政策成效的直接体现。该体系在美国教育领域占据着独特的地位，是其他国家建立教育质量监测体系的榜样，被多个国家借鉴和模仿。德国一方面建立了基于覆盖全国的教育监测体系，另一方面又法制化和常态化地针对每一项政策实施进行专项评估。而日本的教育政策评价则是借助于政策评价法制化的大背景，该体系拥有完善的配套支持措施，评价结果的反馈与公开使得评价成为促进保证政策实施的重要手段。上述国家在学生学习成果评估和教育政策评价领域有着较为完备的体系，都十分重视评价结果的反馈与公开。

对我国而言，积极学习发达国家经验，进一步完善已有的教育政策评价体系，监控教育政策的实施成效，重视评价结果的反馈与公开，并以此为依据反思教育政策将是一件十分有价值的事情。

在科学技术高度发达的信息社会，国家教育政策的制定、实施与评价体系对于国家的发展与强盛、对于公民个体的成长与进步所具有的功能与意义越发凸显。从 1985 年颁布的《中共中央关于教育体制改革的决定》，到 1993 年的《中国教育改革和发展纲要》，再到 2010 年 5 月《国家中长期教育改革和发展规划纲要（2010—2020)》，乃至 2019 年刚刚宣布的《中国教育现代化 2035》发展方案，我国的教育经历了整体秩序恢复，改革全面展开，改革持续深化和跨世纪创新发展等不同的发展阶段，尤其是新世纪以来在经济全球化、教育国际化的时代背景下，我国的教育发展变化显著。不难看出，我国的教育政策发展恰是在一系列关键的时间节点，以系列重大教育改革与发展方针为代表性体现形式，阐明的国家推进教育发展的理念、方针、导向与举措，从而从整体上、区域内、局部间、细微处发挥导引教育方向、解决教育问题、改善教育环境、落实教育举措，实现教育发展的功能。当然，教育政策的制定与实施是一个不断调整与完善的过程。只有依据本国具体国情、借鉴国外先进理念，不断总结经验教训、注重政策评价过程与结果，及时调整、完善发展方针，制定切实可行的改革措施，才能保证教育政策形成、实施、评价的适切性、持续性、有效性和发展性。

主要参考文献

一、中文文献

1. 褚宏启主编：《教育政策学》，北京师范大学出版社 2011 年版。

2. 冯大鸣：《西方六国政府学校关系变革》，上海教育出版社 2011 年版。

3. 顾建新：《跨国教育发展理念与策略》，学林出版社 2008 年版。

4. 顾明远主编，王长纯分卷主编：《世界教育大系——印度教育》，吉林教育出版社 2000 年版。

5. 霍益萍：《法国教育督导制度》，人民教育出版社 2000 年版。

6. 刘斌、王春福：《政策科学研究》，人民出版社 2000 年版。

7. 王璐：《英国教育督导与评价》，高等教育出版社 2010 年版。

8. 王晓辉：《比较教育政策》，江苏教育出版社 2009 年版。

9. 吴志宏：《教育政策与教育法规》，华东师范大学出版社 2003 年版。

10. 吴遵民编著：《教育政策国际比较》，上海教育出版社 2009 年版。

11. 肖甦主编：《转型与提升：教师教育的改革与发展》，山东教育出版社 2015 年版

12. 袁振国：《教育政策学》，江苏教育出版社 2001 年版。

13. 张国庆：《公共政策分析》，复旦大学出版社 2004 年版。

14. 朱华山：《传统与变革的抉择：细读法国教育》，辽宁人民出版社 2011 年版。

二、外文文献

(一) 英文文献

1. Bardach，E，*The Implementation Game.* Cambridge，MA：MIT Press，1977.

2. Chester E. Finn，*Charter Schools in Action-Renewing Public Education*，Princeton University Press，1998.

3. Christopher Winch，John Gingell，*Key Concepts in the Philosophy of Education*，London：Routledge，1999.

4. Fowler，F. C，*Converging forces：Understanding the Growth of State Authority Over Education.* In Balancing Local Control and State Responsibility for K-12 Educotion，N. D. Theobald & B. Malen (Eds.)，Larchnont，N.Y. Eye on Education，2000.

5. Hamilton，L.S.，et al，*Standards-Based Accountability Under No Child Left Behind：Experiences of Teachers and Administrators in Three States*，Santa Monica：the Rand Corporation，2007.

6. Joint Committee on Standards for Educational Evaluation，*The Program Evaluation Standards*，Thousand Oaks，CA：Sage，1994.

7. Mike Bottery，*Education，Policy and Ethics*，London：Continuum，2000.

8. Nakamura，R. T.，& Smallwood，F.，*The Politics of Policy Implementation*，New York：St. Martin's Press，1980.

9. Nuttall，D. L.，Choosing Indicators. In K. A. Riley & D. L. Nuttall (Eds.)，*Measuring Quality.* London：Falmer Press，1994.

10. Rebell，M. A.，Wolff，J. R.，*NCLB at the Crossroads：Reexamining the Federal Effort to Close the Achievement Gap*，New York and London：Teachers College Press，2010.

11. Spreen，C，A. & Vally，S.Prospects and pitfalls：*A Review of Post-Apartheid Education Policy Research and Analysis in South Africa*，Comparative Education，2010.

12. Thomas，C. S.，& Hrebenar，R. J.，*Interest Groups in the States.* In

Politics in the Arnerican States，V Gray & H.Jacob（Eds.），Washington，D.C.：Congressional Quarterly Press，1999.

13. Weiss，C. H.，*Where Politics and Evaluation Research Meet*. In D. Palumbo（Ed.）. The Politics of Program Evaluation，Newbury Park，CA：Sage，1988.

（二）法文文献

1. Derouet J L.，The Modernization of the Educational System in France：the New Public Management Between the Affirmation of the State and the Decentralized Government［J］. Revista Brasileira de Política e Administração da Educação-Periódico científico editado pela ANPAE，No.3，2017.

2. Dobbins，Michael、Martens，Kerstin，"Towards an Education Approach à la finlandaise？

3. French Education Policy After PISA"，Journal of Education Policy，Vol.27 Issue 1，2012.

4. Pair C.，L'évaluation Dans le Système éducatif：un Instrument Qui n'a Pas Porté Tous Ses fruits，Politiques et Management Public，No.1，2005.

5. Simon J.，Szymankiewicz C.，Lesage G.，etc. Organisation et Gestion de l'éducation Nationale. Berger Levrault，2014.

（三）德文文献

1. Hans-Werner Fuchs，"Strukturen und Strukturreform im Allgemein bildenden Schulwesen der deutschen Bundesländer"，*Die Deutsche Schule*，2009.

2. Heike Solga，Rosine Dombrowski，"Soziale Ungleichheiten in schulischer und außerschulischer Bildung"，*Stand der Forschung und Forschungsbedarf*，Düsseldorf：Hans-Böckler-Stiftung，2009.

3. Isabell van Ackeren，Klaus Klemm，*Entstehung*，*Struktur und Steuerung des deutschen Schulsystems. 2. Auflage*，Wiesbaden：VS Verlag für Sozialwissenschaften，2011.

4. Autorengruppe Bildungsberichterstattung（Hrsg.），Bildung in Deutschland 2008，Bielefeld：W. Bertelsmann Verlag，2009.

5. Dagmar Klimpel，"Der Hochschulpakt 2020：Ein Ergebnis gesamtstaatlicher Verantwortung"，*Zeitschrift für Bildungsverwaltung*，2007.

6. Gerd F. Hepp，Bildungspolitik in Deutschland. Eine Einführung，Wiesbaden：VS Verlag für Sozialwissenschaf-ten，2011.

7. Hans-Joachim Lauth，Christian Wagner，Politikwissenschaft：Eine Einführung.7.überarbeitete Auflage，Paderborn：Ferdinand Schöningh，2012.

8. Ulrich Teichler，Hochschulsystem und Hochschulpolitik，Münster：Waxmann，2005.

（四）俄文文献

1. Гуров.В.，"Качество образования в негосударственных вузах"，высшее образование в Росси，2004（6）.

2. Дежина И.Г.，"Интеграция науки и образования：оценка работа научно-образовательных центров в ведущих российских университетах"，вестник высшей школы，2008（7）.

3. Константин Сумнительный，"Профиль спасения"，Народное образование，2006，（1）.

4. Вероника Спасская，"Формирование законодательных основ контроля иоценки качества образования"，народное образование，2009，（1）.

5. Мухудадаев М. О.，"Государственная стратегия модернизации управления образованием"，Известия Российского государственного педагогического университета им. А.И. Герцена，2012.

（五）日文文献

1. 荒井克弘、倉本直樹『全国学力調査　日米比較研究』金子書房，2008 年。

2. 犬山市教育委員会『全国学力テスト、参加しません：犬山市教育委員会の選択』明石書店，2007 年。

3. 宇賀克也『政策評価の法制度——政策評価法条例の解説』有斐閣，2002 年。

4. 小川正人『教育改革のゆくえ——国から地方へ』筑摩書房，2010 年。

5. 斉藤諦淳『文教行政に見る政策形成過程の研究』ぎょうせい，1984 年。

6. 城山英明、細野助博『続中央省庁の政策形成過程——その持続と変容——』中央大学出版部，2005 年。

7. 戸澤幾子「全国学力調査の見直し」『レファレンス』2010 年 6 月号。

8. 文部省『学制百二十年史』ぎょうせい，1992 年。

9. 文部科学省『文部科学白書：我が国の教育水準と教育費』佐伯印刷株式会社，2010 年。

10. レオナード J ショッパ著、小川正人監訳『日本の教育政策過程』三省堂，2005 年。

（六）韩文文献

1. [韩] 安善会：《关于参与政府教育政策决定体制的研究：教育政策决定机构和参与者作用的关联性分析为中心》，硕士学位论文，高丽大学校大学院教育学系，2004 年。

2. [韩] 安郑姬、裴成雅：《我国入学查定官制度引进的社会论争过程分析》，《教育科学研究》2009 年第 3 期。

3. [韩] 金宏远、金甲成：《教育矛盾现状及政策研究报告》，首尔韩国教育开发院出版，2005 年版。

4. [韩] 权胜雅：《入学查定官制度的运营情况和入学查定官的认识》，硕士学位论文，梨花女子大学校大学院教育学系，2009 年。

5. 이득기：교육제도 및 교육정책，서울：문음사，2010.

6. 윤정일등：한국교육정책의 쟁점，서울：교육과학사，2002.

7. 서정화：한국 공육정책 현안과 해법，서울：교육과학사，2013.

8. 박준형：(한국교육정책 형성과정에서의) 국가주도성에 대한 비판적 고찰，파주：한국학술정보，2008.

后　记

《世界主要国家教育政策形成、实施与评价机制研究》是基于由我承担的教育部人文社科重点基地重大课题"教育政策的形成、实施与评价机制的国际比较"的最终研究成果、并补充一部分最新研究成果整合、修订而成的一本专著。本书着力对世界9个主要国家——英国、法国、德国、俄罗斯、日本、韩国、印度、南非和中国的国家层面教育政策的制定、实施与评价机制进行了系统性研究和比较。

研究者探讨了各研究对象国教育政策的形成、实施及评价的整体形态以及具体教育政策的实践,力求通过对这些国家的教育政策形成、实施及评价机制的现状梳理呈现教育政策研究的国别立体图景,既有对各国教育政策发展脉络的梳理,又有对政府重要政策文本生成背景、主要内容和实施效果的考察;既有对教育政策国别发展现状的特征总结,又有对各国政策发展走向和前景的预判分析,以期从比较研究的视角为我国教育政策的理论和实践研究提供思考与借鉴。

本书由教育政策研究的理论探讨、国别教育政策探讨和结语三部分共十二章正文构成。这是第一部将九个研究对象国同时纳入教育政策比较研究的理论著作,我们力求在立体、全面梳理与分析的基础上尽可能体现两大特色:

其一是教育政策研究的国别丰富性。习近平总书记在2018年全国教育大会上再次提出要"加快推进教育现代化、建设教育强国"的号召。通过教育政策的科学化不断完善我国的教育治理现代化，是当下国家和社会各界正在密切关注的现实问题。参考、借鉴相关领域的世界先进经验，无疑是推进我国教育现代化、并实现高效快速发展的有效途径。但一直以来，我国教育政策理论研究领域尚缺乏对相关的世界先进经验、对各主要国家在教育政策制定与实施中如何回应现实要求、选择其价值取向、处理不同利益相关体的博弈以及实现教育改革蓝图的系统研究和立体审视。本专著恰以此为任务出发点做了认真的尝试：围绕教育政策形成、实施及评价机制三大层面，完成了对不同国家相关领域的整体研究。这无疑为我国教育政策研究者提供了更为广阔的国际视野和更为丰富的国际经验，对于推进我国相关领域的发展、汲取经验、总结教训、反思问题均具有切实的理论与实践价值。

其二是国别教育政策研究的立体性。作者长期关注教育政策的研究，尤其注重基于厚重的国别教育研究基础，展开对世界各主要国家的教育政策制定、实施与评价完整机制的探究。本研究团队以国际比较的视角，从各国教育的制度生成、发展理念、政策导向、政策文本分析和改革走向等方面入手，从纵向的历史线索与横向的现状发展两个维度对教育政策进行多角度、全方位的考察，尽可能呈现对研究客体的立体审视与因果追问，以求为教育学仁建构集教育政策研究的思考广度与挖掘深度于一体的立体辨析空间。而这种国别研究的立体性和深刻性，恰是我们有效探究21世纪各国教育政策之改革对于我国相关教育改革的意义所在。

本书主要面向政府部门的教育行政管理人员，教育研究机构和高等学校的教育研究者、教师、教育学及相关专业的研究生与本科生，是集理论探讨、文献研究、实地调研于一身的中外教育政策研究成果。对于拓展教育学仁的国际视野、建构对相关领域的国际化与本土化的立体审视空间和更具深度的思辨视角而言，本书不啻是一部可提供重要参考的理论著作。

作为教育部人文社科重点基地重大课题，"教育政策的制定、形成与实施的国际比较"的最终研究成果产出由《世界主要国家教育政策形成、实施与评价机制研究》和《教育政策运行的国际比较研究》两部专著组成，这两部书稿是团队协作的成果。从课题设计、展开研究、再到形成书稿可谓是一个庞大的工程，历时五年多的时间，加上近期为出版所做的对书稿内容的增补校对工作，我们的团队贡献了巨大智慧、付出了艰辛劳动。先后参与研究与校对工作的老师与研究生同学超过了 20 人。各个专题的研究多数都经过了我们数次的集体讨论、执笔人修改、定稿的过程，大家的认真研究和求真务实的态度值得称道。在此请允许我表达最真诚的敬意和谢意，特别致敬孙进教授对德国部分的倾力贡献。《世界主要国家教育政策制定、实施与评价机制研究》全书中各章的分工和具体执笔人大致按如下顺序而行。第一章：肖甦；第二章：肖甦、康建朝；第三章：贾宁杰（英国）；第四章：李婵娟（法国）；第五章：孙进（德国）；第六章：赵伟（俄罗斯）；第七章：李建民（日本）；第八章：金红莲（韩国）；第九章：廖青（印度）；第十章：康建朝（南非）；第十一章：王丽伟（中国）；第十二章及后记：肖甦。全书由肖甦负责整体设计与统合。在课题结题、书稿校对与补充的各个环节，刘楠、廖青、王蓉、朱佳悦、宋瑞洁、沈欣、杨澜等同学付出了大量精力和劳动，在此一并感谢。

　　最后还需要加以说明的一点是，本课题完成于 2014 年末，由于种种原因，直到此时才最终出版，因此书中所依据的政策文本及一些数据在现在看来稍显不够新鲜、及时。尽管我们在校对、完善书稿时努力进行了适当增补，仍远不能反映各国教育政策在最近 10 年所发生的全部变化。严格地说，在科技与信息飞速发展的当今时代，以五年为一个周期的变化就足以巨大，都应该成为一项新的研究课题。由此这也将成为我们日后的常态性研究任务。由于客观条件的局限，我们不能到访所有研究对象国进行深入细致的调研分析，因此，在本研究中一定存有某些不足和问题，恳请各位专家、学者、同行不吝赐教，以帮助我们不断提高研究水平。真心期望我们研究团队经过近 5 年时间不懈努力与精诚合作的这份研究成果能为教育政策领域的比较研究留下些许有价值的东西。

北京师范大学国际与比较教育研究院　肖　甦

2020 年 7 月于北京

责任编辑:郭星儿

封面设计:源　源

图书在版编目(CIP)数据

世界主要国家教育政策形成、实施与评价机制研究/肖甦 等著. —北京:
　人民出版社,2020.12(2022.1重印)
ISBN 978-7-01-022666-8

Ⅰ.①世…　Ⅱ.①肖…　Ⅲ.①教育政策-研究-世界　Ⅳ.①G510

中国版本图书馆 CIP 数据核字(2020)第 227653 号

世界主要国家教育政策形成、实施与评价机制研究

SHIJIE ZHUYAO GUOJIA JIAOYU ZHENGCE XINGCHENG SHISHI YU PINGJIA JIZHI YANJIU

肖　甦　等著

人 民 出 版 社 出版发行
(100706　北京市东城区隆福寺街 99 号)

北京兴星伟业印刷有限公司印刷　新华书店经销

2020 年 12 月第 1 版　2022 年 1 月第 2 次印刷
开本:710 毫米×1000 毫米 1/16　印张:23.5　字数:349 千字

ISBN 978-7-01-022666-8　定价:70.00 元

邮购地址 100706　北京市东城区隆福寺街 99 号
人民东方图书销售中心　电话 (010)65250042　65289539